JN214066

日本古代の年齢集団と地域社会

田中禎昭著

吉川弘文館

目次

第Ⅰ部　編戸形態と年齢原理……三七

図表目次

序章　古代地域社会研究の方法的課題

本書は、七世紀から九世紀にかけての日本古代の地域社会に焦点を絞り、年齢（世代）原理およびそれに基づいて構成される年齢（世代）秩序という、従来、ほとんど注目されることのなかった視点からの解明を試みるとともに、それに対して律令国家がいかなる支配構造を生み出したのかという問題について戸籍（人身）支配からアプローチするという、二つの課題への取組みを目的としている。そして、この二つの課題の結論を総合することで、地域社会と古代国家の関係の構造的特質を把握し、律令国家期における新たな古代社会像の提示を行いたい。

本論に入る前に、古代史研究の現状認識を踏まえて本書を貫く課題意識を述べ、これまで提示されてきた古代地域社会研究の成果と方法が本書といかに関わるのかという問題について理論的な整理を試みる。(1)

一　課題認識

未来への展望を見失った混乱と無秩序に覆われた現代世界の中で、日本古代史研究は何を明らかにし、何を目指すべきなのだろうか。歴史が「過去と現在との対話」の中でしか構築しえないとすれば、(2)歴史家ひとりひとりの「過去」の「事実」への向き合い方が、「現在」が育む「問い」に規定されているのは動かしがたい事実である。しかし、冷戦終結から二〇年以上を経て、マルクス主義の影響を強く受けた「戦後歴史学」が行き詰まり、新たな「現在」に対応した「問い」の方法を生み出せないまま、古代史研究のさまざまな模索が続いている。

　一九九〇年代末〜二〇〇〇年代初頭にかけて、「戦後歴史学」に対しポスト構造主義の挑戦が始まり、いわゆる「言語論的転回」の洗礼が日本の歴史学会に激震を与えたことは記憶に新しい。(3) ソシュール言語学(4)を主たる起点とする、歴史の中で生起した事象を「シニフィアン（記号表現）」―「シニフィエ（記号内容）」の関係でとらえ、史的現象の背後にあるとみなされた歴史の「本質」とは実は「言語ゲーム」の中の「記号」にすぎないとみる視点は、社会の「本質」を追究してきた戦後の歴史観を大きく揺さぶった。しかし古代史学については、その動向に正面から向き合った上で、「戦後歴史学」の理論的立場の反省と継承を模索した研究は、他分野に比べるとほとんど出なかったといってよい。(5) その代わりに、「知の枠組み」としての全体史観――その代表としてのマルクス主義的な歴史認識――を前面に出した研究がほとんどなくなり、次々と出土する考古学的成果としての出土文字史料の活用など未知の史料の活用、また東アジアにとどまらない東部ユーラシアにまで及ぶグローバルな範囲にわたる史料分析といった、まさに実証研究の多面化・広域化、そして厳密化として研究が進んでいると考えられる。

　多様な史料による実証の深化、また一国史にとどまらない広域的視点は、もちろん歓迎すべきことである。しかし私には、一方で重大な「問い」が置き去りにされているように思われてならない。それは、今日、古代史研究に使用される方法は、どのような「知の枠組み」を前提とし、それは現代を生きる者にとっていかなる意味をもつのか、という「問い」である。古代史研究者は、論文の中で、「首長」や「富豪層」、あるいはもっと広く「地域社会」「共同体」「王権」「国家」などのカテゴリーを使用する。しかし今日、私たちは、それらの言葉を布置する言説構造そのものにどれだけ自覚的であるだろうか。たとえば「首長」という言葉を使用する研究者は多いが、では階級概念としての「首長」という「記号」を布置する言説構造＝「首長制の生産関係」(6) 論はどのようにとらえられているのか。また、それを認めるとするならば、その理論的前提をなすマルクス主義の社会構成体論について、冷戦終結後、「言語論的転回」以後の今日も、有効な「知の枠組み」として継承するのか。言葉の選択がもつ意味は限りなく重いはずだが、こうした「問い」自体が希薄化しているようにみえる。しかし私たちは、ポスト「戦後歴史学」の時代という、歴史を叙述する言葉＝「記号」を布置する言説の妥当性を、その起源にさかのぼって検証しなければ研究の意味を見失ってしまう、困難な季節を生きているはずである。

この問題意識は、地域史か一国史かグローバル・ヒストリーかという研究対象の設定以前の、歴史認識とはそもそも何なのかという「問い」そのものであり、そして今日古代史学に問われているのは、まさにこうした「学」の根幹に関わる課題であるというのが私の基本認識である。今、古代史学は、実証研究の精緻化とは裏腹に、方法的に「危機の時代」を迎えている。[7]

本書は、古代地域社会史というきわめて限定された対象を扱ったささやかな研究にすぎないが、実証的成果を提示するとともに、こうした「学」の「危機」にいかに向き合い、古代史学の新たな方法と理論をいかに組み上げればよいのかという問題について、「戦後歴史学」における古代地域社会史論の豊かな成果を脱構築しつつ取り組んだものである。

二 「戦後歴史学」としての古代地域社会研究

「戦後歴史学」のフレームの中で進められてきた古代地域社会研究[8]を乗り越えていくためには、そこで提示されてきた諸研究の成果を、それらを規定したプロブレマティック（問いの構造）との絡みで内在的に把握していかなければならない。まず確認すべき点として、その基本的な「知の枠組み」がマルクス主義歴史学の言説の核をなすとされる社会構成体論に根ざしたものであったことは、誰もが認める事実に違いない。

古代的社会構成体の性格規定をめぐっては、戦後、一九七〇年代まで活発に議論され、その中で古代社会をアジア的共同体・総体的奴隷制社会とみる認識が有力になった。(9) その後、社会構成体の段階規定をめぐる理論研究は下火になり、正面から議論されることはほとんどなくなった。しかし、以後の古代地域社会研究の基礎を提供した石母田正の学説、すなわち在地首長制論が一九七一年に発表され、その理論的土台をこれらの諸概念に依拠していたことから、言葉自体は使用されなくなっても、社会構成体的思考自体は石母田の影響を受けた古代社会研究の底流に残りつづけることになった。この、研究の水面下に流れる、いわば「伏流化した社会構成体論」は、折々に下部構造・上部構造という言説が論文の中に表出されるかたちで表に現れることもあるが、たいていは隠された、意識的・無意識的な「知の枠組み」として古代地域社会論を規定しつづけ、その影響は今日の研究にまで及んでいると考えられる。(10)

そこで、はじめに社会構成体的思考を土台にした歴史認識を共有する古代地域社会研究を整理することとし、石母田正の在地首長制論がその中でどのように位置づけられるのかという問題について検討を試みる。ついで、石母田学説の継承と批判が、その後、いかになされてきたのかという点について、とくに古代地域社会の構造的把握を試みた理論的研究に焦点を絞り紹介することにしたい。

1　石母田「集落共同体」論の位置

石母田正『日本の古代国家』は、地域社会を支配する国造・郡司クラスの豪族を在地首長層ととらえ、在地首長と民戸の間に形成された生産関係（一次的生産関係）が土台となり、その上に律令国家と民戸の支配・従属関係（二次的生産関係）が成立するという、いわゆる在地首長制論に基づく古代社会像を体系的に提示した画期的な著作である。しかし、石母田・在地首長制論において、古代地域社会の特質に関する理解が端的に示されている論理は、むしろ「集落共同体」論の中にあるといえるだろう。[11]

「集落共同体」は、史料上に「村」の語で見え、長老制的・年齢階層的編成、同族的・血縁的結合という「自然生的秩序」をもって構成され、「村首」によって支配される古代村落を指すとされるが、その最も重要な論点は古代社会における民戸の自立に関する議論である。それは、民戸＝「家父長制的家族共同体」が、六世紀以降、保有地の永続的占有と家族的経営、収穫物の私有を足がかりに経済的主体として次第に成長していくが、「在地首長制の生産関係」の強固な残存のために、結局、首長制の軛から自立できなかったというものである。さらにそれは、民戸が「共同体（＝集落共同体）を形成している」以上、「首長対個々の民戸という関係」としてとらえるべきではなく、「在地首長制の生産関係」内部における「共同体（＝集落共同体）の地位」の問題として位置づけられている。民戸だけでなく、民戸が構成する「集落共同体」も「在地首長制の生産関係」内部に「包摂」されており、公的地位を獲得できなかったというのである。この議論の意味を正確に理解するには、石母田が首長制論を提起した翌年に著した『中世政治社会思想』上巻の「解説」[12]が参考になるだろう。そこでは、共同体の公的な自立は、中世の「村落共同体」、すなわち私的土地所有単位としての「家」の自立を背景に成立する中世村落の「惣村」的結合によって達成されると指摘されており、それに対して古代の「集落共同体」は、民戸による私的土地所有が実現せず、未だ公的組織をもちえない段階にある「未開社会」の共同体であったと評価されている。

以上の論旨から、民戸の自立は、民戸単独ではなく、「集落共同体」を媒介にして現れるという論理が在地首長制論の前提になっていることが確認できる（A）。そして一方で、「集落共同体」は、ついに首長の人格的支配を制約する自律的組織として公的地位を占めることはなく、「未開社会の自然生的秩序」に押しとどめられたと位置づけられている（B）。この二つの論理のうち、石母田がBの論点を重視して在地首長制論の理論的枠組みを構築していることは明らかであろう。なぜなら石母田は、共同体の首長制的性格（B）の中にこそ、ゲルマン的共同体と区別される日本古代におけるアジア的な専制的共同体の特質が見出されると主張しているからである。

石母田・共同体論に対しては、先学によりBの論点について集中的に批判が提示されてきた。それは、「集落共同体」が首長制内部の存在とされることで、それ自体の結合の特質の問題が軽視され、そのために共同体の諸関係が不明になっている、というものである。[13] この批判の主旨については私も賛同したい。しかし、石母田以後の研究のプロブレマティックを検証するためには、Aの問題、すなわち、民戸の自立を「集落共同体」を媒介にしてとらえるという論点から、石母田は「集落共同体」をいかなるタイプの共同体として位置づけていたのか、という点が改めて明らかにされる必要があるように思われる。

重要な問題は、「集落共同体」論にあっては、「村」が首長制内部に存在することは首長制的な結合原理によって構成されることと同義ではないという点にある。石母田は、「古代法」に関わる論文の中で、八世紀の「四隣五保」的な民戸相互の地縁結合を包含する「村」が、首長制および律令体制を克服する「潜在的な可能性」を備えていたと指摘している。[14] すなわち「集落共同体」は、在地首長制の強固な実在により公的な組織になりえなかったものの、民戸の自立化を媒介する「過渡的な共同体」として首長制内部に存在していたと評価されているのである。[15]

石母田の「集落共同体」論は、Bの点に共同体の性格規定の根拠を求めているのは確かだが、Aの問題に着目すると、後述のように「村」の構造を首長制の視点から一元的に把握する傾向のある村落首長制論に比べると多元性を有する論理となっており、両者の間に認識のズレがあることがよくわかる。そしてこの認識のズレこそ、その後の古代地域社会研究のプロブレマティックを整理する上で見過ごせない意義をもつ。そこで、この問題を意識しながら、次に村落首長制論について検討してみたい。

2 村落首長制論の展開と古代地域社会論

「儀制令」19春時祭田条にみえる村落祭祀と出挙をめぐる諸関係を主たる素材として、古代地域社会の共同体的機能とその国家統制を問題にした義江彰夫の研究[16]は、翌年に発表された関和彦の「風土記」を中心的素材とした在地祭祀の統制に関わる研究[17]とともに、その後の地域社会論の一つの方向性を規定したものとして研究史上に位置づけられる。義江の研究は、その後、とくに祭祀の国家統制の問題をめぐって実証的批判[18]を受けることになったが、なお多くの研究者は、村落祭祀を媒介とした出挙などの収取の主体を社首＝村落首長層とみなしうるとして、古代村落の共同体的機能が村落レベルの首長によって担われるとする義江彰夫の基本的論点を継承し、以後の村落首長制論に基づく古代地域社会論の流れが形成された。

義江彰夫・関の研究を批判的に継承し、初めて、村落首長を概念化したのは、吉田晶[19]である。吉田によると、村落首長は、六世紀以降に成立する「個別経営[20]」で構成されるアジア的農耕共同体の公的秩序と慣習を人格的に体現する存在であり、主として民事に関する権限と裁判権を保持するが、その共同体支配は、国造に人格的に体現される公的秩序・裁判権の下にあったという。七世紀中葉以降になると、家父長的関係の新たな展開の中でそれまでの共同体秩序や慣習が矛盾を孕んだものになり、村落首長はそれに対応することができず、律令支配体制の中に組み込まれていく。村落の「地縁的」結合の例としては、①「四隣五保」、②農業用水を媒介とした結合という「個別経営相互の関係」をあげるが、しかし、それは村落首長の首長的秩序に「包摂」されて存在したとされる。

吉田晶の所論では、個別経営相互の「地縁的」結合[21]は、存在の指摘にとどまり、結果的にその位置づけが不明となっている。これは、アジア的農耕共同体の「地縁的」結合の内容が村落首長の共同体的機能の及ぶ「支配領域」ととらえられたためであると考えられる。つまり、ここには、石母田が「集落共同体」を首長制「内部」の問題とすることで、それ自体の構造の解明が軽視されることになったのと似た問題が存在している。さらに見過ごせないのは、「村」の「地縁的」結合の事例として、石母田が「四隣五保」をあげ、同じ事例を吉田晶が「個別経営相互の地縁的結合」と表現している点である。このことからわかるように、石母田の「村」と吉田晶の「個別経営相互の関係」は同じ実態を表現したものである。つまり「村」の基本的関係について、石母田は「個別経営相互のヨコの集団関係」ととらえているのに対し、吉田晶はそれを「村落首長と個別経営のタテの支配—従属関係」と理解しているのである。この点から吉田晶は、首長に対する個別経営の相対的自立化の媒介を「村」の集団的結合＝「集落共同体」ではなく、村落首長に求めていることがわかる。この意味で、民戸の自立化を共同体を媒介にしてとらえるという視点は、石母田よりもさらにみえにくくなっているといえよう。

次に、吉田晶説を批判的に受け止め、新たな村落首長制論を展開した大町健[22]の見解をみてみたい。大町の場合、大化前代・律令制下を通じて、基本的な生産関係は、村落首長と共同体成員との人格的支配—隷属関係に基づく階級的収取の関係である。共同体首長の社会的職務活動に基づく貢納制や労働力徴発などを階級支配の手段に転化した村落首長層の私富追求が、村落レベル共同体の秩序の枠を越えて展開し個別経営を圧迫して自らの基盤たる村落レベル共同体を動揺させる。村落首長の支配・生産関係を共同体秩序の枠内に抑制することは首長層総体の利益であり、かかる矛盾を止揚する公権力の萌芽としてまず国造制が成立するが、さらにその矛盾の展開に伴って最終的に国郡制をもった第三の権力たる律令国家が成立するという。

大町説では、六世紀以降の地域社会の基本的関係＝生産関係は、即、村落首長の個別経営に対する「規制」と「収取」の関係である。したがって、「村」の秩序は同時に村落首長制の秩序である。この立場から、「村」の集団的結合は、大町の場合、その分析から捨象されている。

つまり、石母田にあっては民戸相互の集団的秩序＝共同体として存在が認められていた「村」＝「集落共同体」は、吉田晶の場合、（村落）首長的秩序に「包摂」される「関係」に矮小化され、それに立ち代わって異なる「首長」（村落首長）が現れてきたのである。さらに大町に至って、「村落首長制の生産関係」の下、その「関係」自体も捨象されることになった。この論理的な道筋は、「村」の基本的諸関係が、村人相互の集団的関係から村落首長と村人の支配―従属関係へと置き換えられ、純化していく過程である。ここにおいて、日本古代の基礎的共同体は「（村落）首長制」と同義に理解されることになり、「村」を理解することが、とりもなおさず村落首長と村人の関係を解明することを意味するようになったのである。吉田晶・大町の村落首長制論は、村落首長の担う共同体的諸機能の内実を豊かに解明したといえるが、「村」を村落首長制に「包摂」（吉田晶）または「等置」（大町）することで、村人相互が取り結ぶ集団的結合の存在がもつ意味を古代地域社会論の中に位置づけることが、方法的に困難になってしまったのである。

3　首長制論の多様な展開と古代地域社会論

吉田晶、大町健とは異なる視角から、村落首長制を論理機軸として地域社会論に関わる多数の論稿を発表してきたのが関和彦[23]である。

関によると、八・九世紀の地域社会は、①「家」、②「親族」、③「在家共同体」（集落）、④「村」（農業共同体）の各集団によって構成されるという。①と②は、『日本霊異記』にみえる建物諸像の検討と関の「墨書土器」論を中心に組み立てられた集団論で、①は、屋敷地をもつ父母・子どもからなる最小単位集団、②は、世帯共同体で、「家号」（墨書土器の共通墨書）を共有する日常的生産活動の単位である。③と④は、主に『風土記』から析出された集団論で、③は史料に「百姓之家」などとして現れるもので、世帯共同体が複数集まった集落で、倉庫などの共有の建物をもつ、園地占有の単位、④は、田および山川藪沢の占有、用水統制の単位である。そのほかに、里制と村落首長の関係、余戸の問題、さらに社首＝村落首長とする理解の批判など、村落制度に関する注目すべき論点が提示された。

関の研究は、村落首長制論に基づきながら、地域社会の内部構造を、それぞれ相対的に独自の共同諸機能を担う諸集団の累積構造として解明しようとされた点で斬新な共同体把握の方法を提示したものと位置づけられよう。しかし、関が論述した村落の共同諸機能については、それぞれがいかなるかたちで諸集団によって担われるのかが明らかではない。たとえば、「村」が用水や山川藪沢の占有・統制の機能を担うとしても、それらの諸機能はすべて村落首長の権能として吸収されてしまうのか、村落首長はその一部にのみ関わり、村人相互の集団結合が共同体として相対的に独自の権限を保有しているのか、といった問題である。村落首長の担う共同体機能が村落の共同体機能に完全に一致していれば問題はないわけだが、こうした前提そのものが未だ論証されているとはいえないだろう。関が、限られた文献史料から豊かな地域社会イメージを描き出した功績は多大なものがあるが、村落を村落首長制の「内部」に包摂されたものととらえる首長制論の前提に起因する問題が、未だ検討課題を残しているようにみえる。

吉村武彦[24]は、初期の論文において、七世紀後半から八世紀にかけての「在地村落」を「農耕共同体」として把握し、儀制令19春時祭田条にみる農耕共同体の小首長の下での首長制的な階級関係を措定する。しかし、その後の論文の中では、六世紀初頭の小首長層の開発・支配した小共同体は、七世紀以降、国造制の段階に至り、小国造クラスの在地首長制による政治的・経済的再編により、「農業共同体」として確立・表象するには至らなかったとされる。吉村は、この論点を大化前代における国造制的土地所有の歴史的段階と関連づけて問題にし、国造制的校班田の存在、園宅地＝ヘレディウム論の否定によって補強している。[25]さらに、一九八五年の論稿では、七・八世紀の村落首長の土地所有に基づく生産関係を明確に否定する。吉村は七・八世紀以降の村首・社首の下での小共同体の存在は一貫して認めているが、国造的土地所有の段階を七世紀以降に認めることで、初期の論文で指摘された小共同体の共同体的関係が、国造制・律令国家の中にいかなる位置を占めるのかが明らかにならなくなっている。また、その見解は、土地所有の内容把握において石母田を批判しながら、結果的に国造・郡レベルの在地首長の下で「集落共同体」がその内部の問題にとどまったとする石母田の地域社会論にきわめて近似的なものになっているといえる。しかし、園地の私有が律令制下には認められないこと、七世紀以降に国造層の開発を認めることなどから、六世紀以後の個別経営の存在を認めながらも、その特質について文献研究の面から問題を投げかける重要な論点が提起されたものである。

4　首長制論批判と古代地域社会論

在地首長制論・村落首長制論に対して批判的立場に立ち、独自の地域社会論を提示されたのが、鬼頭清明[26]・小林昌二[27]である。

鬼頭によると、首長は自らの共同体成員に対する支配を奴婢所有を媒介に奴隷制的支配に転化した存在であり、その支配構造が国家的に固定されて国家的奴隷制が成立するという。そして首長支配下の地域構造は、七・八世紀東国社会の事例から次のように示される。①各竪穴住居、②竪穴住居の小グループ（家父長制的世帯共同体）、③集落およびそれを越えた集団が構成各単位であるが、消費生活の単位は①、農作業の基本的協業単位は②だが、春・秋の労働集中期には③の共同作業の可能性もある、収穫物の管理は②の場合もあるが、村落首長が管理する③の集落全体の倉庫への収納が一般的、鉄製農工具の所有主体は②の可能性があるが、家父長的な排他的所有ではない、水利などについては③により規制される。

さらに、一九八九年の論文では、村とは、一定の領域をもった人々の宗教上・農業労働上の共同団体であり、村長などの独自の身分秩序をもち、属人的な組織である里とは次元を異にする団体であること、また集落遺跡出土の同一文字をもつ墨書土器は、家父長的世帯共同体で使用された可能性があるが、また、それは集落ないし村を越える墨書土器集団を構成しており、それによって示される在地の共同の生活圏が一村（集落群）を越える場合があることなどが指摘されている。

鬼頭の地域社会論は、文献史学と考古学双方の成果から、それぞれの方法論の独自性を踏まえつつ総合を目指し、諸集団の累積として成立する地域社会構造の解明を意図したもので、あるべき地域社会研究の姿を先駆的に示したものといえる。しかし一方で鬼頭の所論は、やはり関と同様に、それぞれの「共同団体」の保有する共同体的諸機能がどのような形式において担われるのかが不明である。各レベルの「共同団体」の共同諸機能と「首長」の「共同体的業務」はいかなる関係にあるのか、さらにそれが奴婢所有を軸に構成された鬼頭の社会構成体論といかなる論理でつながるのかが明示されていないのである。

小林昌二の古代村落論は、「農業共同体」論を理論的機軸とする立場からの研究である。七・八世紀の共同体は、恒常的農業労働の分野で単位集団の分割労働が完了していたが、耕地の全般的維持や祭祀に全体の共同労働への依存が必要であった「農業共同体」=「村」と位置づけられる。「村」は、六世紀以降、宅地の私的所有主体が、ミヤケ開発の進展の下で豪族居館首長の編成から分離してその形成の担い手となり、七世紀以降、ミヤケの編成形態が一般化することでほぼ全国的に成立する。日本律令における「村」規定の削除を根拠に「村」の主体性を認めない石母田説は成立せず、「村」が「村首」とともに王権の下に組織され、王化の対象として位置づけられることで、その集団的主体性が公的に認められていたと論じる。

私は、小林の石母田在地首長制論に対する批判については賛成であるが、その問題解決の仕方について疑問がある。小林の場合、「村」と「村首」が共に王権に組織されることが「村」の集団的主体性をはかる指標とされている。しかし小林は、「村」の首長として把握する「村首」の主体性と、「村」の集団としての主体性がいかなる関係にあるのかを明らかにしていない。「村」の集団的主体性とは、国家・王権により公的地位が認められているか否かよりも、第一義的には、日常生活・生産における共同体成員の共同が、彼等自身の主体性において獲得されているかどうかの問題ではないだろうか。

しかし一方で、鬼頭・小林の研究成果を通して、「村」人相互の集団結合の諸形態の問題、またそれぞれの諸集団が担う共同諸機能と（村落）首長の担うそれとの関係を問い、地域社会を首長制の枠組みにとらわれずに構造的に捉え直していく作業が、改めて古代地域社会研究の課題として提起されることになったと考えられる。

5　双方制社会論としての古代地域社会研究

吉田孝の研究[28]は、六・七世紀以降の村落の基本単位が家父長的世帯（家族）共同体の個別経営によって構成されるという前提のもとに構築された通説に対して、社会人類学の理論を援用しつつ、親族組織論を再検討することで、双系（方）制社会論（以下、双方制で統一[29]）を提示し、従来の地域社会研究に根本的な批判を投げかけたものである。

吉田孝の場合、古代の基層社会は、「小家族が双系的に親類の関係によって地縁的に結合する」という集団結合の形態を基礎にもつものだが、それは弥生時代以来の共同体の構造を六世紀以降もそのまま継承する「未開社会」の段階に位置づけられている。そこでは、関や鬼頭が論じたような重層的な「地縁的」諸集団の存在と、それぞれの結合を媒介する共同体的諸機能は明らかにされておらず、ただ、ウヂ的集団として結合する郡レベル首長とその下に統括される小首長たちの「ヤケ」を中核とする共同体的関係の下で、小家族が可塑的・流動的に集団を形成するというイメージが強調されている。

一方、吉田孝の双方制社会論を継承・批判し、独自の家族・共同体論を展開したものとして関口裕子の一連の研究が注目される。関口は二〇〇四年に発表された著書[30]において、戦後の家族・共同体論の研究史を詳細に整理し、それ自体瞠目すべき業績となっている。関口は、七・八世紀の共同体が流動的な双方的親族によって構成されているという点については自らの「母・子＋夫」の双方的小家族論との適合から積極的に支持するが、吉田孝が竪穴住居小グループを双方的親族が相互に結合した「双系的合同家族」とみる点について、それを父―息子、兄―弟の血縁紐帯を含む同居形態を示すものとして退けている。そして関口の研究は、地域社会研究としては群馬県黒井峯遺跡などを素材として構築された「家一区」＝個別経営＝単位集団論の批判[31]、また田中良之による古墳合葬人骨の科学的分析に基づく六世紀以後の父系家族成立論[32]の詳細な批判に向かい、家父長的世帯共同体＝個別経営の未成立の論証に力を尽くしている[33]。

吉田・関口の研究は、「民戸」＝「家父長的世帯（家族）共同体」＝個別経営を地域社会の基礎単位として想定してきたそれまでの研究を、実証・理論の双方向から根源的に批判したもので、その研究史的意義ははかりしれないほど大きい。しかしその枠組みは、家族・親族構造論＝血縁的紐帯論に片寄りすぎており、地域社会を構成する地縁・血縁以外の集団結合についての評価はほとんどないといえる。私は、吉田・関口の示した七・八世紀地域社会における家父長的世帯共同体の未成立＝双方的小家族説を支持するが、同時にその問題提起を親族組織論・家族構造論にとどめず、年齢／世代原理という新たな角度から地域社会論として深化させる方向を目指していきたいと考える。

以上の論点を要約し、浮かび上がる研究課題を整理すると、次のとおりである。

①在地首長制論（石母田・吉村）、村落首長制論（吉田晶・大町・関）、農業共同体論（小林）、国家的奴隷制論（鬼頭）、双方制社会論（吉田孝・関口裕子）いずれの論理も、石母田首長制論の継承・批判にかかわらず、その前提にある社会構成体的枠組みそのものは保持している。②それらは、下部構造＝生産関係・所有関係を国家の土台とみる点で共通した特徴をもつ。③首長制論は下部構造＝生産関係を（在地・村落）首長と民（戸・家）の関係のなかに見出す言説であったため、地域住民相互の集団結合は、その日常的共同諸機能の存在が指摘（関）されても、首長制内部の問題として評価されるにとどまる。④③の問題はすでに石母田・在地首長制論の中で首長制内部の問題として位置づけられた「集落共同体」論の中に胚胎されていた。⑤「村」の集団結合の相対的自立性を評価する見解（小林）においても、その（政治的）自立性の論証は村落首長が国家により公的に位置づけられた存在であったことに求められ、したがって、それは「村」の集団組織ではなく村落首長の自立性の評価にとどまっている。⑥双方制社会論は「合同家族」（世帯グループ）を地域社会に認める説（吉田孝）と、それを認めず「母・子＋夫」の流動的小家族のみの存在を認める説（関口裕子）に分かれるが、両者とも地域社会を家族・親族構造に片寄って議論しすぎており、地縁・血縁以外の共同体的紐帯の存否・内容が定かではない。

以上の整理の結果から、A地域社会の住民相互が構成する多様な集団結合とその共同諸機能について、生産・所有関係、政治的支配—従属関係、地縁・血縁関係に限定せず、日常性と生存に関わる存在形態を解明する、B各々の集団結合と各レベルの首長との関係を土地所有と生産関係から意味づける社会構成体論という「知の枠組み」を前提とせずに把握していく、という二つの課題が提示されるように思われる。とくに、Bの課題の性格から、それを仮にポスト「戦後古代史学」に基づく古代地域社会論と名づけておく。近年は、こうした新しい研究の方向性が模索されつつあるというのが私の印象であるが、次に、本書の問題意識に触れ合う地域社会論の新たな研究動向の概要と、それに対する私見を述べることにより、本書の課題と方法を示しておきたい。(34)(35)

三　近年の古代地域社会研究とポスト「戦後古代史学」

1　義江明子の〝家族〟・共同体論

まず注目されるのは、「双方的古代社会論」の流れの中から、新しい研究視角と方法の提示を精力的に行っている義江明子の研究である。(36)

義江は、その著書の中で自らの研究を家父長制家族の未成立を論証した関口裕子の業績を継承・発展させるものと位置づけている。義江によれば、関口学説の意義は、男女個人の所有・経営、ゆるやかで排他的な対偶婚、非父系で日常的母系紐帯の析出から、高群逸枝の母系制（出自体系）・招婿婚（婚姻体系）研究を発展させ家父長制家族の未成立を論証したという点にある。しかし関口説は、所有の論理を重視するマルクス主義歴史学の家族理論に依拠したため、古代の家族が所有に基づく本質的家族ではなく生活共同体にとどまるという重要な論点を示しながら、母系の家族を「実体的集団」として措定したことで矛盾を来していると指摘する。すなわち、関口は所有・経営単位とは無関係な生活共同体（母系に傾斜した〝家族〟）を、社会の基礎単位として「固定化」し「実体化」しており、それを分業(37)

と所有に基づき共同体と家族の発展段階を論ずるマルクス主義家族理論の影響とみるのである。それに対して義江の〝家族〟イメージは、何らかの原則を用いて人為的に編戸する以外にとらえようのない、外延部の定まらない不明確な集団、というものである。〝家族〟には固定的な枠はなく、個人が儀礼・婚姻・居住・生活それぞれの局面で流動的にその帰属する集団を替えていく。したがって家族は「実体」としては存在せず、あるのは諸「関係」の重層にすぎないとみる。こうした諸「関係」の重層として〝家族〟を含む地域社会をみる義江の方法は、『万葉集』の分析から男女個人の帰属意識を析出した論稿に強く表れている。[38] 八世紀の個人はイヘ＝〝家族〟への帰属意識は希薄で、むしろイヘを包み込む共同体を「故郷」とする意識が強く、精神世界の上では公と私が未分化の状態にあり、家父長の率いる私的世界（「家」）の未成立を示すという。

吉田・関口が生活共同体にすぎず再生産の単位として成立していない「イヘ」を首長に代表される共同体の基礎単位として措定している、という義江の議論は、所有と生産関係を社会構造の土台とみる社会構成体論という「知の枠組み」のラディカルな批判となっており、私はそれをポスト「戦後古代史学」に基づく地域社会論のさきがけをなすものとして高く評価したい。首長―家父長的世帯共同体、首長―「イヘ」（双方的小家族）という「戦後古代史学」の枠組みの中で生産関係、階級関係としてとらえられてきた枠組み自体を相対化し、生産・所有という経済的諸関係を規定的原理としてとらえず、婚姻、居住、儀礼、祭祀など日常の多面的な共同的諸関係の集積体として地域社会をみる（イへはあくまでもその一側面）という研究視角は、今日、受け継ぐべき貴重な課題意識である。また義江は、外延部の定まらない〝家族〟を何らかの原則に基づく編戸によって人為的にとらえたという、きわめて示唆的な言葉を述べているが、ここから、国家はいかなる原則に基づく編戸を行うことで〝家族〟の外延部を定めることができたのか、という逆の問いかけもまた可能になるだろう。本書の取り組む大きな課題の一つは、まさに義江のこの問いかけと深く関わっている。すなわち〝家族〟にとどまらない諸関係の累積する地域社会はいかなる原理に基づき構造化されているのか、そして〝家族〟を必ずしも基礎単位としない地域社会を編戸する原則とはどのようなものだったのか、という問題である。私は、この二つの主題について、本書全体を通して年齢原理という側面から読み解いていきたいと考えている。

2 坂江渉の農民規範論と古代地域社会研究

近年、『播磨国風土記』の検討を中心に、古代地域社会の研究を精力的に進めているのが、坂江渉(39)である。坂江の研究は、課題認識において私のそれと近似しており、学ぶべき点が多いが、意見を異にするところもかなりあるので、以下、私見との共通点・相違点を中心に整理しておきたい。

坂江は、私の旧稿の課題認識(40)を踏まえながら、従来の研究では首長と共同体成員の「タテ」の関係に研究が集中し、農民相互の「地縁的」な「ヨコ」の結合が明らかにされていないという問題点を指摘し、「歌垣」や村落祭祀・儀礼から農民の「ヨコ」の集団的結合を析出する。坂江は、たとえば「歌垣」において婚姻や生殖を促すための「皆婚」規範が存在するなど、出生時平均余命三〇歳前後という、生物学的背景を前提に定立された固有の農民規範が存在したとする。また婚姻規範のような「日常性」を統括する機能が農民相互の構成する共同体の中に存在し、その結合は血縁者を中心とした石母田のいう「自然生的秩序」とはまったく異なるもので、非血縁者を含む「村」民相互間を規制するものであったと考えられている。このような他者相互間の関係をも規律化しようとする認識や規範を作りうる社会は、首長制に包摂された未自立な存在ではまったくなく、「村」が農民相互間の「ヨコ」の集団的結合体として自立していたことを示すとした。一方、黒井峯遺跡から出土した道と柴垣によって区画された土地空間が最小の生活単位であり、山尾幸久[41]、今津勝紀[42]が指摘したように一区画に平均三～五人が居住し、集落址全体の人口として一二～二〇人以上が想定でき、夫婦の世帯のほか、兄弟・従兄弟を含む傍系親、また姻族の破片的人口などが一つのまとまりをもって居住するという集落イメージを提起している。

坂江の研究は、農民相互間にみられる婚姻・生殖をめぐる日常的な規範意識から「村」の自立性を主張している点で、生産関係・所有関係における共同体の自立を強調してきた社会構成体的な理論的基礎をもつ首長制論を相対化する視点をもつものであり、本書の方法・課題認識とも通底し、共感すべき点が多い。一方、坂江において課題となる点は、規範意識をもつ農民相互のヨコの結合体＝「村」がいかなる社会原理によって規制されているのかが明らかにされていないという問題であろう。すなわち、その規範はどこに由来するのか、という疑問である。この点について坂江は、明言はないが、黒井峯遺跡の事例から「村」を「家一区」＝「イヘ」＝「夫婦＋子ども」の生活単位で構成されるとしている点を勘案すると、「村」の「地縁的」関係の中に農民相互の共同体結合の基盤をみているようである。この点に私は、坂江説の最大の問題があるように思われる。義江がいう関口説の問題、すなわち「生活共同体」としての「イヘ」を固定的にとらえるという問題が坂江説にも見出せるように思われるからである。私は、農民相互が共通の規範意識で結ばれていたとする坂江の議論に賛同するが、その由来を「イヘ」相互の「地縁性」に見出す点とは異なる意見をもつ。すなわち、「村」の結合原理として本書が明らかにしていきたいのは、年齢原理を紐帯として結合する流動的な共同体の姿である。はたして、二〇人規模（郷戸規模）とされる集落址には、血縁と地縁のみで結合するメンバーシップの固定した集団が居住していたのであろうか。私は、義江が主張するように、「イヘ」とは地域社会の実体的基礎単位ではなく、地域社会は、性・血縁・地縁原理だけでなく年齢（世代）原理によってその相互関係を規制する秩序を保持していたと考えている。もとより私も首長の政治支配を否定するものではないが、年齢（世代）原理によって規制されている「村」の具体的存在形態とそれが国家の中に占める位置について、本書全体を通して具体的に明らかにしていきたい。

3　今津勝紀の新・戸実態説と共同体論

坂江の地域社会研究の前提には、今津勝紀の独自の家族・共同体論[43]がある。今津の研究は、主に大宝二年（七〇二）御野国半布里戸籍と『播磨国風土記』を主たる対象として設定し、前者を通して戸と家族の関係を、後者を通して八世紀村落の景観・立地・集団結合の様態を具体的に描き出したものである。まず前者であるが、今津は人口統計学の方法を用いて、八世紀初頭における平均余命・出生率・死亡率・離婚率など人口値を試算し、W・W・ファリス同様、古代社会は平均寿命約三〇年で乳幼児死亡率のきわめて高い多産多死型の社会であり、また流動性が高く、配偶者との死別や再婚の繰り返しにより対偶関係が頻繁に組み替えられる家族構造が推定できるとした。また戸は、典型的な家父長制家族ではもちろんないが、完全な擬制ともいえず、父系直系世帯の軸をもち、父方・母方双方のキョウダイ・イトコまでの傍系世帯を結合した柔軟な構造をもつ世帯グループが存在し、これが戸として把握されるものの実態であると指摘する。今津は、吉田孝が「双方的合同家族」を説くのに対し、双方的原理をもちつつ父系にやや片寄る「合同家族」が世帯共同体（「家一区」）を形成し、それが戸に反映しているととらえており、一方、関口裕子に対してはその「合同家族」＝世帯共同体非存在説を真っ向から批判している。したがって、今津の家族論は「父系合同家族」論の一潮流ととらえて問題はないだろう。また村落論については、ＧＩＳ景観分析というコンピュータによる新たな分析法を『播磨国風土記』の郷里復原に導入し、郷里の具体的な所在・エリアを推定している。そして律令制下の里は軍事と徴税のための行政組織であり、一方「村」は郷里制下の里（コザト）とほぼ対応する規模をもち、国家機構に編成されていないが、それ自体、春時祭田で国家法が告知の場となったように、法的人格を認められた社会的な共同団体と性格規定されている。「村」は自立的な用水管理の主体でもあり、その意味で農業共同体としての性格を保持していたという。

今津説は、統計学・GIS空間分析という新たな手法を用いて、家族・戸籍・村落研究に新領域を切り開いた点で高く評価できる。私も今津の統計学的分析方法に学びつつ、新たに独自の方法を付け加え、今津とは異なる角度から戸籍分析に取り組んだ。[44] しかし、同じ統計学的手法を用いつつも、私見は、家族構造・地域社会構造論について、結果的に今津とは異なる結論に至った。たとえば今津は、半布里戸籍では、夫婦間の年齢差が年齢が低い世代ほど小さく、高年齢層ほど差が大きくなり、またこの傾向が非戸主層より戸主層に顕著にみられるとし、非戸主層に比べて戸主・高年齢層男性ほど再婚が頻発（若年の妻との再婚）する婚姻の二重構造という実態を描き出した。私も、本書第Ⅰ部第三章で養老五年（七二一）大嶋郷戸籍から同様の現象を析出したが、その背景にあるのは今津のいう婚姻・家族関係の実態ではなく、約四十歳を境界年齢とする編戸に貫徹する年齢原理から説明できることを明らかにした。すなわち、それは「戸政」を担う高年齢層（具体的には約四十一歳以上）男性戸主に「刀自」的な「妻」を同籍させる編戸上の配慮の反映にすぎず、戸主「妻」の有無は社会的ステイタスの問題で、必ずしも配偶関係の実態を表さないという関口説を再確認した。つまり今津は、戸籍の統計学的検討を婚姻・家族の実態復原のために行っているが、私はあくまでもそこに編戸の論理（原則）をみる点に、今津説と私の大きな方法論的違いがある。

私は、今津の地域社会論に対しては、その基礎単位を父系に傾斜した世帯グループ（定義し直された世帯共同体）に見出す点に異論がある。義江明子説を再び引用すれば、七〜八世紀初頭の地域社会は「家」が基礎単位となって地縁的に結合し、集落・「村」を作るような固定的な社会ではない。地域社会に所属する個人は、性別・地縁・血縁だけではない複合的な結合原理により、流動的に結びつく集団を形成していたのであり、私はそうした意味での「村」人相互の結合原理の一つとして、年齢というモメントを本書全体で主張したいと考えている。

四　理論的基礎

1　言説形成体

以上、義江明子・坂江渉・今津勝紀の近年の研究成果とそのプロブレマティックを整理することで、その課題とともに本書が継承すべき地域社会分析の方法的視点もまたみえてきた。すなわち、①今津の「生存」・ライフサイクルに注目した地域社会研究の視点と統計学を用いた新たな史料分析法、②義江の〝家族〟を共同体の基礎単位として「実体」化せず、地域社会を共同諸機能を分担する多様な諸「関係」の累積としてみる視点、③そして坂江の生産・所有関係だけでなく「日常性」的諸関係も地域社会構造を規定する主要な要素とみる論理である。三氏の研究は、異論もあるが、生産・所有関係を地域社会の土台・規定性をもつ本質として重視してきた「戦後古代史学」の限界を乗り越える、新たな理論的可能性を孕む最良の成果であると私は考えている。

しかし、以上の諸研究に胚胎される可能性を、真の意味でポスト「戦後古代史学」の方法として発展させていくためには、生産・所有関係を経済的土台として社会・国家を構造的に把握する、マルクス主義的社会構成体論という「知の枠組み」そのものの理論的妥当性に改めて向き合い、検証していく必要があるだろう。なぜならば、生産・所有関係こそが社会と国家を規定する土台であるという理論的枠組みが動かないのであれば、いかにそれ以外の生存と生活、日常的諸関係を析出しても、歴史像を豊かにはするが、付随的な位置しか与えられないのは必然だからである。

この問題については、近年、ポスト・マルクス主義政治哲学（ポスト構造主義の一潮流）の立場から、ヨーロッパ・マルクス主義の複線的な理論的系譜を明らかにした上で、冷戦崩壊期まで主流であったオーソドックスなマルクス主義的社会認識の問題点を抉り出した研究が注目を集めている。シャンタル・ムフ、エルネスト・ラクラウによる言説形成体／ヘゲモニー論である。[45]直接にはグラムシの系譜を引き、そしてアルチュセール・フーコー・デリダにつらなるポスト構造主義理論を大幅に取り入れたムフ・ラクラウの斬新な社会理論は、歴史学会ではほとんど留意されていないが、今日において大きな理論的可能性をもつものとして注目される。それはもちろん政治理論が中心であるが、新しい歴史理論がその前提として存在するのが特徴といえよう。そこで論じられているのは、歴史の法則・必然概念および発展概念の否認、したがって社会構成体概念の否定、それに代わって登場してきたのが言説とヘゲモニーによる社会構築の理論である。また近年、古代・中世史研究の中で理論的に注目されることのあるハーバーマスの公共性論を徹底的に批判していることでも興味深い。[46]また、「戦後歴史学」の中で自明とされてきたマルクス主義歴史学＝社会構成体論という図式が、実はさまざまなマルクス主義理論の諸潮流の一つにすぎなかったことが詳細に明らかにされている点も重要であるが、これらの主題については紙幅の都合上、割愛したい。ここでは、ムフ・ラクラウが社会構成体概念を放棄し、ポスト構造主義に始まる言説形成体概念を採用した経緯についてのみ述べておきたい。

まずムフ・ラクラウは、経済的諸関係＝生産・所有関係の中での配置（占める位置）が、歴史的社会における支配的階級を決定するとみるマルクス主義理論は、すでにグラムシによって否定されているとみる。グラムシは言説によるヘゲモニー構築が階級そのものを形成するのであり、その構築過程はいかなる言説が社会のヘゲモニーを掌握するかにかかっているとして、経済に規定された社会構成体という概念を放棄し、歴史的ブロックの概念を新たに提唱していた。しかしグラムシは、社会を最終的に規定する審級としての経済という概念自体は保持しており、そこにグラムシの二元論的な不十分さがあったととらえられる。ムフ・ラクラウは、このグラムシ理論の矛盾について、とくにフーコー・デリダのポスト構造主義的言説理論を取り入れることで克服をはかり、社会構成体概念だけでなく、生産関係・経済を社会構造を規定する最終審級とみる最後の枠組みをも放棄し、言説による社会構築理論を新たに提示した。ムフ・ラクラウによれば、階級の統一性（階級を階級たらしめるアイデンティティ）は、生産・所有関係によって自ずから生まれるものではなく、諸個人・諸集団の闘争の過程で集合的意識を媒介にして生み出されていくものであり、それは言説による階級意識の生成を意味するという。言説が集合的意思を生成し、ある特定の人々の群れを社会を構成する諸要素として構築し、分裂した社会の中で、多様な社会集団を結節させる力として現れるのである。またそれは、社会を構成する諸要素とともにそれらが「節合」した社会のかたちを変容させる。生産・所有関係に規定された固定的な階級が自ずから社会を形成するわけではなく、社会的諸要素の意志・意識を表象する言説の相互関係と浸透関係により、それら諸要素の差異を固定化する特有の構造をもつ社会が構築・維持されていくのである。したがって社会は、潜在的な「本質」（生産関係）が顕在化したものではなく、生産力と生産関係＝経済的諸関係が下部構造として最終的に歴史の進行を規定するとみるのは理論的に誤りであると位置づけられている。

ムフ・ラクラウは、生産関係でさえも言説によって構築されるととらえており、上記した「戦後古代史学」＝「伏流化した社会構成体論」の相対化を意図する本書の課題認識にとっては、大いに参考になる基礎理論として評価できるように思われる。(47)

上述した古代地域社会論の課題と方法との関係でいえば、ムフ・ラクラウの理論は次の点から重要であろう。石母田から始まる首長制論が、古代村落における地域住民相互の集団的秩序の存在を析出しても、それを首長制内部の問題としてしか位置づけられないのは、まさにそれらが基本的生産関係・所有関係ではないと評価されるからである。

しかし、言説形成体論によれば、生産関係以外のいかなる集団諸関係であっても、諸条件の重なりにより、その集団結合を構築する言説が社会編制の指導的な力となりうる可能性を秘めている、ということになる。つまり古代社会の中で、首長制的な関係に限らず、経済・政治・宗教・思想・生活などの多様な諸側面において構成される諸集団を析出し、それらが律令国家という言説秩序に、なぜ、いかなるプロセスを経て、どのようなかたちで編制されたのかという問題が、重要なテーマとして浮上してくるのである。

私は、本書において、年齢（世代）原理によって構成された社会的諸集団の姿と、それを利用しつつ、戸という人工的集団を地域社会内部に創出していった国家の戸籍支配の実相について詳しく論じていく予定であるが、まさに戸は、律令法という外部から導入された言説による地域社会の編制の所産とみることができると考えている。本書第Ⅰ部では、統計学的手法を用いて戸籍人口データの信憑性を検証した上で（第一章・第二章）、ムフ・ラクラウの言説形成体論を参照しつつ、戸籍編制論を手がかりに律令国家と地域社会の関係を考察していく（第三章・補論）。

2　世代階層制と朋類関係・同輩結合

言説形成体論と並ぶ、本書のもう一つの導きの糸は、歴史学よりもむしろ社会・文化人類学と民俗学の分野で研究が進んでいる、性・親族関係と並ぶ社会的結合原理としての年齢（世代）／年齢集団に関する理論である。これらの諸理論を参照するとき、母・子＋夫の双方的小家族が、多様な共同諸機能を遂行する社会集団を構成するにあたって、そこに貫かれる結合原理がはたして血縁（親族構造）・地縁性に限られるものであったのだろうか、という疑問が必然的に湧き出てくる。

実は、石母田は「集落共同体」について、「同族的・血縁的結合」と並び「長老制的・年齢階層的編成」を特徴とすると述べていた点についてはすでに指摘した。しかし、石母田は「首長制の生産関係」の解明に力を注ぎ、「集落共同体」の内部構造をほとんど論じなかったため、それがいかなる内容と性格を備えたものなのかについては明言されることはなかった。その後の首長制論の継承・批判者を含めて、「長老制的・年齢階層的編成」の内実を解明しようとする研究は現れることはなく、わずかに明石一紀が双方的親族構造論の立場から、古代の地域社会に年齢階梯制は存在しない可能性を指摘するのにとどまっている。(48)

しかし人類学研究においては、地域社会の年齢原理は、とりわけ国家成立以前の「未開」社会研究には不可欠の集団形成原理であることが早くから指摘されている。人類学研究において初めて「年齢階梯制」概念を用いて未開社会を検討したのは、シュルツ『年齢階梯制と男子結社（*Altersklassen und Mannerbunde*）』（一九〇二年）である。なお日本ではシュルツの著作は江守五夫を通して紹介されており、(49)「年齢階梯制」という訳語は江守が考案したことが知られている。シュルツは「子ども」「未婚の青年男女」「既婚者」という年齢階梯の三区分を原初的な形態とみなし、成年式、独身者家屋、自由恋愛の習俗などの「年齢階梯制」に伴う慣習・制度を紹介する。また「年齢階梯制」の中からイニシエーションを経て「男子結社」などの「クラブ」「結社」が形成される過程が詳しく論じられている。またローウィによる、(50)年齢原理に基づく「結社」が国家成立を促したとみる理論、またラドクリフ・ブラウンら機能主義者による、中央集権国家形成以前の未開社会の政治組織としての「年齢集団」の役割を指摘する研究も人類学の中ではよく知られた著名なものである。(51)したがって比較史的見地からみても、日本古代における年齢原理に基づく社会結合の存在形態と国家の関係は、本来、大きな課題となってしかるべきテーマなのである。

しかし日本では、「年齢階梯制」および「年齢集団」の概念は社会学・民俗学の社会観察の中から構築されてきたといえる。民俗学の中野泰の研究史整理に従えば、(52)今日提起されているそれらの概念内容は、次のようになるという。

まずプリンス説を踏まえた高橋統一の整理[53]では、①「年齢階梯制」は、個人が性と年齢によって区分された階梯に属し、年齢の上昇とともに上の階梯へと移行していく制度と位置づけられている。それに対して②「年齢組」は、一定の年齢幅の仲間がいったん特定の集団に組み入れられると、終生そのメンバーとして過ごすことになる集団を指すという。江守五夫[54]の「年齢階梯制」概念も、プリンス・高橋の理解とほぼ同一であり、社会の成員をいくつかの年齢の階層に区分し、個人は年齢の上昇とともに上の階層に順次移行していき、上位の階層の者が下位の階層の者を指揮・統率するという特徴をもつとする。また人々が享受する社会的な地位ないし権利・義務は「年齢階梯」によってあらかじめ定められていると指摘されている。「年齢階梯制」は、日本の近世・近代の農村社会に存在した子ども組—若者組—壮年組—老年組という厳格な規律をもつ年齢組織を説明する概念として、よく知られているものであろう。

一方、近年、「年齢階梯制」とは異なる、年齢（世代）に基づくインフォーマルで非定型的な仲間集団の析出とその性格の解明を目指す研究が蓄積されつつある。民俗学者の竹田旦[55]は、そうした同年輩の仲間集団を「同輩集団」と定義し、その性格を次のように規定する。「同輩集団」は、村落自治を担う定型的集団としての「年齢（階梯）集団」ではなく、数人から十数人規模の少人数からなり、同年齢から二～三歳の近い年齢差の者で構成されている。それは成人儀礼をすませた若者が同年輩の気の合う者をみつけて、飲酒などの盟約儀礼を結ぶことで形成され、生涯にわたって死亡するまで親友としての付き合いを続ける、親兄弟同様の強い「同心」性で結ばれた集団である。それは東北地方から薩南諸島に至るまで、「ケヤク」「ホーバイ」「ツレ」「チング」「ドゥシ」「ドゥチ」などの呼称で日本列島に広く分布しており、共同労働・婚姻相手の探索・葬礼の扶助など日常生活での相互扶助の機能を保持していた。また「同輩集団」は近い関係ゆえにお互いが影響しあう関係にあると信じられており、たとえば同年齢の者が死亡した場合には、凶事が及ばないようにする「耳塞ぎ」などの習俗（「同齢感覚」）があったことが知られている。

次に人類学・社会学の分野においては、年齢階梯制とは異なる年齢秩序を提起した学説として世代階層制論が注目される。

世代階層制概念の学説史を整理した鳥越皓之[56]によれば、世代階層制はH・クノーの親族組織研究の中で生み出され、江守五夫[57]によって日本に紹介されたカテゴリーであるという。クノーは世代階層という言葉を、原初的に親族関係を規定した年齢階級の意味で使用している。たとえば生みの父・母ではなくても、一つのホールドの中に父・母と呼ばれる階層があり、また祖父・祖母と呼ばれる階層、息子・娘と呼ばれる階層があり、そうすると個人のそれぞれの年齢階層（世代）への帰属が、逆に親族体系を規制するようになる。このような祖父・父・息子などの世代呼称で表現された年齢階層を世代階層と定義するわけである。クノーの研究を継承した江守は、マードックの〈deme〉共同体論を紹介し、それを地域内婚制により共同体自体が一つの血縁集団とみなされ、たとえ実際の血縁関係がなくても世代呼称によって相互に血縁者として結合するという構造をもち、双系制と世代階層制を基底原理とする共同体と定義している。[58]さらに江守の研究を引き継いだ村武精一と郷田洋文[59]は、伊豆諸島村落の調査に基づき、それを世代階層制村落という村落概念に発展させ、その研究がトカラ列島社会を対象とした鳥越皓之に批判的に継承されることとなったのである。一方、農村社会学の視点からは、住谷一彦が日本の前近代社会に存在した共同体の型の一つとして、「同族階層制」「年齢階層制」とともに「世代階層制」を掲げている。[60]

以上の諸研究の中で本書がとくに注目するのは、鳥越の世代階層制社会論である。鳥越の研究の意義は、世代階層制村落の構成要素として「朋類関係」という同世代集団の存在を発見したことにあるだろう。「朋類関係」とは、双系（方）親族制をとっている村落にあらわれる、親しい付き合いのある関係のことで、労働や何らかの儀式のおりに「双系（方）の親族＋友人」というかたちで形成される同世代の集団である。ここでは親族と友人の区別はほとんどなされず、その背景に内婚率の高さに起因する共同体全体に及ぶ親族関係の広がりがあったとしている。なお足高壱夫は、[61]鳥越の研究を踏まえた上で、三重県の志摩漁村にも「朋類関係」を見出し、「茶飲み友達」や、兄弟姉妹のほか、その配偶者、また「ホーバイ」と呼ばれる親友を合わせた「イトコドシ」と呼ばれた集団が、そうした親密な関係を示していると指摘している。

さて日本古代の史料上には、「イトコドシ」と類似する「イトコドチ」のほか、「オモフドチ」「ドチ」や「ヨチ」という言葉が散見している。本書第Ⅱ部は、これまでほとんど注目されることのなかったこれらの史料用語を手がかりに、日本古代の地域社会に存在した年齢集団を析出し、その具体的存在形態の解明を目指したものである。結論を先取りしていえば、本書を通してその実在を確認した八世紀の年齢集団によって構成される年齢組織は、従来、想定されてきたような中・近世社会に広く存在した年齢階梯制とはまったく異なり、むしろこれら隣接諸科学が提起する同輩集団、朋類関係、そして世代階層制社会といったカテゴリーの中に実態を解明する手がかりがあるといえるのである。本書第Ⅱ部では、日本古代の年齢集団を史料の中から抽出するとともに、それらが構成する年齢組織の存在形態と諸機能を実証的に検討し、これらの理論を参照しながら、古代地域社会の性格と構造の把握を試みてみたい。

註

（1）　古代共同体論・村落論の研究史については、小林昌二「古代村落史研究の方法的反省」（『日本史研究』一六七、一九七六年）、同「村落史研究のあゆみ・古代」（日本村落史講座編集委員会編『日本村落史講座一　総論』雄山閣、一九九二年）、同『日本古代の村落と農民支配』（塙書房、二〇〇〇年）、吉田晶『日本古代村落史序説』（塙書房、一九八〇年）、吉岡真之「郡と里と村」（『日本村落史講座四　政治一』雄山閣、一九九一年）、山尾幸久『日本古代国家と土地所有』（吉川弘文館、二〇〇三年）、関口裕子『日本古代家族の研究』上（塙書房、二〇〇四年）、鐘江宏之「郡司と古代村落」（『岩波講座日本歴史』第三巻古代三、岩波書店、二〇一四年）を参照されたい。ここでは、本書の課題認識に触れあう古代地域社会論の理論的研究に焦点を絞って論点を整理する。

(2) E・H・カー(清水幾太郎訳)『歴史とは何か』(岩波新書、一九六二年)。

(3) 「言語論的転回」については、とりあえずキース・ジェンキンズ(岡本充弘訳)『歴史を考えなおす』(法政大学出版局、二〇〇五年)、「特集 ヘイドン・ホワイト的問題と歴史学」(『思想』一〇三六、二〇一〇年)所収論文、岡本充弘『開かれた歴史へ 脱構築のかなたにあるもの』(御茶の水書房、二〇一三年)参照。

(4) フェルディナンド・ド・ソシュール(影浦峡・田中久美子訳)『一般言語学講義 コンスタンタンのノート』(東京大学出版会、二〇〇七年)。

(5) 西谷地晴美『古代・中世の時空と依存』(塙書房、二〇一三年)は、中世史の立場から「言語論的転回」に向き合った数少ない研究の一つである。

(6) 石母田・在地首長制論の起点には、文化人類学における首長制カテゴリーの援用という側面があるが、その理論的な核はマルクス主義の社会構成体論に基づく総体的奴隷制論にある。なお人類学の首長制概念による研究は、鈴木靖民により精力的に進められている(鈴木靖民「日本古代史における首長制社会論の試み」同『倭国史の展開と東アジア』岩波書店、二〇一二年。初出は一九九〇年)。

(7) 歴史学研究会編『歴史学のアクチュアリティー』(東京大学出版会、二〇一三年)は、各時代・各地域の歴史家が認識する、今日の歴史学がおかれた「危機」的状況とその処方箋が提示されている点で興味深い。

(8) 石母田正をはじめ、一九七〇~八〇年代にかけては、「地域」ではなく「在地」という用語が用いられていた。本書では、「地域」の語を用いることとしたが、その理由について付言しておきたい。「在地」概念は、本書が批判する社会構成体論を認識枠組みとしている共同体論の中で使用されることが多く、したがってその用語の使用により、本書の主旨を誤解される恐れがあると危惧し、代わりに「地域」の用語を用いて研究史を整理することとした。なお、近年、「地域」概念を方法として用いた亀谷弘明は、中国古代史研究の分析法を参照し「地域モデル」という分析モデルを提唱している(同『古代木簡と地域社会の研究』校倉書房、二〇一一年)。亀谷の「地域モデル」論は、「地域の政治・経済・生活・文化について多角的に検討して地域的特質を明らかにし、そのうえで一つのモデルを構築するもの」であり、それは一つの地域的まとまりだけに対象を設定するものではなく、長い歴史の中で形成された、大小の地域的まとまりが複数、重層的に重なり合う関係に注目する方法と位置づけられている。亀谷の「地域モデル」論は、地域を固定的なまとまりとしてとらえず、開かれた交通の所産とみる視点において学ぶべき点が多い。

(9) 石上英一「日本古代における所有の問題」(同『律令国家と社会構造』名著刊行会、一九九六年。初出は一九八八年)、浅野充「アジア的生産様式論争」(歴史科学協議会編『戦後歴史学用語辞典』東京堂出版、二〇一二年)。

(10) たとえば近年刊行された『岩波講座 日本歴史』(岩波書店、二〇一四年)の「刊行にあたって」には、「日本の歴史を考えるためには、政治体制を中心に、それを支えた経済・社会構造やさらに宗教・文化について」考察する必要があると述べる。ここには経済・社会構造が「土台」となり政治体制＝上部構造を「支える」とみる社会構成体的歴史認識が垣間見られる。

(11) なお、石母田学説の村落論の中核が「計画村落論」にあるとするのは、誤りである。「計画村落論」は、村落形成の契機に関わる論理であり、在地首長と国家に対する「民戸」の人格的従属を促す「再生産への関与」の一局面を示す概念である。したがって、「加功」主体の所在によって所有の特質の「成り立ち」を説明するものではあるが、形成された村落の共同体としての形態・特質を把握する論理は「集落共同体論」であると考えられる。

(12) 『石母田正著作集』第八巻(岩波書店、一九八九年。初出は一九七二年)。

(13) 門脇禎二「在地首長制と古代共同体」(同『古代史をどう学ぶか』校倉書房、一九八六年。初出は一九七五年)、小林昌二「村」と村首・村長」(同前掲註(1)著書。初出は一九八九年)。なお、福岡猛志「読書ノート・石母田正著『日本の古代国家』」(『現代と思想』五、一九七一年)、菊地登「石母田『首長制』論の理論的検討」(『新しい歴史学のために』一四九、一九七七年)、西山良平「日本〈律令国家〉研究の展望・序説」(『新しい歴史学のために』一五九、一九八〇年)にも同様の視角からの指摘がある。

(14) 石母田正「古代法」(『石母田正著作集』第八巻、岩波書店、一九八九年。初出は一九六二年)。首長制概念提起以前の論文だが、「条里制村落論」や村落が国造層に対抗する一個の法主体になりえなかったこと、また「民会」の位置づけなど、『日本の古代国家』の村落論に関わる基本的論点が出揃っており、石母田「集落共同体」論の理解には欠かすことができない文献である。

(15) 「古代村落の二つの問題」(『石母田正著作集』第一巻、岩波書店、一九八八年。初出は一九四一年)には、「大化前代」(六・七世紀)の村落を、家父長的個別家族により構成される「完全な地縁的村落共同体」へ移行する前の「地縁性によって規定された世帯共同体の血縁的結合という氏族共同体の遺制の残存する過渡的段階的特徴を指摘する。首長制論の提起によって、古代村落は首長制「内部」の「集落共同体」として位置づけなおされることになるが、大化前代の「成熟しつつあった」「地縁的共同体」という性格規定自体は、基本的認識としてその中に受け継がれていると思われる。

(16) 義江彰夫「律令制下の村落祭祀と公出挙制」(『歴史学研究』三八〇、一九七二年)。その所論は、「儀制令春時祭田条の一考察」

(『古代史論叢』中、山川出版社、一九七八年)、「日本における神仏習合形成の社会史的考察」(『中国——社会と文化』七、一九九二年)にさらに展開されている。

(17) 関和彦「古代神祇信仰の国家的編成」(『民衆史研究』一〇、一九七三年)。

(18) 小倉慈司「古代在地祭祀の再検討」(『ヒストリア』一四四、一九九四年)。その他の文献については、同論文に引用された諸文献参照。

(19) 吉田晶前掲註(1)著書。

(20) 「個別経営」の語を積極的に使用されているのは、吉田晶・吉村武彦・鬼頭清明・大町健であり、四氏では「農業共同体」「アジア的農業共同体」「共同体」から未だ完全な自立を達成していない律令制下の郷戸規模にほぼ相当する「家父長的世帯共同体」を示す点でほぼ同様の概念を意味し、関和彦の「世帯共同体」も同じ意味を有していると考えられる。石母田の場合は、「民戸」=「家父長的家族共同体」の語を用いるが、それは、「集落共同体」概念の使用により「農業共同体」概念を採用しなかったことに関わっているが、その規模・共同体に対して占める位置についての認識は、「個別経営」のそれと近似的である。小林昌二は、分割労働の単位として完結していても耕地の維持などでなお「農業共同体」の首長的秩序に依存しているという理由から「個別経営」の語の使用を批判し、「単位集団」の語を使用するが、氏の批判は、実質的には、自立した「小経営」概念の批判となっており、またそれを「家父長的世帯共同体」とすることから、上記の諸氏の「個別経営」と「単位集団」に概念上の違いはないと思われる。そこで、整理の都合上、以上の諸氏の使用される概念を「個別経営」として統一した。また宮瀧交二「日本古代の村落と開発」(『歴史学研究』六三八、一九九二年)は、六~八世紀の村落を大町健説に依拠して「村落首長制下の村落」とし、九・十世紀に「大小個別経営が担う共同体的諸関係に体現される」村落に移行したと位置づけている。なお「個別経営」論の研究史については、関口裕子前掲註(1)著書、拙稿「個別経営」(歴史科学協議会編『戦後歴史学用語辞典』東京堂出版、二〇一二年)参照。

(21) 吉田は、「地縁」概念の安易な図式としての適用を戒め(同「古代国家論」『講座 日本史一 古代国家』一九七〇年)、①氏族共同体段階、②血縁的原理の否定により成立する国家成立の指標としての地域による住民の区分、③生活・生産上の共同性に基づいてなしくずし的に成立した地縁的関係(血縁的原理の残存)という三類型を措定される(前掲註(1)著書)。「地縁」概念の理論的典拠をマルクス「ヴェ・イ・ザスーリチへの手紙草稿」の農業共同体論、エンゲルス『家族・私有財産・国家の起源』に求め、日本古代の共同体を氏族的共同体段階と区別する試みと考えられる。したがって、②③の「地縁」的共同体の内容は、換言すれば、二次的社会構成への過渡期および階級社会・国家段階に支配的となる「家族」ではなく「所有」の秩序に基礎づけられた社会集団である。

(22) A大町健『日本古代の国家と在地首長制』(校倉書房、一九八六年)、B同「村落首長と民衆」(『日本村落史講座4　政治1』雄山閣、一九九一年)、C同「社首と古代村落」(『成蹊大学経済学部論集』二六―一・二、一九九六年)。

(23) A関和彦『風土記と古代社会』(塙書房、一九八四年)、B同『日本古代社会生活史の研究』(校倉書房、一九九四年)。

(24) 吉村武彦「初期庄園の耕営と労働力編成―東大寺領越中・越前庄園から―」(同『日本古代の社会と国家』岩波書店、一九九六年。初出は一九七四年)、同「律令制的班田制の歴史的前提について―国造制的土地所有に関する覚書き―」(『古代史論叢』中、山川出版社、一九七八年)、同「日本の古代社会と首長制」(『歴史学研究』五四七、一九八五年)。

(25) この問題については、梅田康夫「律令制社会の園宅地所有について」(『法と権力の史的考察』創文社、一九七七年)参照。

(26) A鬼頭清明『律令国家と農民』(塙書房、一九七九年)、B同『古代の村』(岩波書店、一九八五年)、C同「郷・村・集落」(『国立歴史民俗博物館研究報告』二二　共同研究 古代の集落』一九八九年)。

(27) 小林昌二前掲註(1)著書(二〇〇〇年)。

(28) 吉田孝「律令制と村落」(『岩波講座日本歴史』三、岩波書店、一九七六年)、同『律令国家と古代の社会』(岩波書店、一九八三年)。

(29) 双系制は出自を中心にみた系が父方・母方にたどれる親族構造を指し、一方、双方制はエゴ(私)を中心にみて父方・母方双方に広がる親族関係(キンドレッド)を指す。両者を混同して用いる場合があるが、異なる親族概念である(明石一紀『古代・中世のイエと女性　家族の理論』校倉書房、二〇〇六年)。古代地域社会の親族構造は双方制とみるのが無理がないと考えられ、したがって以下の論述では、とくに問題がないかぎり、双方制として統一表記することとする。

(30) 関口裕子前掲註(1)著書。

(31) 吉村武彦「古代の家族と共同体」(『歴史評論』四四一、一九八七年)。

(32) 田中良之『古墳時代親族構造の研究』(柏書房、一九九五年)。

(33) なお近年、清家章は田中と同じく出土人骨の分析により、古墳時代の親族構造を双系(方)制により把握できるとして、田中とは相反する結論を導き出しており(清家章『古墳時代の埋葬原理と親族構造』大阪大学出版会、二〇一〇年)、大いに注目される。

(34) 溝口優樹は、新進化主義人類学で重視されてきた「社会統合」概念を核に「陶邑」や行基集団をフィールドとして古代国家形成期の地域社会を分析している（同『日本古代の地域と社会統合』吉川弘文館、二〇一五年）。溝口の「社会は血縁や地縁だけでなく、社会の形態（段階）によって経済や宗教、クランなどさまざまな要素によっても統合される」という視点は、本書の問題意識とも通底し共感できるものである。

(35) なお、近年、発表された浅野啓介「日本古代における村の性格」（『史学雑誌』一二三―六、二〇一四年）は、唐代以前をも射程に入れた日中律令における「村」規定の検証と石川県加茂遺跡出土加賀郡牓示札などの出土文字史料の分析から、八・九世紀の「村」が国家支配の基礎的単位となっていたことを論じ、きわめて注目される。ただし浅野は本書が問題にする「村」の結合原理に関する言及は避けており、古代村落の集団的性格の解明は今後の課題とされている。

(36) 義江明子『日本古代女性史論』（吉川弘文館、二〇〇七年）。

(37) 高群逸枝『母系制の研究』（厚生閣、一九三八年）、同『招婿婚の研究』（大日本雄弁会講談社、一九五四年）。

(38) 義江明子前掲註(36)著書第Ⅲ部第三章「イへの重層性と〝家族〟―万葉歌にみる帰属感・親愛感をめぐって―」。

(39) 坂江渉「古代の地域社会と農民結合―風土記・歌垣民謡研究からみえてくるもの―」（『播磨国風土記を通してみる古代地域社会の復元的研究』平成十九～二十一年度科学研究費補助金基盤研究（C）研究成果報告書、二〇一〇年）、同「風土記の地方神話と祭祀儀礼」（『播磨国風土記の現地調査研究を踏まえた古代地域社会像の提示と方法論の構築』平成二十～二十二年度科学研究費補助金基盤研究（C）研究成果報告書、二〇一三年）。

(40) 拙稿「古代村落史研究の方法的課題―七〇年代より今日に至る研究動向の整理から―」（『歴史評論』五三八、一九九五年）。

(41) 山尾幸久前掲註(1)著書。

(42) 今津勝紀『日本古代の税制と社会』（塙書房、二〇一二年）。

(43) 今津勝紀前掲註(42)著書。

(44) 今津勝紀「古代史研究におけるＧＩＳ・シミュレーションの可能性――家族・村落・地域社会、日本古代社会の基本構造」（『科学研究費補助金萌芽研究研究成果報告書　シミュレーションによる人口変動と集落形成過程の研究』二〇〇五年）。

(45) シャンタル・ムフ、エルネスト・ラクラウ（西永亮・千葉眞訳）『民主主義の革命　ヘゲモニーとポスト・マルクス主義』（筑摩書房、二〇一二年）、シャンタル・ムフ（千葉眞・土井美穂・田中智彦・山田竜作訳）『政治的なるものの再興』（日本経済評論社、一九九八年）、同（葛西弘隆訳）『民主主義の逆説』（以文社、二〇〇六年）、エルネスト・ラクラウ（山本圭訳）『現代革命の新たな考察』（法政大学出版局、二〇一四年）。

(46) 日本中世史の立場からのハーバーマスの公共性論を理論的背景にもつ研究として、東島誠『公共圏の歴史的創造　江湖の思想へ』（東京大学出版会、二〇〇〇年）がある。

(47) なおポストモダンの言説論を踏まえた、言説による社会構築を主唱する立場を「社会構築主義」と称する（上野千鶴子『構築主義とは何か』勁草書房、二〇〇一年）。私は「言語論的転回」に始まる歴史学批判としての構築主義を乗り越える一つの方法として、ラクラウ・ムフの思想を評価している。その構築主義的思想は、言説形成体とヘゲモニー概念を媒介することにより、ポストモダン思想の最良の言説理論を歴史的社会の分析に応用する理論的可能性を秘めていると考える。

(48) 明石一紀『日本古代の親族構造』（吉川弘文館、一九九〇年）。

(49) 江守五夫「年齢階梯制ならびに自由恋愛に関するH・シュルツの学説について」（『社会科学研究』四―四、一九五四年）、同「シュルツ―年齢階梯制の体制的研究―」（綾部恒雄編『文化人類学群像一―外国篇一』アカデミア出版会、一九八五年）。

(50) R・H・ローウィ（河村只雄・河村望訳）『原始社会』（未来社、一九七九年。原書は一九二〇年）。

(51) 中野泰『近代日本の青年宿―年齢と競争原理の民俗―』（吉川弘文館、二〇〇五年）。

(52) 中野泰前掲註(51)著書。

(53) 高橋統一「東アフリカの年令集団組織―社会構造と民族文化の問題―」（『民族学研究』二〇―三・四、一九五六年）、同「性・年令による集団」（『現代文化人類学　第三巻〈人間の社会〉I』中山書店、一九六〇年）。

(54) 江守五夫『日本村落社会の構造』（弘文堂、一九七六年）。

(55) 竹田旦『兄弟分の民俗』（人文書院、一九八九年）。

(56) 鳥越皓之『トカラ列島社会の研究』（御茶の水書房、一九八二年）。

(57) 江守五夫「年齢階梯制度下における婚姻と親族組織の形態に関するH・クノーの学説について」（『社会科学研究』五―四、六―一、一九五四年）。

(58) 江守五夫「本邦の〈一時的訪婚〉慣行の発生に関する社会構造論的考察〈本論その一〉」（『社会科学研究』八―五・六、一九五七年）。

(59) 村武精一・郷田洋文ほか「伊豆新島若郷の社会組織」(『民族学研究』二三―三～四、一九五九年)。

(60) 住谷一彦『共同体の史的構造論―比較経済社会学試論―』(有斐閣、一九六三年)。

(61) 足高壱夫「志摩漁村の「同輩集団」の基本的性格―三重県鳥羽市I町の「茶飲み友達」を通して―」(『関西学院大学社会学部紀要』六五、一九九二年)。

〔付記〕 本章の元となった旧稿「古代村落史研究の方法的課題」(『歴史評論』五三八、一九九五年)における石母田正の「集落共同体」論の評価については、関口裕子の批判があるので付言しておきたい。関口は、旧稿が指摘した「集落共同体」論の二重性は、石母田の家族に対する矛盾した二重理解により生起したもので、旧稿のような研究史上の石母田評価は必ずしも正確ではないと批判している(同『日本古代家族史の研究』上、塙書房、二〇〇四年、二四〇・二四一頁)。確かに、旧稿は「集落共同体」論のもつ二重性の指摘だけで、その矛盾の「由来」については論じておらず、関口の指摘には教えられる点が多い。ただし、関口は石母田の民戸=家父長的家族共同体論を否定する立場から、「集落共同体」論の二重性を理論的矛盾として切り捨てているが、私は、むしろ、その矛盾の中にこそ石母田説が内包していた多元的可能性をとらえ、地域社会論の視点から、その後の研究によって捨象された側面=首長と民戸の関係に限定されない「集落共同体」の多面性をすくい上げていく必要性を課題として強調したのである。その意味では、石母田評価に関する骨子は、本書においても改める必要はないと考えている。ただし「あとがき」にも記したように、本書全体の結論は旧稿のそれとは大幅に異なるものとなり、たとえば古代家族の理解については、関口をはじめとする双方的な「母・子＋夫」説の立場に立って叙述している。

第Ⅰ部　編戸形態と年齢原理

第一章　古代戸籍にみる年齢人口分布と災害・飢饉・疫病

はじめに

日本古代史における最もまとまった年齢人口データは、八世紀に作成された戸籍・計帳（籍帳）に存在する事実は多言を要しない。籍帳は、地域社会の年齢構造や人口構造といった歴史人口学的課題の究明の上で、恰好の分析対象となりうる古代史の数少ない史料といえるだろう。

ところで、戦後フランスで始まった歴史人口学は、今日、めざましい発達を遂げ、日本においてはとくに近世史の分野で、宗門改帳を用いた人口動態およびその規定要因を探る研究が盛んに行われている。しかし日本古代史における人口学的研究は、数少ない先駆的業績(1)を除けば、立ち後れの目立つ研究分野となっている。こうした中、古代戸籍・計帳を統計学的に分析した画期的な研究が、W・W・ファリスや(2)、今津勝紀を中心とする岡山大学の研究グループ(3)により発表され、近年、注目を集めている。

いうまでもなく八世紀の戸籍・計帳は、特定地域における人口静態を把握できる希有な史料群ではあるが、いずれも単年度のものであるため、そのままのかたちでは、宗門改帳のように一定地域の継続的な人口変動を明らかにすることができない。また登録されている年齢データの質や正確性についても、課役忌避を目的として行われた、いわゆる偽籍の存在から、その信憑性に疑いがもたれている。ファリス、今津は、こうした戸籍の史料的限界を克服するため、人口統計学的方法を駆使し、それぞれ異なる方法に基づいて戸籍の年齢別人口分布の傾向を数量的に解析し、人口動態シミュレーションを行って生存率・死亡率・定常人口・平均余命など人口状況の試算・復原を試みられた。

本章では、ファリス、今津による人口分析理論について、その方法と結論の妥当性を検証し、とくに大宝二年（七〇二）御野国戸籍、養老五年（七二一）下総国戸籍にみる年齢別人口値のデータの質（正確性）の再評価を試みた上で、新たな戸籍の人口分析方法を提示する。すなわち、両戸籍の年齢値と人口値から作成した人口回帰曲線の残差分析により、年齢別人口分布の偏りを析出し、その要因についての考察を試みる。とくに、統計的に析出された異常な人口減少がみられる戸籍上の年齢分布の偏差に注目し、その要因を気候変動や災害・飢饉・疫病との相関性といった環境史的視点から考察する。なお年齢別人口分布の異常な増加値とその要因については、次章で検討したい。

一　ファリス理論の検証

1　戸籍人口データの質の評価

ファリスによる古代籍帳を用いた研究は、大宝二年（七〇二）御野国戸籍・九州戸籍、養老五年（七二一）下総国戸籍、神亀三年（七二六）・天平四年（七三二）山背国愛宕郡計帳を使用に耐えうる数量データに変換し、人口統計学の方法を用いて人口値を算出して、八世紀社会の特質に関する歴史的評価を試みたものである。周知のとおり、律令に規定された女性および緑（黄）（一～三歳）・小（四～十六歳）・耆（六十六歳以上）の課役免除、少（中）（十七～二十歳）・老（六十一～六十五歳）の課役軽減措置を利用した、課役忌避のための性・年齢の偽登録や未登録を意味する偽籍が存在し、そのために①戸籍の登録人口範囲および②登録年齢データの正確性には疑いがもたれている。そこでフ[4]

ァリスは、戸籍数量データの試算と評価を行い、それぞれの籍帳について①②の側面から人口データの統計学的信頼性を検証する。そのプロセスは三段階にわたっているが、まず、その方法と結論の妥当性について検討する。

ファリスによる戸籍評価の第一段階は、各戸籍における性別人口比率（M/F,F＝一〇〇％）の試算と評価である。人口統計学では、女性人口を一〇〇％と仮定した場合、男性人口は九〇～一〇五％の範囲に収まるのが原則とみられている。そこで評価基準を女性一〇〇％とし、それに対する男性比率を各戸籍で確かめると、大宝二年御野国加毛郡半布里戸籍（以下、半布里戸籍と呼ぶ）が男女比率九八・九／一〇〇で、養老五年下総国葛飾郡大嶋郷戸籍と同国倉麻郡意布郷戸籍（以下、両戸籍を合わせて下総国戸籍と呼ぶ）は男女比率はわずか七七・一／一〇〇にすぎない。したがって半布里戸籍の男女比率の正確性に比べ、下総国戸籍は女性が多く、性別人口比率が不正確なデータと評価される。ファリスはその理由として、大宝律令課役制施行後しばらく経過した養老五年籍では、課役忌避のために男性の登録範囲を減少させる偽籍が蔓延したことが背景にあると推察している。

第二段階は、十五歳以下若年人口比率（十五歳以下人口／全人口×一〇〇）の試算と評価である。下総国戸籍・山背国計帳では、半布里戸籍などの大宝二年戸籍より約八～一三％若年人口が少ないという特徴があるとされる。ファリスはこの点について、次の二つの可能性を指摘する。一つは、下総国戸籍・山背国計帳のデータの傾向は、低い出生率あるいは高い死亡率により若年人口が実際に減少していたとみる可能性である。もう一つの可能性は、同戸籍は大宝律令制施行以後二〇年後の戸籍であるので、その間に生まれた出生者を隠す未申告という手段を取り始めた班田農民による偽籍の反映とみるものである。ファリスは、下総国戸籍における性別人口比率の不正確性との関係から、後者の可能性を支持している。

第三段階は、年齢別人口分布の正確性の試算と評価である。ここでは、人口統計学者・マイヤーによる年齢人口指標（Myers Index）[5]が使用される。マイヤーによると、統計的に年齢の一の位の数値（〇～九）を共有する各年齢人口は、それぞれ全人口の一〇％で安定するという法則性が確認される。たとえば年齢三歳、十三歳、二十三歳、三十三歳、四十三歳……の三の数値を共有する年齢人口は、原則として全人口の約一〇％で安定する。そこでファリスは、各戸籍に登録された年齢の一の位の数値〇～九を共有する年齢人口が、マイヤーの指標一〇％からどれくらいの範囲で増減（＋、－）があるかを調べることで、指標からの逸脱（年齢集積）の規模を確かめ、各戸籍の年齢別人口分布の正確性を評価した。

ファリスの試算によると、意外なことに下総国戸籍の「年齢集積」が最も低く、同戸籍の年齢別人口分布の正確性が、戸籍中、最も高い事実が確かめられた。次に、御野国戸籍（全体）、半布里戸籍がついで「年齢集積」が低く、年齢別人口分布の正確性が高くなっている。男性・女性ともに最も「年齢集積」が高い籍帳は山背国計帳、九州戸籍で、これらはその正確性が最も低い史料となっている。

以上の検討結果から、籍帳の質の総合的評価は半布里戸籍、御野国戸籍（全体）が登録人口範囲・登録年齢の正確性の両面で最も良質な史料と考えられるという。九州戸籍は、登録年齢の正確性では最も不正確であるが、登録人口範囲は御野国（全体）についで第三位の信頼度を有する。下総国戸籍は、登録年齢の正確性は各戸籍中最も高いが、登録人口範囲は最も信頼度が低い。山背国計帳は、登録年齢データの正確性、登録人口範囲ともに信頼度が低い。ファリスは、下総国戸籍・山背国計帳という作成が最も遅れた時期の籍帳ほど、課税逃れのための偽籍が多くなったためと推定している。

私は御野国戸籍（全体）、半布里戸籍のファリスの評価は妥当であるが、下総国戸籍の評価については問題が残ると考える。

ファリスは、大嶋郷戸籍の男女性別人口比率の不均衡（七七・一／一〇〇）および十五歳以下若年人口の他戸籍に比べての人数の少なさから、同戸籍における登録人口範囲の狭さ、すなわち未登録人口の存在を指摘するが妥当であろうか。まず正確性が指摘されている半布里戸籍の登録人口は、一一一九人（五四戸）となっている（ただし四戸分の人口不明）。一方、大嶋郷戸籍の戸籍登録人口総数は一一九一人（五〇郷戸）であり（巻末集計部）、大嶋郷戸籍がカバーする登録人口は半布里戸籍に比べて特段に異常性はないようにみえる。確かに大嶋郷戸籍に女性の比率が高く、それが性別を偽る手段による偽籍の結果であるというファリスの結論自体は正しい。しかし、そのことは直ちに人口登録範囲（総数）の不正確性を示すという結論には直結しない。仮に出生した男性を女性として申告した偽籍が行われても、出生人口登録そのものは行われている可能性があるからである。八世紀前半期、戸籍登録は、農民層の生産手段であり生存に不可欠の耕地であった口分田班給の前提であった。三世一身法以前における荘園・墾田の依存に十分には期待できない八世紀初頭の段階で[6]、農民層が自ら生計の主たる手段である口分田班給の可能性を断つ出生者の隠蔽を自ら積極的に行ったとは考えにくいのではないだろうか。この時期における偽籍は、課役減免の権利を獲得しつつ、同時に戸の口分田班給面積を増やすための口数を確保するという方法が合理的であり、したがって男性の出生自体を隠匿するのではなく、男性を女性として偽申告するケースが多かったと推察される。

次に大嶋郷において、十五歳以下若年人口が少ない事実が偽籍＝出生者の未登録によるという説も問題がある。同戸籍では確かに若年年齢人口比率が半布里に比べて著しく低く、それ自体は正しい指摘である。しかしその要因を偽籍に求めるのはやはり無理がある。女性同様、十七歳以上の次丁（中男）、または二十一歳以上の正丁男性に到達しない若年年齢層としての戸籍登録は、当座のことにはなるが、口分田の班給を受けながら課役の減免措置を得ることができる権利として機能する。したがって課役が減免される若年者を隠匿するというケースはこの時期には考えにくく、その減少には偽籍とは別の要因、すなわちファリスが可能性を示しつつ結果的に採用しなかった、若年年齢層の出生数の減少あるいは死亡数の増加を表すという実態論的な考え方が妥当性をもつように思われるのである。[7]

以上の仮説的検討をまとめると次のとおりである。ファリスがデータの質を低く見積もった大嶋郷戸籍は、性別人口比率は不正確だが、その年齢集積率の低さから年齢別人口分布は正確性が高い戸籍として再評価される。また若年年齢層の人口減少傾向は、実態を表している可能性が指摘できる。したがって、その人口登録範囲の正確性は御野国・半布里戸籍と比べてけっして劣るものではないと考えられる。

2　年齢調整と安定人口分析

年齢データの質的評価を経た上で、統計的分析に堪えうる数値に変換するためのデータの調整が行われる。年齢集積の平滑化を目的とした年齢調整である。まず戸籍は、満○歳が一歳として登録されているので、それを満年齢に換算する。次に変換した年齢値を用いて「年齢集積」を調整する。このプロセスは、統計学者の小林和正の理論に基づき「集積年齢」を五歳間隔に再配分し、ついでグレビル係数を用いて五歳幅の範囲内で単年度の「年齢集積」を平滑化するのである。[8] これにより、各戸籍の「年齢集積」によるデータの歪みが緩和され、より統計学的分析に適合した年齢別人口値が与えられる。

年齢人口が調整されると、最後にモデル生命表の適用による安定人口分析が行われる。アンスリー・コールとポール・デメインが十九世紀から二十世紀にかけての世界各地の人口統計データから作成した地域モデル生命表を利用した人口推計の方法は、人口統計学の分野で、今日、普遍的に行われているものであるが、[9][10] ファリスはこのうち西方モデルを利用して古代戸籍の人口状況を推計する。まず戸籍の平滑化年齢人口構造に最も近い人口構造モデルを探し、次に該当モデル生命表の適用と調整により戸籍人口値の試算を行う[11]。その結果、御野国（全体）戸籍の女性人口、半布里戸籍の男性・女性人口、九州戸籍の男性人口はモデル生命表の適用と調整に成功し、一方、御野国（全体）戸籍の男性、九州戸籍の女性、下総国戸籍の男性・女性、山背国計帳の男性・女性は、適用・調整に失敗した。ファリスは、適用・調整に成功した戸籍を使用して人口推計を行い、二七・七五〜三二・五年というきわめて低い出生時平均余命のほか、生存率・死亡率・出生率・人口増加率などの各種人口値を試算・解明した。

ファリスの方法論と人口値の試算結果は妥当なものであると考えられる。ここで取り上げたいのは、なぜモデル生命表の適用に失敗するケースが生じたのかという問題である。ファリスはその要因として一部の戸籍データの質の低さを指摘し、それらの戸籍は人口値の算出には適さないと考えているが、次にその点について検討する。

モデル生命表の適用は、半布里では男性・女性いずれも分析に成功し、それ以外はいずれの戸籍でも問題が生じている点が注目される。とりわけ下総・山背では男性・女性ともモデル適用に失敗しており、データ性質上の問題の大きさを推測させる。ファリスの試算は年齢集積を調整した上でのものなので、失敗の要因となりうるデータ性質上の問題はそれ以外のところに求められる可能性が高い。分析に成功した半布里（男女）と失敗した他戸籍でデータの質の点で最も特徴的な差異が現れているのは、性別人口比率であろう。ファリスの試算では、半布里の性別人口比率九八・九％（M／F）に対し、御野（全体）では九二・五％、九州八八・九％、山背八三・〇％、下総七七・一％となっており、各データで半布里との間に六〜二一％もの開きが認められ、したがって半布里以外では、男女別々の年齢別人口を分析の基礎データとすると偏りが発生する可能性が高くなるのは間違いない。さらに下総・山背の場合は、それに加えて異常な若年年齢人口比率の低さが、十九〜二十世紀の各地域のサンプルから作成されたモデル生命表の適用を困難にしたという条件を想定できる。しかし、若年年齢人口比率の低さ自体は、上述したとおり、データの不正確性を示すものではなく、実態を示している可能性が認められる。なお、この点の論証自体は本章全体の目的でもあるので、次節以下で詳述する。

以上、ファリス理論の検討結果を整理すると次のとおりである。①半布里以外の戸籍では、性別人口比率の不正確性から男女別々の人口推計は困難である、②ただし性別人口比率の不正確性は人口登録の欠如を示すのではなく、一部の男性が女性として登録された偽籍の所産と考えられる、③下総国戸籍は半布里戸籍以上に年齢集積率が低く、したがって年齢別人口分布は正確性が高い、④下総国戸籍の若年年齢人口の低さはデータの不正確性を表しているのではなく、実態を表している可能性がある、以上四点である。この論点を踏まえれば、半布里戸籍以外の戸籍については、ファリスが安定人口分析に失敗したように、男女別々の人口値の分析は困難となることが予想される。しかし、上述したとおり、下総国戸籍にみられる登録人口範囲、年齢別人口分布の相対的な正確性を勘案すると、男女総数であれば年齢別人口分布の信頼性が担保され、分析にある程度耐えうる可能性もまた出てくるであろう。

そこで次に、大嶋郷戸籍と半布里戸籍にみる男女総数年齢別人口分布の特徴を、今津理論を応用した新たな統計学的方法により比較分析し、本節で仮説的に提示した両戸籍のデータの質の高さを検証してみたい。同時に、大嶋郷戸籍にみられる若年年齢人口の減少がファリスのいう人口登録データの不正確さではなく、実態を表すという点について、環境史的視点という別の角度から年齢別人口構造を分析することにより論証を試みる。

二　今津理論の検証と戸籍データ分析方法の構築

ファリスとは異なる統計学的方法により、半布里戸籍の人口推計を行ったのが今津勝紀である。本節では、今津に

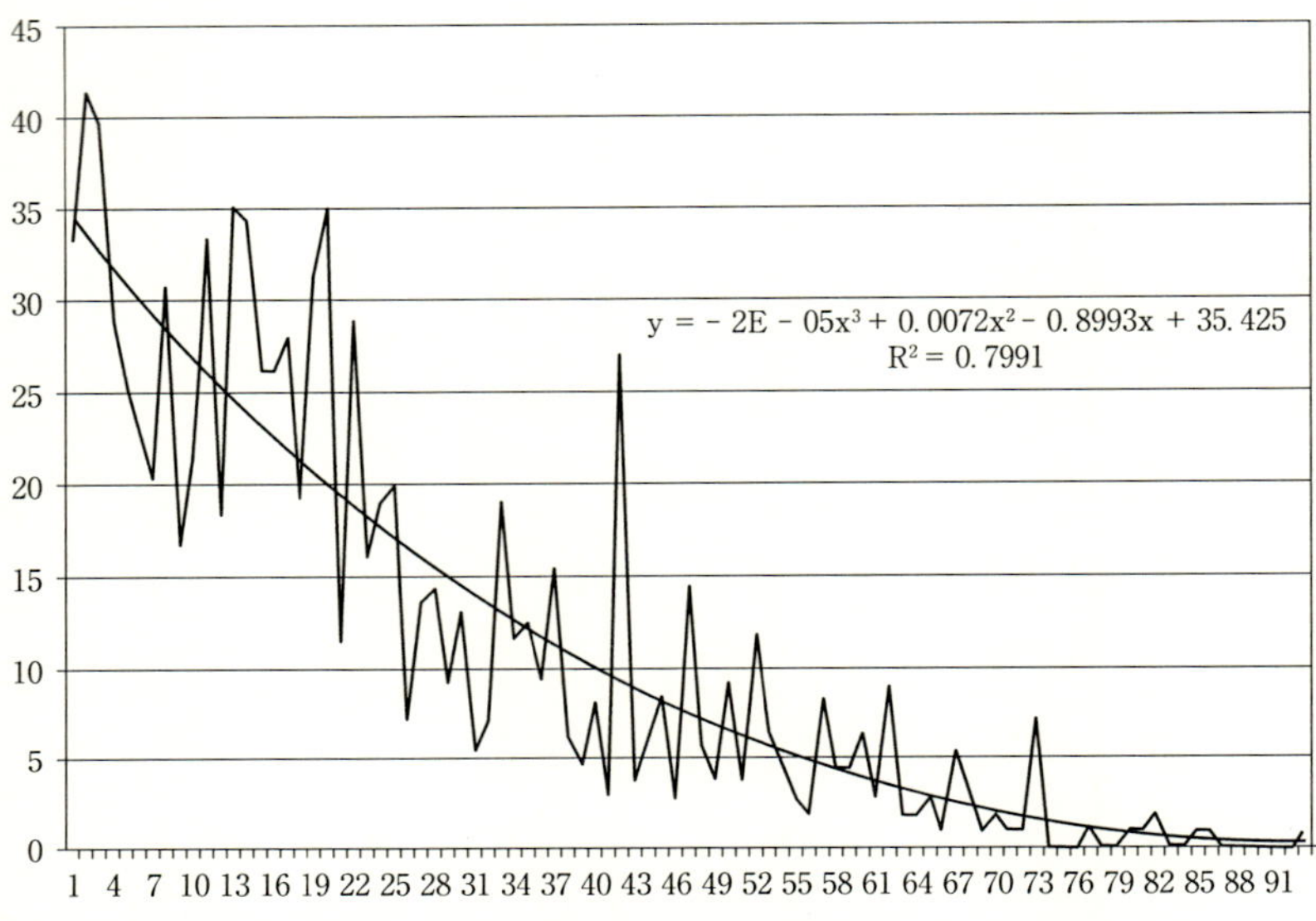

図1　半布里戸籍年齢別人口分布（‰換算）と近似曲線（x軸：年齢，y軸：人口）

より提示された御野国半布里戸籍を用いた人口シミュレーション理論についてその妥当性を検証し、それを応用した新たな戸籍・年齢別人口の分析方法論を構築する。まず今津理論の方法を概略的に紹介する。

今津は、まず戸籍に登録された年齢別人口実数をカウントし、それを折線グラフ上に示す。しかし「実際のデータは年ごとにバラツキがあり、そのままでは計算に耐えないので」、最小二乗法による近似式の当てはめ（回帰分析）により「年を経るごとに人口が減少する人口曲線（＝近似曲線…筆者注）」を作成する。最小二乗法は、予測値と実数の誤差の二乗の総和sを最小にする定数を求める計算法で、説明変数（x軸＝年齢）と目的変数（y軸＝人口）の相関性を示す関数の方程式を誤差を最小にしたかたちで示すことが可能になる。人口曲線は、寄与率R二乗値が一に近接する（一＝一〇〇％）という条件を満たす三次多項近似式を選択した上で作成し、これを生命表作成の基礎となる生存曲線と適合したものとみる。なお生存曲線とは、現在の生存率・死亡率に基づいて作成された、出生コーホート（同じ年に生まれた集団）の将来の人口状況を予測する関数曲線のことで、それを表化したものを生命表という。生命表は一〇万人を基数とするため、近似式で求めた予測値を一〇万人単位に換算した上で試算し、古代社会における生存率・死亡率・定常人口・平均余命などを数量的に明らかにした簡易生命表を作成する。それにより、たとえば出生時では平均余命二八・四八年となることが判明するなど、人口状況が数量的に解明される。

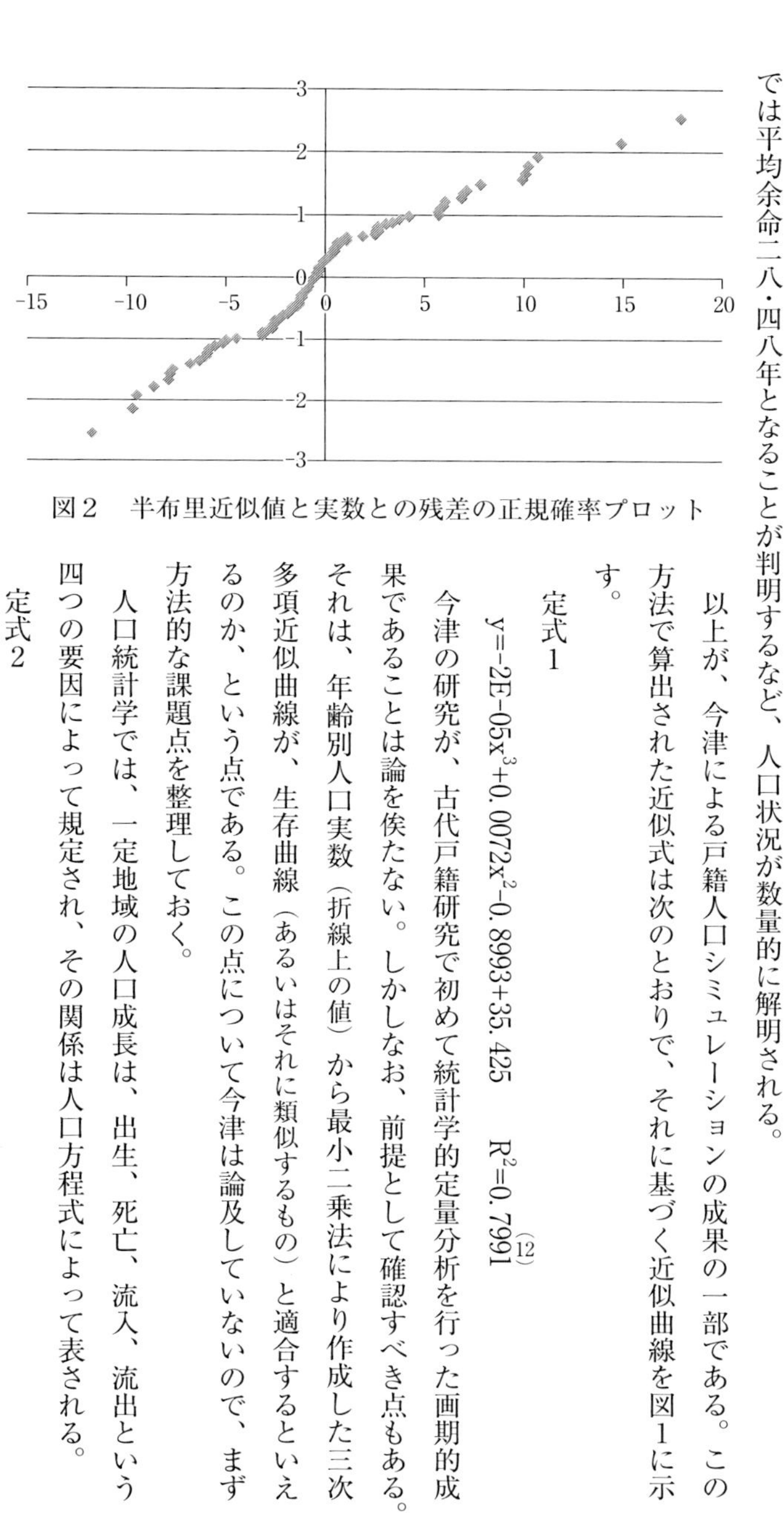

図２　半布里近似値と実数との残差の正規確率プロット

以上が、今津による戸籍人口シミュレーションの成果の一部である。この方法で算出された近似式は次のとおりで、それに基づく近似曲線を図１に示す。

定式１

$y=-2E-05x^3+0.0072x^2-0.8993+35.425$　$R^2=0.7991$[12]

今津の研究が、古代戸籍研究で初めて統計学的定量分析を行った画期的成果であることは論を俟たない。しかしなお、前提として確認すべき点もある。それは、年齢別人口実数（折線上の値）から最小二乗法により作成した三次多項近似曲線が、生存曲線（あるいはそれに類似するもの）と適合するといえるのか、という点である。この点について今津は論及していないので、まず方法的な課題点を整理しておく。

人口統計学では、一定地域の人口成長は、出生、死亡、流入、流出という四つの要因によって規定され、その関係は人口方程式によって表される。

定式２

成長人口＝（出生人口－死亡人口）＋（流入人口－流出人口）
＝　（自然増加）　＋　（社会増加）

一方、人口状況算出の基礎となる生存曲線は、長期にわたり年齢別出生率と年齢別死亡率が一定で変わらないと仮定し、戦争・疫病・飢饉など大量死をもたらす要因による急激な人口減少、移民による流入・流出といった社会増加を計算に含めない安定人口を前提にしている。したがって、戸籍上の年齢別人口実数の回帰分析により求められた近似曲線が生存曲線と適合すると仮定するためには、近似曲線上の予測値の変動が安定人口に近い推移を示していることを証明する必要性が生じてくる。半布里の場合、こうした証明は可能であろうか。

まず近似曲線上の予測値と人口実数との偏差（＝残差）を算出しその分布状況を正規確率プロットにより確認すると、正規分布にほぼ近似しており、近似曲線の人口実数グラフに対する統計的相関性が確かめられる（図2）。

そこで図1の近似曲線を見ると、年齢の上昇に伴い、一定の比率で年齢人口が漸減し、増加することがないという傾向が読み取れる。またR二乗値により、この近似曲線が半布里の年齢別人口分布を説明しうる妥当性は〇・七九（今津の近似式では〇・八一）、すなわち約八〇％という高い確率であることが証明される。つまり、x軸の説明変数＝出生年の一年ごとの遡上（年齢上昇）により、y軸の目的変数＝年齢別人口の変化が、定式1の近似式に即した安定的な漸減として現れるという命題が、約八〇％の確率で統計的に実証されているのである。

次に、三次関数で表現される規則的・漸減的人口変動が発生するためには、各出生年ともにほぼ一定したコーホート人口（前提人口）を有し、そこから年齢の上昇に伴い、各コーホートで一定した年齢別生存率・死亡率により人口が減少していく、という状況が想定される。仮にコーホート出生人口およびコーホート死亡人口が毎年、戦争・飢饉などにより激しく変動するならば、毎年の自然増加数のバラツキが大きくなり、年齢上昇の場合でも時には人口増に転じるなど、一定の比率で一方的な人口漸減という現象は発生しない。同様に移民などの社会的要因により流入・流出人口が激しく変動する地域でも、年齢を問わず人口の大きな増減が発生するので、一定の比率での人口漸減が認められることはないはずである。したがって、年齢上昇に伴う、安定した生存率・死亡率による漸減という人口現象を最もよく説明するのは、安定人口に近い人口曲線モデル、ということになるのである。現実には、戸籍人口の年齢別分布は定式2に規定されるので、当然、環境的要因による流入数・流出数・出生数・死亡数の増減はあるが、その結果は折線グラフ上の実数のバラツキに反映されている。しかしそれは、予測値の実数に対する約二〇%という低率の非妥当性（残差）として示されているにすぎないのである。

以上の検証から、今津の作成した半布里近似曲線は、安定人口曲線（生存曲線）と適合的である可能性が高く、分析の妥当性を示していると考えられる。ただし、今津の作成した近似曲線本来の性格は、時間（年）の経過に伴う同一コーホート人口の予測値の推移（生存曲線）を表すものではなく、あくまでも大宝二年（七〇二）という単年度に観測された人口構造を基にした、年齢条件に規定された年齢別人口分布の予測値を表す回帰曲線であるという点は述べておかなければならない。つまり、今津の人口推計が成り立つためには、析出した年齢別人口予測値の分布を示す近似曲線を出生コーホートの生存曲線とみなすいくつかの仮定の積み重ねが必要になるということである。具体的に言えば、立論のために、社会増加の影響が少ない閉鎖的社会で、環境的要因による異常な人口増減が少なく、同時に出生率・死亡率が長期にわたり一定であるという安定人口の条件を半布里社会に暗黙のうちに想定しなければならないのである。その論証を戸籍から行うことはきわめて困難であり、したがって今津の半布里人口推計は、今津自身が論文タイトルで示しているように、現時点ではあくまでも可能性の認められる「シミュレーション仮説」というべきであろう。

しかし一方で、年齢構造の回帰分析という今津の方法は、右述のように平均余命試算など人口推計自体には暗黙の仮定を必要とするという困難を伴うものの、年齢条件に規定された年齢別人口予測値の試算という点については、きわめて有効な統計的分析法ということができる。回帰分析で作成される近似曲線は、いうまでもなく説明変数（x）＝年齢という条件値と目的変数（y）＝人口という条件値との相関性を説明する関数である。したがって回帰曲線が導き出す年齢別人口の予測値は、寄与率により予測値の統計的妥当性が証明されているかぎりにおいて、説明変数（x軸）＝年齢の推移＝自然増加（各年齢における出生コーホートの出生数－死亡数）という条件の下で、目的変数（y軸）＝年齢別人口が平均的にどのように分布するかについて、その関係を最小二乗法により数学的に明らかにしたものと考えることができる。視点を変えれば、年齢別人口予測値と年齢別人口実数との間に発生する誤差（残差）は、年齢による自然増加という変数だけでは説明できない、「別の条件」が変数となり発生する個別偏差を示すことになる。したがって、この「別の条件」とは何かが特定され、残差との相関性が証明されれば、その有意味性が明らかになるだろう。私は、近似曲線上の値は安定的な人口予測値を表しているので、予測値と実数との残差の比較により、異常な人口変動を反映する人口値を統計的に抽出することが可能になると考える。そこで本章では、残差に注目して年齢別人口の異常な減少値を統計的に抽出し、その形成要因について環境論的視角から考察を試みる。

三　六二九～七〇二年における年齢人口の変動と災害・飢饉・疫病

1　残差の分析

半布里・大嶋郷両戸籍の残差分析を通して、戸籍にみる人口変動における年齢以外の規定要因を探ってみたい。

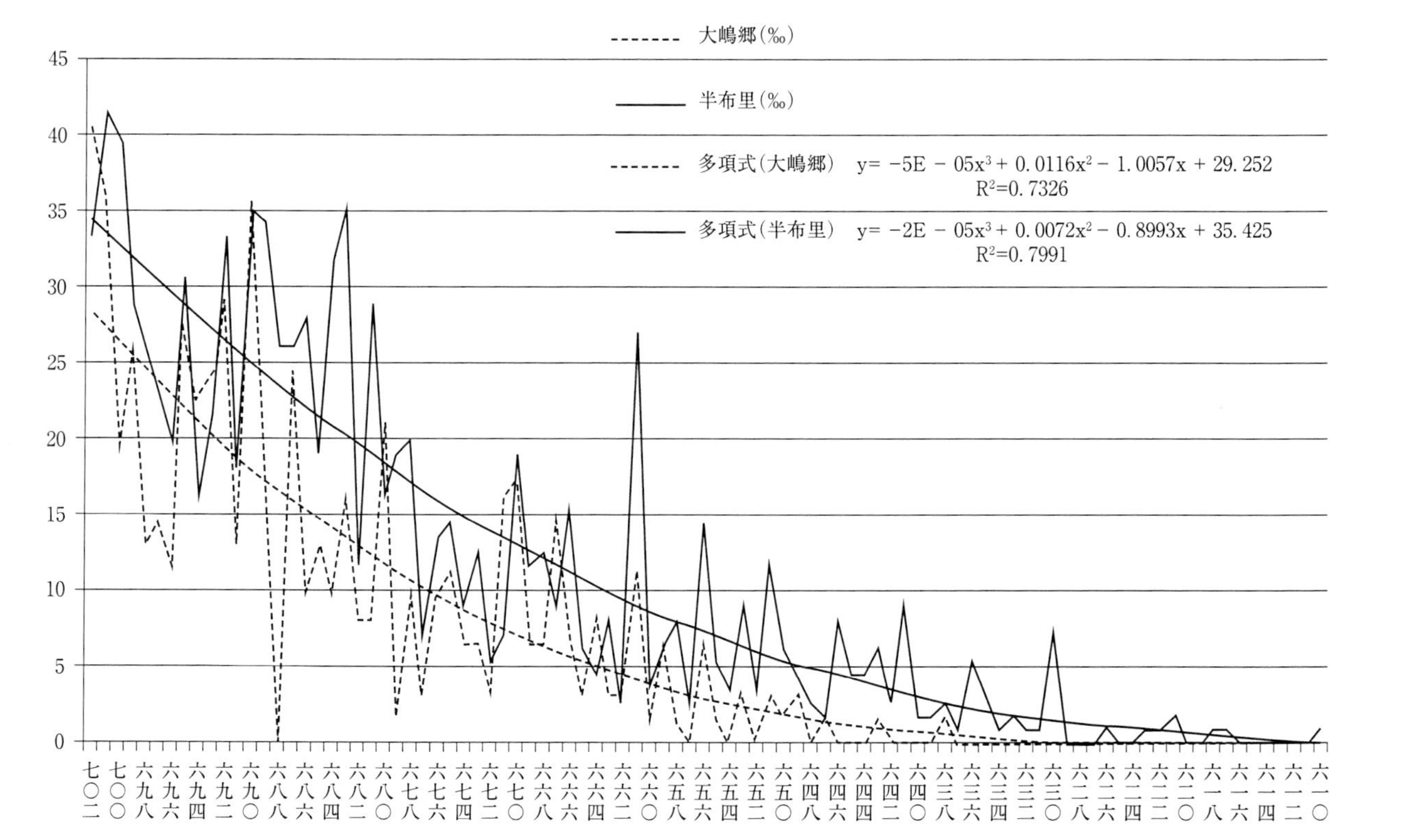

図3　半布里・大嶋郷の男女人口と多項近似曲線（x軸：出生年，y軸：人数〈‰換算〉）

七二一年作成の下総国葛飾郡大嶋郷戸籍は、一部、半布里戸籍に登録されたコーホートと同じ年に生まれた人々を登録している。すなわち、半布里戸籍上に[13]一〜六十五歳として見える人々と大嶋郷戸籍上に二十〜八十四歳と見える人々は、同じ七〇二〜六三八年に生まれたコーホートである。そこでまず、大嶋郷戸籍からこの期間に生まれたコーホート別人数を抽出し、その実数から大嶋郷の年齢別人口分布を表す近似曲線を新たに作成し、半布里のそれとの比較を行ってみたい（図3）。なお両戸籍を同一の数量的条件で比較するため、数値を千分率（‰）に換算・表示した。

大嶋郷戸籍の該当期間の近似式は次のとおりである。

定式3

$$y=-5E\text{-}05x^3+0.0116x^2-1.0057x+29.252 \quad R^2=0.7326$$

R二乗値〇・七以上は統計学で「強い相関」を示すとされ、大嶋郷・近似曲線の信頼性は半布里ほどではないが、比較的高い。そして二つの近似曲線を比べると、両戸籍の年齢差を反映して大嶋郷の年齢人口値が相対的に低く抑えられているが、出生年の遡上（年齢の上昇）に伴い漸減する、非常に類似した傾向を表していることがわかる。

次に両戸籍にみられる予測値と人口実数の残差を抽出して棒グラフを作成し、その傾向を比較してみる。なお残差の相互比較・検証を可能にするため、残差を標準化した値（標準化残差＝残差／標準誤差）を算出した。標準化残差〇〜プラスマイナス一・〇の範囲内を安定した人口値、それを超えるバラツキをもつ残差を予測値から離れた異常な人口値と仮定し、残差の異常値を半布里、大嶋郷それぞれで確かめてみる。棒グラフの左側が大嶋郷人口、右側が半布里人口で、人口（y軸）〇に近いほど予測値との残差が小さく、〇より上がプラスの残差（人口増加）、〇より下がマイナスの残差（人口減少）を表す。x軸は出生年である（図4）。

分析の結果、半布里における年齢別人口の標準誤差は五・〇六‰で、標準化残差プラスマイナス一・〇以内は六四カ

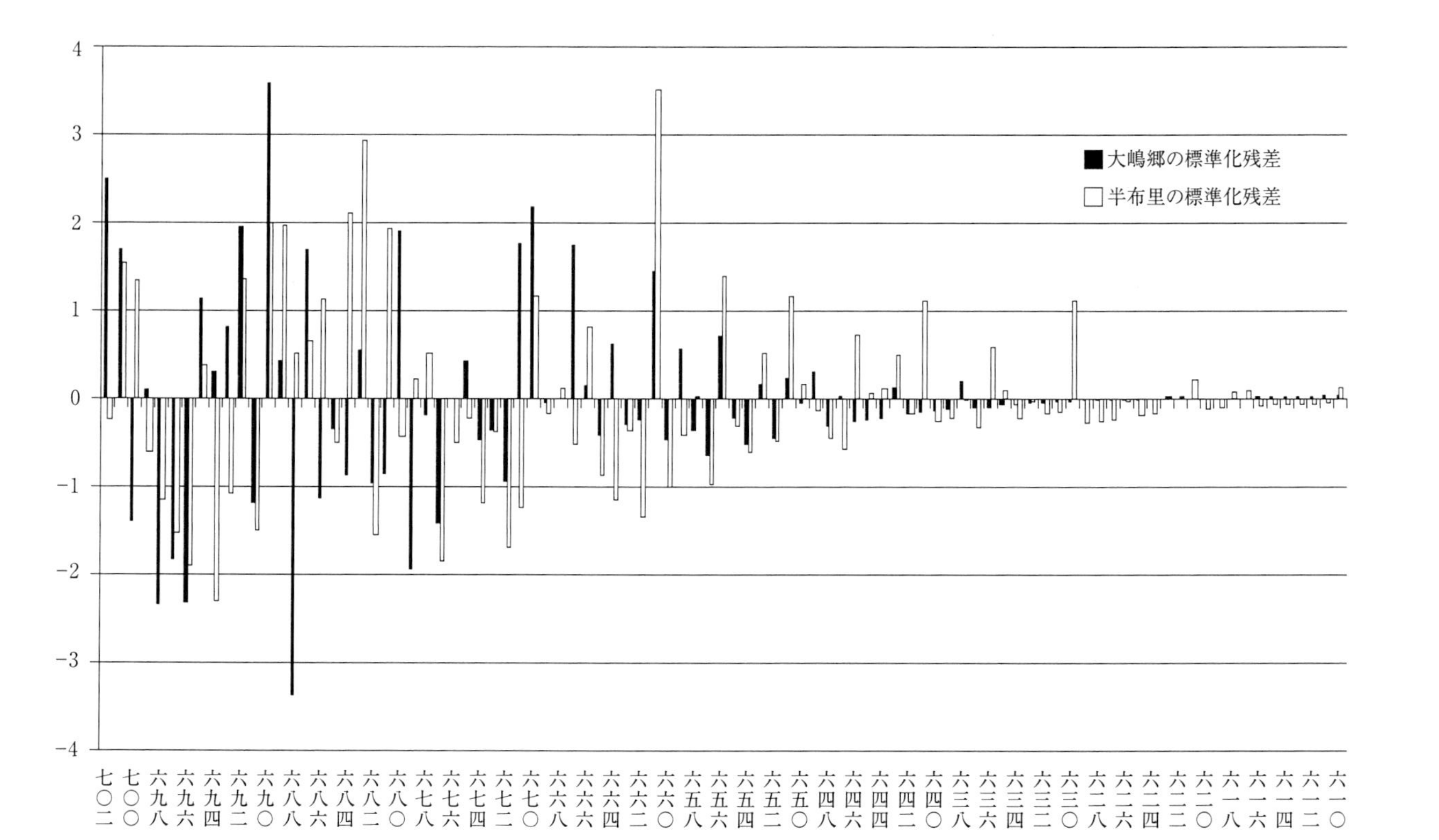

図４　610~702年出生コーホート登録者数の変動値（x軸：出生年，y軸：標準化残差）

年、マイナス一・〇を下回る人口減少の年は一四カ年あることが判明した。一方、大嶋郷の標準誤差は四・九一‰、プラスマイナス一・〇以内は七三カ年、マイナス一・〇を下回る標準化残差値をもつ人口減少年は九カ年である。このうち両戸籍ともに標準化残差マイナス一・〇を下回る年は、六七七年、六九一年、六九六年、六九七年、六九八年の五カ年であり、これらが、地域を異にするにもかかわらず予測値を大きく下回る、人口減少の著しい年ということになる。一方、両戸籍ともにプラス一・〇を上回る異常値をもつ年は、六六一年、六七〇年、六九〇年、六九二年、七〇一年の五カ年である。これらの年は、逆に人口増加が著しい年である。また両戸籍とも標準化残差プラスマイナス一・〇以内に属する年は、六九九年ほか五七カ年あり、これらの年は予測値と近似し、安定した人口状態を示していると考えられる。

2　負の残差と六国史災異記事との相関性

では、こうした人口曲線上の予測値と実数との残差の広がりは何を意味し、それはなぜ発生するのだろうか。定式2の人口方程式から、異常な残差の発生要因として次のケースが想定されるだろう。

・正（+）の残差（予測値より実数が多いもの）
　出生コーホート数の予測値を超えた増加
　流入者数の予測値を超えた増加
　純粋な誤差・カウントミス（意識的・無意識的）
・負（−）の残差（予測値より実数が少ないもの）
　出生コーホート数の予測値を下回る減少（出生数の減少・死亡数の増加）

流出者数の予測値を超えた増加

純粋な誤差・カウントミス（意識的・無意識的）

本章では、負の残差の発生要因について考え、正の残差については次章で論じることとする。まず流出者数の増加であるが、人口流出が同年齢者単位で起こることは考えにくく、現実ではこうした現象が発生する可能性は低い。したがって純粋な誤差・カウントミスを除けば、残る可能性はコーホート出生数の減少・死亡数の増加である。では出生数・死亡数により特定コーホートで負の残差が拡大＝人口が減少するという状況は、いかにして生じるのであろうか。安定的人口を意味する予測値を下回る人口減少の要因としては、この時期では災害・飢饉・疫病による大量死といった因子が考えられるが、それが出生コーホートという同年齢者に集中して影響を及ぼすのは、とくに抵抗力の弱い乳幼児の時期であろう。前近代の場合、〇～三歳の乳幼児の死亡率が最も高く、また江戸時代の乳児の死亡原因として夏期の下痢・腸炎と冬期の肺炎・気管支炎が多く、「粗末な栄養と冬期の不十分な暖房」がそれらを助長したという興味深い指摘がある[14]。こうした事情が古代農村にも適用できるならば、疫病とともに、飢饉の発生がとくに乳幼児の下痢・腸炎・肺炎・気管支炎を多発させ、その死亡率を劇的に増加させたとみることが可能であろう。そこで、負の残差に反映している特定年齢に集中する死亡数の増加が、出生コーホート一歳（〇歳）の乳幼児期における飢饉・疫病・災害の影響による、という仮説を立ててみた。以下、この仮説を検証する。

まず、『日本書紀』（以下『紀』と略称）、『続日本紀』（以下『続紀』と略称）から六一九年以後の災異記事を抽出し（表1）、標準化残差マイナス一・〇以下の異常値を有する年と災異記載がみえる年とに関わりがあるかどうかを確かめてみたい。図5は、上記した年別の標準化残差の現れ方のパターンと災異記事の有無との相関性を調べ、その結果を棒グラフで表したものである。なお人口増加（両戸籍ともプラス一・〇以上）の要因を確認するため、戸籍作成年には登録人口が増加する傾向があるという指摘[15]を踏まえ、造籍年度との関係も確認することにした。その結果、両戸籍ともに標準化残差マイナス一・〇以下（人口減少）の年は、そのうち八〇％に関して『紀』『続紀』に災異の記載があり、それに対して、両戸籍ともにプラス一・〇以上（人口増加）の年には、災異記事が二〇％しか見えないという事実が判明した（図5）。

以上の検討から、『紀』『続紀』上の災異記事は、両戸籍とも標準化残差マイナス一・〇以下の異常な人口減少がみられる年に集中していることが明らかになった。またそれ以外の年では、災異記事が見える割合がきわめて少ないという事実も、この傾向を逆の側面から裏づけている。したがって分析結果から、第一に特定年齢者の戸籍登録人口の減少には、コーホート出生年（一歳）において起こった災異が強く影響していること、第二に『紀』『続紀』の災異記事の有無は、かなりの程度、史実を反映している可能性が高いことを表している、と指摘できる。通説では、六国史の災異記事は天皇の徳と統治の正当性を天が祥瑞・災異で表す天人相関思想の反映であり[16]、また史書の編纂方針が異なるため、記事の出現頻度や内容に違いがあると指摘されている[17]。私は、その点を支持しつつも、以上述べた戸籍人口データの統計処理結果との相関性から、前提となっている災異の多くは現実に起こった事実の可能性が高いと考える[18]。

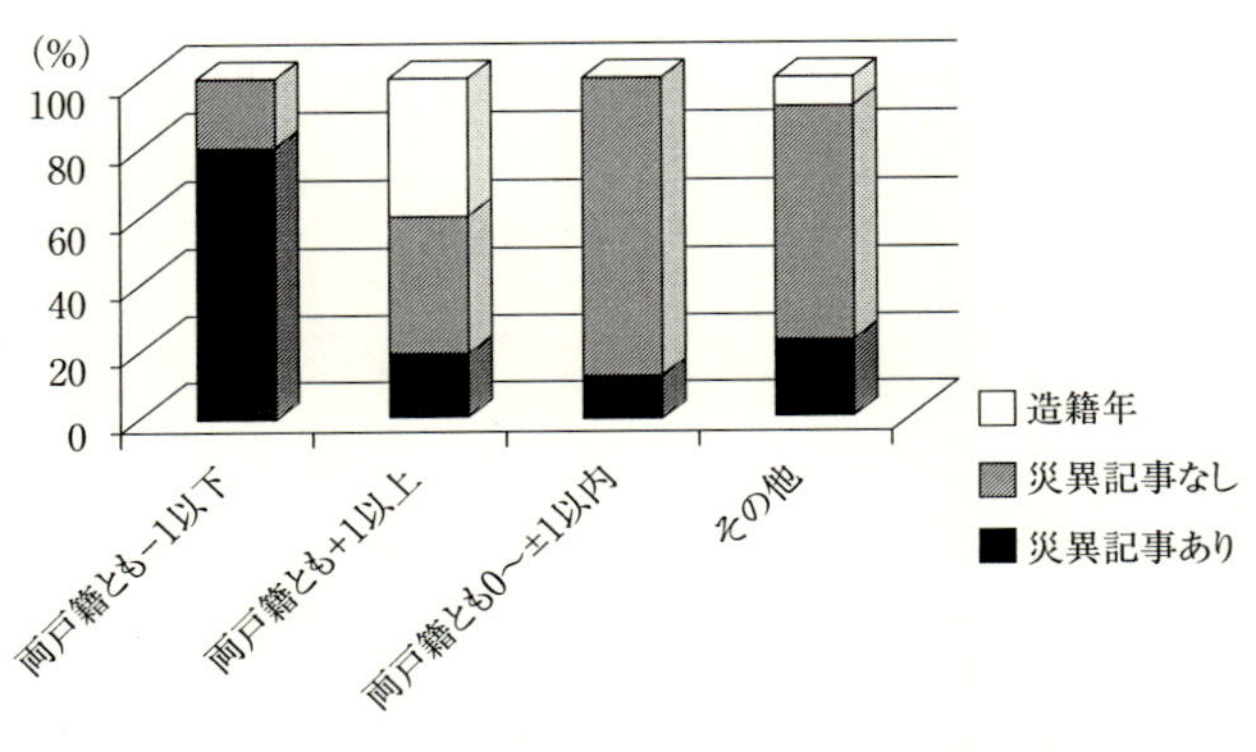

図5　標準化残差の諸パターンと災異の相関性

四　七〇二〜七二一年における年齢人口の変動と災害・飢饉・疫病

1　大嶋郷人口曲線の特徴

次に、七〇二年から七二一年までの災異と戸籍人口の増減との関係をみてみよう。この時期は半布里データが存在しないので、大嶋郷戸籍単独の検討となる。図1と同様の方法で、最小二乗法により三次多項式を求め、大嶋郷年齢別人口の近似曲線を描いてみる（図6）。近似式および寄与率は次のとおりである。

定式4

$$y=9E\text{-}05x^3-0.0127x^2+0.1528x+21.722 \quad R^2=0.5823$$

定式4が先の大嶋郷戸籍データから作成した近似式（定式3）と異なるのは、後者が七〇二年以前のデータのみで作成したものであるのに対し、前者は大嶋郷遺存データすべてを使用して作成したものだからである。大嶋郷・定式3の寄与率は〇・七三で「強い相関」を示していたが、全データを表す大嶋郷・定式4では、寄与率〇・五八と、五八％の「相関がある」値を表すにすぎない。大嶋郷人口分布全体を表した近似式の信頼性は相対的に低く、前節で用いた予測値と実数との標準化残差の比較検討という方法は、そのままのかたちでは採用できない。

そこで、安定した大嶋郷人口分布の予測値を算出するため、新たな漸減的人口曲線を作成する。まず七〇二年以前の半布里と大嶋郷の近似曲線の類似性と半布里における近似曲線の寄与率の高さ（定式1）という条件を重視し、信頼度の高い半布里の近似曲線を基準にして、大嶋郷全データ近似曲線の補正を試みる。その具体的方法は、半布里データの近似式と大嶋郷データの近似式が算出した各予測値のメジアンを求め、その数値を結び新たな人口曲線を作成

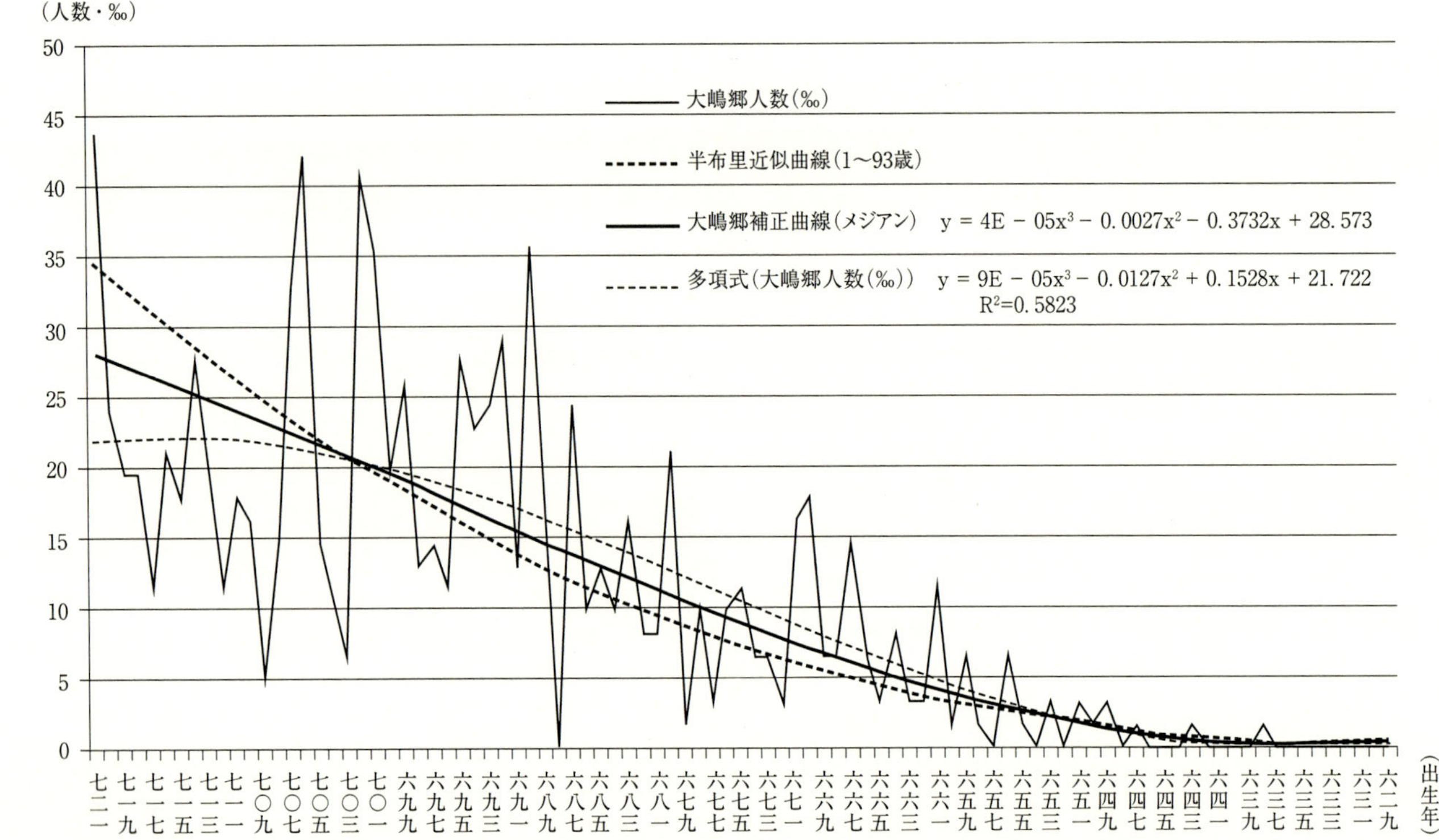

図6　大嶋郷・629〜721年出生者人口の多項近似曲線と補正曲線（メジアン）

し、それを大嶋郷における安定的な年齢別人口分布モデルと仮定する、というものである。半布里の近似曲線が安定的な人口漸減モデルを表すとすれば、新たな大嶋郷シミュレーション近似曲線もそれとほぼ同じ性格をもつと想定できる。この方法で作成した大嶋郷人口シミュレーション曲線の三次方程式は次のとおりである（図6）。

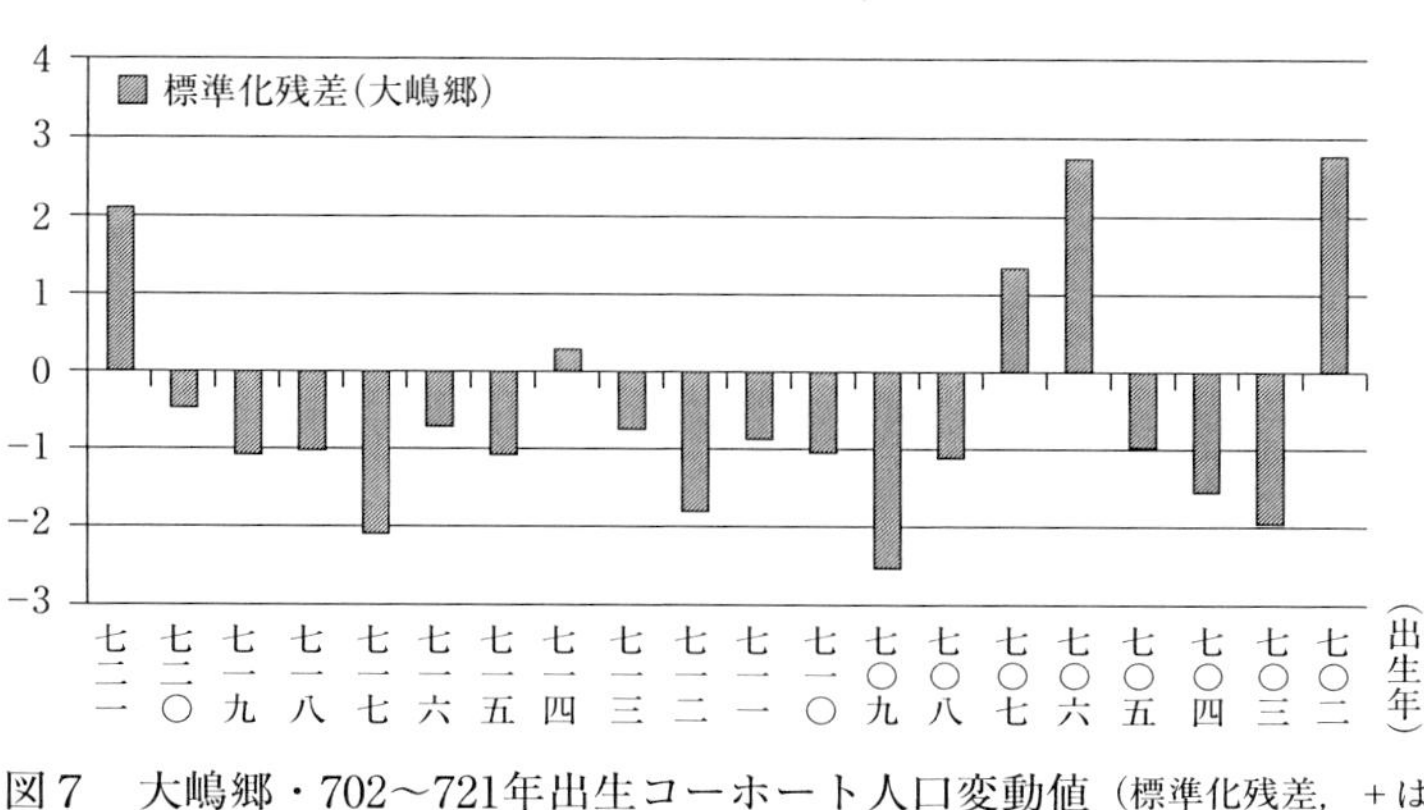

図７　大嶋郷・702～721年出生コーホート人口変動値（標準化残差，＋は人口増加，－は人口減少）

定式5

$$y=4E-05x^3-0.0027x^2-0.3732x+28.573$$

次に、新たに作成した人口曲線上の予測値と七〇二～七二一年出生コーホートの実数との残差から異常値を析出するため、この時期の標準化残差の数値を各年単位で比較する（図7）。

図7から、七〇二年から七二一年までの二〇カ年では負の残差が一五カ年で全体の七五％の多数を占め、そのうち一〇カ年が標準化残差マイナス一・〇以下の異常な減少値を示している。

一方、六二九年から七〇二年までの期間では、標準化残差マイナス一・〇以下はわずか二件（約二・七％）にすぎない。このことから、予測値と実数との負の残差は、七〇二年から七二一年までの出生コーホートにおいて、集中的に拡大している事実が数量的に確認される。したがって、上述の寄与率〇・五八という近似式の歪みは、おもに七〇二年から七二一年の期間における人口の異常減少がデータ上に反映し、数値のバラツキを拡大させたことが原因であったことが確かめられる。災異の発生年の単発的な人口減少以外では安定的な漸減傾向が認められた、七〇二年以前の状況と比べると、まさに対照的な現象といえる。

このような七〇二～七二一年という時期における負の残差の拡大という統計的事実は、連続的な人口減少＝一歳コーホートの大量死をもたらした危機的状況が発生したことを推測させるのである。

ただし大嶋郷戸籍の七〇二年から七二一年までの出生者は、一～二十歳の若年層で人口が多いため、見かけ上、誤差（残差）が拡大している可能性もある。しかし二〇歳ごとの世代別の負の標準化残差は、半布里では一～二十歳でも全体の三三・四％を占めるにすぎず、二十一～四十歳の世代が全体の三七・二％でそれよりも多いことがわかる（図9）。したがって一～二十歳の若年世代という条件が誤差（残差）を拡大しているという見方は、半布里戸籍のケースからみて適切ではない。

2　危機の二〇年・連続的人口減少の意味

当該時期における人口減少と『続紀』の災異記事との関係について検討する。なお『続紀』には、①全国的・広域的あるいは地域を限定しない災異記事と、②下総国・備前国など地域を限定した災異記事を併出し、『紀』に比べると②に関する記述が圧倒的に増えているという特徴がある。したがって、大嶋郷に関係のない災異記事を除外しなければ、正確な分析は困難である。そこで、影響を及ぼした可能性のある災異を漏れなく抽出するという方針のもと、①はすべて、②は下総国およびそれに隣接する諸国（武蔵・上総・上野・下野）の記述を拾い、検討する（表1参照）。

図8は、表1に基づき、六二九年から七九一年の間に見える『紀』『続紀』中の災異記事の出現頻度を二〇年単位（六二九～六四一年は一三年、七八二～七九一年は一〇年）にまとめ比較したものである。災異記事はすべて一年につき

表1　災異年表

西暦	和　暦	飢　　饉	旱魃・祈雨	霖雨・大水・洪水	大　　風	疫　　病
636	舒明8	是歳	是歳	5月		
638	舒明10			9月	7月	
642	皇極元		6～8月	3・4月		
643	皇極2				正・4月	
652	白雉3			4月		
666	天智5			7月		
676	天武5	5月下野是夏	是夏			
677	天武6		5月			
679	天武8		6・7月			
680	天武9			8月	8月	
683	天武12		7・8月		9月	
684	天武13		6月			
688	持統2		7月			
690	持統4		4月			
691	持統5			6月郡国四十，此夏		
692	持統6			閏5月		
693	持統7		4・7月			
697	持統11		5・6月			
698	文武2		5月諸国		9月下総	
702	大宝2	9月下総			8月下総	6月上野
703	大宝3	7月				3月上野
704	慶雲元	5月武蔵	7・10月			
705	慶雲2	4・8月，是年諸国二十	6・8月			是年諸国二十
706	慶雲3	7月東海・東山道				閏正月天下，是歳天下諸国
707	慶雲4	4月天下				2月諸国，4月天下
709	和銅2					正月下総，6月上総
710	和銅3			諸国		
711	和銅4		今夏			
714	和銅7		6月		10月武蔵・下野	
715	霊亀元	5月武蔵	6月			
717	養老元		4～6月			
719	養老3	9月六道諸国	9月			
720	養老4	諸国	諸国	諸国		
721	養老5	3月七道諸国	3月七道諸国	3月七道諸国		

西暦	和暦	飢饉	旱魃・祈雨	霖雨・大水・洪水	大風	疫病
722	養老6		7・8月			
727	神亀4				10月上総	
730	天平2				11月	
732	天平4	6月此夏	6～7月		8月	
733	天平5	是年諸国				是年諸国
735	天平7	是歳				是歳夏～冬閏11月
737	天平9		4～5月			4～5月，6月・7月天下，春～8月，是年春～秋
742	天平14				9月	
743	天平15				7月上総	
745	天平17		4～5月，7月			
746	天平18	諸国	是年			
749	天平感宝元	正月，正月上総，2月下総	正月，2月下総			
759	天平宝字3				10月	
760	天平宝字4	3月上野				5月
761	天平宝字5	諸国				
762	天平宝字6		3月下総	是歳		
763	天平宝字7	8月七道諸国	5・8・9月			8月七道諸国，9月
765	天平神護元	2月下野，3月上野，4月武蔵	3月下総・上野・下野			
769	神護景雲3	3月下総				
771	宝亀2					3月天下諸国
772	宝亀3				8月七道	
773	宝亀4	3月天下		6・8月		7月天下諸国
774	宝亀5					2月天下諸国，4月天下諸国
776	宝亀7				8月	
777	宝亀8		是冬	8月		
781	天応元	正月下総				
782	延暦元	3月武蔵				7月

785	延暦４	10月下総			７・８月下総	
788	延暦７				10月	
789	延暦８	７月下野				
790	延暦９	４月上野	11月坂東諸国			11月坂東諸国
791	延暦10		５月天下諸国			５月天下諸国

・629～791年（舒明元～延暦10）までの災異記事を『日本書紀』『続日本紀』から抽出・採録した。
・災異は気象災害に関わる記事を中心に採録し，地震記事は除外している。
・全国規模・地域限定のない記事および大嶋郷が所属する下総とその隣接諸国（上総・武蔵・上野・下野）の災異記事を抽出した。
・地域限定のない記事は災異記録月のみを表示した。
・「大風」は災害として記録されているのか否か判定が困難なので，被害が明記されているもの，また同じ年に他の災異が見える場合に限り採録した。

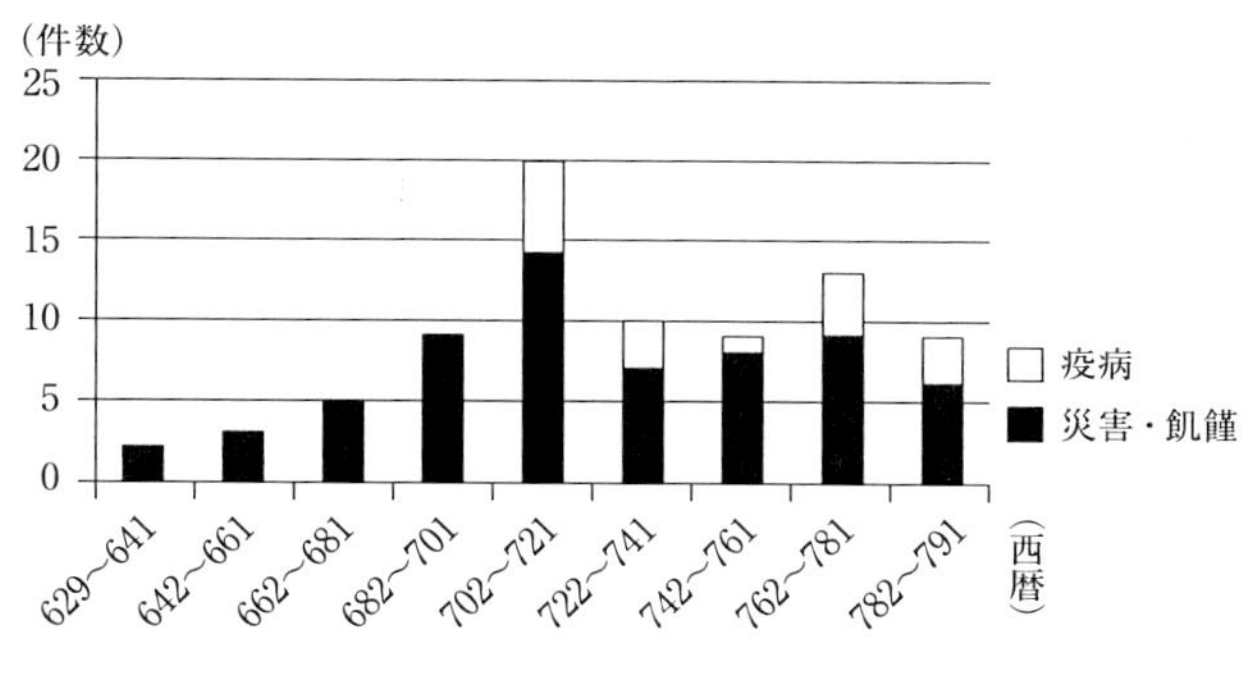

図８　六国史上に見える災異発生件数

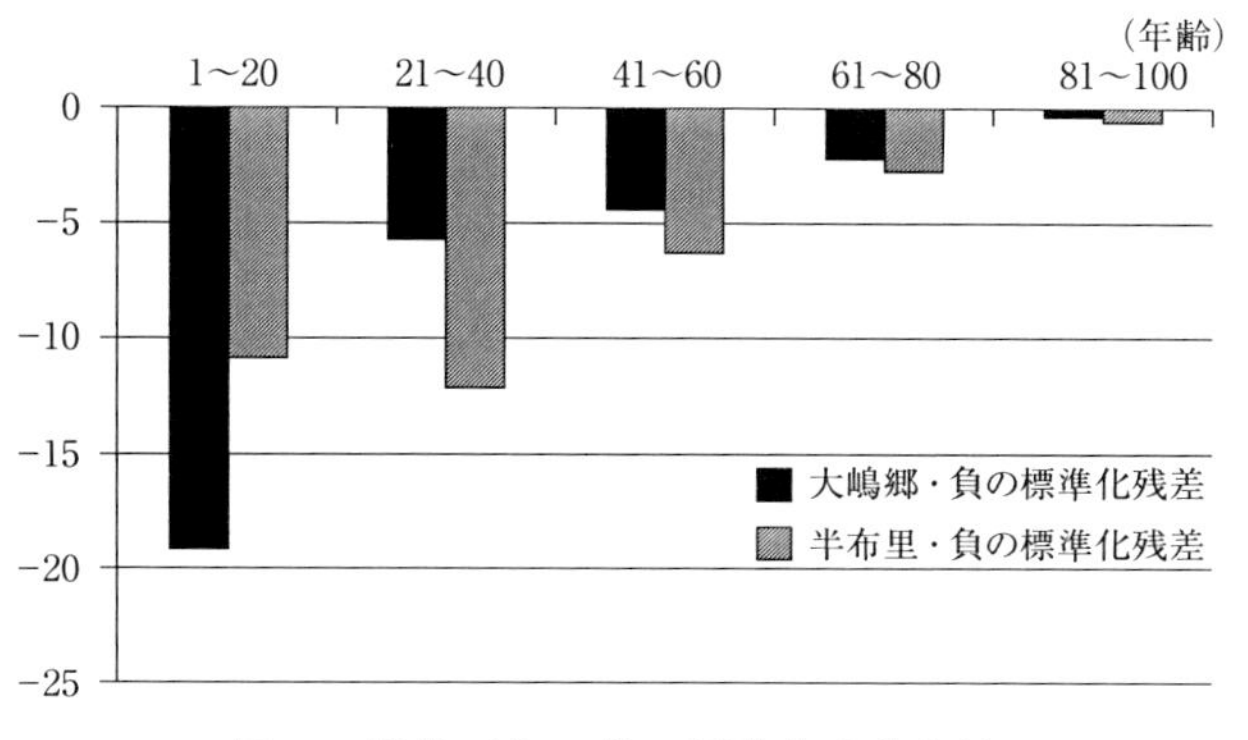

図９　世代ごとの負の標準化残差比較

一件としてカウントした。これによれば、七〇二年から七二一年の二〇年間では一四カ年に災害・飢饉の記載が見られ、それは期間中で最多の件数となっている。さらに、疫病の発生もこの間、六カ年にわたってみられ、これもまた最大の件数である。災異記事の多寡は、『紀』が『続紀』よりも収載量が少ない、という史書の相違という理由ももちろんあるが、しかし『続紀』で七二二年以後と比べても突出した多さという事実は変わらない。八世紀最初の二〇年間における災異の連続的発生の特異性は、実態を反映していると考えられる。

次に、二〇年・一世代として、各世代に現れた負の標準化残差の総和を対比して棒グラフを作成し、各世代の人口減少率を比較してみる（図9）。参考に半布里のデータも合わせて表示した。大嶋郷では、一〜二十歳がマイナス一九・一で、負の標準化残差はこの世代が全体の五九・八％の多数を占めている。一方、半布里では一〜二十歳はマイナス一〇・八で全体の三三・四％を占めるにすぎない。大嶋郷では、一〜二十歳世代の負の標準化残差（人口減少）が、同郷の他世代や、半布里戸籍の一〜二十歳世代と比べ圧倒的に大きいといえる。

そして図8と図9を比較すると、大嶋郷の人口減少が著しい一〜二十歳の世代が生まれた年＝七〇二〜七二一年の間に、前後一六三年間で最多の災異が発生していることが確かめられる。この分析結果から、大嶋郷一〜二十歳の世代が乳幼児期を過ごした時代＝七〇二〜七二一年の間に起こった連続的な災異が、その世代の人口を連年減少させる要因になったのではないかという推測が可能になるのである。

3　大嶋郷を襲った災異と人口減少

さらに、七〇二〜七二一年のコーホート数変動状況を年度単位で確認し、災異記事との関係をみてみよう。図7で年度別の標準化残差を比べると、七〇三年、七〇四年、七〇九年、七一二年、七一七年の減少幅が大きく、その最大のピークが七〇九年にあったことがわかる。実は七〇九年は、『続紀』和銅二年（七〇九）正月戊寅条に「下総国疫す。薬を給ひて療さしむ」と見え、下総に疫病が流行した事実が確認できる年なのである。そして『紀』『続紀』の中で下総の疫病流行が特記されているのは当該記事だけであり、七〇九年の大嶋郷の人口減少とこの年度の疫病が直接関わっていた可能性は高いといえる。

一方、七〇三年は「災異頻りに見れ年穀登らず」(『続紀』)、翌七〇四年も「水旱時を失ひ年穀稔らず」(『続紀』)という記事がみえ、とくに武蔵を中心に、天候不順による飢饉が発生していた(『続紀』慶雲元年五月庚子条)。しかもそれだけではなく、七〇二年から七一三年の間には、広域的な疫病が連続的に発生した。『続紀』から、この時期の疫病発生国を順に整理してみるとその伝播の径路がみえてくる。

まず七〇二年三月に越後で、同年六月に隣国の上野に疫病が発生し、翌七〇三年には上野・信濃二カ国に流行範囲が拡大している。ついでそれは、七〇三年五月以後、相模・伊豆・駿河・参河、次いで下総・上総の東海道方面へと、南そして西に移っていったようだ。疫病の実態は定かではないが、発生の状況からみて強い感染力をもつ伝染病とみるのが自然である。その広域性から、疱瘡(天然痘)の可能性も指摘できよう[19]。七〇三〜七〇四年は、信濃・上野・相模・伊豆に疫病発生が記録された年にあたり、上野・相模の中間に位置する武蔵・下総にもその影響が及んだ可能性が高い。したがってこの時期、武蔵国を中心とした大飢饉と上野国を中心にした疫病が大嶋郷に重なり合って襲いかかった可能性があり、それが当該期間に生まれたコーホート人口の減少に結びついているのではなかろうか。飢饉による栄養不良がとくに一歳乳幼児の免疫力を弱め、その疫病感染率を高めたと推察したい。

しかし、この解釈には問題も残る。七〇二・七〇六・七〇七・七二一年の四カ年は標準化残差がプラス一を超え、七〇二・七〇六・七二一年はプラス二以上の人口増加を示しているからである。連続する災異の発生が乳幼児人口を減少させたという立論が成立するには、この年次の説明を要する。しかし、これは「年齢集積」と呼ばれる現象で説明でき、その点は次章で詳述するが、いずれにせよこれらは見かけ上の一歳人口の増加で実態を示していないと考えられる。

以上、七〇二〜七二一年の二〇年間は、連続的な災異の発生が抵抗力の弱い乳幼児人口を減少させ、それが大嶋郷戸籍の当該期間に生まれた一歳・コーホート人口の連続的減少につながり、負の標準化残差の拡大と安定した人口曲線の歪みを生み出している可能性を指摘した。したがって、以上の検討から下総国戸籍における若年年齢人口比率の低さの問題を、ファリスのように人口登録範囲の狭さというデータの質の問題に還元することができないことが明らかになったと思われる。それは八世紀初頭の災害・飢饉・疫病の多発による乳幼児死亡率の高さが生み出した、若年年齢層の実態的な人口減少の反映であったと考えられるのである。

五　八世紀初頭・東アジアの気候変動と人口変動

1　八世紀初頭の気候寒冷化と災異・人口減少との関係

時代を通じて、飢饉・疫病の発生と気象条件とは深く関係している。峰岸純夫は、「日本前近代社会、そのなかの中世社会は基本的に農業社会であったから、時として気象条件に起因する冷害・旱害・風水害・病虫害などによって不作・凶作がもたらされ、それが飢饉を引き起こし、大量の餓死者や流亡人を発生させ、また食糧不足から抵抗力の弱った人びとのうえに伝染病が襲いかかる」とし、また飢饉の多くは冷害により発生し、おもに気温の低下が問題になると指摘している[20]。峰岸は中世の小氷期について説明しているのだが、それは生産力水準の低い古代の農業社会にもほぼそのまま当てはまる議論だろう。

では八世紀初頭の日本はどのような気象条件下にあり、それは災異の発生といかに関係しているのであろうか。近年の古環境復原研究は、歴史時代の気候を微細に明らかにしつつあるが、とくに本章が扱う七・八世紀を対象とする貴重な成果として、阪口豊[21]と北川浩之[22]による研究が注目される。

まず阪口は、尾瀬ヶ原のマツ属の花粉分析結果から、二四〇～七三二年に至る長い寒冷化の時期を確認し、それを「古墳寒冷期」と命名した。一方、北川は、屋久杉の年輪の炭素同位体比の分析結果から、西暦四〇〇年を超えた時点から寒冷化が進み、七世紀から八世紀前半にかけて一～二℃の気温の落ち込みがみられ、八世紀後半から上昇局面に転ずると指摘する。

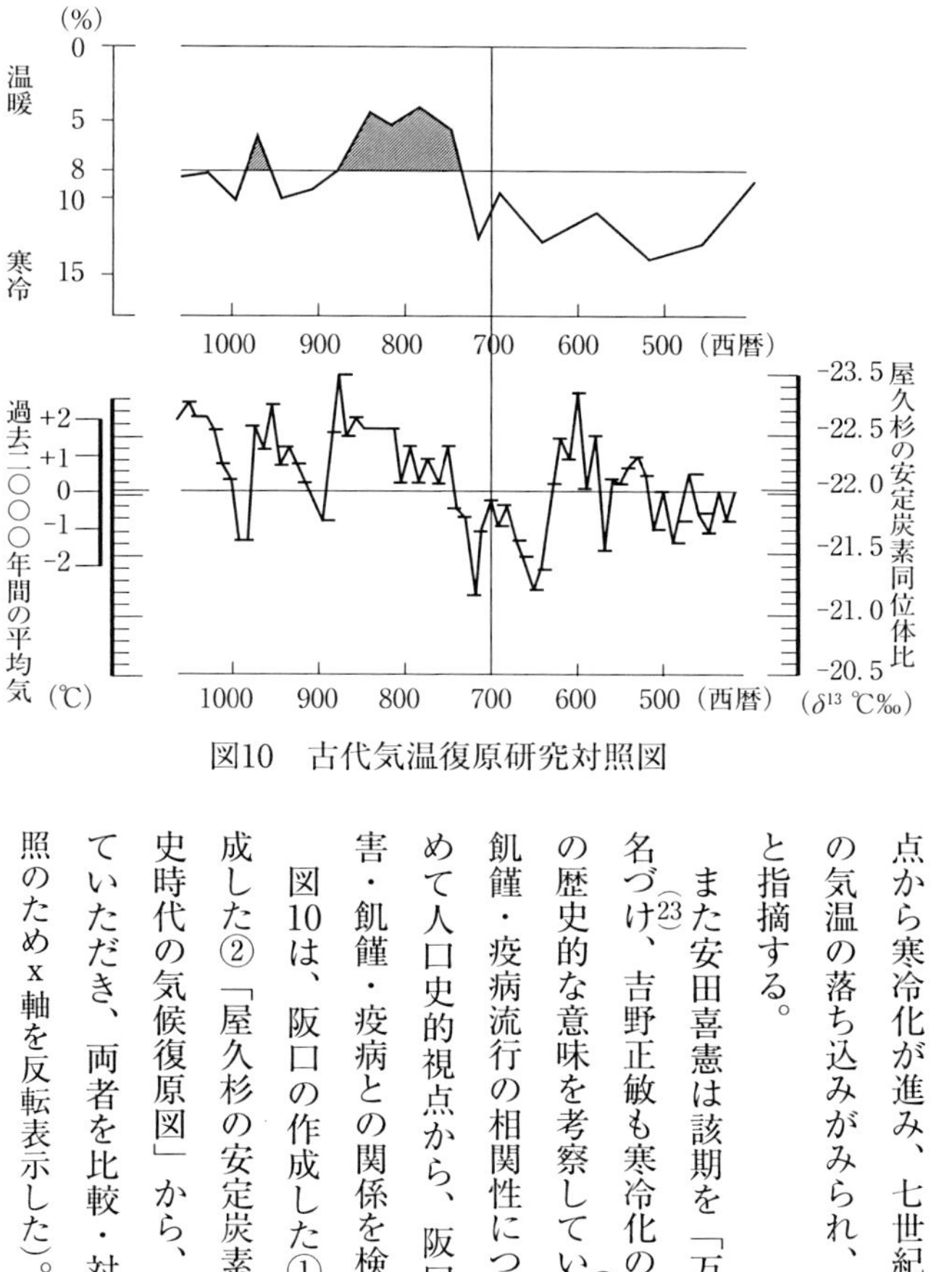

図10　古代気温復原研究対照図

また安田喜憲は該期を「万葉寒冷期」「大化改新寒冷期」と名づけ[23]、吉野正敏も寒冷化の一エポックをなした時代としてその歴史的な意味を考察している[24]。七〇〇年前後の気候寒冷化と飢饉・疫病流行の相関性については、すでに指摘があるが[25]、改めて人口史的視点から、阪口・北川の分析成果を照合し、災害・飢饉・疫病との関係を検討してみたい。

図10は、阪口の作成した①「P73 古気温曲線」と北川の作成した②「屋久杉の安定炭素同位体分析から明らかにされた歴史時代の気候復原図」から、七～八世紀前後の部分を抽出させていただき、両者を比較・対照したものである[26]（②は①との対照のためx軸を反転表示した）。

まず①では、寒冷期の中でも六五〇年ごろからやや上昇していた気温が、六九〇～七〇〇年ごろを境に再び七二〇年ごろまでの間に急激な低下を示していることがわかる。一方②でも、やはり七〇〇年ごろから気温の低下を示し、七二〇年ごろまでの間に急激な下降局面を示し、それ以後、気温が急上昇していることがわかる。つまり八世紀第1四半期の時期は、一時的に上昇に向かっていた気温が、再び急激な低下に向かう「古墳（万葉）寒冷期」最後の時期となっているのである。

この七〇〇～七二〇年の急激な寒冷化の時期こそ、図8に示した七〇二～七二一年の災異の連続的発生期に当たっている。さらにそれが、図9に示した大嶋郷における一～二十歳の出生コーホート人口激減期に該当している。このことから、七〇〇～七二〇年という時期に訪れた急激な寒冷化が災害・飢饉・疫病を多発させ、抵抗力の弱い一歳コーホート人口の減少（負の残差の拡大）に帰結したという、気候条件と災異、そして人口減少との因果関係が推察されるのである。

2　日本—新羅における共時的な災異と広域的気候変動

そして同時期の朝鮮半島においても、日本と非常に似通った災異が発生していた事実があり、注目される。『続紀』と『三国史記』を比較し、この間の経緯を確かめてみよう。

七〇三年七月、日本では災異が頻りに起こり、また同じ月には近江国の山火事が報告されている。記事には「自ら焚く」とあり、異常乾燥による自然発火であろう（大宝三年七月甲午・丙午）。一方、同年同月、新羅では慶州にある霊廟寺が火災で炎上するとともに、大水が出て溺死者が多数出ているという記録が『三国史記』に見える（新羅本紀・聖徳王二年）。七〇三年七月は日本・新羅双方において天候異変が特記された、年月ともに一致した時期であった。

次に七〇五年四月から八月にかけて、日本では連続的な旱魃の発生が記録され（慶雲二年四月壬子・六月丙子・八月戊午)、その結果、「是年。諸国廿、飢ゑ疫しぬ」(慶雲二年是年)と総括される広域的飢饉・疫病が発生した。一方、新羅でも、七〇五年五月に旱魃が報告され、その結果、十月に日本に近い「国東の州郡」で飢饉が発生し多数が流亡するという事態が発生している(新羅本紀・聖徳王四年)。七〇五年夏の異常な旱魃とそれによる飢饉の発生は、日本・新羅共通の問題であったことが確かめられよう。

広域的な飢饉・疫病の発生は、日本では翌七〇六年から七〇七年にかけても連年記録されているが、七〇六年七月には西海道諸国の「亢旱」(慶雲三年七月己巳)、翌七〇七年五月には畿内の「霖雨」(慶雲四年五月戊午)という、夏期の旱魃と長雨が一年単位でめまぐるしく変化している状況が窺われる。そして新羅でも、やはり七〇六年から七〇七年にかけて飢饉と餓死者の発生が連年、報告されている(新羅本紀・聖徳王五年、同六年)。この時期の大飢饉は日本・新羅ともほぼ同時期に発生し、ともに夏期の天候不順によるものであったことが確かめられる。寒冷期は強いジェットストリームの影響で冷涼・多雨が基本となるが[27]、峰岸が指摘した十五世紀・小氷期のように、炎旱・大暴風雨・冷害という天候異変が繰り返し訪れて農業に壊滅的な打撃を与えることが知られている。八世紀初頭の日本と新羅の状況は、中世の小氷期と似通った環境におかれているようにみえる。

続いて日本では、七一四〜七一五年・七一七年のほか、七一九〜七二二年にかけて、ほぼ連年にわたる旱魃の記録がある(和銅七年六月戊寅、霊亀元年六月癸亥、養老元年六月己巳、同三年九月丁丑、同五年二月甲午・三月癸丑、同六年七月丙子・戊子)。ただ「水旱並びに臻(いた)り」(養老五年二月甲午)、「旱撈調らず」(養老五年三月癸丑)とあるように、このときの気候異変も旱魃と多雨(水害)の繰り返しで、それに伴い七一九〜七二一年にかけて広域的な飢饉が発生した(養老三年九月丁丑、同五年二月甲午・三月癸丑)。新羅でも、日本と同じ七一四年夏(新羅本紀・聖徳王十三年)、七一五年六月(史料B)に同様に旱魃の記録がある。興味深いのは、七一五年六月における『続紀』と『三国史記』の記事で、両書に非常に似通った記述がなされていることである。

史料A　『続日本紀』霊亀元年（七一五）六月癸亥（十三日）条
　詔して、使を遣して、幣帛を諸社に奉りて、雨を名山大川に祈はしめたまふ。是に数日を経ずして、澍雨滂沱なり。時の人以為へらく、「聖徳感通して致せるなり」とおもへり。因て百官人に禄賜ふこと各差有り。

史料B　『三国史記』新羅本紀・聖徳王十四年（七一五）
　六月。大いに旱す。王、河西州の龍鳴嶽居士理暁を召して、雨を林泉寺池上に祈はしめたまふ。則ち雨、旬を浹（うるほ）す。

史料Aでは、七一五年六月に旱魃のため元明天皇が諸社に祈雨したところ、数日を経ず雨が降り注いだとされる。一方、史料Bでは、同年同月の新羅を襲った大旱魃のため、聖徳王が龍鳴嶽居士理暁を召し祈雨させたところ、雨が降ったと記されている。結果は日本が天皇の聖徳を、新羅が仏教修行者の効験・功徳を讃える内容になっているが、七一五年六月までの旱魃と同年同月における久方ぶりの降雨という気候現象自体は一致している。つまり両国でタイプの異なる天人相関思想に基づく国史の記述がなされてはいるが、その前提となる気候現象自体は史実を記したものであったことがわかる。

以上、『続紀』にみえる日本の七〇〇～七二〇年ごろの災害・飢饉・疫病の連続的発生状況が、年・月および国家の対応に至るまで『三国史記』にみえる新羅の状況ときわめて近似している事実が確認できた。このことから、この時代の日本と新羅は、ほぼ同じ広域的気候変動下におかれていたことがわかるのである。そしてこの気候変動の正体こそ、七〇〇年前後から七二〇年ごろまでに及ぶ「古墳（万葉）寒冷期」最後の、急激な冷涼化であったと考えられる。大嶋郷戸籍から窺われる、八世紀前半期に生まれた一歳児人口の連続的減少は、まさに急激な寒冷化がもたらした、災害・飢饉・疫病の影響によるものだったといえよう。

近年の古代環境史研究は、八世紀中葉以後の「温暖化」時代の諸相を明らかにしつつあるが[28]、それにくらべ、その直前に日本列島を襲った気候寒冷化が社会に与えたインパクトへの論及は少ない。まさに当該期に焦点を当てた研究の深化が求められている。

おわりに

本章では、ファリス、今津勝紀による人口理論を検証した上で、今津が考案した人口回帰曲線による戸籍人口分析法に学び、残差分析という新たな方法を加えることで、年齢人口予測値と異常値を析出し、その規模とそれが形成された年度を統計的に明らかにした。その成果を踏まえ、とくに異常な人口減少値がいかなる要因に基づくのかについて、環境史的視点から考察を試みた。結論を要約すると、以下のとおりとなる。

第一に、戸籍データの質の評価という点では、ファリスの指摘するとおり、大宝二年半布里戸籍が総合的にみて最も良質な戸籍と評価できる。とくに、半布里以外の戸籍は、性別人口比率の不正確性が際だっており、男女別々の人口推計は困難であると考えられる。しかし、戸籍の不正確性は人口登録の欠如を示すものではなく、登録自体は行われているが、一部の男性を女性として申告・登録した偽籍や、実際の年齢ではない年齢で登録した年齢集積に起因するものと考えられる。ファリスの見解と大きく異なる点は、大嶋郷戸籍データの評価であるが、同戸籍は半布里戸籍よりも年齢集積率が低く、男女総数であれば年齢別人口分布の登録範囲・正確性は高まると推測される。

第二に、年齢構造の回帰分析という今津の方法は、年齢条件に規定された人口分布予測の試算においてきわめて有効な方法と考えられる。回帰分析により作成される人口近似曲線上の数値は、年齢別人口の安定的な予測値を表しており、予測値と実数との残差の比較により、異常な人口変動を反映する人口値を統計的に抽出することが可能になる。そこで近似曲線上の予測値を大きく超えた異常な人口減少を残差分析によって抽出し、その形成要因について探るという新たな戸籍分析方法論を構築した。

第三に、第一・第二の方法的考察に基づき、半布里・大嶋郷両戸籍にみる人口減少要因を環境史的視点から具体的に検討した。まず両戸籍の登録期間が重なる六三八〜七〇二年の期間について『紀』『続紀』上の災異記事を抽出すると、両戸籍とも標準化残差マイナス一・〇以下の異常な人口減少が共通してみられる年に集中しているという事実が判明した。またそれ以外の年では、災異記事が見える割合がきわめて少ないという逆の事実も指摘できる。したがって特定年齢者の戸籍登録人口の減少には、コーホート出生年（一歳）において起こった災異が強く影響していること、第二に『紀』『続紀』の災異記事の有無は、天人相関思想の影響を受けつつも、かなりの程度、史実を反映している可能性が高いと考えることができる。

第四に、大嶋郷戸籍から七〇二〜七二一年の二〇年間を分析すると、当該期間に生まれた一歳・コーホート人口が連続的に減少している事実が確認できる。とくに戸籍人口の減少が著しい年度には、『続紀』の災異記事から下総周辺に疫病や災害・飢饉が生起している事実が確かめられる。この点から、当該期間の連続的な災異の発生が抵抗力の弱い乳幼児人口を減少させ、それが大嶋郷戸籍の、負の標準化残差の拡大と安定した人口曲線の歪みを生み出している可能性が高いと指摘できる。

第五に、以上の検討結果から、下総国戸籍における若年年齢人口比率の低さの問題を人口登録範囲の狭さというデータの質の問題に還元するファリス説は成立しないことが明らかになったと思われる。それはまさに、八世紀初頭の災害・飢饉・疫病の多発による乳幼児死亡率の高さが生み出した、若年年齢層の実態的な人口減少の反映であったと考えられる。その背景には、八世紀初頭の日本と朝鮮半島を含む、東アジア広域に広がる未曽有の環境危機があった。七〇〇年前後から七二〇年ごろまでに訪れた「古墳（万葉）寒冷期」最後の急激な寒冷化は、寒冷多雨を基調とし、単年度でみれば長雨と旱魃が繰り返される不安定な気候現象として現れ、災害・飢饉・疫病を連続的に発生させる引き金となった。その結果、最も抵抗力の弱い乳幼児の死亡率が高まり、若年人口の激減という危機的状況を生み出したと推察される。

以上の分析結果は、私たちに意外な歴史像を提示している。それは、日本の律令国家が生産力の発展と開発の拡大というポジティブな条件下で成立したものではなく、逆に災害と疫病に見舞われつづけた、きわめてネガティブな時代の所産であったという事実である。七〇〇年前後に確立したとされる戸籍制度、課税システム、そして班田制という律令制的民衆支配体制は、実はこうした「危機の時代」に生み出されていたのである。では、それはなぜなのだろうか。新たに生じてくる大きな問いは、環境史的視点からの律令国家成立史の再構築を迫っているようにみえる。しかし、もはや紙幅も尽きたので、問題提起にとどめて今後の課題とし、ひとまず章を終えたい。

註

（1）沢田吾一『奈良朝時代民政経済の数的研究』（柏書房、一九九三年。初出は一九四三年）、鎌田元一「日本古代の人口」（同『律令公民制の研究』塙書房、二〇〇一年。初出は一九八四年）、西野悠紀子「古代における人口政策と子ども」（『比較家族史研究』二四、二〇〇九年）。

（2）W. W. Farris, *Population, Disease, and Land in Early Japan, 645–900*, Cambridge, Harvard University Press, 1984. 以下、ファリス論文の引用は同著書による。

（3）今津勝紀「古代史研究におけるＧＩＳ・シミュレーションの可能性——家族・村落・地域社会、日本古代社会の基本構造」（『科学研究費補助金萌芽研究研究成果報告書　シミュレーションによる人口変動と集落形成過程の研究』二〇〇五年）。以下、今津論文の引用は同論文による。

（4）戸令5戸主条、賦役令1調絹絁条、賦役令4歳役条。

（5）*Manual II: Methods of Appraisal of Quality of Basic Data for Population Estimates*, United Nations Publications, Sales No. 56. XIII. 2, 1955.

（6）私は、班田手続きの制度的変遷を論じた拙稿において、八世紀前半段階の班田制が、「延喜民部省式」校田・班田条に定着した「諸国校田」を伴わない、墾田法と有機的連関が切れた「田籍」により口分田を集中的に把握する体制であったことを指摘したことがある（拙稿「「諸国校田」の成立——延喜民部省式班田手続き規定の歴史的意義」『史苑』六七—一、立教大学史学会、二〇〇六年）。そうした体制の下では、初期荘園・墾田が農民層の浮浪・逃亡の場になりうる機会は提供されがたく、また本章で述べるような八世紀初頭の劣悪な環境の下ではそもそも墾田開発の条件自体が整っていなかった可能性が高い。

（7）私は八世紀初頭の環境変動と災害・飢饉・疫病の多発から実態的な人口変動を推定できると考えており、ファリスが指摘しつつ捨象した実態論的な説明の可能性を本章全体で検証したい。

（8）Hugh Wolfenden, *Population Statistics and their Compilation*, rev. ed., pp.141-155; Thomas Greville, "*The General Theory of Osculatory Interpolation*," *Transactions of the Actuarial Society of America* 45: 202-265, 1944.

（9）Coale. A. and Demeny, P., *Regional Model Life Tables and Stable Populations*, Princeton, 1966.

（10）岡崎陽一『人口統計学』（古今書院、一九九九年）。

（11）ファリスはモデル生命表の適用による安定人口分析の結果を前掲註（2）著書の四三頁—Table 12, 13に表示しているが、分析のプロセスについては同書には報告されていないので、試算過程自体の検証は不可能である。

（12）今津が算出した人口曲線（近似曲線）を表す近似式は、$y=-2E-05x^3+0.0081x^2-1.0026x+39.459$　$R^2=0.8129$であり、私の近似式（定式1）とは微妙な違いがある。この差異は、今津の近似式が人口実数に基づいているのに対して、私のそれが千分率（‰）に換算した数値を基準にしていること、また戸籍断簡上の年齢別人口のカウントがごくわずかに異なることによると予想されるが、出典テキストの照合が困難なため、今のところ確認ができない。しかし計算法はおそらく同一で、データの差異もごく微細で行論には影響を及ぼさないので、以下、便宜的に定式1の近似式を用いる。

(13) 古代戸籍上の一歳は満年齢〇歳に当たる。以下本論の一歳はこの意味で用いる。なお今津が指摘するように、計帳では六月に手実を納め、それ以降に生まれた新生児は一歳として登録されていない可能性もあり、戸籍上一歳の実数については問題が残る。
(14) 鬼頭宏『人口から読む日本の歴史』(講談社、二〇〇〇年)。
(15) 南部曻「庚午年籍と西海道戸籍無姓者」(同『日本古代戸籍の研究』吉川弘文館、一九九二年。初出は一九七八年)。
(16) 東野治之「飛鳥奈良朝の祥瑞災異思想」(『日本歴史』二五九、一九六二年)。
(17) 細井浩志『古代の天文異変と史書』(吉川弘文館、二〇〇七年)。
(18) 籔井真沙美「八世紀における賑給の意義と役割―飢疫記事からみた賑給制度―」(『岡山大学大学院社会科学研究科(代表者 今津勝紀) 平成十九〜二十一年度科学研究費補助金研究成果報告書 時空間情報科学を利用した古代災害史の研究』二〇一〇年)。
(19) 酒井シヅ『病が語る日本史』(講談社、二〇〇二年)。
(20) 峰岸純夫「自然環境と生産力からみた中世史の時期区分」(同『中世 災害・戦乱の社会史』吉川弘文館、二〇〇一年。初出は一九九五年)。
(21) 阪口豊「日本の先史・歴史時代の気候――尾瀬ケ原に過去七六〇〇年の気候変化の歴史を探る」(『自然』三九―五、一九八四年)。
(22) 北川浩之「屋久杉に刻まれた歴史時代の気候変動」(『講座 文明と環境 第六巻 歴史と気候』朝倉書店、一九九五年)。
(23) 安田喜憲『気候変動の文明史』(NTT出版、二〇〇四年)。
(24) 吉野正敏『古代日本の気候と人びと』(学生社、二〇一一年)。
(25) 安田喜憲前掲註(23)著書、鈴木秀夫『気候変化と人間 一万年の歴史』(原書房、二〇〇四年。初出は二〇〇一年)、董科「奈良時代における疫病流行の研究――『続日本紀』に見る疫病関連記事を中心に」(『東アジア文化交渉研究』三、二〇一〇年)。
(26) 阪口・北川両氏の気候変動グラフの対照による分析は、高橋学「古代荘園図と自然環境」(金田章裕他編『日本古代荘園図』東京堂出版、一九九六年)、坂上康俊『律令国家の転換と「日本」』(講談社、二〇〇一年)によっても行われているが、八世紀初頭の変動については論じられていない。
(27) 山本武夫『気候の語る日本史』(そしえて、一九七六年)。
(28) 宮瀧交二「環境史・災害史からみた古代東国の村落と民衆」(『学習院史学』四三、二〇〇五年)、同「環境史・災害史研究と考古学」(『環境と歴史学　歴史研究の新地平』勉誠出版、二〇一〇年)、保立道久『歴史のなかの大地動乱—奈良・平安の地震と天皇—』(岩波書店、二〇一二年)。

〔付記〕本章の原点は、大嶋郷戸籍の年齢別人口分布と六国史の災異記事との相関性を検討した、二〇〇三年一月二十六日に実施された葛飾区郷土と天文の博物館のシンポジウム報告(その内容は同博物館編『東京低地と古代大嶋郷—古代戸籍・考古学の成果から—』名著出版、二〇一二年に掲載)にある。その後、二〇〇五年、専修大学の窪田藍は、同様の方法で、大嶋郷戸籍だけでなく大宝二年御野国戸籍・西海道戸籍をも含めた災異記事と年齢別人口分布との相関性を確認した研究を発表した(『歴史学研究月報』五五一、二〇〇五年)。本章はこの二つの研究成果を踏まえた上で、新たに統計学的方法を導入することにより、大嶋郷戸籍・御野国戸籍の年齢別人口分布の傾向について改めて検討を試みたものである。

第二章　古代戸籍にみる人口構造と年齢集積

はじめに

人口学において、特定社会の人口構造を分析するためには、正確な年齢人口分布を表す人口データが必要になることはいうまでもない。しかし前近代の地域社会、あるいはアフリカなどに存在する現代の発展途上地域では、一年刻みの年齢そのものが住民に意識されていないため、人口調査があっても不正確な情報しか得られず、そのため統計学的調整を経なければ分析の正確性が保証されないという事態がまま見受けられる。こうしたケースのよく知られる一事例が、本章で取り上げる年齢集積（age-heaps）である。年齢集積は、人口調査の折に、被調査者の年齢が明らかにならない場合に、調査者がたとえば十歳、二十歳……などのきりの良い年齢に該当者を当てはめて登録した結果、一定の年齢にのみ人口が積み重なった状態が出現する現象を表す概念である(1)。

当該分野に関わる日本古代史研究は、八世紀籍帳の検討から特定年齢層に異常な増加がみられる人口ピークの存在を指摘した、岸俊男(2)・南部曻(3)の研究により先鞭がつけられたといえよう。その後、W・W・ファリス(4)は、このような人口増加現象が人口学でいうところの年齢集積に当たることを明らかにし、その形成要因について見解を提示したのである。しかし、岸、南部、ファリスの研究により、戸籍上の年齢集積の存在自体についてはおおよその共通認識が得られたものの、それが存在する年齢層の理解や年齢集積の形成要因について見解の相違があり、未だ決着を見ていないのが現状であろう。

前章で私は、戸籍人口回帰曲線に基づく残差分析という統計学的方法により、戸籍に登録された年齢別人口の異常値を抽出する方法を構築し、その方法に基づき、大宝二年（七〇二）半布里戸籍、養老五年（七二一）大嶋郷戸籍の年齢別人口データから異常な人口減少がみられる年度を見出し、それが気候異変を引き金とした災害・飢饉・疫病という環境史的背景と関わっていることを明らかにした。そこで引き続き同様の方法に基づいて、前章とは反対に戸籍から異常な人口増加のみられる年齢を析出し、その形成要因を探ることとする。それにより岸、南部、ファリス三氏の所説を再検討し、年齢集積形成年齢とその発生要因について新たな見解を提示してみたい。

一　研究史の整理と課題

はじめに、岸俊男、南部昇、ファリスの年齢集積に関する研究成果をまとめ、残された課題を整理しておく。

岸の研究は、大宝二年（七〇二）戸籍にみる女性年齢に、二十二歳―三十二歳―四十二歳―五十二歳―六十二歳という一の位に二や三の数値をもつ人口集中の大ピーク、二十七歳―三十七歳―四十七歳―五十七歳―六十七歳という一の位に七の数値をもつ人口集中の小ピークがみられ、ほぼ一〇年周期で女性人口が異常に多くなっている事実を指摘したものである。そして、大ピーク・小ピークの各年齢が、大宝二年の一二年前に当たる庚寅年籍（六九〇年）で五歳・十歳・十五歳……という五歳ごとのきりの良い数値に適合することを明らかにした。たとえば大宝二年籍二十二歳・四十二歳……は、庚寅年籍で十歳・三十歳……、大宝二年籍二十七歳・三十七歳……は、庚寅年籍で十五歳・二十五歳……などとなるごとくである。岸は、この事実について、最初の六年一造戸籍である庚寅年籍では男性年齢は実年齢で比較的正確に登録されたが、女性年齢の多くは五歳・十歳を基準に機械的に記録されたため、大宝二年戸籍で一の位に二、七をもつ女性人口が増えるという現象が発生したと解釈した。

それに対して南部は、人口ピークは岸が述べるように女性のみにみられるのではなく、西海道戸籍の二十二歳・四十二歳男性にも一〇年周期のピークが確かめられ、大宝二年籍では男女双方に年齢人口のピークが存在すると指摘した。さらにピーク形成が五歳・一〇歳間隔で機械的に登録したことで発生したとする岸説についても、五歳・一〇歳間隔のピークに属さない年齢の女性の数の方が多いことから成立しないとした。そして浮浪・逃亡・隠没の括出や隠首により摘発された人々を一〇歳間隔の完数を基準に登録したため、ピーク年齢人口はそれ以外の実年齢を登録した年齢よりも多くなったと、年齢人口ピークの形成要因について岸とは異なる見解を提示した。さらに、大宝二年時の人口ピークには二十二歳―三十二歳―四十二歳―五十二歳―六十二歳の大ピーク、二十七歳―三十七歳―四十七歳―五十七歳―六十七歳の小ピーク、三十歳―四十歳―五十歳―六十歳―七十歳の第三のピークの三つがあり、岸が指摘した庚寅年籍による完数単位の年齢人口の増加だけでなく、庚午年籍（六七〇）・庚寅年籍・「持統九年籍（六九五）」・大宝二年籍の「四比之籍」（『続日本紀』宝亀十年〈七七九〉六月辛亥条）による完数年齢の登録が大宝二年籍に反映していると主張する。

ファリスの研究は、人口統計学者・マイヤーの指標(5)に基づき、年齢値一の位の数値をもつ年齢人口の合計が総人口の一〇％から逸脱しているものを年齢集積とみなし、とくにプラス二（二〇％）以上逸脱する年齢人口を各戸籍単位に析出し、その発生要因について検討したものである。それによれば、年齢集積は大宝二年御野国戸籍・西海道戸籍では一の位が〇、二、三、七の年齢に、養老五年下総国戸籍では〇、一、二の年齢に顕著に見出されるが、それらは庚午年籍、庚寅年籍、大宝二年籍の登録時の年齢集積の反映であるとする。

以上三氏の研究について、成果と問題点を整理しておく。まず岸説に対する南部の批判は妥当であり、年齢集積は男女双方にわたり、また庚寅年籍以外の戸籍も影響を及ぼしているとする見解は正鵠を射ているといえる。しかし岸・南部が年齢人口ピークを析出する方法は、前後の年齢に比べて多い、少ないという印象的な比較評価によるもので、多寡を判定する数量的基準自体が統計学的な方法で確定されていないという課題が残されている。一方、ファリスの研究は戸籍にみる年齢集積をマイヤーの方法に基づいて検証したため、その全体的傾向は統計学的に解明されたが、岸や南部が検討した、どの年齢に集積がみられるかという、個別的な年齢集積の分析は課題として残されることとなった。そこで以下、前章で提起した人口回帰曲線の残差分析という、ファリスとは異なる統計学的方法論に基づき、戸籍上の個別的な年齢集積がどの年代に現れているかについて再検討し、その形成要因を分析する。

二　大宝二年半布里戸籍にみる年齢集積とその形成要因

どの年齢に年齢集積がみられるかを統計学的に検出するために、回帰分析により作成した近似曲線上の年齢別人口予測値と実数との残差に注目する。その方法の詳細は第Ⅰ部第一章を参照していただきたい。要点だけを述べると、残差分析は、残差が年齢別人口近似曲線の条件値としての変数（この場合は年齢による自然増加）以外の条件が要因となり拡大するという統計的法則性に注目したものである。いうまでもなく残差には、正（＋）の残差と負（－）の残差があり、正の残差は年齢の自然増加以外の条件が働くことによる予測値を超えた人口増加を示す値であり、負の残差は同様に予測値を超えた人口減少を示す値である。回帰分析においては、年齢と人口の統計的相関の妥当性が寄与率の高さによって証明されていれば、残差の異常値は計測ミスおよび特異な環境的要因――大量移住などの社会増加、災害・飢饉・疫病・戦争による臨時的な大量死の発生など――によってしか発生しない。そして、この場合の計測ミスとは、不作為のものだけでなく、作為的な操作によるものも含まれると考えられる。本論は、戸籍において正の残差の異常な増加がみられる年齢を抽出し、それが作為的操作に基づく年齢集積といかに関わるかについて検討を試みるものである。

方法として問題となるのは、どの程度の大きさの残差をもって「異常な」年齢集積とみなすか、その統計的評価基準の設定にある。ここでは外れ値＝確実に変数以外の条件が要因として発生した異常値の検出という、統計学的方法により人口増加異常値の評価基準を設けることとする。外れ値検出は次の手順に基づいて行う。まずはじめに年齢別人口値の統計的評価を目的とした残差の標準化（スチューデント化）を行う。具体的には、残差をその標準偏差の推定量（標準誤差）で割って補正した値＝標準化残差を試算するのである。そして標準化残差プラス二以上の数値を判別し、それを外れ値とみなす。その意味は、標準化残差プラス一が残差の標準偏差値（標準誤差）に当たるので、標準誤差の倍（プラス二）まで統計誤差の許容範囲を認め、それ以上を外れ値とするという判断を示している。最後に検出した外れ値のうち、プラス二以上の値をもつ年齢を判別し、それらを統計的に明確な個別的年齢集積とし、その形成要因を分析する。

まず半布里戸籍を対象として、年齢別人口にみられる正の残差の異常値を析出し、作為的な年齢集積との関係について確かめてみる。

表2は年齢別人口の回帰分析結果に基づき、各年齢別人口予測値と人口実数の間の標準化残差を試算したものである。本表から標準化残差プラス二以上の年齢集積を抽出すると下記のとおりとなる。なお⑤⑥はプラス一・九以上なのでほぼプラス二とみなし、参考値として示すことにした。

表2　半布里戸籍の近似値・残差試算表

年齢	出生年（西暦）	出生年（和暦）	人口（実数）	人口（‰）	近似値	残　差	標準誤差	標準化残差
1	702	大宝2	37	33.3333	34.5327	-1.1994	5.062687	-0.2369
2	701	大宝元	46	41.4414	33.6550	7.7864	5.062687	1.5380
3	700	文武4	44	39.6396	32.7916	6.8480	5.062687	1.3526
4	699	文武3	32	28.8288	31.9424	-3.1135	5.062687	-0.6150
5	698	文武2	28	25.2252	31.1072	-5.8819	5.062687	-1.1618
6	697	文武元	25	22.5232	30.2859	-7.7634	5.062687	-1.5335
7	696	持統10	22	19.8198	29.4786	-9.6587	5.062687	-1.9078
8	695	持統9	34	30.6306	28.6849	1.9457	5.062687	0.3843
9	694	持統8	18	16.2162	27.9049	-11.6887	5.062687	-2.3088
10	693	持統7	24	21.6216	27.1384	-5.5168	5.062687	-1.0897
11	692	持統6	37	33.3333	26.3854	6.9480	5.062687	1.3724
12	691	持統5	20	18.0180	25.6456	-7.6276	5.062687	-1.5066
13	***690***	***持統4***	***39***	***35.1351***	***24.9191***	***10.2160***	***5.062687***	***2.0179***
14	**689**	**持統3**	**38**	**34.2342**	**24.2057**	**10.0285**	**5.062687**	**1.9809**
15	688	持統2	29	26.1261	23.5053	2.6208	5.062687	0.5177
16	687	持統元	29	26.1261	22.8178	3.3083	5.062687	0.6535
17	686	朱鳥元	31	27.9279	22.1431	5.7849	5.062687	1.1426
18	685	天武14	21	18.9189	21.4810	-2.5621	5.062687	-0.5061
19	***684***	***天武13***	***35***	***31.5315***	***20.8316***	***10.7000***	***5.062687***	***2.1135***
20	***683***	***天武12***	***39***	***35.1351***	***20.1946***	***14.9406***	***5.062687***	***2.9511***
21	682	天武11	13	11.7120	19.5700	-7.8583	5.062687	-1.5522
22	**681**	**天武10**	**32**	**28.8288**	**18.9576**	**9.8712**	**5.062687**	**1.9498**
23	680	天武9	18	16.2162	18.3574	-2.1412	5.062687	-0.4229
24	679	天武8	21	18.9189	17.7693	1.1497	5.062687	0.2271
25	678	天武7	22	19.8198	17.1931	2.6268	5.062687	0.5188
26	677	天武6	8	7.2072	16.6287	-9.4215	5.062687	-1.8610
27	676	天武5	15	13.5135	16.0761	-2.5626	5.062687	-0.5062
28	675	天武4	16	14.4144	15.5351	-1.1206	5.062687	-0.2214
29	674	天武3	10	9.0090	15.0056	-5.9966	5.062687	-1.1845
30	673	天武2	14	12.6126	14.4875	-1.8749	5.062687	-0.3703
31	672	天武元	6	5.4054	13.9808	-8.5754	5.062687	-1.6938
32	671	天智10	8	7.2072	13.4852	-6.2780	5.062687	-1.2401
33	670	天智9	21	18.9189	13.0008	5.9182	5.062687	1.1690
34	669	天智8	13	11.7117	12.5273	-0.8156	5.062687	-0.1611
35	668	天智7	14	12.6126	12.0647	0.5479	5.062687	0.1082
36	667	天智6	10	9.0090	11.6130	-2.6039	5.062687	-0.5143
37	666	天智5	17	15.3153	11.1718	4.1435	5.062687	0.8184
38	665	天智4	7	6.3063	10.7413	-4.4350	5.062687	-0.8760
39	664	天智3	5	4.5045	10.3212	-5.8167	5.062687	-1.1489
40	663	天智2	9	8.1081	9.9115	-1.8034	5.062687	-0.3562

41	662	天智元	3	2.7027	9.5120	-6.8094	5.062687	-1.3450
42	***661***	***斉明７***	***30***	***27.0027***	***9.1227***	***17.9043***	***5.062687***	***3.5365***
43	660	斉明６	4	3.6036	8.7435	-5.1399	5.062687	-1.0152
44	659	斉明５	7	6.3063	8.3741	-2.0678	5.062687	-0.4084
45	658	斉明４	9	8.1081	8.0146	0.0935	5.062687	0.0185
46	657	斉明３	3	2.7027	7.6648	-4.9621	5.062687	-0.9801
47	656	斉明２	16	14.4144	7.3247	7.0897	5.062687	1.4004
48	655	斉明元	6	5.4054	6.9940	-1.5886	5.062687	-0.3138
49	654	白雉５	4	3.6036	6.6728	-3.0692	5.062687	-0.6062
50	653	白雉４	10	9.0090	6.3609	2.6482	5.062687	0.5231
51	652	白雉３	4	3.6036	6.0581	-2.4545	5.062687	-0.4848
52	651	白雉２	13	11.7117	5.7645	5.9473	5.062687	1.1747
53	650	白雉元	7	6.3063	5.4798	0.8265	5.062687	0.1633
54	649	大化５	5	4.5045	5.2040	-0.6995	5.062687	-0.1382
55	648	大化４	3	2.7027	4.9370	-2.2343	5.062687	-0.4413
56	647	大化３	2	1.8018	4.6786	-2.8769	5.062687	-0.5682
57	646	大化２	9	8.1081	4.4289	3.6792	5.062687	0.7267
58	645	大化元	5	4.5045	4.1875	0.3170	5.062687	0.0626
59	644	皇極３	5	4.5045	3.9546	0.5499	5.062687	0.1086
60	643	皇極２	7	6.3063	3.7298	2.5765	5.062687	0.5089
61	642	皇極元	3	2.7027	3.5132	-0.8105	5.062687	-0.1601
62	641	舒明13	10	9.0090	3.3047	5.7043	5.062687	1.1267
63	640	舒明12	2	1.8018	3.1040	-1.3022	5.062687	-0.2572
64	639	舒明11	2	1.8018	2.9112	-1.1094	5.062687	-0.2191
65	638	舒明10	3	2.7027	2.7261	-0.0234	5.062687	-0.0046
66	637	舒明９	1	0.9009	2.5487	-1.6478	5.062687	-0.3255
67	636	舒明８	6	5.4054	2.3787	3.0267	5.062687	0.5979
68	635	舒明７	3	2.7027	2.2161	0.4866	5.062687	0.0961
69	634	舒明６	1	0.9009	2.0608	-1.1599	5.062687	-0.2291
70	633	舒明５	2	1.8018	1.9127	-0.1109	5.062687	-0.0219
71	632	舒明４	1	0.9009	1.7717	-0.8708	5.062687	-0.1720
72	631	舒明３	1	0.9009	1.6377	-0.7368	5.062687	-0.1455
73	630	舒明２	8	7.2072	1.5105	5.6967	5.062687	1.1252
74	629	舒明元	0	0	1.3901	-1.3901	5.062687	-0.2746
75	628	推古36	0	0	1.2763	-1.2763	5.062687	-0.2521
76	627	推古35	0	0	1.1691	-1.1691	5.062687	-0.2309
77	626	推古34	1	0.9009	1.0684	-0.1675	5.062687	-0.0331
78	625	推古33	0	0	0.9740	-0.9740	5.062687	-0.1924
79	624	推古32	0	0	0.8858	-0.8858	5.062687	-0.1750
80	623	推古31	1	0.9009	0.8038	0.0971	5.062687	0.0192
81	622	推古30	1	0.9009	0.7278	0.1731	5.062687	0.0342
82	621	推古29	2	1.8018	0.6577	1.1441	5.062687	0.2260
83	620	推古28	0	0	0.5934	-0.5934	5.062687	-0.1172
84	619	推古27	0	0	0.5348	-0.5348	5.062687	-0.1056

年齢	出生年（西暦）	出生年（和暦）	人口（実数）	人口（‰）	近似値	残　差	標準誤差	標準化残差
85	618	推古26	1	0.9009	0.4819	0.4190	5.062687	0.0828
86	617	推古25	1	0.9009	0.4344	0.4665	5.062687	0.0921
87	616	推古24	0	0	0.3923	-0.3923	5.062687	-0.0775
88	615	推古23	0	0	0.3555	-0.3555	5.062687	-0.0702
89	614	推古22	0	0	0.3239	-0.3239	5.062687	-0.0640
90	613	推古21	0	0	0.2974	-0.2974	5.062687	-0.0587
91	612	推古20	0	0	0.2758	-0.2758	5.062687	-0.0545
92	611	推古19	0	0	0.2591	-0.2591	5.062687	-0.0512
93	610	推古18	1	0.9009	0.2471	0.6538	5.062687	0.1291

①十三歳（六九〇年生）　標準化残差二・〇二
②二十歳（六八三年生）　標準化残差二・九五
③四十二歳（六六一年生）　標準化残差三・五四
④十九歳（六八四年生）　標準化残差二・一一
⑤二十二歳（六八一年生）　標準化残差一・九五（参考）
⑥十四歳（六八九年生）　標準化残差一・九八（参考）

①は大宝二年（七〇二）籍で十三歳なので、庚寅年籍（六九〇）段階で一歳となる。したがってこれは庚寅年籍造籍時における一歳の年齢集積とみられる。

②は大宝二年籍で二十歳なので、大宝二年造籍時における二十歳の年齢集積とみられる。

③は大宝二年籍で四十二歳なので、庚寅年籍段階で三十歳、庚午年籍（六七〇）段階で十歳となる。したがってこれは庚午年籍造籍時十歳と庚寅年籍造籍時三十歳の年齢集積が重なり合わさったものとみられる。③は標準化残差三・五四で残差の最大値となっているが、それは二つの戸籍の年齢集積が合計されているためであろう。

④は大宝二年籍で十九歳であるが、年齢集積形成要因は定かではない。

⑤は大宝二年籍で二十二歳なので、庚寅年籍段階で十歳となる。したがってこれは庚寅年籍造籍時における十歳の年齢集積とみられる。

⑥は大宝二年籍で十四歳なので、庚寅年籍造籍の六九〇年段階では二歳となる。しかし、この点に関しては南部の次の指摘が参考になる。すなわち南部は、庚寅年籍の次の造籍が六年後に当たる持統十年（六九六）ではなく持統九年（六九五）に行われたとし、その根拠として、庚寅年籍は造籍命令の出された持統三年（六八九）には本来完成されるべき戸籍であったが、造籍作業が長引き持統四年（六九〇）まで続いたという点を指摘する。この指摘を踏まえれば、庚寅年籍造籍年は六八九、六九〇年の二カ年にわたることになり、したがって大宝二年籍十四歳の年齢集積は六九〇年ではなく、六八九年の庚寅年籍造籍時一歳のものとみることができる。

以上の点から、半布里戸籍にみる年齢集積とその要因を整理すると、次の三点が指摘できよう。第一に、庚寅年籍造籍時（六八九／六九〇）における一歳・十歳・三十歳の年齢集積が確認される。第二に、大宝二年造籍時（七〇二）における二十歳の年齢集積が確認される。

したがって第三に、岸が五歳間隔基準説の根拠とし、また南部が「持統九年籍」による年齢集積として評価した大宝二年籍における二十七歳―三十七歳―四十七歳―五十七歳―六十七歳のピークは認められないようである。当該年齢の標準化残差を確認すると、二十七歳・マイナス〇・五一、三十七歳・〇・八二、四十七歳・一・四〇、五十七歳・〇・七三、六十七歳・〇・六〇となっている。いうまでもなく標準化残差〇は近似曲線上の人口予測値と一致するので、二十七歳、三十七歳、五十七歳、六十七歳はいずれも〇～プラスマイナス一の範囲内に収まる安定的な正常値を示しているといえる。四十七歳人口だけがプラス一を超えているが、プラス一・五未満の値を示しており、わずかな増加傾向を示してはいるが、外れ値ではなく、異常な人口増加として評価するのは統計的に難しいだろう。

つまり外れ値という統計学的評価基準によれば、岸の五歳間隔説は誤りであり、一〇歳間隔説をとる南部説が適正であったということができるのである。しかし一方、大宝二年時の年齢集積形成要因となった造籍年次については、岸だけでなく南部の理解にも問題がある。南部が指摘する「持統九年籍」による年齢集積、および庚午年籍造籍時二十歳・三十歳・四十歳の年齢集積はいずれも検出されず、それらの大宝二年籍への影響はなかったと考えられるからである。ただし庚午年籍造籍時十歳の年齢集積の可能性は、わずかながら指摘できる。以上の検討結果から、半布里戸籍における年齢集積は庚寅年籍・大宝二年籍の造籍時における浮浪・逃亡の括出・隠首によるのであり、「持統九年籍」による括出・隠首の影響は存在せず、また庚午年籍による影響も顕著なものではなかったと結論できる。

三　養老五年大嶋郷戸籍にみる年齢集積とその形成要因

大嶋郷戸籍における年齢集積を確認するために、大嶋郷戸籍の年齢と人口（男女総数）の相関性に関して半布里戸籍分析と同様の方法で回帰分析を行い、人口予測値と人口実数の残差を析出し、外れ値を検出することで個別的な年齢集積が発生している年度を確かめる。

大嶋郷戸籍の人口回帰分析結果とそれにより作成された関数曲線は、第Ⅰ部第一章の図6を参照されたい。計算式のみを提示すると下記のとおりである。

定式

$$y=4E\text{-}05x^3-0.0027x^2-0.3732x+28.573$$

この定式により求められた大嶋郷人口補正曲線上の数値を大嶋郷における年齢別人口予測値と仮定し、前節と同様の方法で予測値と実数の標準化残差を試算し（表3）、プラス二以上の外れ値を年齢集積とみなし、その要因を分析する。

表3から、外れ値を抽出すると左記のとおりである。

①一歳（七二一年生）　標準化残差二・一三

②十六歳（七〇六年生）　標準化残差二・七五

③二十歳（七〇二年生）　標準化残差二・七七

④二十一歳（七〇一年生）　標準化残差二・一六

⑤三十二歳（六九〇年生）　標準化残差二・八二

次にその形成要因を検討する。

①は、養老五年（七二一）籍で一歳なので、養老五年時における一歳の年齢集積とみられる。

②は、養老五年籍で十六歳なので、十五歳のときは養老四年（七二〇）、十歳のときは和銅八年（七一五）、五歳のときは和銅三年（七一〇）、一歳のときは慶雲三年（七〇六）となり、いずれも造籍年には当たっておらず、一見、年齢集積の要因は定かではない。しかし、実は年齢集積要因となる戸口の括出・隠首による勘出は造籍時にだけなされたわけではない。むしろ、それに関していえば、和銅八年五月一日格という、著名な浮浪・逃亡人の勘出政策が注目されよう。

史料1『続日本紀』和銅八年五月一日格

天下百姓、多背二本貫一、流二宕他郷一、規二避課役一。其浮浪逗留、経二三月以上一者、即土断輸二調庸一、随二当国法一

当該格に関する研究は多いが、本章では、本貫地をもつ浮浪人を勘出して元の本貫地に戻し、戸籍に再登録することを促した政策とみる説[6]に従う。したがって、仮に和銅八年時に、新たな勘出者が本貫地の戸籍に南部が説くように十歳として登録されれば、それは見かけ上、慶雲三年生まれとなる。ゆえに、当該例は、和銅八年五月一日格により

表3　大嶋郷戸籍の近似値・残差試算表

年齢	出生年	人口(実数)	換算人口(‰)	近似値(‰)	両戸籍・近似値メジアン‰	残差	分散(残差二乗の和/人口)	標準誤差	標準化残差(残差/標準誤差)
1	***721***	***27***	***43.76***	***21.86***	***28.1975***	***15.5627***	***53.3173***	***7.302***	***2.1313***
2	720	15	24.31	21.98	27.8164	-3.5052	53.3173	7.302	-0.4800
3	719	12	19.45	22.07	27.4303	-7.9814	53.3173	7.302	-1.0931
4	718	12	19.45	22.14	27.0395	-7.5906	53.3173	7.302	-1.0395
5	717	7	11.35	22.18	26.6442	-15.2990	53.3173	7.302	-2.0952
6	716	13	21.07	22.20	26.2446	-5.1749	53.3173	7.302	-0.7087
7	715	11	17.83	22.28	25.8409	-8.0127	53.3173	7.302	-1.0973
8	714	17	27.55	22.18	25.4333	2.1194	53.3173	7.302	0.2903
9	713	12	19.45	22.14	25.0221	-5.5732	53.3173	7.302	-0.7633
10	712	7	11.35	22.08	24.6076	-13.2623	53.3173	7.302	-1.8163
11	711	11	17.83	21.99	24.1898	-6.3616	53.3173	7.302	-0.8712
12	710	10	16.21	21.89	23.7691	-7.5616	53.3173	7.302	-1.0356
13	709	3	4.86	21.77	23.3457	-18.4834	53.3173	7.302	-2.5313
14	708	9	14.59	21.63	22.9197	-8.3330	53.3173	7.302	-1.1412
15	707	20	32.41	21.48	22.4915	9.9235	53.3173	7.302	1.3590
16	***706***	***26***	***42.14***	***21.30***	***22.0612***	***20.0782***	***53.3173***	***7.302***	***2.7497***
17	705	9	14.59	21.11	21.6290	-7.0423	53.3173	7.302	-0.9645
18	704	6	9.72	20.91	21.1953	-11.4708	53.3173	7.302	-1.5709
19	703	4	6.48	20.69	20.7601	-14.2771	53.3173	7.302	-1.9553
20	***702***	***25***	***40.52***	***20.45***	***20.3238***	***20.1948***	***53.3173***	***7.302***	***2.7657***
21	***701***	***22***	***35.66***	***20.20***	***19.8866***	***15.7698***	***53.3173***	***7.302***	***2.1597***
22	700	12	19.45	19.94	19.4486	0.0004	53.3173	7.302	4.88E-05
23	699	16	25.93	19.66	19.0101	6.9218	53.3173	7.302	0.9480
24	698	8	12.97	19.37	18.5714	-5.6054	53.3173	7.302	-0.7677
25	697	9	14.59	19.07	18.1326	-3.5459	53.3173	7.302	-0.4856
26	696	7	11.35	18.76	17.6940	-6.3487	53.3173	7.302	-0.8695
27	695	17	27.55	18.44	17.2557	10.2970	53.3173	7.302	1.4102
28	694	14	22.69	18.10	16.8181	5.8723	53.3173	7.302	0.8042
29	693	15	24.31	17.76	16.3814	7.9298	53.3173	7.302	1.0860
30	692	18	29.17	17.40	15.9457	13.2278	53.3173	7.302	1.8116
31	691	8	12.97	17.04	15.5113	-2.5453	53.3173	7.302	-0.3486
32	***690***	***22***	***35.66***	***16.67***	***15.0784***	***20.5780***	***53.3173***	***7.302***	***2.8182***
33	689	12	19.45	16.29	14.6472	4.8017	53.3173	7.302	0.6576
34	688	0	0	15.91	14.2180	-14.2180	53.3173	7.302	-1.9472
35	687	15	24.31	15.52	13.7910	10.5202	53.3173	7.302	1.4408
36	686	6	9.72	15.12	13.3664	-3.6419	53.3173	7.302	-0.4988
37	685	8	12.97	14.72	12.9444	0.0215	53.3173	7.302	0.0029
38	684	6	9.72	14.31	12.5253	-2.8009	53.3173	7.302	-0.3836

39	683	10	16.21	13.90	12.1093	4.0982	53.3173	7.302	0.5613
40	682	5	8.10	13.48	11.6966	−3.5928	53.3173	7.302	−0.4920
41	681	5	8.10	13.06	11.2873	−3.1836	53.3173	7.302	−0.4360
42	680	13	21.07	12.64	10.8819	10.1878	53.3173	7.302	1.3952
43	679	1	1.62	12.22	10.4804	−8.8597	53.3173	7.302	−1.2133
44	678	6	9.72	11.79	10.0831	−0.3586	53.3173	7.302	−0.0491
45	677	2	3.24	11.37	9.6902	−6.4487	53.3173	7.302	−0.8832
46	676	6	9.72	10.94	9.3020	0.4225	53.3173	7.302	0.0579
47	675	7	11.35	10.51	8.9186	2.4266	53.3173	7.302	0.3323
48	674	4	6.48	10.09	8.5404	−2.0574	53.3173	7.302	−0.2818
49	673	4	6.48	9.66	8.1674	−1.6844	53.3173	7.302	−0.2307
50	672	2	3.24	9.24	7.8000	−4.5585	53.3173	7.302	−0.6243
51	671	10	16.21	8.82	7.4383	8.7691	53.3173	7.302	1.2009
52	670	11	17.83	8.40	7.0826	10.7456	53.3173	7.302	1.4716
53	669	4	6.48	7.99	6.7332	−0.2502	53.3173	7.302	−0.0343
54	668	4	6.48	7.58	6.3901	0.0928	53.3173	7.302	0.0127
55	667	9	14.59	7.17	6.0538	8.5330	53.3173	7.302	1.1686
56	666	4	6.48	6.77	5.7242	0.7587	53.3173	7.302	0.1039
57	665	2	3.24	6.37	5.4018	−2.1604	53.3173	7.302	−0.2959
58	664	5	8.10	5.99	5.0868	3.0170	53.3173	7.302	0.4132
59	663	2	3.24	5.60	4.7792	−1.5377	53.3173	7.302	−0.2106
60	662	2	3.24	5.23	4.4795	−1.2380	53.3173	7.302	−0.1695
61	661	7	11.35	4.86	4.1877	7.1575	53.3173	7.302	0.9802
62	660	1	1.62	4.50	3.9041	−2.2834	53.3173	7.302	−0.3127
63	659	4	6.48	4.15	3.6290	2.8539	53.3173	7.302	0.3909
64	658	1	1.62	3.81	3.3626	−1.7419	53.3173	7.302	−0.2386
65	657	0	0	3.48	3.1050	−3.1051	53.3173	7.302	−0.4252
66	656	4	6.48	3.16	2.8566	3.6264	53.3173	7.302	0.4966
67	655	1	1.62	2.86	2.6175	−0.9968	53.3173	7.302	−0.1365
68	654	0	0	2.56	2.3880	−2.3880	53.3173	7.302	−0.3270
69	653	2	3.24	2.28	2.1682	1.0733	53.3173	7.302	0.1470
70	652	0	0	2.00	1.9584	−1.9585	53.3173	7.302	−0.2682
71	651	2	3.24	1.75	1.7589	1.4826	53.3173	7.302	0.2030
72	650	1	1.62	1.50	1.5699	0.0509	53.3173	7.302	0.0070
73	649	2	3.24	1.27	1.3915	1.8500	53.3173	7.302	0.2534
74	648	0	0	1.06	1.2240	−1.2240	53.3173	7.302	−0.1676
75	647	1	1.62	0.86	1.0676	0.5531	53.3173	7.302	0.0758
76	646	0	0	0.68	0.9226	−0.9226	53.3173	7.302	−0.1264
77	645	0	0	0.51	0.7891	−0.7891	53.3173	7.302	−0.1081
78	644	0	0	0.36	0.6675	−0.6675	53.3173	7.302	−0.0914
79	643	1	1.62	0.23	0.5578	1.0629	53.3173	7.302	0.1456
80	642	0	0	0.12	0.4604	−0.4604	53.3173	7.302	−0.0631
81	641	0	0	0.02	0.3755	−0.3755	53.3173	7.302	−0.0514
82	640	0	0	−0.10	0.3033	−0.3033	53.3173	7.302	−0.0415

年齢	出生年	人口（実数）	換算人口（‰）	近似値（‰）	両戸籍・近似値メジアン‰	残　差	分散（残差二乗の和／人口）	標準誤差	標準化残差（残差／標準誤差）
83	639	0	0	−0.11	0.2439	−0.2439	53.3173	7.302	−0.0334
84	638	1	1.62	−0.14	0.1977	1.4230	53.3173	7.302	0.1949
85	637	0	0	−0.15	0.1649	−0.1649	53.3173	7.302	−0.0226
86	636	0	0	−0.14	0.1457	−0.1457	53.3173	7.302	−0.0200
87	635	0	0	−0.11	0.1402	−0.1402	53.3173	7.302	−0.0192
88	634	0	0	−0.06	0.1488	−0.1488	53.3173	7.302	−0.0204
89	633	0	0	0.02	0.1716	−0.1716	53.3173	7.302	−0.0235
90	632	0	0	0.12	0.2089	−0.2089	53.3173	7.302	−0.0286
91	631	0	0	0.25	0.2609	−0.2609	53.3173	7.302	−0.0357
92	630	0	0	0.40	0.3279	−0.3279	53.3173	7.302	−0.0449
93	629	0	0	0.57	0.4100	−0.4100	53.3173	7.302	−0.0561

＊大嶋郷戸籍の近似値にみえる −0.1〜−0.2は０に補正。

実施された浮浪・逃亡人勘出のおりに十歳とされた人口の影響による年齢集積と想定する。

③は、養老五年時に二十歳なので、養老五年造籍時における二十歳の年齢集積とみられる。

④は、養老五年籍に二十一歳なので、造籍年の和銅七年（七一四）籍で十四歳、和銅元年（七〇八）籍で八歳、大宝二年（七〇二）籍で二歳となり、一見、造籍時の年齢集積はみられないようにみえる。しかし、この点については右述の南部氏の見解が参考になる。すでにみたとおり南部氏は、「持統九年（六九五）」籍の存在を推定しているが、そうすると、それを起点とすると六年後は造籍年である大宝二年ではなく、大宝元年（七〇一）となる。御野国戸籍・西海道戸籍の存在から大宝二年が造籍年であることは間違いないが、私はこのときの戸籍も大宝元年、二年の二カ年にわたったと考える。庚寅年籍が本来は六八九年に完成する予定であったが翌年の六九〇年まで造籍がずれこんだのと同じ事態が大宝元年時にも発生したとみる。すなわち、「持統九年」の造籍後の六年後、大宝元年に造籍が完成するはずであったが、何らかの事情により翌大宝二年まで造籍作業が延長されたと想定する。実は、『続日本紀』大宝元年二月丙寅条には「任下勘二民官戸籍一史等上」

と記し、造籍のための「民官戸籍」を勘べるための史などの任命記事があり、造籍が大宝元年に行われた史料的根拠が存在する。この点と「持統九年」籍の存在から、造籍年を大宝元年／大宝二年ととらえるのが妥当であろう。この推定が成立するならば、大宝元年造籍時に登録された一歳の年齢集積が、その二〇年後の養老五年の二十一歳人口の増加に反映していると無理なく考えることができる。

以上の結果から、大嶋郷戸籍にみる年齢集積とその形成要因を整理しておく。同戸籍の年齢集積は、庚寅年籍造籍時（六八九／六九〇）における一歳の登録、大宝二年造籍時（七〇一／七〇二）における一歳の登録、和銅八年浮浪・逃亡勘出時（七一五）における十歳の登録、養老五年造籍時（七二一）における一歳・二十歳の登録により形成されたと考えられる。したがって、年齢集積の形成は岸が主張する五歳間隔ではなく、一歳および一〇歳間隔に認められるとする南部の指摘が正しいということになる。しかし南部の指摘する「持統九年籍」および大宝二年籍、和銅元年籍、和銅七年籍による年齢集積は認められない。また岸・南部双方が指摘する、庚午年籍（六七〇）造籍時十歳・二十歳・三十歳・四十歳の年齢集積のピークはいずれも存在しない。大嶋郷戸籍における年齢集積は、庚寅年籍・大宝二年籍・和銅八年格（計帳か）・養老五年籍において人々が一歳・十歳・二十歳……の完数で帳簿登録されたことにより形成されたと結論できる。

以上の分析結果は、前節で検討した半布里戸籍のそれと同様の結論を示しており、両戸籍の分析の正しさを支証するものとなっているといえる。それは次のように整理することができる。

第一に、年齢集積が庚午年籍―庚寅年籍―「持統九年籍」―大宝二年籍―和銅元年籍―和銅七年籍―養老五年籍のすべての造籍時に発生するという説（岸・南部・ファリス）が妥当しないのは、両戸籍に共通している。

第二に、半布里・大嶋郷両戸籍においては、庚寅年籍・大宝二年籍・養老五年籍の三回の造籍だけが顕著な年齢集積の形成要因であった事実が共通してみられる。

第三に、半布里・大嶋郷戸籍においては五歳単位の年齢集積は確認されず、両戸籍とも一歳―十歳―二十歳―三十歳……という一歳と一〇歳単位の年齢集積が認められる。

それでは、半布里・大嶋郷戸籍にみられる、年齢集積形成要因となった四カ年の共通する特徴は何であろうか。私は、これらが他の造籍年次に比べて、浮浪・逃亡の括出や隠首の登録励行が諸国に命じられた、画期をなす年度であったことに認められると考える。

たとえば、庚寅年籍は浄御原令施行後最初の戸籍であり、六年一籍制が始まる最初の戸籍であったことはいうまでもない。しかし、それだけではなく、『日本書紀』持統三年閏八月条に見える庚寅年籍作成を命ずる詔には「今冬、戸籍可レ造。宜下限二九月一、糺中捉浮浪上」とあり、庚寅年籍の主眼が浮浪の「糺捉」にあったことを端的に示している。[7]つまり和銅八年五月一日格同様、庚寅年籍作成は浮浪・逃亡勘出励行を打ち出した画期となる政策であったことがわかる。

一方、大宝二年籍の造籍の個別的な政策目標は史料上からは窺えないが、大宝令施行後の最初の戸籍であったわけであるから、やはり積極的かつ大規模な戸籍登録が目指されたことは想像にかたくない。養老五年籍の場合は、養老五年籍式（『令集解』戸令応分条古記一云）施行後最初の戸籍[8]であった点に、他戸籍と比べての画期性が認められよう。籍式の内容は明確ではないが、養老五年四月二十七日に発布された格との関係が注目される。

史料2　『類聚三代格』天平八年二月二十五日格所引養老五年四月二十七日格

（略）見二獲浮浪一、実得二本貫一。如有二悔レ過欲レ帰者一、逓二送本土一者。更煩二路次一、宜下随二其欲レ帰与レ状発遣上。（略）

自余無レ貫編二附当処一者。宜下停二編附一、直録二名簿一、全輸二調庸一、当処苦使上。

当該格は、和銅八年五月一日格と並ぶ、著名な浮浪・逃亡人の勘出政策の一つである。本格についても諸説出されているが、本貫地をもつ浮浪人の本貫地への逓送を促す政策を主目的とするとみる鎌田元一説に従いたい。いずれにせよ養老五年は浮浪・逃亡勘出政策の画期をなす年度であり、養老五年籍は格の政策目的が反映された当年度の戸籍とみることができよう。

以上、半布里・大嶋郷戸籍における年齢集積形成要因となった四つの年度を調べてみると、年齢集積はすべての戸籍作成時に必然的に伴うというものではなく、むしろ浮浪・逃亡の括出や隠首の登録励行を目標とした政策施行のエポックとなる年度に形成されたと考えることができる。言い換えれば、庚寅年籍・大宝二年戸籍・養老五年籍という浮浪・逃亡政策の画期となったと推定される造籍年次と、また造籍年次ではないが浮浪・逃亡政策が施行された和銅八年次にのみ年齢集積が形成されたと結論できるのである。

おわりに

本章では、前章で構築した人口回帰曲線の残差分析という方法に基づき、半布里戸籍、大嶋郷戸籍における年齢集積の規模とそれが形成された年度の統計的検出を試みた。その成果を踏まえ、岸俊男・南部昇・ファリスによる先行研究を再検討し、新たな見解を提示した。結論を整理すると、以下のとおりとなる。

第一に、半布里・大嶋郷両戸籍にみる年齢集積は共通する傾向を示している。まず年齢集積は両戸籍とも岸が指摘する五歳間隔では存在せず、南部が指摘するように一歳・十歳・二十歳・三十歳……のように一〇歳間隔にみられる。

また、年齢集積が造籍時に発生するという岸・南部・ファリスの見解はそれ自体誤りではないが、しかし、すべての造籍年次が年齢集積の形成要因となっているわけではないことが、残差分析により明確になった。具体的には、両戸籍では庚寅年籍・大宝二年籍・養老五年籍の三回の造籍だけが、顕著な年齢集積の形成要因となっている。また大嶋郷戸籍では、それに加えて造籍年ではない浮浪・逃亡の括出・隠首の登録励行を指示する格が出された和銅八年（七一五）に年齢集積の形成が認められる。一方、庚寅年籍・養老五年籍も浮浪・逃亡政策の画期となる年次であることが確かめられ、庚寅年籍は浄御原令下の最初の六年一造戸籍、大宝二年籍は大宝令下の最初の戸籍、そして養老五年籍は養老五年籍式に基づく最初の戸籍という画期性も認められる。したがって、年齢集積は造籍自体よりも、むしろ浮浪・逃亡の括出や隠首の登録励行を目標とした政策が施行された年度にだけ、顕著に形成が認められるといえるのである。つまり、浮浪・逃亡の勘出が新たな造籍政策の画期をなす年次に集中的に行われたことで、特定の造籍年次に年齢集積が集中する現象が生じたものと考えられる。

以上、前章・本章により、人口回帰曲線に基づく残差分析という方法に基づく正（＋）の残差、負（－）の残差の試算から、異常な人口増加・減少が特定年齢に集中する事実を明らかにすることができた。それぞれ前者が浮浪・逃亡の括出・隠首により摘発された人々の実年齢とは異なる登録により発生した年齢集積、後者が災害・飢饉・疫病の連続的発生による実態的な年齢人口の減少という説明により、その要因を合理的に解釈することができる。このことは、逆にいえば、男女総数の分析であれば、戸籍上の特定年齢に集中する正と負の年齢集積を除き、回帰分析に従うことで、年齢別人口分布を適正に予測できる可能性を表すものとなっている。この点は、大宝二年（七〇二）半布里戸籍、養老五年（七二一）大嶋郷戸籍に登録された年齢データの相対的な正確性を意味しているのである。次章では、以上述べた戸籍年齢データの質的評価を踏まえ、親族呼称と年齢分布との統計的相関性という別角度からの分析により、当該期の社会構造に年齢原理がいかに機能したのかという課題に取り組むこととする。

註

（1）*Manual II: Methods of Appraisal of Quality of Basic Data for Population Estimates*, United Nations Publications, Sales No. 56. XIII. 2, 1955.

（2）岸俊男「戸籍記載の女子年齢に関する疑問」（同『日本古代籍帳の研究』塙書房、一九七三年）。以下、岸俊男説の引用は同論文による。

（3）南部昇「古代籍帳における女子年齢の異常分布について」（同『日本古代戸籍の研究』吉川弘文館、一九九二年）。以下、南部昇説の引用は同論文による。

（4）W. W. Farris, *Population, Disease, and Land in Early Japan, 645–900*, Cambridge, Harvard University Press, 1984. 以下、ファリス説の引用は同著書による。

（5）前掲註（1）編著書参照。

（6）鎌田元一『律令公民制の研究』（塙書房、二〇〇一年）。以下、鎌田元一説の引用は同著書による。

（7）吉村武彦『日本古代の社会と国家』（岩波書店、一九九六年）V章。

（8）関口裕子「律令国家における嫡庶子制について」（『日本史研究』一〇五、一九六九年）、同「律令国家における嫡妻・妾制について」（『史学雑誌』八一―一、一九七二年）。

第三章　古代戸籍と年齢原理

――編戸の統計学的検討――

一　戸籍研究史の到達点から――戸籍の統計学的検討の目的と意義

古代戸籍研究は、戦前以来、膨大な研究史の蓄積があり[1]、戸籍の史料的性格と評価をめぐり、多くの学説が提起され、論争が闘わされてきた。戸を何らかのかたちで家族の実態を表すととらえる学説と、編戸により形成された人工的な構築物ととらえる学説の対立である。戸籍研究に当たっては、常にこうした戸籍自体の史料性をめぐる研究史上の問題に逢着するが、それに深くコミットすれば、それだけで紙幅は尽きてしまうだろう。そこでここでは、戸籍の研究史とその到達点について、本章の課題と方法を明確にするという視角から最小限の範囲で整理するにとどめておきたい。

戸籍研究史に四つの大きな流れがあることは、すでに論じられているとおりである[2]。第一は、郷戸を日本列島諸地域の地域的発展段階を異にする実態的な家族的諸集団と位置づけ、その基本的属性を家族共同体ないし家父長的世帯共同体として把握する、石母田正[3]、藤間生大[4]、門脇禎二[5]らに代表される研究史の流れである。これを郷戸実態説と呼ぶ。

第二に、郷戸を家族の実態ではなく擬制とみる、岸俊男[6]・平田耿二[7]を代表的論者とする郷戸法的擬制説の立場がある。擬制説では、最初の戸籍は房戸的規模の実態的な父系小家族を単位に戸に編成するようつとめていたが、五十戸一里（郷）制の枠組みが存在するため、人口増加に伴い戸が次第に現実の小家族とは異なる大家族的形態を示すようになり、実態から遊離して「歪み」が大きくなっていったとする（「歪み」拡大説）。したがって養老五年（七二一）下総国戸籍など、後に造られた戸籍ほど擬制的性格が強くなると主張した。

第三は、戸の擬制的性格を承認した上で、編戸の政策的意図・政策基調の解明に主軸をおく研究潮流であり、この立場は、現在、編戸説と呼ばれる。編戸説からは、安良城盛昭[8]の封戸目的説、浦田（義江）明子[9]の兵士役目的説など、戸籍編成の政策目的を具体的に提示する学説が発表され[10]、それにより戸の擬制性を生み出す国家による支配原理の解明が飛躍的に進展した。

その後、編戸説を前提としつつ、戸籍の記載内容と実態的な婚姻形態・相続形態の比較・分析から、戸籍の擬制の中に実態的家族の断片を析出する試みが、南部曻[11]・関口裕子[12]・明石一紀[13]によりなされた。南部は、「歪み」拡大説を支える「戸籍の遡源的分析」法の論理矛盾を指摘し、法的擬制説が最初期の戸を房戸的小家族とみる点を徹底的に批判した上で、戸の構成・規模に、編戸による影響を受けながらも貧富の格差など実態が反映していると指摘した[14]。一方、関口、明石は、戸の基本構成自体が国家により人為的に父系として編成されたものとみる、父系擬制説の立場に立つ。両氏の研究は、ともに父系に擬制された戸籍の中に「母—子」の基本的血縁紐帯の「片鱗」を発見し、「母—子＋夫」の対偶婚段階・流動的小家族を実態とみる家族史・女性史研究の家族論との整合が図られている点で共通する特徴を有している。

以上の研究史の要点を整理すると、以下のとおりとなる。まず岸・平田による郷戸法的擬制説は、根拠とされた「歪み」拡大説に対する南部の批判により、そのままのかたちでは成立しがたくなっている。また家族史・女性史研究の側から提示された父系擬制説は、古代家族の実態を「母―子＋夫」を基本とする双方的小家族とみて、郷戸に家父長的世帯共同体という実態を見出す郷戸実態説、房戸に父系的小家族の反映を見出す郷戸法的擬制説のいずれもが誤りであった事実を的確にとらえている。したがって今日の研究水準としては、郷戸・房戸ともに、双方的な小家族を父系家族である中国の家父長的な戸に擬制するための編戸の所産ととらえ、実態を示さないとみるのが妥当である。この考え方は、多くの家族史・女性史研究者が支持する通説としての位置を占めるものといえよう(15)。

戸が編戸の所産＝擬制ということを認めれば、実態家族の研究は、必然的に戸籍以外の文献史料、とくに家族や婚姻の実態を反映すると推定できる『万葉集』『日本霊異記』などの文学史料に向かわざるをえなくなる。実際に父系擬制説提起以後、戸籍は古代家族研究の史料として二次的なものと位置づけられ、研究の後景に退くことになった。そしてその結果、国家による公民支配の政策基調・目的を解明するための法制史・政治史的な戸籍研究と、戸籍以外の史料から家族の実態を復元していこうとする女性史・家族史研究の「乖離」が発生し、研究の停滞状況が生み出されることになったのである。こうした負の傾向はいまだに克服できずにおり、戸籍研究は今日においてなお活性化とはほど遠い状況にある。

粗々の提示ではあるが、以上が戸籍研究の流れと現状についての私の基本認識である。したがって今日の戸籍研究は、編戸による擬制を承認した上で、上記の方法論的「乖離」を埋めるものでなければならないと考えられる。次にそのための具体的な研究課題と方法論の設定について、近年、戸籍研究史を整理された荒井秀規の見解を参照し、それを手がかりに私見を比較しながら論点を提示してみたい。

荒井は、杉本一樹(16)や榊佳子(17)など近年の研究から、戸を「実態・擬制両者の接点」でとらえることが今日的な課題となっていると指摘する。たとえば杉本は、郷戸を家族・共同体という実体＝集団でも、実体から遊離した人工物でもなく、「実態から抽象された身分法的諸関係の集合体＝概念」と位置づけている。また榊は、婚姻・家族の実態から「何らかの原理」により編成された結果が「戸」であるので、編戸の原理を戸籍から抽出した上であれば、家族や婚姻の実態を戸籍から解明できるとして、夫婦の同籍と片籍を素材に議論を展開する。したがって杉本の場合、荒井のいう「接点」は「家族」などの実態的諸集団の一側面を抽象化した概念（擬制）としてとらえられることになり、また榊の場合は、戸という擬制の一部に見出される「婚姻」関係（実態家族）の片鱗として位置づけられることになる。つまりここでは、荒井のいう「実態・擬制両者の接点」を問うという課題は、戸の全体的性格（杉本）であれ、部分（榊）であれ、編戸を通して家族・共同体の実態が戸籍の中にいかなるかたちで反映しているか（あるいは、いないか）という主題を軸に構成されていくことになる。

私は、荒井の研究史整理は十分に支持できるが、一方で戸籍研究の今日的課題については、実態（家族・共同体）と擬制との「接点」を問うだけではなく、さらに踏み込んだ視点が必要ではないかと考える。端的にまとめれば、錯雑化した戸籍研究の迷路を抜け出るためには、「実態」（家族・共同体）と「擬制」という言説にはめこまれた戸籍研究のプロブレマティック自体の相対化が必要ではないか、ということである。

こうした問題意識に関しては、新川登亀男の整理[18]が重要である。新川は、従来の古代戸籍研究を近代知のパラダイムにはめこまれた方法に基づくものとして鋭く批判し、「家族」や「共同体」という近代的概念＝「実態」と即応すると仮定された「記号」に「意味の核」＝「本質」を求めようとする研究方法自体に戸籍研究の停滞を生む要因があるのだと指摘している。つまり、「家族」「共同体」という「実態」＝「本質」を解明する（あるいは解明できない）史料として戸籍を認識するという、「記号」論的な知の枠組みから解放されることで、新たな研究の豊かな可能性が期待できるというのである。新川の主張は、戸籍研究における方法論的転回を図るラディカルな問題提起といえ、古代史学の本質主義を批判するポスト構造主義的認識論[19]を踏まえた最初のアプローチと位置づけられる。それは、戦前から今日までの戸籍研究史の系列との認識論的切断を求める、まったく新しい方法の開示と評価できるものである[20]。

そこで本章では、新川の見解（思想）を踏まえ、編戸原理の把握の先にみえてくる（あるいはみえてこない）「実態」なるものをア・プリオリに「家族」「婚姻」の形態・秩序としてとらえるという、従来の認識方法を採らないこととする。その上で、国家的制度としての戸と家族以外の地域的社会集団との関係の把握――両者の結び付きが存在するか否か、存在するならばそれはいかなる実態を戸として編成したものなのか――、という新たな課題を設定してみたい。私は、郷戸も房戸も編戸の所産であり、そこから実態的家族形態を直接導き出すことはできないという前提を編戸説・父系擬制説の立場と共有する。しかし一方で、「戸と実態家族の関係」という枠組みから離れたところで、戸籍から地域社会の実態的特徴を明らかにできると考えており、その解明が究極の課題となる。

本章におけるもう一つの新たな試みとして、統計学的手法を援用した戸籍分析がある。近年、W・ファリスや今津勝紀[21][22]は人口統計学の方法に基づく古代戸籍の年齢・人口値を基礎数値データとして使用した定量分析を試み、七～八世紀の人口状況および家族構造の解明を目指している。戦前以来の膨大な研究史の中で、戸籍の数量的分析に伴う恣意性を可能なかぎり排除し、分析の客観的妥当性を統計学的観点から検証した上でそのデータを用いた研究は、両氏の成果以外にはほとんどなく、それは現時点での到達点といっても過言ではない[23]。もちろん本章は両氏の方法から大いに学んでいるが、今津・ファリスが用いなかった新たな統計学的方法を駆使し、人口を対象にしたファリス、家族・婚姻の実態を問題にした今津とは異なる角度からの検討を試みてみたい。すなわち、戸籍全体の年齢と親族呼称の相関性に関する秩序を統計的に析出し、編戸の論理と地域社会の関係について、家族・婚姻という知の枠組みをア・プリオリな前提とせずに考察する。

なお本章では、養老五年下総国葛飾郡大嶋郷戸籍を分析対象に設定する。[24] いうまでもなく戸籍研究は、大宝二年（七〇二）御野国戸籍・西海道戸籍など遺存状況の良好な戸籍との比較を通して課題を究明していく必要がある。しかし本章では、筆者の力量不足の問題もあるが、養老五年という一つの時代、そして大嶋郷の地域社会という一つの空間における地域社会と編戸の特徴を把握するために、あえて単一の戸籍の徹底的な分析にこだわることとした。同様の方法で他戸籍の個別研究を蓄積し、その成果が出た上で相互の比較を試み、各戸籍にみられる編戸の個性と普遍性を改めて把握していきたいが、それは今後の課題とせざるをえない。

本章を通して、大嶋郷戸籍に見える戸が実態「家族」（世帯共同体）の反映でも国家政策により編成された純粋な人工的集団でもなく、地域社会秩序を構成する年齢原理に基づいて国家が編成した「戸政」[25] 実現のための社会集団であることを見通していきたい。

二　戸籍にみる年齢分布と親族呼称の相関性

戸籍にみえる各親族呼称単位に個人を分類し、それぞれの親族呼称保持者の年齢構成の有する傾向について統計学的分析を試みる。戸籍にみえる親族呼称については、現代の親族呼称との対比およびそこからわかる親族構造の特徴について先行研究が蓄積されている。[26] しかし戸籍の親族呼称における年齢別分布の偏差という視点から、戸籍全体の年齢秩序——それが国家制度的な秩序か共同体的な秩序かはともかく——を析出しようとした試みは、ほとんどみられないように思われる。たとえば現代の戸籍においては、世帯主本人、妻、長男、二女などの親族呼称から核家族的な実態的家族形態・居住形態を推察することが可能である。現在の世帯主や妻という親族呼称は、主に婚姻などの事

表４　親族呼称対照表

	親族呼称	現代の続柄表示	備　考
親世代	父	当人の父	１例のみ
	母	当人の母(嫡母)	
	庶母	当人の継母	
	伯父	当人の父の兄弟	
	姑	(１)当人の父と同姓者：当人の父の姉妹	
		(２)当人の父と異姓者：当人の妻の母(布村説)か当人の「伯父」の妻(南部説)	
同世代	妻・妾	当人の配偶者	
	兄	当人の兄	
	姉	当人の姉(異母姉か)	
	弟	(１)当人の弟	
		(２)当人(女性)の妹	
	妹	(１)当人の妹	
		(２)当人の姉(同母姉か)	
	従父兄	当人の父の兄弟の息子(当人より年上)	
	従父弟	当人の父の兄弟の息子(当人より年下)	
	従父姉	当人の父の兄弟の娘(当人より年上)	
	従父妹	当人の父の兄弟の娘(当人より年下)	
	外従父兄	当人の父の姉妹の息子(当人より年上)	
	外従父妹	当人の父の姉妹の娘(当人より年下)	注記に１例,２例のみ
子世代	男	当人の息子	
	女	当人の娘	
	従子	当人の兄弟の息子(布村・明石・南部説)	
	甥	当人の姉妹の息子(布村・明石説)	
	姪	当人の兄弟の娘(明石説)か当人の姉妹の娘(布村・南部説)	
	娣	当人の姉妹の娘(明石説)か当人の兄弟の娘(南部説)	
孫世代	孫	当人の息子の息子	
	孫女	当人の息子の娘	
	外孫	当人の娘の息子	

＊現在の通説的見解に基づき，見解が分かれているものについては，代表的な研究者名を示した。
＊布村＝布村一夫，明石＝明石一紀，南部＝南部昇を指す。

由を契機とした親の世帯からの別籍を契機に成立するという法慣行を前提にしており[27]、そのため戸籍上に見える長男・二女・世帯主・妻などの親族呼称が分布する年齢層の幅は、婚姻に伴う核家族的世帯の形成を軸にした現代社会の実態的家族形態を鋭く反映する。したがって私たちは、親族呼称が所属する年齢層の傾向的分布をみることで、国家法（民法）のフィルターの彼方に当該社会の婚姻・世帯の自立や扶養に関わる実態的傾向を間接的に透視することができるはずである。

では、八世紀の戸籍においては、こうした分析視角は成立するだろうか。まず戸の擬制的性格のゆえに、戸籍上の親族呼称から実態的家族形態を推察することはおよそ不可能であると考えられる。しかしあえて戸の枠を無視し、戸を横断した戸籍全体にわたる個人を親族呼称別に分類し、各親族呼称が分布する年齢層にみられる傾向的特徴が析出できるならば、その特徴がいかなる問題に由来するのかを考察することはきわめて興味深い課題となるだろう。その場合、編戸に関わる支配制度的特徴がまず析出されることになると思われるが、それを踏まえながら、法のフィルターの彼方に実態的な地域秩序を透視することが可能か否かについて、論点を提示してみたい。なお戸籍上の親族呼称と現代の親族呼称の関係については研究史を踏まえ表4に表示した。

三　男性における親族呼称の付与と年齢原理

1　戸主任用にみる年齢秩序

まず大嶋郷戸籍における男性戸主および男性戸口の年齢別人口分布の特徴を、統計的に把握する。なお本章では、単に戸主と表記した場合は、便宜上、郷戸主・房戸主双方を含む意味で用いている。表5は、同戸籍で年齢が把握で

表5　10歳年齢階級別戸主・戸口の人口分布（男性）

年　齢	戸主人数	戸口人数	合　計
71～80歳	1(100)	0(0)	1(100)
61～70歳	6(100)	0(100)	6(100)
51～60歳	13(86.67)	2(13.33)	15(100)
41～50歳	18(78.26)	5(21.74)	23(100)
31～40歳	16(42.11)	22(57.89)	38(100)
21～30歳	10(16.13)	52(83.87)	62(100)
11～20歳	0(0)	54(100)	54(100)
1～10歳	0(0)	56(100)	56(100)

＊人(%)。

表6　20歳年齢階級別戸主・戸口の人口分布（男性）

年　齢	戸主人数	戸口人数	合　計
61～80歳	7(100)	0(0)	7(100)
41～60歳	31(81.58)	7(18.42)	38(100)
21～40歳	26(26)	74(74)	100(100)
1～20歳	0(0)	110(100)	110(100)

＊人(%)。

$$r=\frac{\frac{1}{N}\sum_{i=1}^{N}(Xi-\bar{X})(Yi-\bar{Y})}{\sqrt{\frac{1}{N}\sum_{i=1}^{N}(Xi-\bar{X})^2}\sqrt{\frac{1}{N}\sum_{i=1}^{N}(Yi-\bar{Y})^2}}$$

〔ピアソンの定式〕

きる二五五人について、一〇歳年齢階級別に戸主とそれ以外の戸口の人数をそれぞれカウントし、（　）内に戸主・戸口人口が年齢階級別男性総人口に占める割合（人口分布率）を示した集計表である。なお寄口は、一戸を形成するに至らない破片的な成員とその血縁的集合体であり、一般の戸口とは性質を異にする戸の成員であるという観点から、ここでは集計から除外してある。

また表6は、表5と同様の方法で二〇歳年齢階級別に戸主・戸口人口と人口分布率を示している。これらから一見してわかることは、高年齢層になるほど戸主分布率は高くなり、低年齢層になるほど低くなっているという傾向である。戸口の分布割合はその逆に、年齢層が低くなるほど大きくなっている。そこで、男性の年齢階級と戸主・戸口人口分布との間に一定の相関性が認められるか否か、またそれはいかなる関係を示すのか、という点について統計学的分析を試みたい。一般的に量的変数相互の相関はピアソンの積率相関係数で求めることができる。そこで表6から、独立変数である年齢階級（x）と従属変数である戸主・戸口分布率（y）を示す各数値をピアソンの定式に代入し、相関係数を求めると、

二〇歳別年齢階級の推移（x）と戸主人口分布の推移（y）の相関係数＝0.98
二〇歳別年齢階級の推移（x）と戸口人口分布の推移（y）の相関係数＝－0.98

となる。相関係数は、正の相関（xが増えればyが一定の率で増える）の場合は一、負の相関（xが増えればyが一定の率で減る）の場合はマイナス一が完全一致を表すので、一、マイナス一に近ければ近いほど相関率が高いということになる。本ケースの場合、相関係数は〇・九八、マイナス〇・九八となっているので、ほぼ完全な相関に近い値を示しており、二〇歳年齢階級の推移（x）と戸主・戸口人口分布率の推移（y）の相関性は、統計的にほぼ完全に近いかたちで証明されているということができる。

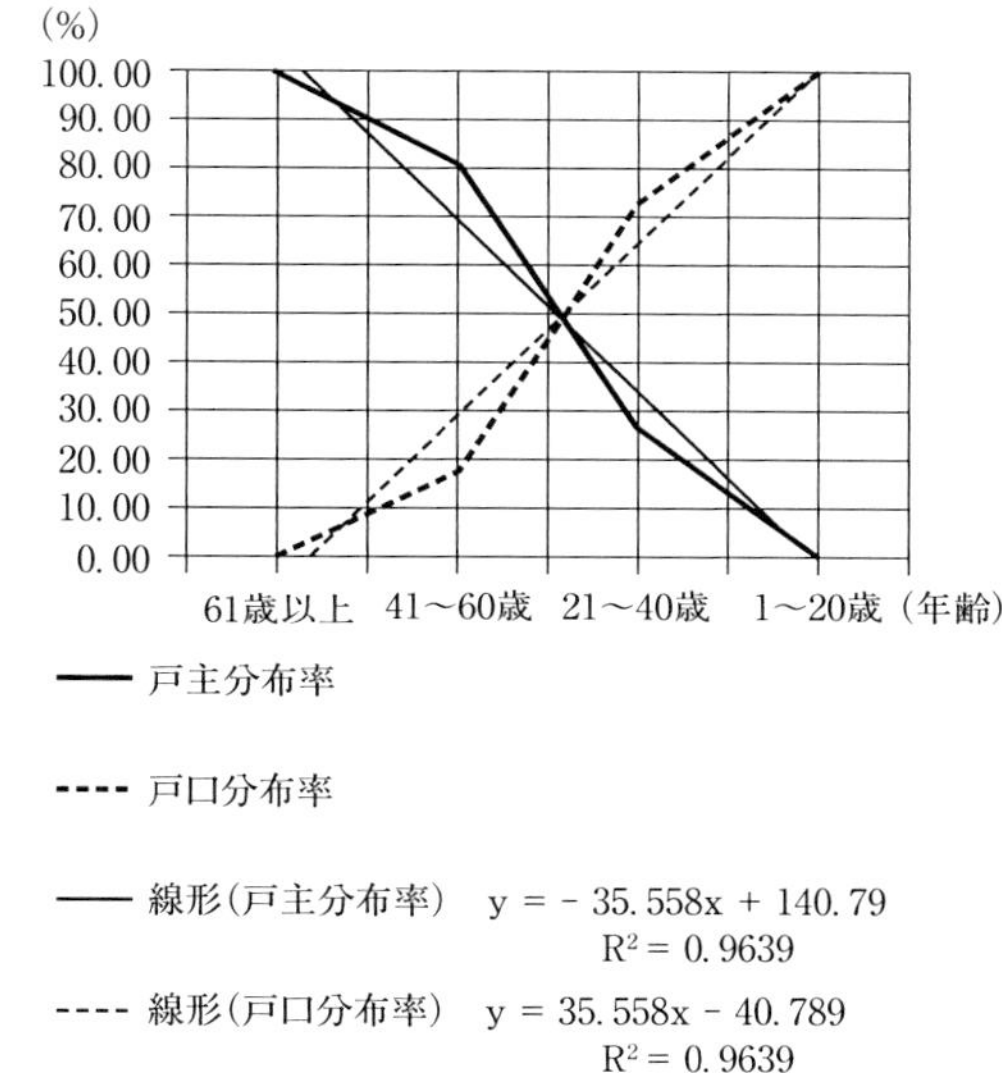

図11　20歳年齢階級別戸主・戸口分布グラフ（男性）

では、二〇歳年齢階級の推移と戸主・戸口人口分布率の推移の相関性は、いかなる内実をもつのか。図11は、男性の年齢階級別に戸主の分布率、戸口の分布率を折線グラフで示し、回帰分析により、年齢と戸主・戸口分布の相関性の特徴を近似直線を用いて表示したものである。

ここでは、相関性の証明には最も厳格な検証となる、一次関数を用いた線形近似（y＝ax＋b）を採用した。R二乗値（寄与率）は、近似直線と実数データ分布との統計的相関性を表示する数値であり、R^2＝〇・八〇（八〇％）以上の寄与率は実数分布と近似直線が「相関がある」ことが証明されている統計的事実を表すとされている。そこで近似直線の寄与率に注目し、図11から証明できる点を列挙すると以下のとおりとなる。

第一に、年齢層の低下による戸主人口分布率の低減傾向は、図11のとおり、九六％（R^2＝0. 9639）の確率で線形近似する明確な規則性を備えている。

第二に、年齢層の低下による戸口人口分布率の増加傾向は、図11のとおり、九六％（R^2＝0. 9639）の確率で線形近似する明確な規則性を備えており、戸主人口の推移と対称関係にある。

相関係数だけでなく、寄与率においても年齢階級の推移と戸主・戸口人口分布の推移との相関性が高い確率で証明されていることがわかるが、その内容を詳しくみていくと下記のとおりである。

六十一歳以上の老人男性（老丁・耆老）の戸主任用率は寄口を除くと一〇〇％となり、以下、八一・六％（四十一～六十歳）、二六％（二十一～四十歳）と年齢層の推移に合わせて近似直線で示されるような規則的な減少傾向を示す。このことは、編戸に当たり、最初に六十一歳以上の老人男性をすべて戸主に任用し、その後、世代ごとに上位世代から順に任用率を規則的に漸減させながら戸主を任用していく、という原則が存在する可能性を示している。なお、この仮説については、その意味を含めて改めて検証したい。

次に、二十歳以下の戸主任用率は〇％となっている。したがって、戸主は二十一歳以上＝正丁以上の年齢層から任用する原則の存在が証明される。この点については、すでに先学により指摘されており、南部曻は「戸政」を担いうる成人男性から戸主が任用される原則があったと述べている(28)。一方、かつて三浦周行は、戸主は任用されると死亡するまで戸主でありつづけるという、終身戸主制の存在を明らかにしている(29)。そこで南部説、三浦説から、一つの仮説として、戸主は、二十一歳以上の成人になった青・壮年男性から順次、戸主を任用していき、死亡するまで終身戸主でありつづけた、という考え方も提示できるだろう。この仮説が成り立つ場合、戸主の定数を満たすため、当初から戸主であった高齢世代が死亡することにより、新たに二十代、三十代の若年世代の戸主が補充任用されることになるので、高齢世代においては、一定の割合で戸主以外の戸口が維持されつづけることになるはずである。しかし、上記した六十一歳以上の高齢者から世代順に戸主分布率が高くなるという傾向は、こうした仮説が成立せず、戸主の欠員が生じたときには、むしろ逆に、高齢世代の戸口から優先的に、順次、戸主を補充任用していくという原則の存在を示している。戸主は年配者から順番に任用されていくというわけである。

では、戸主分布率が高くなる高齢年齢層と戸口分布率が高くなる若年年齢層の境界年齢は、何歳くらいになるのだろうか。図11のグラフを見ると、戸主分布率と戸口分布率がほぼ四十・四十一歳を境にして逆転している事実が確かめられる。表6の数値でも明らかなように、四十一歳以上では戸主分布率は戸口分布率より高いが、逆に四十歳以下では戸口分布率が戸主分布率より高くなっている。このことは、四十・四十一歳が戸主任用における境界年齢となっている事実を端的に示している。

以上、男性年齢層では、戸主は四十・四十一歳以上の世代から優先的に任用し、とくに六十一歳以上の老人男性（老・耆）を最優先するという編戸原則の存在が統計的に証明される。

2　戸内男性最年長者を戸主とする原則とその例外

戸主を年長者から優先的に任用する原則の存在は、編戸において戸主より年齢の高い尊属を戸口として同籍せず、逆に年齢の低い卑属が戸口として編成されるという状態を生み出す。この点を戸籍から確かめ、その意味について考えてみたい。

戸主よりも年長の男性に相当する親族呼称は、大嶋郷戸籍では「父」「伯父」「従父兄」「外従父兄」「兄」である。

しかし、戸主の戸口として同籍されている戸主尊属は「父」一例、「兄」一例、「従父兄」二例のみで、きわめて少ない。別に「伯父」（三例）、「外従父兄」（一例）、「兄」（一例）はすべて注記の中で戸主と他戸主との続柄を記した箇所に出てくるものなので、戸主と尊属戸口の関係を問題にしている本章の考察では検討対象外となる。

つまり大嶋郷戸籍では、戸主より年配者に相当する男性尊属をその戸主の戸口として登録することを極力避けているのであり、できるだけそれら年配者を郷戸主か房戸主に登録するようつとめている、といえるのである[30]。したがって、こうした編戸上の配慮の結果、大嶋郷では、郷里制以前の戸主の系譜を引く五〇人の郷戸主の親族関係内に存在した男性高齢者、とくに六十一歳以上の最年長者については、そのほとんどを郷戸主だけでなく、郷里制下に新たに設定された房戸主に優先的に任用して戸を編成することになったと考えられる。

ただし、六十一歳以上の老丁・耆老の中に、唯一の例外として寄口に編成されている事例がある。嶋俣里にみえる寄口・孔王部大（七十九歳）であるが（表7）、上記の原則では戸主に任用されるべき高齢男性がなぜ寄口とされたのか、検討しておく必要があるだろう。

表7　28.1戸 寄口・孔王部大の所属戸

戸ID	里名	姓　　名	性別	親族呼称	年齢	年齢区分	注記	断簡
28.1	嶋俣里	孔王部弥等	男	戸主	61	老丁	課戸	M6
28.1	嶋俣里	孔王部古奈売	女	妻	66	耆妻		M6
28.1	嶋俣里	孔王部小倭	男	男	25	正丁	嫡子	M6
28.1	嶋俣里	孔王部古与理売	女	女	32	丁女	嫡女	M6
28.1	嶋俣里	孔王部麻与理売	女	女	29	丁女		M6
28.1	嶋俣里	孔王部阿古売	女	姪	16	小女		M6
28.1	嶋俣里	孔王部麻古売	女	弟	14	小女		M7
28.1	嶋俣里	孔王部大	男	なし	79	耆老	寄口	M7
28.1	嶋俣里	孔王部古忍	男	従子	46	正丁		M7
28.1	嶋俣里	孔王部倭売	女	姊	43	丁女		M7
28.1	嶋俣里	孔王部犬売	女	弟	35	丁女		M7

＊「戸ID」は筆者が便宜的に振ったものである。表11〜15も同様。

実は、この孔王部大が所属する戸の戸主は老丁の孔王部弥等（六十一歳）であった。つまり、当該戸は六十一歳以上の高齢者男性が二人同一戸に所属する、郷内唯一のケースなのである。この点に注目すると、戸主に男性高齢者を任用する場合、房戸を帰属する各郷戸に一人ずつの割合で割り当て、同一郷戸内に二人以上の男性高齢者が存在しないよう、編戸上の配慮がなされていたと考えられる。寄口については、多くの研究があり別途詳論する必要があるが、当該事例については、①戸主より年配で老丁・耆老に相当する男性親族は、戸口として登録せず別の戸主として任用する、②同一郷戸内に二人以上の高齢者を戸主として任用しない、という二つの編戸原則の矛盾の所産といえるのではないだろうか。つまり戸主自身がすでに老丁・耆老であった場合、戸主より年配に当たる男性親族は、②の原則から戸主と同一郷戸内に二人目の戸主として析出することができず、さりとて①の原則のため戸口として位置づけることもできなかったため、便宜的に寄口として登録されることになった、と考えるのである[31]。

以上の検討結果から、郷内の男性高齢者を優先的に郷戸主・房戸主に任用するという編戸の原則が存在したという仮説は証明されると考える。

四　女性における親族呼称の付与と年齢原理

1　配偶者・親世代尊属呼称（「妻」「妾」「母」「庶母」「姑」）の付与と年齢原理

古代家族史・村落史研究において、里刀自や家刀自の村落・「家」経営において果たした積極的役割が評価されているように[32]、女性の「村政」「家政」において占める位置を解明することなしに、双方制社会を特徴とする日本古代の地域社会の実相を明らかにすることはできない。一方、古代戸籍は、中国の家父長的原理を色濃く反映した擬制性のため、従来、戸の内部構成からは実態を表す双方的な社会原理は部分的にしか見出しえないと考えられてきた[33]。

「戸政」の担い手をもっぱら戸主としてとらえ、戸籍上、女性は主に戸主との続柄を表す親族呼称で家族関係の中に位置づけられた存在にすぎないとみてしまえば、部分はともかく、戸籍全体から社会原理としての双方制を析出することは難しいだろう。そこで本章では、戸籍に見える「妻」「母」「姑」「女」など、婚姻や家族形態の分析に使用されてきた女性の親族呼称を、地域社会における古代女性のステイタスに係わる概念として読み替えていく可能性を模索することで、(34)この難題に突破口を見出してみたい。そして、その実証の不可欠の手段として、女性の親族呼称と年齢の相関性についての統計学的検討を行う。

少し具体的に説明しておこう。たとえば、すべての年齢層の戸主の妻や母が、年齢に関わりなく「妻」「母」の親族呼称で表示されているならば、それらの呼称は編戸によってたまたま表示された戸主との続柄・家族関係を表す概念にすぎない可能性がある。しかし、戸主と同様に、それらの親族呼称が年齢別に一定の割合で分布し、その分布の傾向が婚姻や家族・親族関係の実態的秩序とは異なる特徴を示していることが証明されるならば、婚姻・家族・親族関係以外の論理、すなわち編戸上の年齢原理によって親族呼称が法則的に付与されている事実の証明につながる。こうした見通しをもとに、本節ではとくに「妻」「妾」という戸主配偶者を表す親族呼称、および「母」「庶母」「姑」という戸主の親世代尊属戸口を表す親族呼称に注目し、年齢階級と親族呼称を付された女性人口分布との相関性を統計的に調べてみたい。

分析に入る前に、なぜ上記二種の親族呼称が注目されるのか、その理由を述べておこう。大嶋郷戸籍では、配偶者（「妻」「妾」）および親世代尊属戸口（「母」「庶母」「姑」）を同籍するのはほとんどが戸主である。また後述の図13に示すとおり、戸籍上に見える配偶者親族呼称「妻」「妾」および親世代尊属親族呼称「母」「庶母」「姑」の年齢分布は、戸主の年齢分布と対応・近似している。たとえば、男性六十一歳以上は寄口を除けば戸主としてのみ現れるが、女性六十一歳以上は「妻」「妾」「母」「庶母」「姑」としてのみ表記されるという共通性が認められる。したがって、配偶者親族呼称「妻」「妾」、親世代尊属親族呼称「母」「庶母」「姑」を付された女性は、年齢の側面からみると戸主と並行関係にある可能性が高い。そこで、男性の戸主と戸口を対比した前節の分析方法を応用し、「妻」「妾」「母」「庶母」「姑」（以下、配偶者・親世代尊属呼称と呼ぶ）とそれ以外の女性戸口（以下、直系卑属・傍系親族呼称と呼ぶ）との対比というかたちで統計的分析を試み、その集計結果を表8・表9で表示した。

表8は配偶者・親世代尊属呼称、直系卑属・傍系親族呼称の区分に基づき一〇歳年齢階級別にそれらの分布率を示したものである。まず男性の戸主分布率同様、配偶者・親世代尊属呼称の分布率は年齢階級が上になるほど高くなり、低年齢層になるほど低くなるという傾向が認められる。直系卑属・傍系親族呼称の分布割合が逆に年齢層が低くなるほど大きくなるのも、男性戸口の傾向と同じである。次に表9から、二〇歳年齢階級とそれぞれの親族呼称グループ人口分布率との相関係数を求めてみる。試算結果は、

二〇歳別年齢階級の推移（x）と配偶者・親世代尊属呼称者人口分布率の推移（y）の相関係数＝0.98

二〇歳別年齢階級の推移（x）と直系卑属・傍系親族呼称者人口分布率の推移（y）の相関係数＝－0.98

となる。相関係数は、配偶者・親世代親族呼称者人口分布の場合が〇・九八、直系卑属・傍系親族呼称者人口分布の場合がマイナス〇・九八となっており、女性の二〇歳年齢階級の推移（x）と配偶者・親世代親族呼称者および直系卑属・傍系親族呼称者人口分布率の推移（y）との相関性は、統計的にほぼ完全に証明されている。また、その値プラスマイナス〇・九八は、男性戸主と戸口のケースとほとんど同じ数値を示しており、両者の並行関係が証明できる。すなわち、女性の配偶者・親世代親族呼称者の年齢階級別分布は男性の年齢階級別戸主分布とほぼ対応し、女性の直系卑属・傍系親族呼称者の年齢階級別分布は男性の年齢階級別戸口分布と対応関係にあると指摘できる。

表８　10歳年齢階級別女性親族呼称人口分布

年齢	配偶者(妻・妾)・親世代尊属(母・庶母・姑)人数	直系卑属・傍系親族人数	総数
81～90歳	1(100)	0(0)	1(100)
71～80歳	5(100)	0(0)	5(100)
61～70歳	13(100)	0(0)	13(100)
51～60歳	23(67.65)	11(32.35)	34(100)
41～50歳	17(65.38)	9(34.62)	26(100)
31～40歳	17(32.08)	36(67.92)	53(100)
21～30歳	3(4.17)	69(95.83)	72(100)
11～20歳	0(0)	66(100)	66(100)
1～10歳	0(0)	75(100)	75(100)

＊人（%）。

表９　20歳年齢階級別女性親族呼称人口分布

年齢	配偶者(妻・妾)・親世代尊属(母・庶母・姑)人数	直系卑属・傍系親族人数	総数
61歳以上	19(100)	0(0)	19(100)
41～60歳	40(66.67)	20(33.33)	60(100)
21～40歳	20(16)	105(84)	125(100)
1～20歳	0(0)	141(100)	141(100)

＊人（%）。

次に、図11と同様の方法で行った表9の一次関数を用いた回帰分析の結果を、図12のグラフで表示する。このグラフから読み取れる事実は下記のとおりである。

まず年齢層の低下による配偶者・親世代尊属人口の低減傾向は、図12のとおり、九七%（$R^2=0.9669$）の確率で線形近似する明確な規則性を備えている。

第二に、年齢層の低下による直系卑属・傍系親族人口の増加傾向は、図12のとおり、九七%（$R^2=0.9669$）の確率で線形近似する明確な規則性を備えており、配偶者・親世代尊属人口の推移と対称関係にある。そして寄与率〇・九七から、男性戸主―戸口の年齢階級別人口直線のケースとほぼ同様に近似直線の妥当性が高く、年齢階級の推移に規定された、一次関数として表される配偶者・親世代尊属人口分布、直系卑属・傍系親族人口分布の規則的な推移がみてとれる。

女性親族呼称の年齢階級別分布の具体的特徴はどうか。まず六十一歳以上の高齢女性（老女・耆女）に「妻」「妾」「母」「庶母」「姑」という配偶者・直系尊属のいずれかの親族呼称が割り当てられている割合は、寄口を除くと一〇

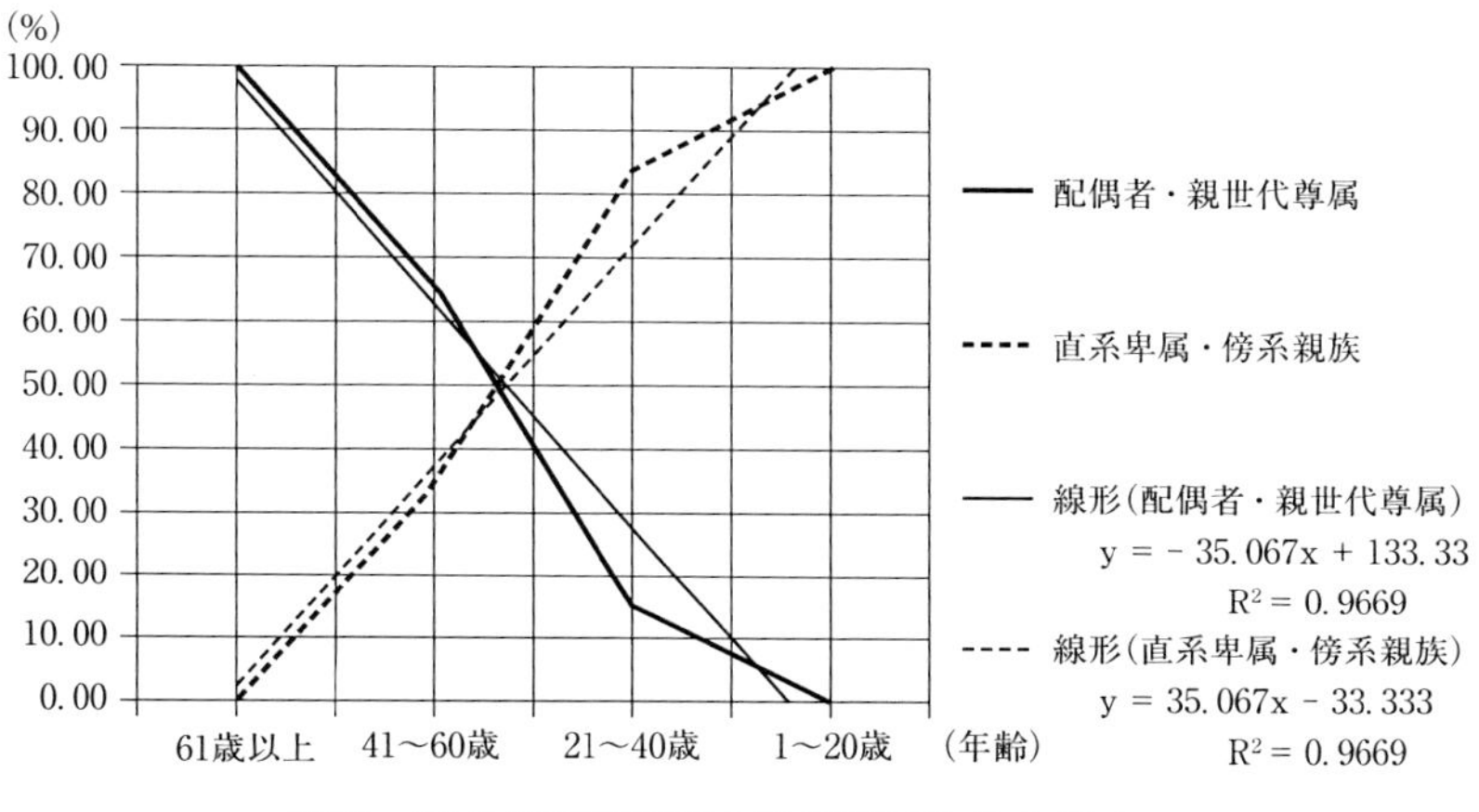

図12　20歳年齢階級別女性親族呼称分布グラフ

○%となり、以下、四十一～六十歳で六六・七%、二十一～四十歳で一六%と年齢低下に伴い減少していく。女性に対する配偶者・親世代尊属呼称の付与は、男性における戸主任用と同様の傾向に支配されていると考えられよう。すなわち、編戸に当たり、まず最初に六十一歳以上の高齢女性に戸主の「妻」「妾」「母」「庶母」「姑」の親族呼称を割り当て、その後、世代ごとに上位世代から順にその割当てを漸減させ男性戸口に当たる直系卑属・傍系親族呼称を付与していくという原則の存在である。なお、この仮説の妥当性と意味については改めて後述する。

次に二十歳以下の配偶者・親世代尊属呼称が付与された女性人口分布率をみると、○%となっている。つまり「妻」「妾」「母」「庶母」「姑」の親族呼称は二十一歳以上＝丁女以上の年齢層の女性に割り当てる原則の存在が確かめられる。この点も二十歳以下の戸主が存在しない事実と並行関係にある特徴といえる。先学の研究により、奈良時代女性の結婚年齢は八歳以上または十三歳以上と考えられており、(35)したがって、これらの親族呼称が十三～二十歳までの間にみえないのは、単に配偶者としての妻・妾、親世代尊属としての母・庶母・姑が実際に存在しなかったという事実を意味するわけではない。実際には十八歳くらいの若い妻や子をもつ母も存在したに違いないが、戸籍上は「妻」「母」などの親族呼称者としては登場しない(36)。

では、それはいかなる事態を意味するのか、以上の検討結果から、戸主（続柄の主）の「妻」「母」呼称を例に具体的に述べてみたい。たとえば、ある女性が戸主と結婚して妻となり、また年数が経過して子どもが成長し戸主となる。しかし編戸に当たり、彼女は戸主の妻や母となった直後に、自ずから「妻」や「母」として戸籍登録されるわけではない。戸籍上の「妻」「母」とは、現実に存在するさまざまな年齢の戸主の妻や母の中から、高齢女性から順次、割り当てられていく親族呼称なのである。その年齢階級別占有率が、図12の一次関数に規定され、上位年齢階級から下位年齢階級になるに従い、順次減少していく規則性を有していることになるわけである。一方、「妻」「母」呼称が付されなかった若年の妻や母たちは、戸主の直系卑属・傍系親族として戸籍内に位置づけられていたと推定される。このことから、配偶者・親世代尊属呼称「妻」「妾」「母」「庶母」「姑」は、戸主との婚姻・家族関係を表示する続柄を意味するだけではなく、戸主の地位と対応関係にある、年齢原理に規定された女性の戸内における地位を表す呼称であった可能性が出てくる。それが具体的にいかなる社会的意味をもつものであったかについては節を改めて検討したいが、ここでは統計的に推察できる範囲の結論のみを提示しておく。

最後に、配偶者・親世代尊属呼称分布率が高くなる高齢年齢層と直系卑属・傍系親族呼称分布率が高くなる若年年齢層との境界年齢について検討する。図12のグラフを見ると、図11・戸主—戸口分布率のケースと同様に、四十・四十一歳を境にして分布率が逆転していることがわかる。表9では、四十一歳以上では配偶者・親世代尊属呼称分布率はその他の親族呼称をもつ戸口分布率より高くなっているが、逆に四十歳以下では後者が前者より高いことがわかる。このことは、戸主の任用同様、やはり四十・四十一歳が配偶者・親世代尊属呼称付与における境界年齢となっている事実を示しているといえよう。

以上、女性では、配偶者・親世代尊属呼称「妻」「妾」「母」「庶母」「姑」は、四十・四十一歳以上の世代から優先的に付与されるという編戸原則の存在が統計的に証明される。

2　配偶者・親世代尊属（「妻」「妾」「母」「庶母」「姑」）と戸主の関係

しかし一方で、女性の場合は、年齢原理だけでは解決できない、男性とは異なる編戸上の問題が存在する。男性は、戸口男性が四十一歳以上の年長者になり戸口親族を一定数確保できれば、戸主定数を超えないかぎり、年齢条件だけで、随時、戸主に任用していくことが可能である。しかし女性の場合は、四十一歳以上という年齢条件だけでなく「妻」「妾」の場合は原則として戸主と結婚していること、また「母」「庶母」の場合は原則として戸主の子どもがいることという、戸主との関係に係わる親族呼称付与の制約条件が働いている。そこで次に、「妻」「妾」や「母」「庶母」の親族呼称の付与を規定したもう一つの条件である、戸主との関係の具体的内容について考察してみたい。

表10は、戸主の一〇歳年齢階級別に特定の親族呼称を有する同籍者の占める割合を示したものであるが、「妻」「妾」を同籍する戸主の年齢階級の分布傾向に注目すると、「妻」「妾」を同籍する戸主のうち、八八・八九％という

表10　戸主10歳年齢階級別にみた戸口編成の特徴（寄口を除く）

戸主年齢	妻・妾同籍	嫡子・嫡弟・嫡女同籍	母・庶母同籍	父同籍
71～80歳	1(2.78)	1(5.0)	0(0)	0(0)
61～70歳	6(16.67)	4(20.0)	0(0)	0(0)
51～60歳	8(22.22)	7(35.0)	1(6.67)	0(0)
41～50歳	17(47.22)	7(35.0)	2(13.33)	0(0)
31～40歳	3(8.33)	1(5.0)	5(33.33)	1(100)
21～30歳	1(2.78)	0(0)	7(46.67)	0(0)
総　数	36(100)	20(100)	15(100)	1(100)

*戸主人数（%）。

圧倒的多数が四十一歳以上であり、「妻」「妾」を同籍する四十歳以下の戸主はわずかに一一・一一%にすぎない。「妻」「妾」はその約九割が四十一歳以上の戸主の配偶者に付された親族呼称となっている。それに対して、四十歳以下の若年戸主の配偶者は、そのほとんどが「妻」「妾」として編付されていない。こうした編戸上の特徴は、「妻」「妾」という親族呼称が戸主の配偶者という親族関係を満たしているだけでは付与されず、原則として「四十一歳以上の戸主の配偶者」という戸主の年齢が条件となって与えられるものであることを意味する。すでに論じてきたとおり、「妻」「妾」は戸主と並行した地位にある存在である。そして戸主は、四十一歳以上の年長者が任用される戸の指揮・監督者である。したがって、「妻」「妾」呼称を付与された女性は、戸を監督・指導する立場にある四十一歳以上の年長戸主と並行する、戸主のペアとしての役割が期待されていたのではないかと推察される。

次に、表10から、「母」「庶母」と戸主の年齢との相関性を検討してみよう。四十一歳以上の年長戸主に集中的に同籍された「妻」「妾」とは逆に、「母」「庶母」は四十歳以下の若年戸主に集中的に同籍されていることがわかる。四十一歳以上の戸主に「母」「庶母」が同籍されるケースは二〇%で実例としては三例であり、それに対して「母」「庶母」を同籍する四十歳以下の戸主は八〇%の多数を占めている。四十一歳以上の戸主の母はある程度生存していたと考えられるが、彼女たちは多くが「母」「庶母」の親族呼称では戸籍に登録されていないことになる。父親の戸主が死亡して息子（嫡子）が戸主に任用される承継戸のケースでは、当然、四十一歳以上・四十歳以下という年齢にかかわらず、死亡した前戸主の「妻」「妾」が新戸主の「母」「庶母」と位置づけられるのが自然である。しかし、四十一歳以上の年齢層の戸主には「母」「庶母」の親族呼称者が伴わない事実は、四十一歳以上の戸主と「母」「庶母」呼称を付与された年長女性を同籍しない、という編戸原則の存在を推察できるのではないだろうか。また上述したとおり、四十一歳以上の戸主には「妻」「妾」を同籍するのが基本である。要約すれば、四十一歳以上の年長戸主は「妻」

「妾」を同籍し、「母」「庶母」を同籍しない、という原則を指摘できよう。つまり、四十一歳以上の年長戸主にとっての「妻」「妾」と四十歳以下の若年戸主にとっての「母」「庶母」は類似した役割を担う存在であったと考えられ、であるがゆえに「母」「庶母」と「妻」「妾」は、相反するかたちで戸主年齢との相関性を備えていたと考えられるのである。

以上、これまでの考察結果から、次のような仮説を提示することができる。まず四十一歳以上の男性はその年齢的成熟により「戸政」の担い手としての役割を期待され、優先的に戸主に任用された。それとともに、四十一歳以上の年長戸主の配偶者、とくに自らも四十一歳以上の年長女性は、「戸政」を分担する戸主のペアとしての役割が期待され、「妻」「妾」呼称が付与された。したがって「妻」「妾」とは、単なる続柄を示す親族呼称ではなく、戸主のペアとして「戸政」を分担するという社会的地位を表す親族呼称である可能性が出てくる。一方、五十郷戸—房戸制の枠組みから戸主には定数が存在し、四十一歳以上の年長者だけでは戸主の数を満たしえず、そこで四十歳以下の若年男性が補充的に戸主に任用された。しかし、四十歳以下の若年戸主は配偶者の有無にかかわらず、「戸政」担当者として自立した存在としてみなされず、そこで前戸主の配偶者や父の姉妹という若年戸主の親世代女性親族が、その後見人として若年戸主に配置されたと推察される。こうした若年戸主の後見人としての地位を表す呼称が「母」「庶母」「姑」であった。

四十一歳以上の戸主は「妻」「妾」とペアになり協力しあいながら、四十歳以下の戸主は「母」「庶母」「姑」の後見をえながら「戸政」を営んでいたと考えられるのである。

五　編戸にみる年齢原理――四十・四十一歳境界年齢論

前節で検討した男女・年齢階級と親族呼称の統計的相関により、戸主の任用および女性に対する配偶者・親世代尊属呼称（「妻」「妾」「母」「庶母」「姑」）の付与が四十・四十一歳を境界年齢とする年齢秩序に基づいて行われていたことが明らかになった。この四十・四十一歳境界年齢論に基づき、さまざまな戸籍上の記載と年齢との相関性を分析していくと、それが編戸の論理として多様な局面において貫徹していることに気付かされる。そこで本節では、四十・四十一歳境界年齢秩序と編戸の関係について多面的な検討を試み、その歴史的な意味について考察してみたい。

1　親族呼称「男」「女」と四十・四十一歳境界年齢

図13は、大嶋郷戸籍における各親族呼称がいかなる年齢層にみられるかをグラフで図示したものである。まず図13から、戸主の子世代直系卑属を表す親族呼称「男」「女」の見える年齢層に注目してみたい。

図13によると、「男」は一～三十六歳までの年齢層にのみ見られ、それ以上の年齢層には存在していない。三十七～三十九歳の年齢層には「男」はたまたま見られないのか、登録されない編戸原則があったのかについてははっきりしないが、上記した四十・四十一歳を境界年齢とする編戸論理から、「男」は四十歳以下の年齢層にのみ原則付与された親族呼称であると考える。

なぜ「男」は、四十歳以下の男性にのみ限定されているのだろうか。すでに指摘されているように、婚姻（妻）の有無と「男」の編付とは関係がない。戸令の規定などから男性の婚姻開始年齢は十五歳以上が一般的であったと想定されており、配偶者を同籍しない二十〜三十歳代の男性の多くが未婚であったとは考えがたく、この指摘は妥当である。十五歳以上の多くの男性は妻子をもちながら、父親が戸主の戸に「男」として編付されつづけていたことになる。問題は、なぜ四十歳に到達するまで妻子持ちの男性が「男」として父親戸主の戸に編付されつづけたのか、という点にある。それを解く鍵は、上述した戸主が四十一歳以上の男性を優先的に任用するという原則の存在である。つまり、男性が戸主として登録される年齢層と「男」として登録される年齢層は、基本的には四十・四十一歳を境にして入れ替わる関係にあるわけである。

次に親族呼称「女」が見える年齢層を確認する。図13によると、女性が「女」として編付される年齢幅は一〜三十九歳までに限られ、それ以上の年齢層には見えない。「女」は、「男」と同様に、四十歳以下の年齢層固有の親族呼称である。上述したとおり、女性の結婚開始年齢は十三歳（あるいは八歳）なので、夫の有無と女性に対する「女」呼称の付与は無関係といえ、夫や子がいる女性の多くは四十歳に到達するまでは父親戸主の「女」でありつづけたと考えられる。これは、「男」と男性戸主の関係と同様、四十一歳以上になると「女」は戸主と並行した地位を示す配偶者・親世代尊属呼称（「妻」「妾」「母」「庶母」「姑」）が付与される原則と対応関係にあると考えられる。

つまり「男」「女」ともに、四十歳を超えると男性の場合は「戸主」、女性の場合は「妻」「妾」「母」「庶母」「姑」という別の親族呼称が付与されたのではないか、と推察できる。それが何を意味するかについて、具体的な事例をあげて説明してみたい。

男性十五歳を子どもをもつ最低年齢と仮定すると、「男」「女」の子どもが四十一歳以上となる場合、父親戸主の最低年齢は五十六歳と仮定することができる。さて大嶋郷戸籍で「男」あるいは「女」を同籍する五十六歳以上の戸主は八人である。しかし、四十一歳以上の「男」「女」はその中に一人もみられない。なぜか。

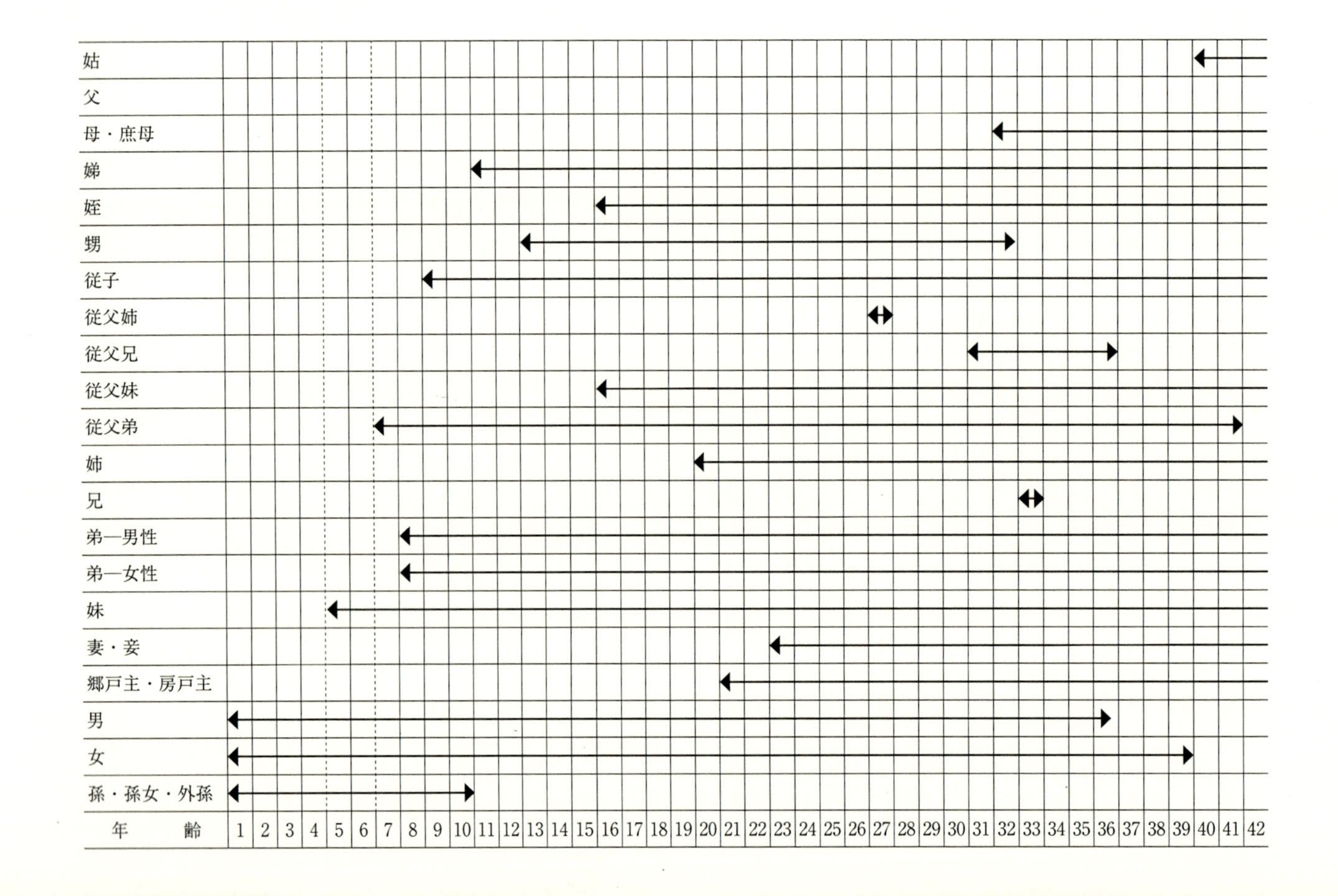
姑
父
母・庶母
娣
姪
甥
従子
従父姉
従父兄
従父妹
従父弟
姉
兄
弟―男性
弟―女性
妹
妻・妾
郷戸主・房戸主
男
女
孫・孫女・外孫
年齢
1 2 3 4 5 6 7 8 9 10 11 12 13 14 15 16 17 18 19 20 21 22 23 24 25 26 27 28 29 30 31 32 33 34 35 36 37 38 39 40 41 42

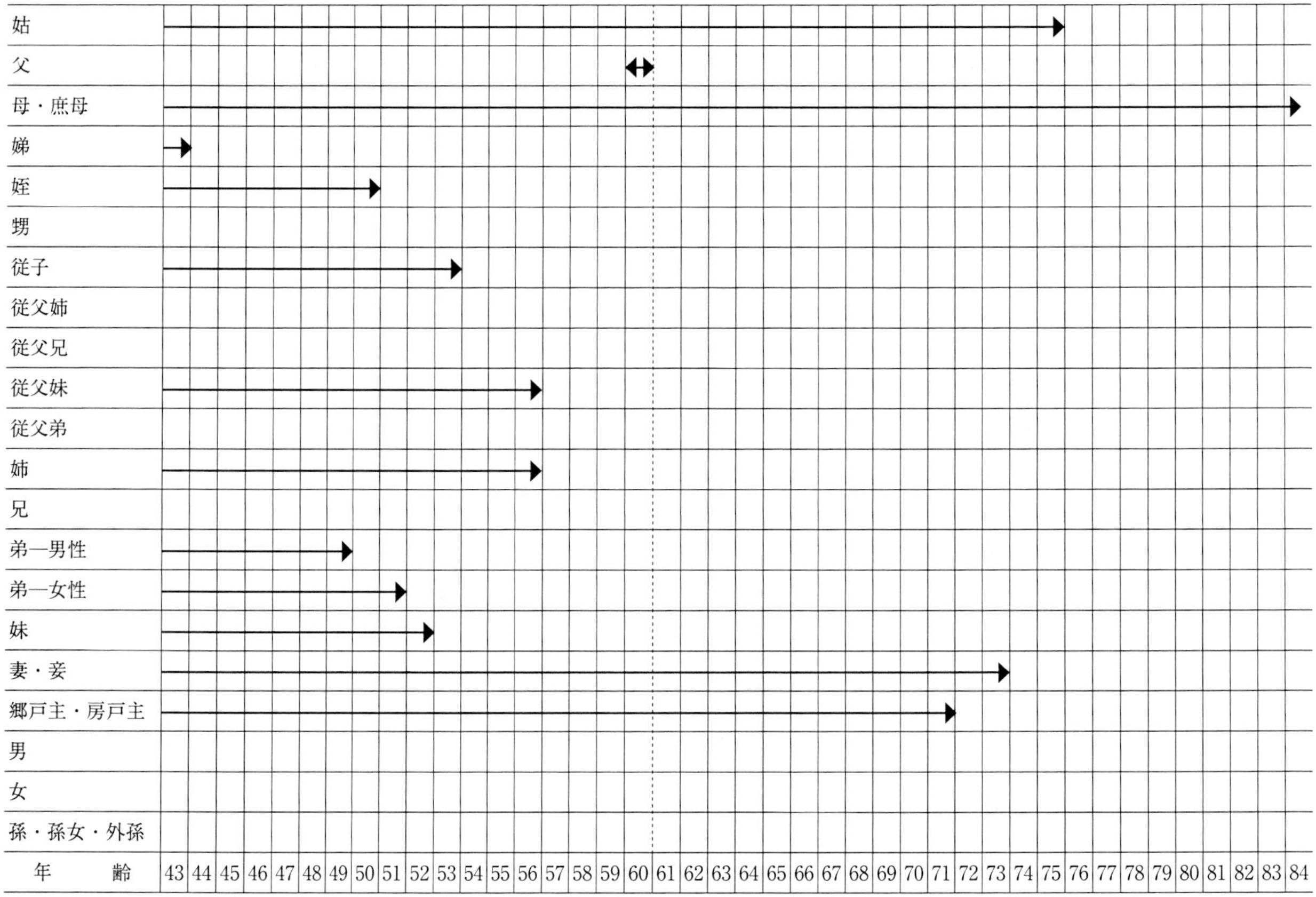

姑
父
母・庶母
娣
姪
甥
従子
従父姉
従父兄
従父妹
従父弟
姉
兄
弟―男性
弟―女性
妹
妻・妾
郷戸主・房戸主
男
女
孫・孫女・外孫

年齢 43 44 45 46 47 48 49 50 51 52 53 54 55 56 57 58 59 60 61 62 63 64 65 66 67 68 69 70 71 72 73 74 75 76 77 78 79 80 81 82 83 84

図13　親族呼称分布グラフ

表11　56歳以上の戸主と長子との年齢差

戸 ID	里名	戸主姓名	郷戸主・房戸主の別	戸主年齢①	長子年齢②	①－②
1.2	甲和里	孔王部志己夫	房戸主	58	27	31
4.2	甲和里	孔王部忍	房戸主	64	36	28
8.2	甲和里	孔王部熊	房戸主	66	32	34
11.2	甲和里	孔王部志己夫	房戸主	58	30	28
11.3	甲和里	孔王部恵弥	房戸主	61	30	31
18.1	嶋俣里	孔王部三村	郷戸主	71	39	32
23.4	嶋俣里	私部大	房戸主	57	30	27
25.1	嶋俣里	孔王部比都自	郷戸主	63	24	39
28.1	嶋俣里	孔王部弥等	郷戸主	61	32	29

＊年齢差平均＝31。

表11は、五十六歳以上の戸主とその長子との間の年齢差、表12は、五十五歳以下の戸主とその長子との間の年齢差を算出したものである。両者を比較すると、まず五十五歳以下の戸主とその「男」「女」長子の年齢差の最大値は三六歳、最小値は一五歳、平均年齢差は二四・一歳となる。一方、五十六歳以上の戸主の場合、「男」「女」長子との年齢差の最大値は三九歳、最小値は二七歳、平均年齢差は三一歳と、年長戸主になるほど同籍される父子の年齢差に拡大傾向がみられる。六十一歳以上になるとさらにその年齢差は拡大し、最大が三九歳、最小が二八歳、平均が三二・二歳となる。つまり五十五歳以下の戸主は、最低で十五歳、平均では約二十四歳のときに最初の子どもをもつという傾向が認められるわけである。つまり、十五歳のときに最初の子どもをもてば五十六歳以上で四十一歳以上の長子がいることとなり、二十三歳のときに最初の子どもをもつと仮定すれば、六十六歳以上で四十三歳以上の長子がいることとなるが、現実には年長戸主にそうした事例は一例も見出せないわけである。五十五歳以下の戸主にみられる最低で十五歳、平均二十四歳前後で最初の子をもつという事例が実態に即しており、同籍する長子の年齢が最低で二十四歳、平均で三十一歳という五十六歳以上の年長戸主のケースは、当時の婚姻年齢からみて実際に子どもをもつ年齢としては高すぎ、不自然である。

年長男性と長子との間の年齢差が若年戸主と比べて著しく拡大している要因は、次の二つの事由が考えられる。第一に、後述するように当時の平均死亡年齢が四十歳であった実態との関係である。つまり上記の現象は、年長戸主の長子が四十歳前後で多く死亡し、それ以下の若年の子のみが生き残ったという生物学的な現実の反映とみることができる。

第二の可能性としては、子どもが四十歳を超えた時点で、戸主の「男」「女」としての登録から外され、「男」は新戸主に、「女」は「妻」「妾」「母」「庶母」「姑」などのかたちで若年戸主の後見人として編付されるという制度的な

表12　55歳以下の戸主と長子との年齢差

戸 ID	里名	戸主姓名	郷戸主・房戸主の別	戸主年齢①	長子年齢②	①－②
1.1	甲和里	孔王部小山	郷戸主	48	27	21
2.2	甲和里	孔王部国	房戸主	42	16	26
3.2	甲和里	孔王部黒秦	房戸主	31	10	21
3.3	甲和里	孔王部尼麻呂	房戸主	44	23	21
4.3	甲和里	孔王部古忍	房戸主	52	30	22
5.2	甲和里	孔王部牟須比	房戸主	27	7	20
6.1	甲和里	孔王部長	郷戸主	52	27	25
6.2	甲和里	孔王部勝麻呂	房戸主	35	16	19
6.3	甲和里	孔王部子荒	房戸主	36	12	24
7.1	甲和里	孔王部志漏	郷戸主	51	23	28
7.2	甲和里	孔王部小志漏	房戸主	47	28	19
10.2	甲和里	孔王部麻佐利	房戸主	40	17	23
11.1	甲和里	孔王部鳥	郷戸主	48	27	21
15.1	仲村里	（孔王部）	（郷戸主）	30	3	27
15.2	仲村里	刑部止手	房戸主	55	27	28
18.2	嶋俣里	孔王部百足	房戸主	42	6	36
19.1	嶋俣里	孔王部国麻呂	郷戸主	32	8	24
20.1	嶋俣里	孔王部佐留	郷戸主	47	22	25
20.2	嶋俣里	孔王部子諸	房戸主	55	30	25
20.3	嶋俣里	孔王部小国	房戸主	27	5	22
22.2	嶋俣里	孔王部尼麻呂	房戸主	42	11	31
23.1	嶋俣里	私部真呰	郷戸主	47	29	18
23.3	嶋俣里	私部伊良売	房戸主	55	32	23
24.1	嶋俣里	孔王部猪	郷戸主	42	19	23
24.2	嶋俣里	孔王部奈為	房戸主	47	14	33
25.2	嶋俣里	孔王部黒人	房戸主	54	35	19
26.1	嶋俣里	孔王部荒馬	郷戸主	55	29	26
26.2	嶋俣里	孔王部真熊	房戸主	49	29	20
26.4	嶋俣里	孔王部若麻呂	房戸主	28	4	24
27.1	嶋俣里	孔王部黒秦	郷戸主	50	23	27
27.2	嶋俣里	孔王部龍麻呂	房戸主	33	10	23
27.3	嶋俣里	孔王部得麻呂	房戸主	42	9	33
27.4	嶋俣里	孔王部古尼麻呂	房戸主	41	16	25
28.2	嶋俣里	孔王部刀良	房戸主	31	2	29
29.1	嶋俣里	孔王部猪	郷戸主	44	22	22
29.2	嶋俣里	孔王部古忍	房戸主	35	20	15

＊年齢差平均＝24.11。

要因を想定できる。私は四十一歳以上の「男」「女」が一例も認められないという事実から、第二の説、すなわち四十一歳以上の戸主の子どもたちは、男性は新戸主に、女性は若年戸主の後見人としての地位を与えられるかたちで、父親戸主から別戸に析出されたとみる立場をとる。そして、平均死亡年齢四十歳という実態は、こうした四十歳を境とする析出制度施行の生物学的背景として存在した、ととらえておきたい。

以上指摘した編戸原則は、四十一歳以上の父親戸主のもとに四十一歳以上の子どもを戸口として同籍しない、という原則の存在を示すものである。このことは、戸の監督・指導を行う戸主は年長者の資質に期待して四十一歳以上の者を優先的に任用し、反対に年長者＝戸主の監督・指導下に服するべき地位にある未熟な世代の男女として四十歳以下の若年年齢層が想定され、四十一歳以上の年長戸主の子＝「男」「女」として編付されたと考えれば理解しやすい。「男」「女」の編戸原則からみえてくるのは、まさに、四十・四十一歳を境界年齢とした上下世代間の指導―服従の関係秩序、すなわち世代階層的な年齢原理の存在である[37]。

「男」「女」という親族呼称は、戸主との続柄＝家族関係を表す親族呼称にとどまらず、戸内におけるステイタスを表示する地位呼称であった。それは、原則として四十歳以下の若年層とみなされた男性・女性に付された呼称であり、共に四十一歳以上の年長者として「戸政」担当能力を期待された戸主や、その配偶者・親世代尊属（「妻」「妾」「母」「庶母」「姑」）の監督・指導下におかれた男性・女性の地位を表す概念であったと考えられる。

2　「嫡子」と「戸政」

戸主の承継と戸の再生産の中核として位置づけられている「嫡子」「嫡弟」「嫡女」が、年齢秩序に規定されていることはあまり知られていない。実はここにも、四十・四十一歳境界年齢原理が貫徹しているのである。次にその実態と意味について考察する。

年齢との関係で大嶋郷戸籍に見える「嫡子」「嫡弟」「嫡女」の編戸上の特徴を整理すると、次の三点が指摘できる。第一に、「嫡子」「嫡弟」「嫡女」はすべて六～三十六歳までの年齢層に見え、そのうち「嫡子」は十四歳以上の男子が選ばれている。第二に、「嫡子」「嫡弟」「嫡女」は一例（戸主三十五歳）を除き、すべて戸主が四十一歳以上の戸に付貫されている（表10参照）。第三に、「嫡子」「嫡弟」「嫡女」の親族呼称は、全員、「男」「女」である（四八件中四八件。付貫率一〇〇％）。したがってそれらが「弟」「妹」などの傍系親族呼称で表示されているケースは一例も存在していない。

第三の特徴から、「嫡子」「嫡弟」「嫡女」は、当然ではあるが、戸主の「男」「女」の中から選定される原則が確認される。したがって第一・第二の特徴である、それらが四十一歳以上の戸主のもとで四十歳以下の年齢層にしか見えない理由は、選定母体である「男」「女」が四十一歳以上の戸主の監督・指導下にある四十歳以下の若年男女から原則として構成されていることと係わっていることがわかる。この点から「嫡子」「嫡弟」「嫡女」は、〃四十一歳以上の戸主＋戸主直系卑属（「男」「女」）〃という直系親族構成をもつ戸に限り、「男」「女」の中から選び出すという基本原則が確認できる。

では、なぜ「嫡子」「嫡弟」「嫡女」は、四十一歳以上の戸主の直系親族「男」「女」の中から選ばれるのだろうか。「嫡弟」「嫡女」は「嫡子」が設定されている戸にのみおかれていることから、まずは「嫡子」とは何か、またそれが上記の条件の下で設定される理由について解明することが最初の課題となるだろう。

「嫡子」は、将来の「戸政」継承者として期待される戸主の「男」であることについてはほぼ見解が一致している(38)。もちろんその点に異論はないが、私はさらに成人年齢に到達した一部の嫡子には、「妻」「妾」と同様に戸主を補助す

表13　孔王部熊と孔王部己波の戸構成

戸 ID	里名	姓　　名	続柄	年齢	戸主・戸口の別	年齢区分	注　　記	断簡
8.2	甲和里	孔王部熊	戸主	66	房戸主	耆老	戸主加佐乎甥	E
8.2	甲和里	刑部与伎売	妻	63	戸口	老妻		E
8.2	甲和里	孔王部佐久良売	女	32	戸口	丁女		E
8.2	甲和里	孔王部小佐久良売	女	29	戸口	丁女		E
8.2	甲和里	孔王部宇多麻呂	従子	29	戸口	正丁		E
8.2	甲和里	孔王部古都売	従父妹	56	戸口	丁女		E
8.2	甲和里	孔王部伊良売	姪	42	戸口	丁女		E
9.1	甲和里	孔王部己波	戸主	63	郷戸主	老丁	課戸	E
9.1	甲和里	孔王部弟売	妻	30	戸口	丁妻		E
9.1	甲和里	孔王部尼麻呂	従子	45	戸口	正丁	兵士	E
9.1	甲和里	孔王部百売	妻	42	戸口	丁妻		E
9.1	甲和里	刑部阿佐売	妾	35	戸口	丁妾		E
9.1	甲和里	孔王部小刀自売	妾	42	戸口	丁妾		E
9.1	甲和里	孔王部麻呂	男	3	戸口	緑児		E
9.1	甲和里	孔王部小黒	男	1	戸口	緑児		E
9.1	甲和里	孔王部波古売	女	7	戸口	小女		E

る「戸政」の分掌者としての役割が期待されていたのではないかと考える。たとえば、嫡子を同籍する戸の割合を一〇歳年齢階級別に調べると、年齢階級別戸主総数に対して七十一～八十歳は一〇〇%、六十一～七十歳は六七%、五十一～六十歳は五四%、四十一～五十歳は三九%となっている。この傾向から、高齢者ほど嫡子を付貫する割合が高くなる現象がみてとれる。件数で確認すると、六十一歳以上の長老戸主七人のうち、嫡子は五人の戸に設定されている。嫡子・十五歳が一人、二十歳代・三人、三十歳代・一人の割合である。なお、六十一歳以上の長老戸主に嫡子がおかれていない二戸は、一つは六十六歳の房戸主・孔王部熊の戸（ＩＤ８・２）、もう一つは六十三歳の房戸主・孔王部己波の戸（ＩＤ９・１戸）である（表13参照）。

熊の戸は「妻」と直系の「女」と傍系親族、己波の戸は「妻」と傍系親族で構成され、いずれも戸主直系の「男」を含んでおらず、直系の「男」から嫡子を選定するという原則が機能しない戸であることが確かめられる。つまり、六十一歳以上の長老戸主の戸に直系男子「男」がいれば、その中から必ず嫡子をおくという原則が存在したと考えられる。その背景に、戸主が高齢になるほど将来の継承者の選定が急がれるという事由があることは、当然考えられるだろう。しかしそれと同時に、高齢ゆえに老・耆戸主の「戸政」執行能力について補助者が必要になったためという想定も許されるのではないだろうか。この点については、嫡子の年齢に注目してさらに検討してみたい。

嫡子は、大嶋郷戸籍では十四歳以上の「男」の中から選ばれており、十四歳の二人以外はすべて十五歳以上（一八人）となっている。この事実に注目した長久保恭子は、十四歳は成人儀礼が行われる年齢であり、それを「実態としての家族の嫡子」であると指摘している。[39]すでに述べてきたように、十五歳以上という年齢は男性の婚姻可能年齢で、ヲトコと呼称された実態的な成人年齢世代であり、[40]十四・十五歳を成人儀礼が行われる年齢とする指摘は賛同できるものである。ただし嫡子が成人年齢世代から選ばれた理由は、成人した男性長子に「戸政」を分掌する機能を期待したためであり、それが長久保のいう「実態としての家族の嫡子」とまでは論じえないと考える。原則として自立した「戸政」の主体である四十一歳以上の戸主に成人嫡子が同籍され、若年戸主の嫡子がほとんどみえない事実は、嫡子と「戸政」との不可分の関係を裏づけている。したがって六十一歳以上の戸主の「戸政」は、戸主の高齢ゆえに補助者を必要としていたため、より高い割合で嫡子が設定されたと考えることができよう。

また「戸政」の中心的機能の一つに戸成員の担う課役の管理・賦課があると考えられるが、大嶋郷戸籍では課役を負担しない不課戸には嫡子は一人もおかれていない。この事実は、不課戸は課役管理・賦課という「戸政」を担う必要がない戸であるがゆえに嫡子をおかなかったと考えれば理解しやすく、この点は嫡子が「戸政」の分掌者である一つの根拠となる。

次に残疾・廃疾戸主の事例に注目し、嫡子の「戸政」分掌機能の有無を検討する。表14は、疾病者を同籍する戸の一覧表である（大嶋郷戸籍に篤疾はいない）。大嶋郷戸籍では、一例を除いて疾病者は戸主に限定されるという、他戸籍にはみられない特徴がある。残疾・廃疾は課役が減免されることから、かつて私は、養老五年の戸籍において家父長的理念に基づく編戸方針が政策的に貫徹し、課役減免特権の付与を家父長に擬制的に見立てた戸主に限定したために、残疾・廃疾認定が戸主に限られたのではないかと指摘した(41)。しかしここで問われているのは、なぜ「戸政」の担い手である戸主にあえて疾病者が任用されるのか、という問題であるため、この回答だけでは十分とはいえない。そこで、その理由を改めて考えてみる。

まず戸主は終身制であるため、任用された後に残疾・廃疾であることが認められても解任できなかったと考えられる。そこで疾病に冒された戸主による「戸政」の停滞を防ぐために、戸主の補助者が必要になってくる。残疾・廃疾戸主の戸をみると、嫡子をおくことができる四十一歳以上の戸主の戸は二戸存在している。そのうち戸ID2・3戸・四十四歳の廃疾戸主孔王部百の戸には嫡子がおかれていないが、これは妻・妾のみで構成される不課戸であり、戸主の「戸政」担当能力が期待されなかったためであろう。一方、戸ID20・1戸・残疾戸主孔王部佐留の戸は正丁（戸主弟）が一人同籍され、課戸であるために十五歳の嫡子が設定され、残疾戸主の「戸政」を補助したものと考えられる。

区分	注　記
廃疾	不課戸，孔王部古諸従子
残疾	課戸，戸主孔王部子諸従子
廃疾 残疾	課戸
廃疾	不課戸
残疾	課戸

次に戸ID21・1戸・廃疾戸主孔王部徳麻呂（三十三歳）の戸の事例から、嫡子と「戸政」の関係を検討する（表15）。同戸は戸主の「父」が同籍される、戸籍中唯一の戸となっている。

戸主徳麻呂には五人の弟と四人の妹がいるので、「父」金の子どもは徳麻呂を含めて一〇人である。さらに「父」金は六十歳という高齢者であるので、自立した

表14　大嶋郷戸籍にみえる有疾者

戸 ID	里名	姓　名	郷戸主名	房戸主名	続柄の当主	続柄	歳
20.3	嶋俣里	孔王部小国	孔王部佐留	孔王部小国	孔王部小国	戸主	27
30.1	嶋俣里	孔王部古富尼	孔王部古富尼	孔王部古富尼	孔王部古富尼	戸主	29
21.1	嶋俣里	孔王部徳麻呂	孔王部徳麻呂	孔王部徳麻呂	孔王部徳麻呂	戸主	33
24.2	嶋俣里	孔王部国	孔王部猪	孔王部奈為	孔王部奈為	従父弟	38
2.3	甲和里	孔王部百		孔王部百	孔王部百	戸主	44
20.1	嶋俣里	孔王部佐留	孔王部佐留	孔王部佐留	孔王部佐留	戸主	47

「戸政」の担い手として、長子の徳麻呂を嫡子に設定するのが本来のあり方である。つまり戸主・金—嫡子・徳麻呂という関係である。しかし、ここで徳麻呂が廃疾であったことにより問題が生じる。戸主・金は六十歳の高齢者であったため、廃疾の徳麻呂を嫡子とすると高齢戸主—廃疾嫡子という関係が生まれ、高齢戸主を嫡子が補佐するという「戸政」の基本形態が維持できない異常事態が発生するのである。それを避ける方法としては、戸主・金のもと、改めて徳麻呂の弟を嫡子とする選択肢もあるように思われる。しかし上述したとおり、大嶋郷戸籍における残疾・廃疾認定による課役減免は原則として戸主の特権であり、疾病者であっても嫡子＝戸口の場合は認められなかった可能性が高い。また関口裕子(42)が指摘するように、大嶋郷戸籍では最年長子を嫡子とする原則に貫かれているので、徳麻呂が廃疾であっても嫡子の地位を弟に移すことは制度的に困難であったと推測される。そこで徳麻呂を嫡子の地位から廃疾認定ができる戸主の地位に引き上げ、金をその後見人の「父」として同籍するという例外的な編戸がなされたのではないだろうか。つまり、嫡子の疾病ゆえに、戸主である父を嫡子が補佐するという「戸政」執行の基本形態が維持できない戸であったため、子を戸主とすることで廃疾であることを明らかにした上で、「父」が主たる「戸政」の執行主体であることがわかるように編戸上の配慮がなされたと考えられる。こうした戸主と嫡子を入れ替えるという編戸のあり方は、まさに、嫡子が本来、戸主を代位しうる「戸政」担当能力の保持者として期待され

ていた事実を物語るものであろう。

四十一歳以上の戸主に嫡子がおかれたのは、自立した「戸政」の担い手が四十一歳以上の戸主とみなされ、嫡子が戸主の「戸政」の補助者としての役割を期待されていたからであった。律令国家が「戸政」の担い手としたものは、戸主だけではない。戸主―「妻」（「妾」）―嫡子が直系親として揃うことで、最も十全な「戸政」が実現されるという律令国家の認識が、戸籍の分析を通して読み取れる。それに対して傍系親を戸口として同籍する四十歳以下の戸主は、自立した「戸政」の担い手とみなされなかったと考えられる。そしてこうした若年戸主には、四十一歳以上の年長女性が「母」（「庶母」）、「姑」という戸主女性尊属として同籍され、戸主の後見人となることで「戸政」担当能力が保障されたのである。

3　「嫡子」と「妻」「妾」の関係

年長戸主と配偶者と「嫡子」とが一体となって「戸政」を担当したという仮説が成立するためには、これまで検討してきた戸主と「妻」「妾」の関係、戸主と「嫡子」の関係だけでなく、「妻」と「妾」の関係、および彼女たちと「嫡子」の関係が明らかにされなければならない。そこで本項では、「嫡子」と「妻」「妾」がいかなる関係にあった

表15　戸主の父を同籍する戸

戸ID	里名	姓　　名	性別	親族呼称	年齢	区分	注記	断簡
21.1	嶋俣里	孔王部徳麻呂	男	戸主	33	廃疾	課戸	L 6
21.1	嶋俣里	孔王部金	男	父	60	正丁		L 6
21.1	嶋俣里	磯部刀良売	女	妻	51	丁妻		L 6
21.1	嶋俣里	孔王部古都売	女	妾	55	丁妾		L 6
21.1	嶋俣里	孔王部小徳	男	弟	31	正丁		L 6
21.1	嶋俣里	孔王部広嶋	男	弟	16	小子		L 6
21.1	嶋俣里	孔王部広足	男	弟	14	小子		L 6
21.1	嶋俣里	孔王部古麻呂	男	弟	8	小子		L 6
21.1	嶋俣里	孔王部弟麻呂	男	弟	15	小子		L 6
21.1	嶋俣里	孔王部小宮売	女	妹	21	丁女		L 6
21.1	嶋俣里	孔王部小広売	女	妹	11	小女		L 6
21.1	嶋俣里	孔王部若売	女	妹	11	小女		L 6
21.1	嶋俣里	孔王部子若売	女	妹	9	小女		L 6
21.1	嶋俣里	孔王部荒	男	従父弟	24	正丁		L 6
21.1	嶋俣里	孔王部荒売	女	妹	21	丁女		L 6
21.1	嶋俣里	孔王部黒売	女	従父妹	27	丁女		L 6

のかについて、先行研究を踏まえ論じる。

　現在、この分野の通説を構成する関口裕子の見解[43]は、戸籍上の「妻」「妾」の区分が実態としての妻・妾の別を意味するものではなく、中国の律令・戸籍制度を導入した結果生じた機械的な書き分けにすぎず、古代日本では当時の対偶婚に規定された「妻妾不分離」が実態であったとするものである。さらに関口は、大宝二年（七〇二）戸籍で既婚男子すべてに嫡子が設定される一方、養老五年（七二一）戸籍では嫡子が戸主にのみおかれているが、それは「妻」「妾」いずれの所生子であるかにかかわらず、最年長男子を嫡子としたためであるとした。その上で大宝二年籍と養老五年籍の違いは、前者は造籍時に嫡子を既婚男子に機械的に割り当てた結果生じたもので、後者は庶人に立嫡を認めた養老五年籍式の影響を受け、税負担を完納する責任を負う戸主の地位継承に係わって嫡子制を戸主に限定導入した結果生じた現象であると指摘した。つまり、嫡妻と妾という実態的な地位区分に基づいて嫡妻の子＝嫡出子と庶子の区分を行う中国的な家制度が、日本古代社会における双方的対偶婚社会の家族の実態に適応したものではなかったために、造籍時期・地域を異にする戸籍に異なるかたちで「妻」「妾」「嫡子」の関係が表れているとみるのである。関口は、戸籍上の「妻」「妾」「嫡子」を家族の実態を表していないという意味で、いずれも擬制ととらえていることになる（その意味で以下、関口説を「嫡子」擬制説と仮称する）。

　それに対し、その後の研究は、関口の実態家族を表さない戸籍上の「妻妾分離」、「嫡子」説の批判というかたちで進展している。「嫡子」擬制説を批判した長久保恭子[44]は、養老五年大嶋郷戸籍で、兄弟姉妹で年下の者を年長者よりも戸主に近い位置に記している事例や戸主の長子が「嫡子」とされていない事例が多数存在することから、最年長者を機械的に「嫡子」としたとする関口説は成立せず、嫡妻の子＝嫡出子が「嫡子」であるとみる「嫡子」の実態説を改めて提起した。

一方、中田興吉[45]は、大宝二年御野国戸籍における「亡妻」と「亡妾」の書き分けは生前から妻と妾に身分の違いがあったことを意味し、「妾子」と「嫡子」、「先妾子」と「先嫡男」の区別は妻と妾の区別を前提に解釈してもも理解できると指摘し、関口の「妻妾不分離」説を退けている。

また近年、荒井秀規[46]は、上記三者の説を批判し、新たな説を提起した。荒井は、関口がいうとおり定められた嫡妻の嫡出子を「嫡子」にしたという関係は成立しないが、それは長久保・中田が指摘するように「妻」と「嫡子」とが無関係であったわけではなく、「嫡子」の母が「妻」とされることで「妻」「妾」の区分が生じたとする。つまりある女性が「妻」であるかぎりその子は一貫して「嫡子」であり、彼女が「妾」であるならばその子は一貫して「嫡子」ではないという関係が戸籍の分析から読み取れるという。荒井説では、「妻」―「嫡子」の関係は別の女性が「妻」になるか、「嫡子」が交替するかによって変更され、その交替自体は「妻」の死亡や離別を契機として、古代社会では頻繁に起こっていたととらえられている。

以上の学説について、私は「嫡子」の母を「妻」とみる点については荒井の見解を支持する。しかし荒井説には未解決の問題もある。それは、「妻」の子が「嫡子」とされたのであるならば、「妻」や「嫡子」はいかなる基準によって「妾」や「妾子」と区別されたのか、という問題である。「嫡子」の母が「妻」とされたとしても、ではそもそも「嫡子」はどのようにして選ばれたのかが不明である。逆に「妻」の子が「嫡子」とされたとしても、その「妻」は一体どのようにして定められたのか。

私は、上述の検討結果から、少なくとも大嶋郷戸籍においては、「嫡子」も「妻」も編戸に貫徹する年齢原理によって「戸政」の担い手として選ばれたと考える。まず四十一歳以上の年長男性が戸主、その配偶者が「妻」、複数存在する場合は「妻」以外に「妾」という親族呼称が付与される。水口幹記[47]・吉田晶[48]の研究を踏まえ、荒井は戸主の

「妻」は「家刀自」「母刀自」のごとき存在であり、戸主とともに戸を統括する立場にあるとするが、妥当な見解であろう。この解釈を踏まえるならば、単に戸主だけではなく、四十一歳以上の年長戸主と「妻」のペアが「戸政」の自立的な主体とみなされたと考えられる。一方、「妻」の選定基準は、やはり上述したとおり年齢原理が係わっており、四十一歳以上の年長女性がいればその中から優先的に「妻」が選ばれ、まさに「刀自」に類似した地位にある女性として他の「妾」たちと区別された。そして、年長戸主（原則として四十一歳以上）―「妻」のペアが自立した「戸政」の主体とみなされたために、それらの戸に継承者＝「嫡子」をおくことが原則として初めて許されることになったのである。一方、「嫡子」自体も「戸政」の補助者として位置づけられたため、十四・十五歳以上、とくに二十一歳以上の成人男性が、「戸政」の担い手である年長戸主―「妻」の戸にかぎり「嫡子」が配されることになったものと考えられる。

「戸政」の実現には単に戸主という資格だけでは十分ではなく、戸主が年長であり、かつ「妻」―「嫡子」の直系ユニットが揃うことで十全な戸口成員の監督・指揮が可能になったといえるのである。

4 親族ユニット編成にみられる年齢原理

以上の検討結果から、「嫡子」「嫡弟」「嫡女」がおかれた〝四十一歳以上の戸主（＋「妻」「妾」）＋戸主直系卑属（「男」「女」）〟という直系親族を含む戸は、律令国家にとって「戸政」を担当する理想的なモデル戸と認識されていたと結論できる。そこで次に、このような直系親族グループを直系ユニットと仮称し、弟妹など傍系親族によって構成される親族グループを傍系ユニットと呼び便宜的に区別し、両者の相違について考察することとしたい。なぜ律令国家は、養老五年戸籍において傍系ユニットではなく、直系ユニットを「戸政」担当―継承の基本型として位置づけたのであろうか。以下、その意味について検討する。

大嶋郷戸籍には、直系ユニット、傍系ユニットがいかなる形態において、またどの程度の規模で設定されているのだろうか。

表16は、戸主の一〇歳年齢階級別に戸口の親族構成を①〝配偶者・直系親だけで構成される戸〟＝直系ユニット単体の戸、②〝配偶者・直系親＋傍系親で構成される戸〟＝直系ユニット＋傍系ユニットの戸、③〝傍系親だけで構成される戸〟＝傍系ユニット単体の戸という基準で比較し、その戸数をカウントしたものである。表17は、表16を踏まえ、①＋②＝直系ユニットを含む戸と、③直系ユニットを含まない傍系ユニットのみで構成される戸を比較し、戸主の一〇歳年齢階級別にそれぞれの戸が占める割合を表している。なお断簡の欠損により戸の構成が復元できない事例は除外した。表16・17から、戸主の年齢階級と戸構成にいかなる相関性があるか、確かめてみる。

第一に、直系ユニットを含む戸は、戸主が四十一歳以上の戸に圧倒的に多く、逆に傍系ユニットのみで構成される戸は四十歳以下の戸主の戸に圧倒的に多いという点が特徴である。四十歳以下の戸主の戸には、①直系ユニットだけで構成される戸は一例しか存在しておらず（分布率八・三％）、九一・七％が四十一歳以上の戸主の戸にみられる。また③傍系ユニットのみで構成される戸は六十一歳以上では〇％、四十一〜六十歳まではわずか一二・五％にすぎず、八七・五％という圧倒的多数を四十歳以下の戸主の戸が占めている（表16）。

次に、直系ユニットを含む戸全体、すなわち①＋②パターンの戸と傍系ユニットのみで構成される③パターンの戸の割合を戸主年齢階級別に確かめてみたい。戸主が六十一歳以上の老・耆戸主の戸は一〇〇％、直系ユニットを含む戸で構成されており、傍系ユニットのみで構成される戸はまったく存在しない（分布率〇％）（表17）。

また戸主が五十一〜六十歳では直系ユニットを含む戸は約九〇％、四十一〜五十歳では約九四％となっており、四十一歳以上の戸主の戸は九〇～一〇〇%の高い割合で直系ユニットを構成することが基本原則になっているとみて間違いない。一方、三十一～四十歳の戸主の戸の場合は、直系ユニット＋傍系ユニットで構成される戸と傍系ユニットのみの戸の割合は半分ずつ（各五〇%）、二十一～三十歳の戸主の戸では直系ユニットを含む戸が約四〇%に対し、傍系ユニットのみの戸が約六〇%となっており、若年戸主になるほど直系ユニットをもつ割合が少なくなり、反対に傍系ユニットのみで構成される割合が高くなっていることがわかる。

これらの特徴から、戸を直系ユニットで構成するか、あるいは傍系ユニットで構成するか、という戸の形態の選択は、実態的な家族構成でも、国司・郡司などの行政官の恣意によって適当に親族を寄せ集めたような偶然的なものでもまったくなく、年齢原理によって規定されていた編戸の原則により成立したと推測できる。編戸原則には四十・四十一歳を境界年齢とする年齢原理が貫かれている。四十歳・四十一歳を境界年齢として、それを超える年長戸主になればなるほど、直系ユニットの構成を貫徹させるという編戸原則の存在を想定できるのである。

そして、前節の考察を踏まえれば、この編戸原則は、律令国家が直系ユニットによる「戸政」執行、すなわち親・戸主―子・戸口という直系的な指揮―服従関

表16　戸主年齢別にみた戸口親族構成Ⅰ

戸主年齢	配偶者・直系親のみ	配偶者・直系親＋傍系親	傍系親のみ
71～80歳	1(8.33)	0(0)	0(0)
61～70歳	1(8.33)	5(15.15)	0(0)
51～60歳	5(41.67)	4(12.12)	1(6.25)
41～50歳	4(33.33)	13(39.39)	1(6.25)
31～40歳	0(0)	8(24.24)	8(50)
21～30歳	1(8.33)	3(9.09)	6(37.5)
合　計	12(100)	33(100)	16(100)

*人（%）。

表17　戸主年齢別にみた戸口親族構成Ⅱ

戸主年齢	直系親を含む戸	傍系親のみの戸	合　計
71～80歳	1(100)	0(0)	1(100)
61～70歳	6(100)	0(0)	6(100)
51～60歳	9(90)	1(10)	10(100)
41～50歳	17(94.44)	1(5.56)	18(100)
31～40歳	8(50)	8(50)	16(100)
21～30歳	4(40)	6(60)	10(100)

*人（%）。

係を理想的な政務遂行のモデル形態と認識し、監督者である戸主＝「妻」のペア（あるいは戸主単独）の資質として四十一歳以上の年長者という年齢条件を重視したことにより成立したと考えられる。一方、四十歳以下の若年戸主は、「戸政」執行の自立した担い手とみなされず、実際の配偶者や子が存在しても、「弟」「妹」などの親族を同籍する傍系ユニットを主たる単位とする編戸がなされたと考えられる。おそらく若年戸主に同籍された傍系親族は、戸主の指導を受ける立場というよりも世代を同じくする戸主の協力者として位置づけられ、それゆえにまた、戸の監督・後見人として四十一歳以上の「母」「庶母」「姑」という戸主親世代の年長女性が若年戸主に同籍されたのである。「戸政」継承者としての資格をもつ嫡子が四十歳以下の若年戸主に設定されなかったのも、また同じ理由によるものであった。

以上、戸の親族ユニットの諸形態を決定した要因、いいかえれば編戸の基本原理は、婚姻・親子関係という実態的な血縁・家族秩序ではなく、むしろ四十・四十一歳を境界年齢とする年齢（世代）原理にあったという結論が導き出されるのである。

六　四十・四十一歳境界年齢論の歴史的意味

1　大嶋郷の編戸原理と王権構造

四十・四十一歳を境界年齢とする見方は、近年、古代人口論、古代家族論、そして古代王権論の中でも提起されている。本章は、あくまでも戸籍の統計的分析だけから、編戸における四十・四十一歳境界年齢論を導き出したものであるが、本節では他分野における境界年齢論を検討することで本論の妥当性を検証し、年齢原理に基づく編戸のもつ歴史的意味について考えてみたい。

古代人口分析の中で、奈良時代のライフサイクルにおける四十歳のもつ意味を初めて明らかにしたのはW・W・ファリスの研究である[49]。ファリスは、人口統計学の方法に基づいて古代戸籍から奈良時代の人口値を試算し、出生時平均余命は二七・七五〜三二・五年できわめて低く、また五歳未満の乳幼児死亡率は五三・三九〜六一・六九％、五歳以上の平均死亡年齢は三八・八六〜四一・五六年で、五歳までに子どもの半数以上が亡くなり、生き残った人々も平均約四〇年で死亡するというきわめて高い死亡率を明らかにした。ファリスの分析により、乳幼児の域を超えた人々の平均死亡年齢が約四〇年であったことが明らかにされたことは注目に値する。

次に、古代家族史研究から「四十歳から老人」とみる説を提示した服藤早苗の研究[50]に注目したい。服藤は、弘法大師が四十三歳前から「老境に入った」話（『今昔物語集』巻十一第二十五話）を紹介し、また平安時代の算賀儀は四十歳から始まり、五十歳、六十歳、七十歳と一〇年区切りで行われたこと、四十歳算賀の初見は霊亀元年（七一五）の長屋王の事例（『懐風藻』）で奈良時代初期にあったとし、古代において実態的な「老」は四十歳から始まると指摘した。服藤の研究により、奈良・平安時代の「老」の開始年齢が四十歳で、それが人生儀礼に定着している事実が解明された意義はきわめて大きいといえる。

ファリス、服藤の研究を総合すると、四十歳以上が「老」とされた理由は、それが五歳以上の平均死亡年齢四〇年を超えて生き残った人々の年齢層であり、長寿の指標になる境界年齢が四十歳であるという感覚が社会に根づいていたからではないかと考えることができる。つまり、本章で明らかにした、四十・四十一歳以上の男女を戸主および戸主配偶者・尊属戸口として「戸政」の担い手とするという編戸原則は、社会の中で老人とみなされた男女を戸の指導・監督者として優先的に編成するという論理を意味していたのである。

それではなぜ、大嶋郷戸籍において、二十〜三十代の青・壮年層ではなく、四十代以上の老人が「戸政」担当者にふさわしいとみなされたのであろうか。実は、その謎を解く鍵は近年の王権研究の中に隠されている。

近年、仁藤敦史は、[51]七・八世紀の大王・天皇（以下、天皇に統一）には四十歳以上の即位が多くみられ、その中でも高齢であるほど即位の条件として有利であり、それに対して四十歳以下の即位は未だ適齢に達していないという意味で若年という感覚があったと指摘している。仁藤は、四十歳以上が「政務万端に通じている」資質を備えた年齢とみなされ、それが即位の大きな要素であったと述べている。また一方、皇位継承資格をもつ王子・皇子（以下、皇子に統一）が四十歳前後に達していない場合は、現天皇の母や前天皇のキサキが、四十歳前後という年齢条件とともにキサキ宮経営の実績が群臣に評価されれば、皇位継承資格をもつ若年皇子（大兄・王弟・皇太子）よりも優先され女帝として即位することができたとする。

これまで述べてきた、四十一歳以上の男性を「戸政」担当能力を備えた存在とみなし戸主に任用するという編戸原則は、まさに同時代の天皇即位と同一の年齢条件を示している。また四十歳以上の年長天皇と大后と皇位継承候補者（大兄・王弟・皇太子）の関係、および四十歳以下の若年皇子（大兄・王弟・皇太子）と即位した母后（女帝）の関係についても、前者が四十一歳以上の年長戸主―「妻」―「嫡子」の関係、後者は四十歳以下の若年戸主―「母」「庶母」「姑」（女性尊属）の関係ときわめて類似している。また後者において、若年戸主の後見人がなぜ「母」「庶母」だけでなく「姑」がみえるのかという点についても、仁藤の王権論によって説明が可能となる。

仁藤は、八世紀に「祖の子」（地位継承次第）と「生の子」（親子関係）の二つの「オヤ―コ」観が出自原理をもとに統合されていくという義江明子の氏族系譜研究[52]を踏まえ、天皇の実母だけでなく、実母ではない前天皇のキサキも皇位継承資格をもつ有力皇子の「母」＝「ミオヤ」とみなされ、ともに有力皇子を「ワガコ」とする資格で女帝として即位しえたと指摘する。たとえば、宣命史料では、首皇子（聖武）の実母（オオミオヤ）は宮子であるが、叔母・元正（皇統上の母＝スメミオヤ）も首皇子の「ミオヤ」と呼ばれており、元正―首の関係は「ミオヤ」―「ワガコ」という親子関係に擬制されている。実母とともに叔母も「ミオヤ」として、皇位継承予定者である若年皇子（「ワガコ」）を後見しつつ女帝として政務をとるという王権構造は、四十歳以下の若年戸主に「母」「庶母」だけでなく「姑」という女性尊属を配して「戸政」を後見させる編戸上の特徴と、きわめてよく似ている。すなわち、戸籍上の戸主「母」「庶母」と「姑」は、ともに四十歳以下の若年戸主（「コ」）の「オヤ」として「戸政」を監督・指揮したのではないかと推察される。この考察結果から、前節で指摘した「母」「庶母」「姑」と戸主との年齢の関係が三者ともに同様の統計的傾向を示していた理由は、彼女たちがともに戸主の「オヤ」とみなされた女性尊属として同一の地位を保持していたためと考えられてくる。

ただし王権構造と編戸構造を比べると、即位した若年天皇の占める比率に対して若年戸主が占める比率が多いように見えるという違いもある。しかしこれは、大嶋郷戸籍の場合、一三〇戸ある戸主を満たす上で平均死亡年齢四十歳を超えた男性の人数が不足していたため、不足分を四十歳以下の若年戸主で補充したと考えればスムースに理解できる。そこでこの問題を検証するため、年長男性の人数の不足という論点について、若干の試算を試みてみたい。

大嶋郷戸籍は全体が遺存しておらず、四十歳以上の戸主人口が何人いたかは残念ながら定かでない。しかし六十一歳以上の男性人口は、巻末集計部に集計されている老丁・耆老人口によりある程度確認できるので、それを手がかりに実際の年齢人口と戸主の定数との関係について考えてみよう。いうまでもなく戸主の人数は一三〇人である。六十一歳以上の男性高齢者（老丁・耆老）は、合計一六人以上で正確な人数は定かではないが、全体が判明している甲和里は九人（老丁四人＋耆老五人）、嶋俣里は五人（老丁二人＋耆老三人）であることを参照して、仮に不明な仲村里（老丁不明＋耆老二人）の老丁人口を甲和里に合わせて四人と想定し耆老と合わせて六人とみなして、郷全体の老丁・耆老人口を二〇人と仮定してみる。さらに現存歴名断簡に遺存する老丁・耆老八人中七人＝老丁・耆老全体の八七・五％が郷戸主・房戸主という事実を踏まえ、その割合で上記想定二〇人で試算すると、老丁・耆老戸主一七・五人＋寄口などそれ以外の老丁・耆老二・五人という結果が出る。この試算結果では、想定される老丁・耆老人口一七・五人がすべて合計一三〇人からなる郷戸主・房戸主と仮定した場合、戸主全体の約一三・五％が老丁・耆老戸主という計算になる。つまり概算で一三〇戸中約一八戸（郷戸・房戸）（全体の約一三％）が老丁・耆老戸主であった可能性がある、ということである。歴名断簡遺存部の状況を考えても、これはけっして無理な想定ではないように思われる。したがって残り一一二戸は六十歳以下の男性を原則的に任用せねばならず、四十一～六十歳の男性戸主だけでは定数を満たしえず、それを補充するために四十歳以下の若年戸主が任用され、その後見人として戸主の女性尊属＝「母」「庶母」「姑」が「オヤ」として同籍されたとみることが許されよう。

以上の検討を踏まえ、述べてきたことを整理すると、次のようにまとめられる。王権においては、年長天皇の即位時には「天皇＋大キサキ＋皇位継承候補者（大兄・王弟・皇太子）」が、天皇死亡後、皇位継承候補者が若年のため女帝が即位しているときには「女帝（ミオヤ＝実母あるいは擬制的な母である女性尊属）＋皇位継承候補者（大兄・王弟・皇太子）」という双方的な直系親族集団が、その政治的中枢を構成していた。一方、地域社会においては、年長戸主の任用時には「戸主＋「妻」＋戸主継承候補者（「嫡子」）」、父戸主が死亡し若年戸主が任用されるときには「「母」「庶母」「姑」（オヤ＝実母あるいは擬制的な母である女性尊属）＋戸主」という、王権中枢と同様、双方的な直系ユニットが「戸政」の中核的な担い手と位置づけられたのである。

では、このような王権の構成上の特徴と戸の構成上の特徴の類似は、いかなる要因により生じたのであろうか。この点については、本章で明らかにした大嶋郷戸籍の編戸上の特徴と他戸籍のそれとの比較を通して厳密に検討していかなければならないが、一つの背景として考えられることは、大嶋郷戸籍が養老五年籍式という新たに造られた造籍式に基づく最初の戸籍であったという点である。すなわち、大嶋郷戸籍の編戸構造と王権構造の類似は、この新籍式を通して、王族を代表とする支配階層において形成された、政治的な双方的直系親族組織を房戸単位に厳格に浸透させた結果生じた現象ではないかという推測ができるだろう。ただしその問題については、さらに詳細な検証が必要となるが、紙幅の都合上、後考に譲らざるをえない[53]。

もう一つの背景説明としては、高齢者を尊重する社会理念が土台となって編戸の構造と王権構造がともに規定されたという関係が想定できるが、この問題については項を改めて述べることとしたい。

2 養老政策と編戸

大嶋郷戸籍では、四十・四十一歳以上の老人世代男女が戸主および配偶者・親世代尊属呼称をもつ地位を与えられるという、老者による「戸政」担当が推奨されていたことが明らかになった。その中でも、最長老に属する六十一歳以上の老・耆世代の男女は、戸主や配偶者・親世代尊属呼称の付貫率からわかるように、戸内における最も高い地位が付与された存在であった。それでは、郷内の高齢者に「戸政」担当者としての役割を期待する編戸原則は、いかなる背景に基づいて成立したものなのであろうか。

実は、大嶋郷戸籍が作成された養老年間は、その年号の由来がすでに示しているように、律令国家により「養老」の理念・イデオロギーが標榜され、政策的に追求された時代であった。それについて新川登亀男[54]は、古代国家が追求した「養老」とは、「知能を含む身体的な崩壊を前提としつつ、なおそれを容易に是認しようとしない考えかたとその対応とのことであり、身体の欠損や異変を死に至るまで補強しつづけ、可能な限りで身体を完遂させようとする」観念を意味し、その背景に「浄行の身体」を徹底的に追求する古代の「穢れ」感が存在すると指摘している。また新川は、『続日本紀』の養老改元の詔で、天皇自身の「皮膚・髪・目などの蘇生」を内容とする「養老」を強調し、その理念の僧侶（同・養老五年六月戊戌条）や「天下老人年八十以上」（同・養老元年十一月癸丑条）などへの普及をはかる政策が打ち出されたとしており、[55]養老年間にかかる「養老」思想の在地レベルへの政策的浸透がはかられたことは間違いない。

また村落レベルにおける「養老」思想の追求については、「尊長養老之道」の春・秋の祭田の場における教諭が目指されたことが、儀制令19春時祭田条の分析から指摘されている。[56]新川は、「尊長養老之道」の内容をなす、村の「祭田」時に「子弟等」が「郷の老者」に「飲食を供給」するという儀礼（古記所引一云）について、『尊意贈僧正伝』『慈恵大師伝』にみえる祭田時の老翁による童の「選抜」に関する記述を比較・参照し、祭田儀礼が老翁（男性高齢者）による「子弟等」（若者）の選抜の場となり、そこで兵衛・采女や国学生・衛士・仕丁などさまざまな人材が選ばれた可能性を示唆している。この新川の指摘を踏まえるならば、在地レベルに推奨された「尊長養老之道」において、まさにその具体的内容をなす「老翁」（男性高齢者）の知恵・能力に期待した「選抜」機能を政策的に重視し、戸主への、男性高齢者の優先的任用がはかられたと考えられる。

ただし春時祭田条に見える「郷の老者」とは、新川が指摘する「老翁」、すなわち老人男性に限られるものではなく、関口裕子[57]や義江明子[58]が指摘するように「男女」を包含するものである。その意味で、日本古代の養老思想は、「男女」の老人世代の優遇とその監督・指導者としての期待を意味する、性差を超えた高齢者優先の年齢原理に基づくイデオロギーととらえるべきであろう。本章で述べてきた、養老五年に編纂された大嶋郷戸籍における高齢者優先の徹底した年齢原理に基づく編戸方法は、当該期における養老思想の地域社会への浸透をはかる国家のイデオロギー政策の所産とみることが許されるように思われる。その意味で、「養老戸籍」（養老年間に編纂された戸籍）は、まさしく「養老」の戸籍であった。

おわりに

最後に本章で述べてきた要点について、年齢原理に基づく編戸とその意味という観点から、見通しを含めて憶説を整理し、結びとしたい。

養老五年大嶋郷戸籍においては、男女ともに四十・四十一歳を境界年齢とする年齢原理が貫徹していた。それは、四十一歳以上の世代が地域社会の監督・指導者となり、四十歳以下の世代がそれに従属するという、世代階層的な年齢原理に基づく指揮―服従の秩序を意味しており、そうした秩序を基本原理として編戸がなされていった事実を表している。四十・四十一歳を境界年齢とする説は、古代人口論、家族論、王権論の各レベルですでに提示されており、それらを踏まえると、四十・四十一歳は、乳幼児（五歳まで）を超えた全世代の平均死亡年齢であるとともに、「老」に入る境界年齢であったことが明らかである。つまり四十・四十一歳以上の男女を地域社会の監督・指揮者とする論理は、とりもなおさず、五歳以上・平均死亡年齢を超えた「老人」世代による、それ以下の世代の指導・服従の秩序を意味している。

次に、以上の年齢原理に基づく編戸の方法を、男女それぞれに即してまとめておく。

まず男性の場合は、四十一歳以上の者を原則として戸主に優先的に任用し、その下で直系ユニット（戸主＋「妻」

「妾」—「男」「女」）を基本単位とする戸が編成された。それは、四十一歳以上の年齢層の中から、六十代以上➡五十代・四十代という年齢階級の上の世代から順次、戸主を任用していくという方法をとるもので、戸主にならなかった四十一歳以上の男性で戸主直系卑属＝「男」として編成された者は一人も存在しなかった。それは「男」は直系尊属である父・母に従属する四十歳以下の世代に属する地位呼称であり、したがって地域社会の指導的世代に所属する四十一歳以上の年長男性を「男」と位置づけるのは矛盾であったからにほかならない。四十一歳以上の男性で戸主とならなかった者のほとんどは、配偶者や直系卑属「男」「女」がきわめて少ないか、一人もいない者で、そのため年長者の傍系戸口か寄口とならざるをえなかった人々であると考えられる。

一方、戸主には二十一歳から四十歳までの年齢層に属する者も存在したが、彼らは平均死亡年齢に規定され、四十一歳以上の年長者だけでは戸の定数枠を満たすことができなかったため任用されたにすぎない。その任用の契機は主に年長戸主の死亡に起因したものであろう。しかし四十歳以下の世代の戸主は、若年で戸の統率に適さないとみなされていたため、上位尊属による下位卑属の世代間指導・監督ができない、傍系親族を寄せ集めた戸が若年戸主の下に編成されることになった。そして、その代わりに上位世代の年長尊属＝「母」「庶母」「姑」が若年戸の下に後見人として同籍されたのであった。

女性の場合は、やはり男性同様に、原則として四十歳までは服従の世代である直系卑属「女」として位置づけられ、四十一歳以上になって初めて戸主と並ぶ地域社会の監督・指導的立場にある地位が与えられた。戸籍上、その地位呼称は「妻」「妾」「母」「庶母」「姑」の親族呼称で表現されている。その意味で、それらは単なる戸主との続柄を示す呼称ではなく、同時に社会的ステイタスを表す概念でもあった。またそれらの地位は、戸主とまったく同様に、六十代以上➡五十代・四十代という年齢層の上の世代から順次、付与されていることが年齢階級別分布の統計的傾向から確かめられ、そこに年長者優先の原則がみてとれよう。

また「妻」「妾」「母」「庶母」「姑」の地位呼称は、戸主との関係にも規定されており、そこにも年齢原理が貫徹していた。まず「妻」「妾」は、戸主が四十一歳以上で年長になるほど多くなるという統計的傾向がみられ、戸主の配偶者に機械的に付与された単なる親族呼称ではなく、年長戸主のペアとして「戸政」を統括する役割を与えられた地位呼称であった。「妻」と「妾」の違いは、「妻」が「家刀自」に相当する主たる「戸政」の分掌者であり、「妾」はその補助者として位置づけられていたと推察される。

そして「妻」の最年長所生子が「嫡子」であった。「嫡子」は、原則として四十一歳以上の年長戸主の指導下におかれている十四・十五歳以上の成人の「男」の中から選ばれたが、その理由は、「嫡子」に対して、年長戸主と「妻」のペアを支える「戸政」の補助者としての役割が期待されたためであると考えられる。

一方、「母」「庶母」「姑」は、四十歳以下の若年戸主の後見人として「戸政」を担当する役割を付与された戸主の年長尊属女性を意味した。「姑」という傍系尊属が「母」「庶母」という直系尊属と並行して現れるのは、「姑」が実母と並ぶ、若年戸主の擬制的な「オヤ」とみられていたためではないだろうか。それは、実母と並び叔母などの傍系尊属が「ミオヤ」となり、四十歳以下の若年ゆえに皇位を継承できない有力皇子（大兄・王弟・皇太子）を後見するという七・八世紀の王権構造との比較から類推できることである。

大嶋郷戸籍の統計的分析から析出した四十・四十一歳を境界とする世代間の指導―服従の論理＝年齢原理は、まさに当該期における王権の構成原理そのものときわめて似通っている。その類似については、養老五年籍式という新たな造籍式を通じて、支配層にみられる世代原理に基づく双方的直系親族組織を房戸単位に浸透させる政策が生み出したものではないか、という推測が可能である。また養老年間に励行された養老思想の浸透政策が、大嶋郷戸籍における際だった老人世代重視の編戸方針を成立させたとも考えられるが、これらの論点は他戸籍との比較によってさらなる究明が必要となるだろう。

残された課題は、大嶋郷戸籍の編戸に貫徹する年齢（世代）原理が、支配層の側から地域社会に浸透させようとした社会理念なのか、あるいは社会構造に根ざした地域秩序なのか、という問題である。それについては第Ⅱ部において、戸籍の分析だけでなく、幅広い史料から地域社会の年齢（世代）原理を追究していく中で解明を試みてみたい。

註

（1）戸籍の詳細な研究史整理については、南部昇「戸籍・計帳研究史概観――岸・平田理論いわゆる「歪拡大説」・「家族構成非再現説」の検討を中心に」（同『日本古代戸籍の研究』吉川弘文館、一九九二年。以下南部説の引用はすべて同書所収の論文による）、杉本一樹「編戸制再検討のための覚書」（同『日本古代文書の研究』吉川弘文館、二〇〇一年）を参照。また大嶋郷戸籍を中心に研究史を整理した論考として、三舟隆之「「下総国葛飾郡大嶋郷戸籍」の研究と展望」（瀧音能之編『律令国家の展開過程』名著出版、一九九一年）、荒井秀規「古代戸籍研究と大嶋郷戸籍」（葛飾区郷土と天文の博物館編『東京低地と古代大嶋郷―古代戸籍・考古学の成果から―』名著出版、二〇一二年）がある。個々の論文の紹介については、これらの論考を参照されたい。

（2）義江明子「日本古代の戸籍と家族」（同『古代女性史への招待〈妹の力〉を超えて』吉川弘文館、二〇〇四年）。

（3）『石母田正著作集』第一巻・第二巻（岩波書店、一九八八年）所収論文。

（4）藤間生大『日本古代国家』（伊藤書店、一九四六年）所収論文。

（5）門脇禎二『日本古代共同体の研究』（東京大学出版会、一九六〇年）所収論文。

（6）岸俊男『日本古代籍帳の研究』（塙書房、一九七三年）所収論文。

（7）平田耿二『日本古代籍帳制度論』（吉川弘文館、一九八六年）所収論文。

（8）安良城盛昭「班田農民の存在形態と古代籍帳の分析方法――石母田＝藤間＝松本説対赤松＝岸＝岡本説の学説対立の止揚をめざして」（『歴史学研究』三四五、一九六九年）。

（9）浦田明子「編戸制の意義――軍事力編成との関わりにおいて」（『史学雑誌』八一―一二、一九七二年）。

(10) その他、中野栄夫「律令制社会における家族と農業経営」(『史学雑誌』八二―六・七、一九七三年)など。

(11) 南部曻前掲註(1)著書。

(12) 関口裕子「日本古代家族の規定的血縁紐帯について」(同『日本古代家族史の研究』下、塙書房、二〇〇四年。初出は一九七八年)、同「戦後の家族・共同体論の学説史的検討」(同上著書上巻所収)。

(13) A明石一紀『日本古代の親族構造』(吉川弘文館、一九九〇年)、B同『編戸制と調庸制の基礎的考察――日・朝・中三国の比較研究』(校倉書房、二〇一一年)。

(14) 南部曻の批判を受けた平田耿二は『戸籍時報』(日本加除出版)に自らの見解を提示し、とくにその一〇〇号「正倉院戸籍は古代家族の実態を反映しているか――学界の現状と課題」(二〇〇五年)において、研究史を踏まえ法的擬制説を改めて主張している。

(15) 義江明子は前掲註(2)論文の中で、「戸が、規模の擬制だけでなく、父系観念の導入によるイデオロギー的擬制の産物であることが、認識されるに至った」と二〇〇四年時における研究史の到達段階を明確に整理している。

(16) 杉本一樹前掲註(1)著書。

(17) 榊佳子「夫婦の同籍と片籍」(新川登亀男・早川万年編『美濃国戸籍の総合的研究』東京堂出版、二〇〇三年)。

(18) 新川登亀男「日本古代史学の「実験」課題」(『歴史評論』六〇九、二〇〇一年)。

(19) ここでは、ジャック・デリダ(合田正人・谷口博史訳)『エクリチュールと差異』(法政大学出版局、二〇一三年。原書の初出は一九六七年)を参考文献として提示しておく。

(20) 新川登亀男・早川万年編『美濃国戸籍の総合的研究』(東京堂出版、二〇〇三年)は、各論者が新川の思想を踏まえているか否かは別にして、「家族」「共同体」概念にとらわれず戸籍研究の可能性を追求する新たな研究潮流に属する貴重な成果である。

(21) W. W. Farris, *Population, Disease, and Land in Early Japan, 645–900*, Cambridge, Harvard University Press, 1984.

(22) 今津勝紀「古代史研究におけるGIS・シミュレーションの可能性――家族・村落・地域社会、日本古代社会の基本構造」(新納泉・今津勝紀・松本直子『科学研究費補助金萌芽研究研究成果報告書　シミュレーションによる人口変動と集落形成過程の研究』二〇〇五年)。同『日本古代の税制と社会』(塙書房、二〇一二年)第二部第四章。

(23) なお私は、拙稿「古代戸籍にみる人口変動と災害・飢饉・疫病――八世紀初頭のクライシス」(三宅和朗編『環境の日本史2

古代の暮らしと祈り』吉川弘文館、二〇一三年。本書第Ⅰ部第一章）において、大宝二年（七〇二）御野国半布里戸籍、養老五年（七二一）下総国大嶋郷戸籍を素材として、人口変動の統計学的分析を試みた。分析に際しては、今津勝紀により提起された回帰分析による分析法の応用とともに、新たに残差分析という今津・ファリスが試みていない方法を採用した。合わせて参照されたい。

(24) 大嶋郷戸籍については、近年、『市川市史編さん事業調査報告書　下総国戸籍　写真編・解説編』（市川市、二〇一二年）が刊行され、同戸籍を所収する「正倉院文書」表裏文書の対照およびカラー写真による影印とそれに基づく最良の翻刻テキストが提示され、史料的にも研究条件が整えられている。

(25) 水口幹記「戸主の地位の継承」（前掲註(20)編著書所収）が整理しているように、「戸政」とは『令集解』戸令戸主条朱説所引或説に「年少不レ堪二戸政一」と見える史料用語であり、南部曻の「古代籍帳よりみた兄弟相続―女性戸主と女帝の問題に関連して―」（前掲註(1)著書所収）を代表として、戸主は「戸政」担当能力を有する者を任用する原則があったとみる考え方が提示されている。

(26) 布村一夫『正倉院籍帳の研究』（刀水書房、一九九四年）第Ⅰ部、明石一紀前掲註(13)A著書第二章、南部曻前掲註(1)著書第一編第一章。

(27) 水野紀子「戸籍制度」（『ジュリスト』一〇〇〇、一九九二年）。

(28) 南部曻前掲註(1)著書第四編第一章。なお近年の「戸政」と戸主の地位の継承に関する研究としては、御野国戸籍に見える「戸主兄」に注目した水口幹記前掲註(25)論文参照。

(29) 三浦周行「隠居制度論」（同『法制史の研究』岩波書店、一九二四年）。

(30) 近年、吉田晶は、大宝二年（七〇二）御野国戸籍を分析し、戸主の年齢構成から「当時の平均寿命が三〇歳前後であることからすると、それなりに社会的経験を積んだ成年男性が戸主になっていた」と指摘している（「日本古代の個別経営に関する諸問題―大宝二年御野国戸籍を素材として―」『市大日本史』一二、二〇〇九年）。ただし吉田の分析は統計的な整理ではなく、またそうした傾向を家長権との関係でとらえているようであり、本章のような年齢（世代）原理という視点からの検討はなされていない。

(31) 岡本堅二（「古代籍帳の郷戸と房戸について」『山形大学紀要（人文科学）』二、一九五〇年）、岸俊男（「律令制の社会機構」前掲註(6)著書所収。初出は一九五二年）は郷里制下に寄口が房戸に吸収されたとしたが、南部曻は、本論の孔王部大の事例を一つの反証として房戸に吸収されない寄口の存在を指摘し、擬制説を批判した。なお近年、井上亘は、「寄人」を戸の継承過程で生じる「析出戸口」や「里外移出戸口」、令規により「析出不可」とされた少年や寡婦など編戸の所産と位置づけられた（『寄人』からみた戸」、前掲註(20)編著書所収）。大嶋郷戸籍の寄口も編戸過程の所産ととらえる点で、私も井上の視角を継承するが、ただ孔王部大のケースは、本章で述べた養老期の特殊な編戸原則により「析出不可」とされた高齢者が、寄口に編成されたものと考える。

(32) 刀自に関する研究は多いが、とりあえず関口裕子「日本古代の家族形態の特質について」（坂田聡編『日本家族史論集』四、吉川弘文館、二〇〇二年）、義江明子「「寺刀自」ノート」（同『日本古代女性史論』吉川弘文館、二〇〇七年）、同「「刀自」考」（同上）、伊集院葉子「第宅とトジ―日本古代における行幸叙位時の「室」記載によせて―」（『比較家族史研究』二二、二〇〇八年）参照。

(33) 双系（方）家族論の研究史的整理については、関口裕子前掲註(12)著書・上、第二章第三節参照。

(34) 親族呼称を地位呼称とみる方法は、近年、戸主「妻」や「母」を「家刀自」との関係でとらえる研究（吉田晶前掲註(30)論文、荒井秀規後掲註(38)論文）などにみられるが、他の親族呼称についてはそうした視点からの研究は乏しいように思われる。

(35) 拙稿「「ヨチ」について――日本古代の年齢集団」（『古代史研究』一三、一九九五年。本書第Ⅱ部第一章）では女性の婚姻可能年齢を十三歳以上とするが、服藤早苗「古代女性の髪型と成人式」（吉村武彦編『律令制国家と古代社会』塙書房、二〇〇五年）は八歳以上とする。

(36) この論点は、婚姻夫婦の戸籍上の片籍の一般的存在として周知の事実である。関口裕子『日本古代婚姻史の研究』下（塙書房、一九九三年）参照。

(37) なお「男」「女」を四十一歳以上の年長戸主に同籍する原則は、「孫」「外孫」「孫女」という孫世代直系卑属を表す親族呼称が一～十歳までの乳幼児と子どもに限定して使用され、十一歳以上にそれらの呼称が付与されている者が存在しない事実とも関係がある。その点については本書の補論ですでに論じている。

(38) 荒井秀規「大宝・養老期の戸籍に見る嫡子と妾子」（吉村武彦編『日本古代の国家と王権・社会』塙書房、二〇一四年）。

(39) 長久保恭子「養老五年籍の嫡子・嫡弟」（『早稲田大学大学院文学研究科紀要』別冊7、一九八〇年）。

(40) 前掲註(35)拙稿、同「日本古代における在地社会の「集団」と秩序」（『歴史学研究』六七七、一九九五年）。

(41) 拙稿「大嶋郷の人々―個人別データベースの分析による地域秩序の再検討―」（葛飾区郷土と天文の博物館編『東京低地と古代大嶋郷―古代戸籍・考古学の成果から―』名著出版、二〇一二年）。

(42) 関口裕子「律令国家における嫡庶子制について」(『日本史研究』一〇五、一九六九年)、同「律令国家における嫡妻・妾制について」(『史学雑誌』八一―一、一九七二年)。
(43) 関口裕子前掲註(42)論文。
(44) 長久保恭子前掲註(39)論文。
(45) 中田興吉「大宝二年戸籍にみえる妻と妾」(同『日本古代の家族と社会』清文堂出版、二〇〇七年。初出は一九九一年)。
(46) 荒井秀規前掲註(38)論文。
(47) 水口幹記前掲註(25)論文。
(48) 吉田晶前掲註(30)論文。
(49) W・W・ファリス前掲註(21)著書。
(50) 服藤早苗『平安朝に老いを学ぶ』(朝日新聞社、二〇〇一年)。
(51) 仁藤敦史『女帝の世紀　皇位継承と政争』(角川選書、二〇〇六年)。
(52) 義江明子「系譜類型と「祖の子」「生の子」」(同『日本古代系譜様式論』吉川弘文館、二〇〇〇年。初出は一九九二年)。
(53) 荒井秀規(前掲註(38)論文)は、養老五年籍式が庶民の立嫡を認めた意図として、嫡子を郷戸主・房戸主の男子に限定し、「妻の交替という不測的要素で交替する嫡子と、実際の家族を統括する家長の存在を戸の継承のもとに一元化して、房戸と家を一体化するために、戸主の継承者たる嫡子を戸ごとに定めることにあった」と指摘している。つまり荒井は「房戸と家の一体化」が嫡子制を通して政策的に進められたとみているわけである。荒井の指摘は、支配層にみられる戸主―「妻」のペア+「嫡子」の直系ユニットが養老五年籍式により上から導入されたという私見と重なる部分が多く、学ぶべき点が多い。ただし私見の中心的論点である四十・四十一歳を境界年齢とする年齢原理と、男女親世代―男女子世代の関係を軸とする世代階層的指導原理が編戸の論理として貫徹していたという観点からみると、荒井のいう房戸への導入が図られた親族集団組織を「家」と定義してよいか否かについては、なお検討を深めていく必要があると思われる。
(54) 新川登亀男『日本古代文化史の構想』(名著刊行会、一九九四年)六八~八三頁。また服藤早苗(前掲註(50)著書)は養老改元詔では、老人に対して通常より賜物が多く、叙位などがあり、朝廷による儒教的養老政策に相当力が入っていたと指摘している(九六頁)。

(55) 新川登亀男前掲註(54)著書、二六〇～二六二頁。
(56) 吉村武彦「ウヂ・イヘ・女・子ども」(『日本村落史講座六　生活I』雄山閣出版、一九九一年)、拙稿「古代老者の「棄」と「養」」(片倉比佐子編『日本家族史論集十　教育と扶養』吉川弘文館、二〇〇三年。初出は一九九七年)、中村英重『古代祭祀論』(吉川弘文館、一九九九年)、服藤早苗前掲註(50)著書。
(57) 関口裕子「日本古代の家族形態と女性の地位」(『家族史研究』二、大月書店、一九八〇年)。
(58) 義江明子「祭祀と経営」(同『日本古代の祭祀と女性』吉川弘文館、一九九六年)、同前掲註(2)著書。

補論　大嶋郷戸籍における乳幼児・子どもの編戸形態

第Ⅰ部第三章では、古代戸籍において、四十一歳以上を老人世代とし、彼ら男女老人が「戸政」を担当し、四十歳以下の世代を監督・指導するという世代階層的な年齢原理に規定されて編戸がなされていたことを指摘した。補論では、そこで論じ残した問題、すなわち戸籍にみえる乳幼児および子どもの存在形態を取り上げ、それらの編戸と年齢原理との関係について検討する。なお、補論においても、前章との関係から、やはり養老五年（七二一）下総国葛飾郡大嶋郷戸籍を分析対象とする。

一二〇～一二一頁の図13は、それぞれの親族呼称を付された各個人の年齢を戸籍の歴名部から抽出・分類し、親族呼称を有する者の年齢の範囲を表した図である。再び図13の分析を通じて、親族呼称と若年年齢層の関係について、特徴点と思われる論点を整理する。

まず若年層において、直系親族呼称と傍系親族呼称が登場する年齢に注目してみたい。大嶋郷戸籍における直系親族呼称は、「男」「女」「孫」「孫女」「外孫」「父」「母」「庶母」であるが、このうち子世代・孫世代者親族呼称でみると、「男」が一～三十六歳、「女」が一～三十九歳に見えたことはすでに指摘したとおりである。

そこでここでは、前章で論じ残した「孫」「孫女」「外孫」に注目すると、それら戸主孫世代直系卑属を表す親族呼称は、一～十歳の範囲で分布していることがわかる（以下、親族呼称に「　」を付すものは戸籍上の表記・呼称、兄・弟など「　」を付さないものは現代の表記・呼称を意味する）。次に傍系親族呼称は、「妹」が五・六歳に一例ずつ見え九歳以後に増加しはじめ、「弟」（女性）、「弟」（男性）、「従父弟」は七・八歳以上から出現する（以上、同世代者傍系親族呼称）。さらに九～十六歳の間で「従子」「甥」「姪」「娣」（年下の子世代者傍系親族呼称）、「従父妹」（年下の女性同世代者傍系親族呼称）が登場する。つまり、五～六歳の「妹」の二例を除くと、七・八～十六歳までの間に、同世代者、子世代者の若年世代傍系親族呼称が戸籍上に出現し、四歳以前には傍系親族呼称は登場していないことが理解される。したがって、戸籍上、一～四歳までの間に登場する親族呼称は、男女の子世代者・孫世代者直系親族呼称だけに限られると指摘できる。

五～六歳（または七・八歳）に至るまでの男女は、なぜ「妹」「弟」「従父弟」などの傍系親族呼称として表現されず、「男」「女」「孫」などの直系親族呼称として登場してくるのだろうか。この問題は、親族呼称が、原則として戸主（郷戸主・房戸主）との関係で表現される以上、戸主の年齢・世代との関係が問題になるだろう。仮に一～四歳の乳幼児が「妹」「弟」の戸主の傍系親族呼称をもつ場合、その戸主は兄・姉となるが、一～四歳の乳幼児の兄がもつ年齢の幅は、父親の婚姻・出産可能年齢幅を一五～六〇歳と仮定すると最大で四五歳の幅を有することになる。仮定の上では、戸主となった四十五歳の「兄」が一歳の「弟」をもつことや、二十一歳で戸主となった「兄」が一歳の「妹」「弟」をもつことは理論的に十分可能である。実際にも、六十一歳の戸主（兄）(no. 241) と三十三歳の弟 (no. 251) という二八歳の年齢幅をもつケースが大嶋郷戸籍の中に存在している。また男性が二十歳のときに生んだ子どもは、男性五十歳の時点で三十歳になっており、男性が五十歳のときに別の妻との間に新たに一歳の子どもを作れば、三十歳の戸主からみて一歳の「妹」「弟」がいてもおかしくはないという仮定が成り立つ。

ところで「妹」「弟」などの傍系親族呼称が戸主との同居・別居の区別や彼・彼女らの婚姻の有無とは原理的に無関係であることは、改めていうまでもない。したがって、家族の実態とは無関係に、編戸の要請から、戸主との関係に基づいて機械的に親族呼称を付しているようにもみえる。しかし仮にそうだとすれば、上記の仮定のように一～四歳の乳幼児は、「男」「女」「孫」などの直系親族呼称だけでなく、「妹」「弟」などの傍系親族呼称を付されても一向に差し支えないはずである。にもかかわらず、一～四歳の乳幼児には傍系親族呼称を付したケースが認められず、戸主との直系親族呼称で表記されるという事実には、しかるべき背景的意味が存在するのではないだろうか。

私は、この特徴的傾向の背景として次の想定が可能であるように思う。第一に、乳幼児の戸主として、年齢の近い若年かつ未婚の戸主が存在しなかったという点が想定できる。なぜならば戸主が十代前後の未婚かつ幼少の戸主であったならば、乳幼児の戸主との続柄を「男」「女」「孫」などの直系親族呼称で表現することはできないからである。逆にいえば、幼少の戸主が存在したならば、乳幼児は、その戸主との関係で傍系親族呼称で表現せざるをえなくなるはずであるが、それらが一例も存在しないということは、まさにそのこと自体が幼少戸主の不在を例証しているといえる。

この点は、南部曻が明らかにした古代戸籍における幼少戸主の原則的不在(2)と深く関わる論点であろう。南部は、八世紀の共同体における嫡々相承主義の不在および戸主の「戸政」の担い手としての国家的位置づけから、幼少戸主・女性戸主の認定がほとんど行われなかったと指摘する。図13を見ると、確かに郷戸主・房戸主は二十一～七十一歳の年齢幅に存在し、幼少戸主は一人も存在しない。未婚の幼少戸主の不在は、乳幼児の親族呼称が子・孫世代者直系親族呼称に限定される大前提になると思われる。しかし、戸籍上、続柄の主は必ずしも戸主に限定されないという問題が残る。つまり戸主が婚姻世代の成人でも、続柄の主が未婚の幼少世代という可能性があった場合、乳幼児が続柄の主の「妹」「弟」などの傍系親族で表記されるケースがありうることになってしまう。しかし戸籍上、戸主だけでなく、戸口が続柄の主として親族呼称が付されているケースにおいても、乳幼児の傍系親族呼称者は一例も見出せないのである。この問題を解決するためには、一～四歳の乳幼児の場合、戸主だけでなく戸主以外の続柄の主もすべて未婚・幼少世代は存在せず、婚姻・成人世代のみであったということが前提になるだろう。

第二に、乳幼児の続柄は父母・祖父母との関係のみで表示するという、戸籍表記上の原則の存在を推察させる。このことは、一～四歳の乳幼児は父母・祖父母の直系親族の存在する戸への付貫を原則とし、五歳以上、とくに七・八歳以上の世代には直系親族・傍系親族双方の戸に付貫することが可能になるという編戸上の原則の存在を示唆している。次に、この編戸原則のもつ意味をさらに明らかにするため、一～四歳の乳幼児「男」「女」四七例のうち、続柄の主が郷戸主・房戸主に該当しないケースを検討してみたい。

①甲和里の孔王部子秦（一歳）・刀自売（一歳）・小刀自売（一歳）……郷戸主孔王部志漏の「弟」孔王部龍麻呂の「男」「女」

②甲和里の孔王部麻呂（一歳）……房戸主孔王部小志漏の「弟」孔王部古麻呂の「男」

③甲和里の孔王部小黒（一歳）……房戸主孔王部己波の「従子」孔王部尼麻呂の「男」

④嶋俣里の孔王部法麻呂（一歳）・法売（一歳）……房戸主孔王部小国の「妹」孔王部麻刀自売の「男」「女」

⑤甲和里の孔王部広刀自売（二歳）……房戸主孔王部恵弥の「弟」孔王部古毛毛の「女」

⑥嶋俣里の孔王部広刀自売（二歳）……房戸主孔王部刀良の「従父弟」孔王部古秦の「女」

⑦甲和里の孔王部広刀自売（三歳）……房戸主孔王部勝麻呂の「従父弟」孔王部竹麻呂の「女」

⑧甲和里の孔王部麻呂（三歳）……郷戸主孔王部己波の「従子」孔王部尼麻呂の「男」

③⑥⑦⑧は郷戸主・房戸主の「従子」「従父弟」の「男」「女」とあり、すでに戸主からみて表示できる親族呼称の範囲を超えており、(3)そのため戸主を続柄の主にせず、戸主の親族を便宜的に続柄の主に充てたという見方も一面では

可能である。しかし①②④⑤では続柄の主は戸主の「弟」「妹」とされており、「弟」の「男」ならば戸主の「従子」、「弟」の「女」ならば戸主の「姪」か「娣」、「妹」の「男」ならば戸主の「甥」、「妹」の「女」ならば「姪」か「娣」というかたちで、戸主との続柄を表記できるはずである（一〇二頁表4参照）。古代戸籍では、続柄は戸主との関係で把握するのが基本原則であり、さまざまな理由でその原則が適用できない場合には、その例外事例が発生する。戸主を乳幼児の続柄の主として「従子」「姪」「娣」などの傍系親族呼称で表記するのを避け、あくまで「男」「女」の直系親族呼称を用いているのは、一～四歳の乳幼児は親が戸主であるか否かを問わず、必ず直接の父または母との関係を通じて把握するという原則の存在を強く示唆している。

ただし乳幼児であっても、直系親族の祖父が戸主として存在する場合は、当該戸主との続柄表記が尊重され、「孫」「孫女」の親族呼称が充てられたことも確認しておく必要があろう。しかし孫世代者直系親族呼称の場合、「外孫」の一例を除くと、たとえば甲和里房戸主孔王部忍の「孫」孔王部古麻呂（二歳）の注記に「上件一口伊良都男」とあるように、一～十歳までのすべての「孫」「孫女」（全二四例）に父親（戸主の「男」）の名前が記されており、やはり一～四歳の乳幼児である「孫」「孫女」も父母との関係把握が編戸の上で重要な要件であったことを物語っている。

以上の分析から次の二点が結論として導き出される。第一に、編戸を通じた人身把握は、五・六歳以上の子ども、とくに七・八歳以上の子どもの世代では、戸主が父・祖父を含む直系親族か兄・弟などの傍系親族かを問わず、原則として戸主による把握を優先した（戸主の論理）。第二に一～四歳の乳幼児の世代は、戸主が傍系親族の場合、戸主以外の父・母を媒介とすることにより、初めて戸主を通じた人身把握が可能になったと考えられる（父・母の論理）。つまり編戸においては、乳幼児・子どもの世代が、七・八歳を境界年齢として、それ以後と以前の二世代に論理的に区分されているように見受けられる。

このような編戸における若年年齢層の親族呼称の現れ方は、何を物語るのであろうか。この問題について私は、国家の支配制度との関係、あるいは大嶋郷の地域社会構造との関係という二つの側面からの解釈が可能なように思われる。

まず国家の支配制度の側面から注目されるのは、六歳以上の男女に口分田を班給する班田収授制と編戸との関係である。[4]子どもが戸主の傍系親族として編戸されるということは、とくに戸主傍系卑属（「姉」「甥」「従父弟」）として登録されている場合は、父親が存在していても戸主との関係が重視されて編戸されている可能性がある。この場合、父親が死亡しているか、別戸主の直系・傍系親族として父親と子どもとが別々の戸に編戸されている可能性が高い。口分田の班給は戸主を通して行われるので、[5]傍系親族として編戸されている子どもに対する班田と口分田の管理は、父親ではなく、必ずしも家族とは一致しない戸によって行われることになる。これは班田収授という「戸政」の一端が、七・八歳以上の子どもについては親とのつながりという家族秩序ではなく、国家によって編成された戸主の権限を通して行われる事実を意味している。つまり七・八歳以上の子ども（例外的に五・六歳を含む）は、戸主の担う「戸政」の管轄下に入っているのであり、それに対してそれ以下の乳幼児は必ず両親との関係で掌握されているため、戸主はまず親を通して五・六歳以下の乳幼児を把握するという間接的な監督・指導が余儀なくされることになるのである。六歳で口分田が班給されるという原則は、五歳以下の乳幼児が戸主の「戸政」の及ぶ範囲外の年齢層とみなされていたことと係わっているのではないだろうか。[6]

こうした戸主による「戸政」の管轄下に直接入るか（子ども）、または親を通して間接的なものにとどまるか（乳幼児）という峻別が、上記した編戸における戸主の論理・親（家族）の論理の違いを生み出しているというのが、私見の要点である。そしてこの点こそが第二の側面、すなわち地域社会にみられる年齢秩序との関係と係わってくる。

私はかつて古代の年齢秩序を論じたさい、七・八歳ごろ以上のワラハの世代以後に「ヨチ」と呼ばれる年齢集団に帰属し、共同体の社会的分業機能の一翼を担うことを指摘し(7)、少なくとも七・八歳以上の子どもの世代は親の扶養の下から部分的に離れ、共同体の正式な構成員として認知されたと考えた。親よりも戸主との関係を優先して人身把握がなされる年齢層と、共同体の正式な構成員として認知される年齢層は、ごくわずかな例外を除き、ほぼ重なりを示しているのである。一〜四歳の乳幼児が戸主よりも父あるいは母との関係で把握されるのは、当該年齢の乳幼児が、共同体機能の分掌および戸主の「戸政」の及ぶ範囲の外部におり、もっぱら父または母の直接的指導下におかれているという社会的実態を反映しているのではないか(8)。それは戸籍にみる親族呼称が、編戸の都合により無秩序かつ擬制的に戸に編成した個人と戸主との関係で、便宜的機械的に決定されたものではなく、大嶋郷地域社会の年齢秩序の実態と、それに即応した戸籍登録の仕組みを如実に反映していることを示しているのである。

註

(1) 大嶋郷戸籍では郷戸主・房戸主が続柄の主として親族呼称が付されるのが原則だが、戸主との親等が離れた遠縁の親族などは、続柄の主を戸口とするものがある。戸籍上の各個人の続柄の主については、拙稿「大嶋郷戸籍・個人別データ表」（葛飾区郷土と天文の博物館編『東京低地と古代大嶋郷―古代戸籍・考古学の成果から―』名著出版、二〇一二年）参照。なお本文中の戸籍中の個人を表示した数字（no.）は、同表に付した番号を指す。

(2) 南部曻『日本古代戸籍の研究』（吉川弘文館、一九九二年）第四編第一章。

(3) すでに明らかにされているように、戸籍の親族呼称の範囲は「従父兄弟」「従父姉妹」の三等親までである。

(4) 口分田授田年齢については、一歳受田説もあるが（明石一紀説・服部一隆説）、ここでは六歳授田制説を前提に立論している。

(5) 『令集解』田令班田条跡記は、田令本文の「総㆓集応㆑受之人㆒、対共給授」について口分田は戸主に授けると注釈する。ただし令意は「応受之人」を受田者本人を指すとみる説もある（『日本思想大系　律令』田令23班田条の頭注・補注）が、八世紀の「田籍」の様式が戸主の名寄せ形式であったと考えられること、また八世紀の東大寺荘園田券類にみえる口分田の田主が戸主を指している事実から、戸の口分田は戸主を通して班給されると考えるのが妥当である。

（6）W・W・ファリスは、大宝令六歳受田制の背景に五歳までの乳幼児死亡率が異常に高い八世紀初頭の人口状況があったと指摘する。すなわち、六歳までに乳幼児人口の半分以上が死亡するという死亡率の下では、口分田を班給しても次回の班田までにほとんどを収公・再班給しなければならなくなるという問題が発生するため、受田年齢を浄御原令の一歳から六歳に引き上げたとする（W. W. Farris, *Population, Disease, and Land in Early Japan, 645–900*, Cambridge, Harvard University Press, 1984）。ファリスの見解は支持できるものであるが、こうした五歳以下の乳幼児死亡率の高さが、乳幼児を「戸政」の管轄外に外しもっぱら親の養育下におくという年齢秩序を発生させる要因となったと考える。

（7）拙稿「「ヨチ」について――日本古代の年齢集団」（『古代史研究』一三、立教大学古代史研究会、一九九五年）、同「日本古代における在地社会の「集団」と秩序」（『歴史学研究』六七七、一九九五年）。いずれも本書第Ⅱ部第一章。

（8）なお大嶋郷では、一～四歳の乳幼児のうち、嶋俣里の孔王部法麻呂・法売の二例が母貫されているのを除き、ほかはすべて父貫である。所生子父貫の問題については、関口裕子が郷里制下の戸籍における父貫主義の貫徹による人民掌握という視点から説明されている（関口裕子「日本古代家族の規定的血縁紐帯について」『日本古代家族史の研究』下、塙書房、二〇〇四年。初出は一九七八年）。私も当該期における規定的血縁紐帯は、関口同様、母―子にあったと考えるので、所生子父貫原則は家族の実態を示すものではなく、国家の家父長的人民支配論理に関わると想定する。ただし私が問題にしているのは、所生子付貫の論理ではなく、一～四歳児に限り、戸主ではなく親による把握が優先されたことの意味である。すなわちこの問題には、子どもが戸および共同体において担う社会的分掌機能の差異が関係したと考えている。

第Ⅱ部　古代地域社会の年齢秩序

第一章　「ヨチ」について

――日本古代の年齢集団Ⅰ――

はじめに

七・八世紀日本古代の地域社会に年齢階梯制、もしくは年齢集団は存在したのか、存在したとするのならば、その形態および古代的特質はいかなるものであったのか。

この問題については、通過儀礼、労働・戦争・祭祀諸形態の中の年齢秩序、子ども論および男女の年齢区分・年齢呼称の検討などを手がかりとして、すでにいくつかの研究が蓄積されている[1]。これらの諸研究により、日本古代の年齢秩序は、それが年齢階梯制に基づくか否かは別として、次第にその姿を明らかにしつつあるといえよう。しかし、こうした研究の前提として最も重要なテーマの一つたるべき地域社会の年齢集団そのものについては、古代史の場合、その具体的存在形態はほとんど明らかにされていないというのが現状である。たとえば、中世・近世以降の年齢集団である子ども組・若者組（連中）・娘組などに相当する、古代的特質をもった年齢集団は存在したのか、したとすれば、それはどの世代に存在し、その呼称や社会的機能はいかなるものであったか、という問題である[2]。

結論を先にいえば、私は、『万葉集』中に見える「ヨチ」という言葉とそれが現れる文脈の中に、古代の年齢集団の具体的存在形態を解明する手がかりが存在すると考えている。以下、この「ヨチ」に係わる言説を媒介にして、年齢集団の古代的存在形態の解明に取り組んでみたい。

一 「ヨチ」と世代区分

「ヨチ」は、「余知古良」「吾同子」「与知子」「余知」「子等何四千」という表記で、次に引用する『万葉集』中に五カ所現れる（傍線・アルファベットは筆者。歌番号は『新編 国歌大観』による(3)）。

・史料1 『万葉集』巻五・八〇八

（序略）

世間の 術なきものは 年月は 流るる如し 取り続き 追ひ来るものは 百種に 迫め寄り来る 遠等咩良A（ヲトメラ）が 遠等咩（ヲトメ）さびすと 唐玉を手本に纏かし 或いはこの句、白栲の袖ふりかはし 紅の 赤裳裾引き といへるあり 余知古良（ヨチコラ）と 手携りて 遊びけむ 時の盛りを 留みかね 過ぐし遣りつれ 蜷の腸 か黒き髪に 何時の間か 霜の降りけむ 紅の 一に云はく、丹の穂なす 面の上に 何処ゆか 皺が来りし 一に云はく、常なりし 笑まひ眉引 咲く花の 移ろひにけり 世間は かくのみならし 麻周羅遠B（マスラヲ）の 遠刀古（ヲトコ）さびすと 剣太刀 腰に取り佩き 獵弓を 手握り持ちて 赤駒に 倭文鞍うち置き 匍ひ乗りて 遊びあるきし 世間や 常にありける 遠等咩良C（ヲトメラ）が さ寝す板戸を 押し開き い辿りよりて 真玉手の 玉手さし交へ さ寝し夜の 幾許もあらねば 手束杖 腰にたがねて か行けば 人に厭はえ かく行けば 人に憎まえ 老男は 斯くのみならし たまきはる 命惜しけど せむ術も無し

（反歌略）

神亀五年七月二十一日、於嘉摩郡撰定、筑前国守山上憶良

・史料2　『万葉集』巻十三・三三一九～二三

問答

物思はず　道行く行くも　青山を　ふりさけ見れば　つつじ花　にほへ未通女（ヲトメ）　桜花　さかえ未通女（ヲトメ）　汝をそも　われに寄すとふ　われをもそ　汝に寄すとふ　荒山も　人し寄すれば　寄するとぞいふ　汝が心ゆめ（三三一九）

（反歌略）

然れこそ　年の八歳を　切髪の[A]　吾同子（ヨチコ）を過ぎ　橘の[B]　末枝を過ぎて　この川の　下にも長く　汝が心待て（三三二一）

（反歌略）

柿本朝臣人麿の集の歌

物思はず　路行く行くも　青山を　ふり放さけ見れば　つつじ花　にほへ越売（ヲトメ）　桜花　さかえ越売（ヲトメ）　汝をぞも　われに寄すとふ　われをぞも　汝に寄すとふ　汝はいかに思ふや　思へこそ　歳の八年を　切髪の[A]　与知子（ヨチコ）を過ぎ　橘の[B]　末枝を過ぐり　この川の　下にも長く　汝が心待て（三三二三）

右五首

・史料3　『万葉集』巻十四・三四五九

この川に朝菜洗ふ児汝も吾も余知（ヨチ）をそ持てるいで児賜りに　一に云はく、ましもあれも

・史料4　『万葉集』巻十六・三八一三～三八二四

昔有二老翁一。号曰二竹取翁一也。此翁、季春之月、登レ丘遠望、忽値二煮レ羹之九箇女子一也。百嬌無レ儔、花容無レ止。于レ時、娘子等呼二老翁一嗤曰、叔父来乎、吹二此燭火一也。於レ是翁曰二唯々一、漸趍徐行、着二接座上一。良久娘子等皆共含レ咲相推譲レ之曰、阿誰呼二此翁一哉。尓乃竹取翁謝レ之曰、非レ慮之外、偶逢二神仙一、迷惑之心無二敢所レ禁、近狎之罪、希贖以レ歌。即作歌一首并二短歌一。

A緑子の　若子が身には　垂乳し　母に懐かえ　B褨襁の　平生（はふこ）が身には　木綿肩衣　純裏に縫い着　C頸着の　童子が身には　夾纈の　袖着衣　着しわれを　Dにほひよる　子等何四千（コラガヨチ）には　蜷の腸　か黒し髪をま櫛もち　ここにかき垂り　取り束ね　挙げても纏きみ　解き乱り　童児（ワラハ）に成しみ（略）

（反歌略）

娘子等の和ふる歌九首

はしきやし翁の歌におほほしき九の児らや感けて居らむ一

恥を忍び恥を黙して事もなく物言はぬさきに我れは寄りなむ二

否も諾も欲しきまにまに許すべき貌は見ゆや我れも寄りなむ三

死にも生きも同じ心と結びてし友や違はむ我れも寄りなむ四

何せむと違ひは居らむ否も諾も友のなみなみ我れも寄りなむ五

あにもあらじおのが身のから人の子の言も尽さじ我れも寄りなむ六

はだすすき穂にはな出でと思ひたる心は知らゆ我れも寄りなむ七

住吉の岸野の榛ににほふれどにほはぬ我れやにほひて居らむ八

春の野の下草靡き我れも寄りにほひ寄りなむ友のまにまに九

これらのうち、史料1、2、4は、「ヨチ」の語が、人の世代区分に関わる認識を示した箇所に現れている。この『万葉集』テキストの文脈から、「ヨチ」の語と古代社会の世代区分の関係が問題として浮上してくることになる。テキストの文脈の中に「ヨチ」の語を位置づけていく中で、この問題を解く手がかりを得たい。

まず史料4は、A緑子の若子、B槎襁の平生、C頸着の童子、Dにほひよるコラガヨチという、竹取翁つまり男性の若年世代の世代区分が語られている点が注目される。「ヨチ」の語は「コラガヨチ」として表現され、A「緑子」（みどりこ）世代＝「若子」（わくご）—B「槎襁」（ひむつき）世代＝「平生」（はふこ）—C「頸着」（くびつき）世代＝「童子」（わらは）—D「にほひよる」世代＝「コラガヨチ」という世代区分の文脈の中で、Cの「童子」（わらは）の世代に次ぐD若者世代を区分する言説として登場する。

そこで、「ヨチ」が現れるそれぞれの世代と年齢層の関係を検討する。まず史料4に見える世代区分のうち、Aの緑子は、戸令三歳以下条の「緑」の語義から、三歳以下ととらえられていると考えて問題はない。Bについては、諸説あるが、Aとの関係から、四歳以上の世代を指すことは確かである。問題となるのは、C「童子」（ワラハ）世代とD「コラガヨチ」世代の年齢層であろう。そこでそれらの世代区分と年齢層および「ヨチ」の関係について、次節で男女それぞれの世代標識に係わる研究と史料に注目し改めて検討を試みる。

二　「ヲトコ」世代と「ヨチ」

史料4のD「にほひよるコラガヨチ」の世代は、その序詞と歌の内容から季春の丘で出会った「ヲトメラ」と同世代と考えられていることは間違いない。したがって、それは、史料1Aにみえる「ヲトメラ」と遊ぶ「ヨチコラ」と世代的には同一の実態を示していると考えられる。一方、史料1を見ると、「ヲトメさび」(ヲトメらしさ)という句が見え、それが「ヨチコラ」と「遊ぶ」こととされ、また、それと並行するように、やはり「遊び」を中心とする「ヲトコさび」(ヲトコらしさ)の内容が語られている。以上の点から、男女の関係を伴う「遊び」の世代の何らかの属性を表す言葉として「コラガヨチ」「ヨチコラ」の語が用いられ、また、それは、「ヲトコ」「ヲトメ」の世代であった点で史料1と史料4の「ヨチ」は共通の現れ方をしていると考えることができる。

そこで次に「ヲトコ」世代の「ヨチ」がいかなる年齢層に属しているかを確認するために、歌に描写された世代標識に注目してみたい。歌を読み解いていくと、「ヨチ」の世代標識が、髪形という外的指標により表現されていることに気付かされる。たとえば史料4によれば、D「にほひよるコラガヨチ」の世代は、垂髪を基本とし(ま櫛もちここにかき垂り)、結髪(取り束ね挙げても纏きみ)、放髪(解き乱り童児に成しみ)という形で、髪形を変形しうるという点に世代の特徴があるとの認識を前提に歌が作られていることがわかる。次に、Cの「頸着の童子」は、「頸着」が頸に着き肩のあたりで切り揃えた史料2の切髪の髪形を示すものとされており[4]、それが「童子」の世代標識となっている。つまり、D「にほひよるコラガヨチ」世代の「解き乱した」髪形は、長さの相違は考えられるものの、非結髪=放髪という点で「童子」の「頸着」=切髪と一致するわけである。したがって、「解き乱り童児に成し」というのは、髪形を放髪にした時点で、「にほひよるコラガヨチ」の若者が「童」の姿態に移行するということを意味しているように思われる。

そこで結髪—放髪の変態と「ヨチ」世代との関係を明らかにするために、『万葉集』以外の史料から七・八世紀における髪型・衣装の差異と世代標識の関係について検討する。この問題については、すでに服藤早苗[5]、小林茂文[6]が見解を提示されているので、両氏の説を踏まえ、男性・女性それぞれの世代標識に関わる関係史料を掲出し、改めて分析を試みる。

・史料5　『日本書紀』崇峻天皇即位前紀

是時、厩戸皇子、束髪於額、古俗、年少児年、十五六間、束髪於額（ヒサゴハナ）。十七八間、分為二角子一（アゲマキ）。今亦然之。而随二軍後一。

・史料6　『日本書紀』景行天皇二十七年

冬十月丁酉朔己酉、遣二日本武尊一、令レ撃二熊襲一。時年十六。（略）十二月、到二於熊襲国一。因以、伺二其消息及地形乃嶮易一。時熊襲有二魁帥者一。名取石鹿文。亦曰二川上梟帥一。悉集二親族一而欲レ宴。於是、日本武尊、解レ髪作二童女姿一（略）

・史料7　『古事記』中巻

当二此之時一、其御髪結レ額也。爾小碓命、給二其姨倭比売命之御衣御裳一、以レ剣納レ于二御懐一而幸行。故、到レ于二熊曽建之家一見者、於二其家辺一軍囲二三重一、作レ室以居。於レ是言三動為二御室宴一、設二備食物一。故、遊三行其傍一、待二其楽日一、爾臨二其楽日一、如二童女之髪一、梳三垂其結御髪一、服二其姨之御衣御裳一、既成二童女之姿一、交三立女人之中一、入三坐其室内一（略）

「ヨチ」世代の特徴として指摘した結髪—放髪の変態については、史料5・6・7からも窺うことができる。史料6・7は『日本書紀』『古事記』に描写されたヤマトタケルによる熊襲征伐の部分を抜粋したものであるが、ここには服藤が指摘するように、『記紀』編纂時代における髪形と世代標識の関係に関わる注目すべき記述がみえる。すなわち、熊襲建による名の進上による改名以前のヤマトタケル、すなわち、日本「童男」（ヲグナ）（『日本書紀』）は、十六歳とされており、「その御髪」を「額に結」んでいたとされている（『古事記』）。このヤマトタケル十六歳時の髪形「御髪結額」について、服藤は、厩戸皇子の十五・十六歳時における戦闘時の髪型＝ヒサゴハナ（束髪於額）（史料5）と同じもので、十七歳からの総角（アゲマキ）と区別されていることを明らかにした。服藤の指摘は卓見であるが、しかし、十五・十六歳の男性の髪形の特徴は、ヒサゴハナという結髪によってのみ表象されているわけではない。ヤマトタケル伝承では、ヒサゴハナに結った髪は、熊襲建殺害に当たって「解き」「梳り垂れ」て「童女」（ヲトメ）の姿となったとする。一方、殺害の場における放髪姿のヤマトタケルは、自ら日本「童男」（ヲグナ）と名告っている。つまり、「童女」（ヲトメ）と「童男」（ヲグナ）は互換可能な同じ髪形を備えており、その同一性こそが放髪に示されているのである。十六歳のヤマトタケルの髪形の変態は、単に「女装」を示す物語として理解すべきではなく、むしろ、史料4の示す「取り束ね挙げても纏」かれた髪を「解き乱り童児」になすという、「ヲトコ」（若者男性）の世代標識としての結髪─放髪の髪形の変態が前提になって構想されたものと理解できよう。ここから、「にほひよるコラガヨチ」の世代区分として、男の場合、結髪と放髪という髪形の変態が可能であった十五歳以上という上限が設定できる。

では、「にほひよるコラガヨチ」の世代はヒサゴハナの世代――十五・十六歳――だけなのか、それとも、十七歳以上の総角（アゲマキ）の世代も含まれる場合があるのだろうか。

・史料8　『続日本紀』天平宝字元年（七五七）四月辛巳条

（略）其天下百姓成レ童之歳。則入二軽徭一。既冠之歳便当二正役一。（略）

史料8によれば、男性の天下百姓の場合、「軽徭に入る」歳、すなわち十七歳は「成童之歳」であり、「正役に当たる」歳、すなわち二十一歳の「既冠」以前と認識されていた。小林が指摘するように、髪形の問題としては、加冠段階の結髪法は、冠をかぶれる形に髪を束ねたもので、十七歳段階の左右に二分した頭髪の先端を両耳近くで束ねた美豆良＝総角とはいえない。つまり、律令国家の認識レベルでは、百姓層の結髪―加冠は、十七歳の総角―「成童」と髪形の上で区別されている。また、二十一歳を「既」冠とする以上、百姓層レベルでは、十八歳から二十一歳までの間に髪形の変化を伴う「成人」に移行する境界年齢が存在したことを示している。では、かかる境界年齢とは、何歳だろうか。そこで、史料5を見ると、十五・十六・十七・十八歳が「年少児年」として一括され、「角子」（アゲマキ）がその後半世代と認識されていることがわかる。アゲマキの十七・十八歳が、ヒサゴハナの十五・十六歳と同じ「年少児年」の範疇に属することは、史料8における十七歳が「成童」で、二十一歳の「既冠」と区別する理解と整合している。すなわち、十八歳は、十七歳同様、アゲマキでも「年少児年」に属することから、「成人」前の「成童」段階として理解できるのである。さらに、小林も注目しているように、十九歳の高市皇子が「幼少孺子」とされ（『日本書紀』天武天皇元年六月丁亥条）、同じく十九歳の有間皇子が「十九。未レ及二成人一」（『日本書紀』斉明天皇四年十一月条）とされている点を考慮すると、二十・二十一歳を「成人」の画期となる年齢として抽出することができると思う。

問題は、天武朝の結髪規制以前においては、実態としても法的にも、総角は、十七歳以上の男性に共通する髪形であったという点であろう。すなわち、総角は、天武期以前においては確かに「成人」の髪形であったわけで、それだけに注目すれば、「年少児年」の十七歳以上と「成人」の髪形は可視的に区別できないことになる。ところで、「冠」が露頭の総角と区別される最も著しい特徴は、それが、結髪の固定化をもたらし、放髪の可能性を否定する点にある。つまり、露頭の総角は、それ自体では、放髪にしうる潜在的な可能性を秘めているのである。

以上の点を勘案し、この問題を私は次のようにとらえる。すなわち、天武期以前において、総角を世代標識とする十七歳以上は「ヲトコ」と呼称され、二十・二十一歳以上とは区別されない世代であった。しかし天武期以後の結髪

表18 「ヨチ」と世代区分

	女性				男性			
年齢	世代呼称(大区分)	世代呼称(小区分)	頭髪形	「ヨチ」	世代呼称(大区分)	世代呼称(小区分)	頭髪形	「ヨチ」
1歳					ミドリゴ・ワクゴ(緑児・若子)			
4歳					ハフコ(平生)			
8歳	ワラハ(童・童女)		切髪	ヨチコ(史料2)	ワラハ(童・童子)		頸着(切髪)	
13歳	ヲトメ(未通女・処女・[illegible]嬬・娘子・童女)		結髪(たく・髪上・掻き入れ)+放髪(たかぬ・ハナリ・童女放髪・小放髪)	ヨチ(史料3)				
15歳					ヲトコ(童・童子)	年少児年	結髪(ヒサゴハナ)+放髪	ヨチ(史料3)
16歳								コラガヨチ(史料4)
17歳						成童	結髪(アゲマキ)+放髪	ヨチコラ(史料1)
18歳								
19歳								
20歳								
21歳						成人	結髪(アゲマキ・冠)	
41歳以上	ヲミナ・オウナ(老・嫗)		結髪・放髪の自由(任意)		オキナ(老・翁)			

＊41歳以上の老人世代については，本書第Ⅱ部第四章参照。

規制と地域社会の百姓層への「冠」の導入により、新たに二十・二十一歳以上に対して結髪を固定化するという外的指標による世代区分が国家によって創出された。これはおそらく、二十一歳以上を正丁、十七〜二十歳までを少丁（中男）とする課丁の二区分に対応する、国家支配上の年齢区分を地域社会に定着させるための措置であり、課役負担年齢に到達した年齢層を「丁」の意味で「人」と呼称したものであったと考えられる。つまり、国家の導入した行政的年齢区分ではない地域社会固有の年齢区分としては、服藤が指摘するとおり、十七歳が実質的な成人年齢であったと考えられる。なお、十七歳を表す「成ᴸ童」とは「ヲトコに成る」と訓むことが可能で、「ワラハ」ではなく若者成人世代を表す「ヲトコ」になる年齢として十七歳が注目されていることを示している。すなわち、十七歳の「ヲトコ」になる年齢こそが、地域社会においては完全な成人年齢に到達したことを意味していたといえるのである。ただし、一方で史料5のように、十七・十八歳を十五・十六歳とともに「年少児年」と一括する世代区分が存在しているが、これは「ワラハ」＝子どもの世代と区分される年齢が十七歳ではなく、十五歳であった事実を示すものであろう。この十五歳という年齢境界を表す世代標識が、結髪（放髪との変態）の許可であったと考えられる。

以上述べてきたことを整理・解釈すると、次のとおりとなるであろう。放髪＝切髪だけを世代標識とする「ワラハ」の世代は、十五歳になって「ヲトコ」として結髪を許可されることで終了する。ただし十五・十六歳は、いわば見習い期間の「ヲトコ」（これが「ヲグナ」であろう）として移行期間にあり、十七歳になって完全な「ヲトコニナリ」（「成童」）、大人の一員として認められた。また、史料1・4に見える「ヨチ」が所属する「ヲトコ」世代とは、結髪―放髪を変態する女性と「遊び」を可能とする世代を意味しており、それは十五・十六歳のヒサゴハナ、そして十七歳以上のアゲマキおよび二十・二十一歳以上の加冠世代双方を合わせた年齢層を意味すると考えられる。「ヲトコ」は「オキナ」（老）世代に到達するまで続いたと考えられるが、それについては後述したい。以上、述べてきた男性の世代区分と「ヨチ」の関係について、次節で検討する女性の世代区分についての私見と合わせて、表18に整理しておく。

三 「ヲトメ」世代と「ヨチ」

次に女性のケースについて「ヲトメ」世代の年齢層と「ヨチ」の関係をみておきたい。史料2には、女性の世代区分として、A切髪の「ヨチコ」として登場する世代とB「橘の末枝（ほつえ）」に象徴される世代の女性の二世代の経過が語られている。このうち、「橘の末枝」とは、男性が、「ヲトメ」に対して「裹（つと）」に贈り、あるいは「ヲトメ」の白栲の袖に扱入（こき）れるという求婚の所作に必要なもの（『万葉集』巻十八・四一三五、同巻十一・二四九四、『古事記』歌謡四三）で、菜摘み・野遊びの歌垣的機会での女性を誘う娉（つまどい）であり、同時に穀物の実りをもたらす「顕ち兆候（たばな）」であると考えられている。(7) この橘の枝に象徴される「ヲトメ」とは、「橘の古婆の放髪（はなり）」（『万葉集』巻十四・三五一七）のごとく「放髪」の世代の女性のことでもあった。つまり、「橘の末枝」とは、男性の求婚を受ける「放髪のヲトメ」の世代を意味する象徴的な歌句である。

次に、女性の世代による髪形の変化に着目すると、髪を「たく」「上ぐ」「掻き入れ」の語の使いわけが重要である。

・史料9 『万葉集』巻二・一二三・一二四

三方沙弥娶₂園臣生羽之女₁、未₂経₂幾時₁臥₁病作歌（略）

たけばぬれたかねば長き妹が髪この頃見ぬに掻き入れつらむか　三方沙弥（一二三）
人は皆今は長しとたけと言へど君が見し髪乱れたりとも　娘子（をとめ）（一二四）

・史料10　『万葉集』巻七・一二四八
　ヲトメラが放りの髪をゆふ（略）

・史料11　『万葉集』巻十六・三八四四
　古歌曰
　橘の寺の長屋にわが率宿し童女波奈理（童女放髪）は髪あげつらむか

・史料12　『万葉集』巻九・一八一三
　見二菟原処女墓一歌一首并短歌
　葦屋の　菟原処女の　八年児の　片生の時ゆ　小放（小放髪）に　髪たくまでに（略）

・史料13　『万葉集』巻十一・二五四四
　振別の髪を短み青草を髪にたくらむ妹をしそ思ふ

史料9では、「たく」（結髪）、「たかぬ」（放髪）から、男性が一定期間女性と会うことができない状況下で、女性の状態を（髪を）「掻き入れ」ているかと想像するもので、この基本的モチーフは、「長屋」で寝た「童女放髪」が、一定期間を経て「髪上げ」しているかと想像する史料11の歌と共通する。この関係は、「たく」（結髪）と「たかぬ」（放髪）を自由に変態する期間から、「髪上げ」「掻き入れ」（結髪）の期間への移行を示唆するものである。女性の結髪の意味は、「妾初自二結髪一陪二於後宮一。既経二多年一」（『日本書紀』允恭天皇七年十二月壬戌朔条）とあるように、男性との婚姻関係が社会的に認知された状態を示しており、「髪上げ」「掻き入れ」はかかる意味での婚姻の表示としての結髪を示していると考えるのが妥当である。つまり逆にいえば、放髪は男性との婚姻関係を社会的に認知されていない女性の髪形である。したがって、「ヲトメ」の髪形の特徴は放髪とともに、一方で「たく」という結髪、つまり、特定の男性との関係をもつことを許された世代として社会的に位置づけられているのである。また「たく」とは、長いものを手で自由に操作する所作そのものを指す言葉であり、結髪・放髪を変態する「ヲトメ」の所作にふさわしい言葉といえよう。まさに、この髪型の変態という点にこそ、それ以前の世代、すなわち、肩で切り揃えた髪を垂髪にしただけの「切髪のヨチコ」の世代と異なる「ヲトメ」の世代の特徴がある。(8)

かかる女性の「切り髪のヨチコ」と「放髪・結髪のヲトメ」の関係は、男性の「頸着の童子」と「放髪・結髪のにほひよるコラガヨチ」との関係とまさに対応している。男性の恋の対象になる「髪上げ」前の「童女放髪(ウナヰハナリ)」(史料11)や、「小放髪(オバナリ)」し「髪たく」菟原処女(ウナヰヲトメ)(史料12)、「青草を髪にたく」短い「振別の髪」(史料13)は、「解き乱り童児(ワラハ)に成し」(史料4)の歌句が示しているように、本来の「童(ワラハ)」世代そのものではなく、「童(ワラハ)」の切髪=放髪に擬態した、「ヲトメ」の世代を指しているのであろう。

では、「切髪のヨチコ」と「橘の末枝」に象徴される「ヲトメ」は、それぞれ具体的には何歳ぐらいの年齢層を想定できるだろうか。

史料12は、八年児(ヤトセゴ)の片生(カタオヒ)のときから、小放髪・髪たく世代への移行を語っている。八年児は八歳の子のことで、小放髪・髪「たく」世代は「ヲトメ」の世代と考えられるので、それは、「切髪のヨチコ」と「橘の末枝」=放髪の「ヲトメ」の世代の関係に対応する。この対応関係から、「切髪のヨチコ」は八歳以上の世代であると考えられる。「切髪のヨチコ」の前に付された「年の八歳を」は、それ自体は長い時間を表す定型句とみるのが妥当だが、同時に「切髪」の開始年齢たる八歳の意味も掛けられていると考えられる。ちなみに、髪形の特徴から、女性の「切髪のヨチコ」に男性の「頸着の童子」が対応するとすると、「頸着の童子」も八歳以上(男性は十四歳まで)という年齢層が想定できよう。八歳は本来的な「童(ワラハ)」の世代の開始年齢なのである。このことは、

「葡萄（はらば）」う「嬰児（みどりこ）」が「八箇年」を経て「童女（ワラハメ）」となったという『日本霊異記』の説話（上巻・第九）からも傍証できる。

ただし、「童」には、明らかに十代半ば前後の若者世代を指している例が存在している。先述の日本「童男」が十六歳であることや、歌垣に参加する「乎止古」「乎止売」を「童子女」とも記す例（『常陸国風土記』香島郡条）もあり、また、寺院の「童子」は十六歳以下が取られることになっていた（僧尼令6取童子条）。詳細な検討は別の機会に譲りたいが、私は、かかる事例は、「ヲトコ」「ヲトメ」が、放髪し「童児に成」した状態を「童男」「童女」と表記していると考えており、上述の例から、世代区分としての本来の「童」は、八歳以上の子どもで「ヲトコ」「ヲトメ」に至る以前の世代を指すと考える。[9]なお、「童児」は、『万葉集』一二九番歌の「手童児」を一云歌の該当箇所で「多和良波」と表記しており、このことから「童」は、八世紀にも「ワラハ」と訓まれた事実を改めて確認しておきたい。

問題が残るのは、「ヲトメ」の開始年齢・終了年齢である。「ヲトメ」に対応する男性の「にほひよるコラガヨチ」=「ヲトコ」が、十五歳から始まる点については既述した。戸令24聴婚嫁条によれば、「男年十五、女年十三以上聴_婚嫁_」とあった。当該条文は唐令をそのまま継受したものだが、男の「遊び」の世代が実態としても十五歳から始まる以上、この条文は日本の実態を反映した規定であった可能性がある。小林は、大同元年（八〇六）十月十三日太政官符や後宮職員令18氏女采女条、結婚出産年齢の実態などから、女性の結婚適齢期を十三歳以上二十九歳までとした。男性との関係をもつ「ヲトメ」の世代は、十三歳から始まる可能性は高い。

「ヲトメ」の終了年齢については、関口裕子・服藤早苗の見解が注目される。[10]まず関口は、「ヲトメ」を男性との性的交渉が認められた世代の女性とし、それ以前の「ワラハ」、それ以後の「ヲミナ」の世代と区別された青年女性の年齢階梯呼称を意味すると指摘した。一方、服藤は関口説を一部修正し、また関口の年齢階梯区分を継承した私見を批判した上で、恋愛と結婚の区別が曖昧な対偶婚においては恋愛世代の青年女性（「ヲトメ」）と結婚世代の壮年女性（「ヲミナ」）の区別は適切ではないとした。そして、「ヲトメ」は青・壮両世代にわたり、老世代を表す「ヲミナ・オウナ」に至り、「ヲトメ」世代が終了すると指摘した。服藤の批判は的を射ており、関口説および旧稿における私見は修正しなければならない。服藤の指摘を踏まえるならば、「ヲトメ」の世代は、女性が老年世代に入り「ヲミナ」「オウナ」となった時点で終了したと考えられる。

以上、検討した女性の世代区分についての私見を、男性のそれと合わせて表18に整理しておく。

四　社会集団としての「ヨチ」

従来、ヨチについては、一般的に「同じ年ごろの児・同年輩の子」（『時代別国語大辞典　上代編』三省堂、一九六七年）という語釈が与えられているが、さらに国文学・民俗学の側から、次のような踏み込んだ解釈が提示されている。

①幼少のころから貴公子と一緒に育てられ、何ごとも一緒に行動する者で、八重山の「むらに」と類似するとする説。(11)

②ヨチを美盛ととらえ、「妙齢」の義とする説。(12)

③ヲチ（若）の転呼で、ヲトコ（少年）・ヲトメ（少女）の総称とする説。(13)

④基本的には同年輩の若い男女の意味だが、史料3の東歌の「ヨチ」をそれから転じた性器を表す隠語ととらえる説。(14)

⑤「ヨチ」を同年輩の子とする通説を否定し、『字鏡集』の「猗」の「ヨテ」「ヨチ」（応永本）の訓に注目し、

「猗」を『類聚名義抄』の「猗々」が「[ト]ウルハシ、トテレリ、ヨシ」と読むことなどを根拠に「美盛の少年・少女、ことには思春の年頃の美少女」として理解する説。東北方言の「ヨテ」「ヨデ」が末子を意味するのは、若さを意味する語義からの派生形態とする。(15)

まず、「ヨチ」の唯一の和訓表記として、史料2の「与知子」の別字表記たる「吾同子」があげられる。「ヨチ」を同年齢・同年輩の者と解釈する一つの根拠は、この「吾同子」の訓義に求められてきたわけである。私も、後述するすべての「ヨチ」史料の内容の検討から、一般的解釈のレベルでは、「吾同子」の訓義を同年輩の者と把握する理解は正しいと考える。しかし、従来の説は、すべての歌の解釈の中での「ヨチ」の意味の統一的把握と、「ヨチコ」に「吾同子」の訓字が当てられる必然性との整合的理解に成功しているとはいえず、従うことができない。なによりも問題なのは、①説以外、「ヨチ」の語で表された人間関係の特徴がまったく考慮されていない点である。①説についても、既述のような「ヨチ」と特定世代の世代区分が関係する必然性が理解できないという難点をもっている。そこで、史料を改めて検討し、それを通じて、「ヨチ」を固有の特徴をもつ人間関係を表す言葉として検討できるか否か、できるとすればそれはいかなる社会的存在であったのか、という問題について明らかにしていきたい。

史料2の「切髪のヨチコ」（女性）および史料4の「にほひよるコラガヨチ」（男性）は、それぞれ一人の人間が世代の経過を語った言葉の中に現れてくる。ここには、なぜ、個人の世代区分に、同年輩者としての「ヨチ」という複数者の存在を前提とする言葉が現れてくるのか、という問題がある。ヨチが出てくる史料2・史料4の歌句を抜粋し解釈すると次のような意味にとることができる。

・史料2の解釈

然れこそ　年の八歳を　切髪の　吾同子（ヨチコ）を過ぎ　橘の　末枝を過ぎて　この川の　下にも長く　汝が

心待て（三三二一）

（訳）ですから、（八歳からの）長の年月、「切髪のヨチコ」の時代を過ぎ、「橘の上枝」を超える背丈になるまで、この川が下に長くのびるように、（長く）あなたの心が私に向くのをお待ちしていますのに

「吾同子（ヨチコ）」を同年輩者の意味でとらえられるならば、「切髪のヨチコ」とは（八歳からの）「切髪をもつ同年配者」の世代の意味で解釈できるわけだが、作歌者と「同年輩者」として想定されているのは誰なのか、という問題が存在する。それについては、二つの可能性が指摘できる。第一に、「吾同子（ヨチコ）」を作歌者と切髪を同じくする同世代者の友人グループとみて、作歌者がそうした「同世代友人グループに帰属していた世代」の子どものころの自分（子）の過去を一人称で語っているという考え方ができる。第二の見方としては、本歌が「問答歌」である点を踏まえ、歌の前半で呼びかける主体（男性）に対して、同じ「切髪」の男性と同世代であった子どもの時代から、長く男性を思っていたという解釈が可能であろう。この場合「吾同子（ヨチコ）」は、恋愛の相手である同年輩者としての異性を指す言葉ということになる。どちらの解釈が適切な理解かについては、史料1の「余知古良（ヨチコラ）」が現れる文脈の理解が判断基準となる。

・史料1の解釈

遠等咩良（ヲトメラ）が　遠等咩（ヲトメ）さびすと　唐玉を手本に纏かし（略）余知古良（ヨチコラ）と　手携りて　遊びけむ

（訳）ヲトメらがヲトメらしく行動するとて　唐玉を手もとにまいて（略）ヨチコラと手を携えて　遊んだだろう

歌中にみえる「手携りて」の歌句は、『万葉集』中では男女の恋愛・夫婦関係を歌った歌の中では、すべて異性間の親密な関係の表現として用いられている（巻八・一六三三、巻十七・四〇三〇、巻十九・四二〇一）。したがって、この

場合のヲトメらが「手携りて遊」ぶ「ヨチコラ」とは、ヲトメ同士の関係ではなく、「遊び」の相手であるヲトメと同年輩の関係にあるヲトコたちを表しているとみることができる。この点を勘案すると、史料1・2の「ヨチコ」は、第二の説、すなわち「遊び」の相手である「同年輩の異性」を自分あるいは相手の側から呼称した表現とみることが妥当であるということになる。

史料4に見える「コラガヨチ」も、以上の理解を応用することで解釈することができる。

・史料4の解釈

にほひよる　子等何四千（コラガヨチ）には　蜷（みな）の腸（わた）　か黒し髪を　ま櫛もち　ここにかき垂り　取り束ね　挙げても纏きみ　解き乱り　童児（ワラハ）に成しみ

（訳）匂うように美しいあなた（ヲトメ）たちと「同年輩者」であった世代には、真っ黒な髪を櫛でこの辺までかき垂らし、それをあげて巻いてみたり、解き乱して童児（ワラハ）のようになしてみたり

史料4の「コラガヨチ」は、上述したとおり、竹取翁という老人男性が自らがたどった世代を歌った歌句の中に青年世代の表現として登場してくるものであるが、この伝承歌謡が九人のヲトメたちに呼びかけて歌ったものであることを考えれば、「コラ」（ヲトメラ）の「ヨチ」（同年輩者）の意味で使用されていると考えられる。

以上の歌の解釈から、史料1・2・4に見える「ヨチ」は、八歳以上の子どもである「ワラハ」の世代、および男女の恋愛（「遊び」）世代である「ヲトコ」「ヲトメ」の世代と結びついて使用される同年輩者を指す言葉であること、また、それは単なる同年輩者としてではなく、異性との「遊び」（恋愛）の対象として想定された同年輩者の意味を含んでいると理解することができる。後者の点についていえば、史料1で「ヲトメさび」を「手を携え」て「ヨチコラ」（「ヲトコ」）と「遊ぶ」こととしている点が、その参考となろう。「ヲトメさび」とは「ヲトコさび」「オキナさ

び」という言葉と一対で、「ヲトメらしさ」「ヲトコらしさ」「オキナらしさ」という、青・壮年世代女性、青・壮年世代男性、そして老人男性の世代固有の特徴に関する当時の常識的規範を表す概念であることについて指摘したことがある（本書第Ⅱ部第四章）。したがって「ヲトメさび」が「ヨチコラ」との「遊び」を要素としている事実は、異性の同年輩者（「ヨチ」）同士の交遊が「ヲトコ」らしさ、「ヲトメ」らしさという青・壮年期の男女における世代固有の行動様式として社会的に認知されていたことを物語っている。そして、この点こそが、「ヨチ」を単なる「同年輩」を意味する普通名詞ととらえるのではなく、行動様式と規範を備えた集団概念とみる視点を提供するものとなる。史料3は、「ヨチ」の語句をこうした固有の人間関係を表す概念としてみる有力な根拠を提示している。

史料3は、東歌の一首である。この歌について私は、河原での歌垣の場での歌謡が原形に形成された歌と考える。ヨチが、「同年輩者」であるという他の用例から把握できる理解をこの歌にも適用すると、歌句の解釈は次のようになろう。

・史料3の解釈

この川に朝菜洗ふ児汝（なれ）も吾（あれ）も余知（ヨチ）をぞ持てるいで児賜りに

（訳）この川に朝菜洗う児よ（指名の呼掛け）。汝（女）も吾（男）もそれぞれヨチという同年輩者をもっている。さあ、その中からその児（＝朝菜洗う児）を私に与えて下さいな。

つまり、歌垣の歌の掛合いの場において、男が一人の「コ」（＝朝菜洗う児）を要求し、「いで児賜りに（さあ、その子をくださいな）」と恋愛関係の認知を「ヨチ」という同年輩者に求めた歌として理解できる。ここで重要なことは、「ヨチ」は「汝」（女）と「吾」（男）がそれぞれが「持つ」同年輩者であったということである。さらに「吾」（男）が欲する「児」（女性）との関係を結ぶためには、「吾」と「汝」が「持つ」「ヨチ」の許可が必要であったという恋愛規範の存在も指摘できよう。このことから、「ヨチ」は単なる同年輩者を意味する普通名詞ではなく、「児」（女性）を「賜う」という恋愛・結婚承認権をもつ社会集団としての同年輩者グループとして把握することが可能になる。ここで登場しているのは、地域に暮らす単なる同年輩者ではない。「汝」と「吾」それぞれが所属する、特定の権利主体としての実態を備えた同年輩者集団といえるものなのである。

歌垣の場での集団相互の掛合いの中から一人の「ヲトメ」を要求し、その認知を求めるという歌謡のモチーフは、『万葉集』以外のテキストにおいても認められる。

・史料14　『古事記』中巻・神武天皇

是に七媛女、高佐士野に遊行べるに、（佐士の二字は音を以ゐよ。）伊須気余理比売其の中に在りき。爾に大久米命、其の伊須気余理比売を見て、歌を以ちて天皇に白しけらく、

倭の　高佐士野を　七行く　媛ども　誰をし枕かむ（夜麻登能多加佐士怒袁那々由久袁登売杼母多礼袁志摩加牟）

とまをしき。爾に伊須気余理比売は、其の媛女等の前に立てりき。乃ち天皇、其の媛女等を見したまひて、御心に伊須気余理比売の最前に立てるを知らして、歌を以ちて答曰へまひしく、

かつがつも　いや先立てる　兄をし枕かむ（賀都賀都母伊夜佐岐陀弖流延袁斯麻加牟）

とこたへたまひき（読み下しは『岩波日本古典文学大系』本による）。

史料14は、『古事記』神武天皇段に収録された神武天皇によるキサキ（イスケヨリヒメ）選びの説話である。その中に見える歌は、問答・唱和・連作の歌謡の特徴を備えた五・七・七形式の片歌であり、[16] 元来、神武伝承とは無関係の、倭の高佐士野周辺に伝えられた歌垣の歌謡が和歌の形式に整えられて説話の中に収録されたものと考えられる。そうした歌垣史料としての視点から、歌謡の内容に注目すると、説話では大久米命の神武への問掛けとされている「誰を

し枕かむ」の歌句は、立ち並ぶヲトメの側からヲトコへの呼掛けの歌句であり、また、神武の応答とされる「いや先立てる兄をし枕かむ」の歌句は、本来はヲトメたちの呼掛けに応答したヲトコの要求を表す歌句とみることができる。「いや先立てる兄をし枕かむ」の歌句は、史料3に見える「いで児賜りに」の歌句と同様のモチーフをもつものであり、歌垣のさなかに相対峙するヲトコ、あるいはヲトメたちに対して一人の異性を要求し、その承認を求める歌句ととらえるのが自然である。

また『日本書紀』大化二年（六四六）三月甲申詔の婚姻習俗禁止規定は、七世紀後半の地域社会における婚姻の実態と国家の規制との関係を知る上で格好の素材として検討が進んでいるが（以下、甲申詔の条項番号は関口裕子の分類に従う）、この中にも年齢集団による婚姻承認行事が背景になっているとされている記述が見える。とくに注意されるのは、2の(5)項である。

・史料15　『日本書紀』大化二年三月甲申詔

復有二亡レ夫之婦一、若経二十年及二十年一、適レ人為レ婦、并未レ嫁之女、始適レ人時、於是、妬二斯夫婦一、使二祓除一多。

これは、女性の初婚（「始適レ人」）・再婚（「有二亡レ夫之婦、若経二十年及二十年一、適レ人為婦」）時に、夫婦に対して祓除を要求するという習俗の禁止規定であり、この祓除要求の主体と意味について、家永三郎の見解[17]を継承・批判した関口裕子は、娘の両親・親族・共同体（その内部集団としての年齢階梯集団）による対偶婚段階の婚姻承認行事と指摘している[18]。関口は、婚姻承認行事として行われた祓除要求の主体として共同体に所属する「年齢階梯集団」の可能性を想定しているわけであるが、私見では、以上の検討結果から、その実態こそが「ヨチ」ではなかったかと推察する。ただし、その性格規定を「年齢階梯集団」とすることができるか否かは、別途、検討を要するが、この問題については後で述べることとしたい。

以上、史料3は、歌垣の場に参加する男女それぞれの「ヨチ」という同年輩者グループに対して、一対の男女関係の成立の承認を求める歌謡として位置づけることが許されると思われる。なお、この歌は、一云で「ましもあれも」という東国方言が採られている。つまり、このケースは、民衆の土俗的世界を伝える巻十四、東歌の雑歌の集団歌謡が前提にある男・女双方の「ヨチ」の事例なのであって、東国の民衆レベルの「ヨチ」という若者世代の同輩者集団の存在を傍証するものである。さらに「ヨチ」が、七・八世紀地域社会の社会集団として普遍的に存在していたことは、東歌の集団歌謡に見えるヨチの事例（史料3）だけでなく、筑前（史料1）・畿内（史料4）という異なる地域社会におけるヨチの存在から十分に推察される。

『万葉集』に見えるヨチ・ヨチコラ・コラガヨチは、男女関係を伴う「遊び」の世代を示す点で同一の実態を示している。また、それは、「ヨチ」が地域社会に根差した、「ヲトコ」「ヲトメ」世代の婚姻承認機能を有した同輩者集団であった事実を示していると考えられるのである。

五　「ヨチ」の結合原理――擬制的「兄弟」関係

前節までの検討で、「ヨチ」が男女双方を包含し、婚姻承認権を保持していた地域社会の同輩者集団であったのではないか、との見通しを述べてきた。それでは、そもそも「ヨチ」の語で表される同輩者集団とは、いかなる性格を備えたものといえるのだろうか。本節では、「ヨチ」の性格を究明していくために、年齢集団が立ち現れる場に注目し、そこに貫かれる集団の結合関係・結合原理を表す共通の史料用語を抽出するという方法で、課題へのアプローチを試みてみたい。

「ヨチ」が現れる場として、歌垣の場、すなわち「野遊び」の場が想定されたわけだが、改めて「歌垣」「野遊び」を場として史料上に描き出された男女の集団に注目してみたい。

オオナムチに対する八十神の迫害説話（『古事記』上、以下『記』と表記）は、「遊び」の資格をもつ「ヲトコに成る」ための通過儀礼を語っている点で注目される史料である。オオナムチは、八上比売をめぐり嫉妬した八十神により、焼けた大石を抱かせられて殺害されるが、御祖の命のはからいにより再生を遂げる。このオオナムチが八十神の試練を乗り越えて再生する場面を『記』は、「麗しき壮夫に成りて出で遊行びき」と記し、また「壮夫」の語に「壮夫を訓みて袁等古（ヲトコ）と云ふ」という注を付している。大林太良はオオナムチ神話に、成人を迎える若者に過酷な試練を課す通過儀礼（イニシエーション）としての成人儀礼を読み取っているが、確かに『記』の記述は、オオナムチの死と再生の説話を「遊び」の資格を有する「ヲトコに成る」＝「成童」の儀礼として描写しており、大林の指摘は卓見ということができる。また大林は、八十神集団を古代の年齢集団としての「青年戦士集団」の神話的反映ととらえている。こうした大林のオオナムチ神話の解釈を踏まえれば、八十神集団は、「遊び」の場に登場し、若年世代の「ヲトコ」が構成する集団として、同輩者集団（「ヨチ」）と共通する性質を備えているようにみえるのである。そして八十神とオオナムチの関係は、『記』の中では「兄弟」また「庶兄弟」と位置づけられている。「遊行」を共にする「青年戦士集団」あるいは同輩者集団としての「八十神」が、「兄弟」もしくは「庶兄弟」としてお互いの関係が記されている点は、以下の史料からも注目されるところであろう。

先に歌垣史料として紹介した、史料14の「神武記」に見える高佐士野の遊び伝承に現れる「ヲトメラ」の関係も、「兄」と「弟」として認識されている。ヲトメたちの先頭に立つ（「先立てる」）一人のヲトメ（伝承ではイスケヨリヒメ）を、歌謡は「延」（え）（「え」をし枕かむ）と表記している。通説では、「延」は「兄」と訓み年長者の意味で理解されており、[19]したがってこの場合の「遊び」を共にするヲトメたちの集団も、「兄」（エ）と「弟」（オト）の呼称で呼ばれていると考えることができる。

歌垣・野遊びではないが、「ヲトメ」同士の関係が「兄」と「弟」として見える事例としては、『近江国風土記（逸文）』伊香小江条で「天之八女（あめのやおとめ）」を八人の「兄」と「弟」と表記しているものがある。つまり、「ヲトコ」たちや「ヲトメ」たち若者年齢層の集団は、内部でお互いに「兄弟」と呼び合うのである。

これら男女両方に用いられた「兄」「弟」の呼称は、歌垣の場を共にする関係である以上、実の兄弟に限らない擬制的関係が含まれていたと推察される。たとえば『日本書紀』大化二年三月甲申詔には、「役」により都に上る「辺畔之民」においてその「友伴」（ともがき）の関係を「兄」と「弟」と表記している。これは、役民として徴発された地域社会の民衆レベルの「友」の例であるが、それが実の兄弟だけを指すとは考えがたく、親しい「友」同士はお互いを「兄」「弟」と呼び合っていた事実を反映していると考えられる。血縁ではない「友」が「兄弟」とされることは、年齢集団としての「友」の取り結ぶ「兄弟」関係が擬制的なものであることを示唆しているといえるであろう。

以上の点を踏まえると、歌垣・「野遊び」に参加する同輩者集団（「ヨチ」）の内実は、実の兄弟姉妹に限られているのではなく、「兄弟」に擬制された「友」人関係を含んでいる可能性が出てくる。

史料4の竹取翁伝承歌謡は、まさに「野遊び」に集う「ヲトメ」集団が「友」とされている事例である。史料4では九人のヲトメたちが竹取翁の歌に返して、「死も生も同じ心と結びてし」「何為むと違ひはをらむ」と歌い、彼女たちの結合関係は「友」であり、その結合は「同心」、すなわち生死も共にするという堅く結ばれた精神的一体性をもつものだと相互に確認しあっている。春の野での菜摘み・共食において、ヲトメたちは、相互に「友」として認識し、それに基づいて自らの行動原理を決定するのである。また、後述のごとく、『万葉集』（巻一・五三番歌）はヲトメたちを「処女之友(ヲトメ)」と記す史料である。これらに見出せるのは、「同心」で結ばれた「友」という関係秩序の存在である。なお、それについては、改めて第二章で詳細に論じる予定であるが、ここでは歌垣・「野遊び」に集う「ヲトコ」たち、「ヲトメ」たちの集団が「同心」の心性で結ばれた「友」と呼ばれ、また「友」同士の関係が「兄弟」に擬制されていた点を確認できればよい。

以上の点から、歌垣・「野遊び」に集う、「ヲトコ」「ヲトメ」の内部に形成された同輩者集団の結合の特質は、「友」「兄弟」「同心」という共通の用語で表現できるものではないかと推察できる。すなわち、同輩者集団の結合原理は「友」であり、その結束は「兄弟」という擬制的兄弟関係により保証されている。さらに、その結合関係は、「同心」という対等な信頼関係に基づく堅い共同意識・精神的一体性をその本質としているのである。「同心」の論理は、史料4からわかるように「友」に従ってお互いの行動を決定していくという命令秩序とは異なるフラットな横の結合論理であり、明らかに階層的なタテの支配秩序とは異なるものである。さらに、史料4で、友の行動が、友の自立的な集団的意思決定によって決定されるのではなく、「老夫」によって最初の契機を与えられている点も注目されよう。ここから、若者年齢集団と古老の関係を年齢集団の自立性の問題の脈絡の中でいかに把握するかという点が課題となってくるのであるが、この点については、年齢集団のフラットな結合原理の地域秩序の中に占める位置の問題を含めて、第四章・第五章で論じることとしたい。

六 「ヨチ」の社会的機能

「ヨチ」はいかなる社会的機能を担う存在であったのか。前節までの検討で、「ヨチ」の婚姻承認機能については触れることができたが、本節では、「ヨチ」の登場する史料をより深く読み込むことで、「ヨチ」の担った社会的機能を浮き彫りにしていきたい。

史料1は、いわゆる山上憶良の嘉摩郡三部作の一首である。土橋寛[20]は、嘉摩郡三部作は、前国守たる憶良の国守巡行時に嘉摩郡にて「撰定」したもので、とくに「撰定」の語が「撰定律令」など規範となるべき公的文章を作る場合に限って使用されることから、老を貴ぶ「孝」に関わる律令制的規範に則って作られた鑑戒的な文章とする。土橋の見解を踏まえた上で歌の内容に注目したい。

ここで、老の様相と対比しつつ示された若年世代は、主体と行為の差異により、史料1に付したA、B、Cの三つの部分に分類できる。まず、「ヨチコラ」が現れるAの部分であるが、この部分と類同的な句は、次の歌謡中にも見えている。

・『琴歌譜』短埴安扶理

ヲトメドモヲトメさびすと唐玉（ゑや）唐玉を袂にまきてヲトメさびすも

・『政事要略』巻二十七　五節舞歌謡

ヲトメトモ　ヲトメサビスモ　カラタマヲ　タモトニマキテ　ヲトメサビスモ

短埴安扶理（みじかはにやすぶり）については、埴安が大和の香久山の西麓の古い地名であり、神武天皇東征伝承に見える、「潜取二天香山之埴土一、以造二八十平瓮一、躬自斎戒祭二諸神一、遂得三安二定区宇一。故号二取レ土之処一、曰二埴安一」（『日本書紀』神武即位前紀己未年二月）という伝承に基づく持統天皇の「埴安」での国見（『万葉集』巻一・五二・五三）の場での神事の歌謡を伝えるもので、憶良の歌は、その句を模倣して作ったものと考えられている。[21]ところで、この歌謡は若干の語の異同（第二句の「と」と「も」の違い）を伴いつつ、五節舞歌謡として継承されている。『琴歌譜』の短埴安扶理および

『政事要略』の五節舞は、いずれも十一月節(新嘗・大嘗)の儀礼と位置づけられているが、五節舞が十一月節に行われるようになったのは、九世紀以降のことであり、[22]一方、神武伝承に見える埴安の神事は二月、持統天皇代歌のそれも春の国見に関わる神事を示していることを考えれば、埴安の神事歌謡が十一月節の五節舞に謡われるようになったのもおそらくそのころであろう。埴安の神事が持続に始まったのか否かは定かでないが、本来的には、歌謡は、埴安における春の国見儀礼(「埴安の堤の上に　在り立たし　見し給へば」『万葉集』巻一・五二)における藤原の御井に仕える「処女之友」(『万葉集』巻一・五三)の神事歌舞に関わる歌謡であったと考えるのが妥当である。

それでは、こうした短埴安扶理の神事歌謡句が、憶良の歌中に採用された理由は何であろうか。私は、それを、憶良が歌による鑑戒の場とした「嘉摩郡」の、地域社会における祭祀との関わりの中に求めたい。まず、「ヨチコラと手携りて遊びけむ」は、短埴安扶理には見えない句であり、この部分には憶良が依拠したヤマトの祭祀儀礼との近似性をもちつつ固有の特色をもちえた地域社会の神事=「遊び」の実態が踏まえられていると考えられる。具体的には、「ヲトメラ」=「ヲトメドモ」と「手携りて遊」ぶ「ヨチコラ」は、春の国見の場に関わって営まれた地域社会の歌垣に参列する若者世代の男性群が想定できよう。先に見た東歌の男女それぞれの「ヨチ」が、歌垣に関わることはすでに指摘したが、史料4・竹取翁歌謡に見える「ヨチ」と同世代の「ヲトメラ」=「九箇女子」も、序によって、季春三月の国見(登レ丘遠望)の時節の菜摘みと共食の儀礼に会集した存在であったことは明らかである。史料3・東歌に見える「朝菜洗う児」の「朝菜」も春の菜摘み儀礼と関連すると理解でき、歌全体はそれに連動する歌垣的神事であったと思われる。歌垣は、単なる男女の交合ではなく、予祝的側面をもつ神事として存在した[23]ことは先学の指摘のとおりである。こうした「ヨチ」に関わる史料が、国見の時節の、菜摘み・歌垣という地域社会の春の儀礼という共通の場をもつことは、憶良の歌が、地域社会における春の国見の場で営まれた予祝儀礼としての歌垣を踏まえ、ヤマトの国見儀礼たる「埴安」の神事とそこに奉仕する「処女之友」の歌謡に詞を仮託しつつ創作されたものであるという考えを裏づけることになろう。「ヨチコラ」は、歌垣に参列する若者世代の同輩者集団であり、同時に地域社会の予祝的機能をもつ春の「遊び」＝神事に奉仕する祭祀機能をもった集団として位置づけられていると考えられる。

憶良の歌謡のB・C部分も、地域社会の祭祀・年中行事に関わっている。Bは、Aの「ヲトメさび」に対して「マスラヲのヲトコさび」を謡った部分であるが、「サツ弓（「猟弓」）を手握りもつ」とは、文字どおり狩猟用の弓を持つことである。「マスラヲ」（大夫）の語からは、狩猟の主体として「郡」においては、在地首長層以上の階層が想定されるが、かかる階層の狩猟の機会としては、五月五日節の薬猟儀礼成立の一つの前提になった、田植えと結びつく予祝儀礼として首長層が執行する狩猟儀礼が考えられる(24)。つまり、Bは、五月における在地首長層の狩猟儀礼＝「遊び」における姿を「マスラヲのヲトコさび」として謡った部分であろう。

次に、「世間（よのなか）や常にありける」という語を間において、「マスラヲのヲトコさび」が、「ヲトメラとさ寝す板戸を押し開き」「寝る夜」の姿として語られるのがC部分である。この句は、『古事記』の八千矛神の歌と伝える①「ヲトメの寝すや板戸を押そぶらひ」および沼河比売が八千矛神に応答した歌、②「真玉手玉手さし枕き百長に寝は寝さむを」、また八千矛神への須勢理毘売の歌、③「真玉手　玉手さし枕き　百長に　寝をし寝せ　豊御酒　奉らせ」の歌句を先行句としてもっていることが賀古明によって指摘されている。これらは神語歌として伝承された歌謡だが、とくに③が「其后、取二大御酒坏一、立依指挙而、歌曰」とあるように、「豊御酒」を捧げる新嘗――「トヨノアカリ」での聖婚儀礼に関わる歌謡である。したがって、Cの部分において、憶良は、ヤマトにおける秋の新嘗の場での聖婚に関わる歌句を借りつつ、嘉摩郡における在地首長層の九月の新嘗の場での「ヲトメラ」との聖婚儀礼を「マスラヲ」ぶりとして歌ったものと考えられる。つまり、春に「ヨチコラ」と「遊ぶ」「ヲトメラ」は、秋の新嘗に際して、「マスラヲ」＝在地首長層と聖婚を通じての服属関係を確認することが示されているのである。地域社会レベルの新嘗に関わる聖婚の対象となる「ヲトメラ」の階層を考えるのに示唆的なのは、『類聚三代格』巻一・延暦十七年（七九八）十月十一日付太政官符に見える「出雲国造」などの娶る神宮采女としての「百姓女子」である。これについては、岡田精司(25)により地域社会における新嘗時の聖婚の様相を窺うことができる史料として論及されているが、在地首長層の聖婚の対象となる「ヲトメラ」も同様に、首長層に従属する「百姓女子」と考えるのが妥当ではなかろうか。

では、かかる「ヲトメラ」と春の歌垣的儀礼で遊ぶ「ヨチコラ」＝男性の若者の年齢集団は、「マスラヲ」＝在地首長層として想定できるであろうか。史料3の東歌では、「吾」（男）は、男のみならず女のもつ「ヨチ」に対しても「朝菜洗ふ児」（女）との関係の承認を求めている。また、『常陸国風土記』香島郡童子女松原条に見える、「カガヒ」に参加して「手携(たずさ)え、膝役(ひざつら)」ねる「カミノヲトコ」「カミノヲトメ」は、対等な立場での男女関係にあり、相互の間に階層的断差は認めがたい。地域社会の歌垣で、「手を携えて」遊ぶ男女の「ヨチ」同士の関係に階級的秩序を見出すのは困難である。Cで首長層と聖婚の関係を取り結ぶ「ヲトメラ」が、その従属の対象となる百姓層として把握できる以上、同じ「ヲトメラ」と春の歌垣で遊ぶ「ヨチコラ」も、それと対等な身分的立場にある百姓層と考えることができる。以上の検討結果から、憶良の歌の構造の中に「ヨチ」の占める位置を整理すると次のようになろう。

A　春（二・三月）・国見時の歌垣的儀礼
　　ヲトメラ（女）とヨチコラ（男）……百姓層の相互関係

B　夏（五月）・狩猟儀礼
　　マスラヲ（男）……在地首長層

C　秋（九月）・新嘗・聖婚儀礼

マスラヲ（男）とヲトメラ（女）……在地首長層と百姓層の支配・従属関係

つまり憶良の歌は、地域社会における秩序の多元的構造とその中での「ヨチ」の社会的存在形態を端的に表現しているといえる。すなわち、大きく分類すれば、Aにおける百姓層の相互関係が体現する民衆相互の「集団」的秩序と、B・Cにおける在地首長層が体現する共同体秩序である。年齢集団としての「ヨチ」は、基本的には地域社会の前者の秩序に関わるのであり、同時にそれは、地域社会の予祝儀礼に関わる祭祀集団としての機能を備えていたと考えられる。

七　「ヨチ」の語源

では、そもそも「ヨチ」とは語釈的にいかなる意味をもつ言葉なのだろうか。「ヨチ」は、語源的には、「ヨ」＋「チ」の複合した語と考えるのが自然である。まず、「ヨチ」の語源的考察には、用字の検討が重要であると思うが、「吾同子」「与知子」「余知古良」「余知」「子等何四千」のうち、和訓表記としての「吾同子」を除き、「ヨ」はいずれも「余」「与」「四」の乙音の万葉仮名を使用している。このうち、乙音の「余」「与」一字がもつ意味については、次の用例が注目される。

・（略）乎那の峯の洲につくまで君が「与」もがも（『万葉集』巻十四・三四六七）

・（略）我が率寝し　妹は忘れじ　「余」のことごとに（『古事記』上巻・歌謡八）

両者ともに、「ヨ」が「齢」を意味する用字として「余」「与」が使用されている。「齢」としての「ヨ」は、「節」（ヨ）と同根の語であり、「節」自体を「ヨ」というほかに「節」と「節」の間の時間的経過をも「ヨ」といったとされている。[26]「余のことごとに」は、まさにかかる「ヨ」の積み重ねによって人間の一生を表す最たる例である。したがって、「ヨ」(「余」「与」)とは、「齢」を意味すると同時に、節目で区切られる「世代」そのものを意味する概念であると考えられる。

「チ」の用字は、ほとんどが「知」で三例、「千」が一例である。語尾に付ける「チ」は「伊加豆知」(仏足石歌)、「美豆知」(和名抄)、「遠呂智」(『古事記』上)などのごとく、「霊(チ)」すなわち神秘的な力・呪力を示す接尾語として使用されたものである。[27]以上の点から、私は、「ヨチ」は、「齢」(「世」「節」)+「霊(チ)」であり、語源的には、節目によって区切られる特定世代を表す言葉に、霊力・呪力を示す接尾語が付いたものと理解する。以上の「ヨチ」の語源の理解は、前節で述べた年齢集団としての「ヨチ」の祭祀機能をもつ集団としての存在形態とまさに合致するものであるといえよう。また、先学により指摘された『字鏡集』の「猗」や民俗語彙としての「ヨテコ」は、「ヨチ」が若年世代の年齢集団を表すことから、「若さ」を意味する副次的な意味をもち、それから派生したと理解するのが自然であるように思う。

八　「ヨチ」と「サト」

「ヨチ」はいかなる地域社会を単位に構成された同輩者集団なのであろうか。当然のことながら、「ヨチ」が社会集団であるとすれば、それを包摂し帰属させる集団的秩序の存在が問題となる。本節はそれを「サト」と呼称される人間集団との関係で問題にしていくものである。

年齢集団の帰属組織を考える上で、注目されるのは、A『日本霊異記』の「里小子」(下巻第二十九話)、B「童男等」（中巻第十二話）、C「童男等」（中巻第十七話）、D『丹後国風土記』逸文（浦嶋子伝承）の「隣里幼女等」である。Dの「幼女等」は、浦嶋子伝承が対偶婚段階の地域社会における婚姻習俗を伝える史料と考えられることから、[28]地域社会の婚姻儀礼に参加する実態的集団の説話的反映と考えられ、「幼女」にヲトメの意味があること（『紀』雄略七年八月条）から、ヲトメドモとしての集団を表しているととらえられる。またB・Cはともに「牧牛童男」としてみえ、Bは山背国紀伊郡内の「里」、Cは大倭国平群駅西方の「池」辺で活動する地域社会の「ワラハ」集団を表しているようである。Aの「里」の「小子」も「ワラハ」が「里」に所属する事実を表現していると考えられる。つまり、A～Dの事例は、「童男等」「里小子」「幼女等」と表記された年齢集団が「里」もしくは「隣里」と表記される集団に帰属していることを示唆するのである。それでは、Aの「里」、Dの「隣里」とは何か。『日本霊異記』の「里」が律令里制の里を指すか否かは検討の余地があるが、ここではとくに、後者の「隣里」概念を「サト」との関わりで検討する。

『記』『紀』『万葉集』に見える、「郷」「里」「五十戸」のほかに、万葉仮名で集団組織を「佐刀」「佐斗」「佐杜」「左刀」「散度」と表記した事例は、律令里（郷）制施行時に「サト」という呼称が地域社会の集団を表す用語として一般に定着していたことを示している。しかし、里制の里はなぜ「サト」と訓まれることになったのか、この問題に言及した研究は少ない。それについては、第Ⅱ部第三章で詳しく分析するが、私は、里制導入以前に地域社会の集団組織を「サト」と呼んだ事実（たとえば『紀』歌謡七三「佐杜」、『記』歌謡八二「佐斗」）を前提にしなければ説明できないと考える。

そこで、『紀』から律令国家成立前後の地域社会の諸集団を表す用語を抽出し、検討することにしたい。『紀』には、地域社会の集団の事例として、A「村」、B「邑」、C「隣」、D「隣里」、E「村里」、F「村邑」、G「里」、H「巷里」、I「巷閭」、J「聚落」が見える。これらのうち、『紀』成立時までさかのぼる古訓をもつものは、A「村」―「ムラ」「スキ」「フレ」、B「邑」―「ムラ」、G「里」―「サト」である。これに『紀』諸本の傍訓を併せ考えると、「サト」と訓み「ムラ」の和訓を含まない語として、Cの「隣」、Dの「隣里」、Gの「里」、Iの「巷閭」を提示できる。『類聚名義抄』（法中）には、「隣」の訓として「サト」「トナリ」が記されており、また、同書には「ムラ」の訓を見出すことができないことから、上記の傍訓のあり方は、少なくとも平安末・院政期には存在していたことが確認できる。つまり、「隣」「隣里」は「サト」「トナリ」として、「村」（「ムラ」）と区別され、「里」（「サト」）と音で共通するが、用字で区別されている。

「隣」を「サト」とし、「村」（「ムラ」）、「里」（「サト」）と区別する、このような特徴的な用語法は七・八世紀までさかのぼるといえるのか。史料の内容的検討から確かめてみたい。『紀』における「隣」と「隣里」の用例は、A「隣里」（「サト」）（景行五十一年条）、B「近隣」（「チカキサト」）（雄略九年条）、C「隣里」（「サトトナリ」「トナリサト」）（推古十二年条）、D「隣家」（皇極三年条）の四例である。Cは十七条憲法で「君父」の秩序と対照される「隣里」の秩序を、Dは山野の採草の集団的主体としての「隣」（サト）の秩序を前提とする史料である。小林昌二[29]は、Cの「隣里」の語の使用から、推古朝前半段階における村落概念としての「村」の未成立を想定する。詳細は別稿を期したいが、『紀』の「隣」「隣里」が、七世紀段階の秩序をもった実態的な集団組織として語られていることが推察される。

この点を、「四隣」制に関する日唐令の比較によってさらに明確にしたい。日本の大宝および養老喪葬令13身喪戸絶条には、唐令に見えない日本令独自の「四隣五保」の規定が存在している[30]。そこで、日唐令を比較・整理すると、次の点が指摘できる。(1)唐戸令の「四家為隣」規定は、日本戸令に継受されず日本戸令には五保制のみが採用された。(2)(1)にもかかわらず日本喪葬令13身喪戸絶条にのみ「四隣五保」の規定が見える。(3)(2)の母法たる唐喪葬令該当条文には「四隣五保」の規定はなく、「官」の検校を規定する（『天一閣蔵明鈔本天聖令校証』）。つまり、以上三点から問題になるのは、日本戸令に継受されなかった「四隣」が、なぜ、唐喪葬令を改変してまで日本喪葬令に規定されたのか、という点である。まず、日本喪葬令の「四隣」は、(1)から、「四家」により構成される「隣」としては想定できない。また、(2)(3)から、それは、日本の地域社会の慣習法の担い手たる実態的集団を法文上に反映させた表現であったと考えられる。そこで、律令同様に律令官人層の在地社会認識を反映している『紀』や『風土記』の「隣里」「隣」が注目される。すなわち、「隣里」「隣」と表現された集団組織＝「サト」こそが喪葬令の「四隣」の実態を示しているのではないだろうか。日本戸令が継受しなかった「四隣」の語を、ことさらに喪葬令に改変付加したのは、五保とともに絶戸遺産検校権を慣習法的に保有していた地域社会の集団組織たる「隣」（「サト」）を日本令制定者が無視しえなかったからではなかろうか。律令法文上で区別されている「四隣」が里制の里と異なるものであることはいうまでもないが、また「村」を示すものでもないことは、『令集解』古記の法認識の中で「四隣」「五保」「村」が明確に区別されていることから明らかだろう。喪葬令戸絶条の「四隣」は、里・「村」と並存する集団的秩序としての「隣」（サト）の実在を示唆する。「隣」（サト）は、少なくとも推古朝には成立していた集団的秩序であり、また、喪葬令で「五保」と併記されていることから、民衆相互のフラットな結合体とみるのが妥当であろう。

「サト」と里制の里、そして「村」との関係については、章を改めて検討するが、「村」は「村長」「村首」と結びつく首長制支配の基盤としての、いわばタテに構成された階層的な社会集団を指している一方、「サト」（隣里）が民衆相互のフラットなヨコの結合体を意味する概念として史料上に一貫して登場していることは注目される事実である。

また福島県いわき市所在の荒田目条里遺跡出土二号木簡は、[31] 里制の里ではとらえがたい「里」（サト）の呼称が郡符木簡として出てくる事例として注目される史料である。九世紀半ばごろのものと考えられているこの木簡は、郡司職田の田植え労働力の編成形態を知りうる画期的な内容をもつが、また「里刀自」の性格をめぐり、活発な議論が展開されている。とりあえずここで問題になるのは、⑴郡符による「里刀自」「田人」の徴発、⑵「田人」の組織者たる「里刀自」が労働主体たる「田人」の一人として郡司によって徴発されていること、⑶郷制段階にもかかわらず「里刀自」とされていること、の三点である。⑵から、「里刀自」は、「田人」集団を支配する階級的支配者たる「村落首長層」として把握することはできない。むしろ、「里」の集団的秩序の一局面を担う複数者の中の一人として把握すべきであろう。また⑶から、「里」は、里制・郷里制の里とは異なるものであり、まさに集団的秩序としてのもう一つの「サト」の事例を如実に示しているといえよう。郡司は、「サト」の「田人」の編成を郡符という国家的文書行政体系に依存して、自らも「サト」の「田人」の一人である女性・「里刀自」を通して実現しているのである。(32)

以上、「ヨチ」と呼ばれる同輩者集団は、民衆相互が構成するヨコの集団的組織としての「サト」に帰属し、地域社会の秩序の担い手として機能したと考える。古代村落は、首長制的支配秩序（「村」）、国家的支配秩序（里制の里）、民衆の集団的秩序（サト）の側面から呼び分けられており、「ヨチ」という同輩者集団が土台としたものは、集団的秩序としての「サト」（「隣里」「隣」「里」）と呼ばれる地域社会であった。

九　「ヨチ」の社会的性格

これまでの検討結果を踏まえると、「ヨチ」と呼称された同輩者集団の性格は次のように要約することができよう。①「ヨチ」は「ワラハ」（女性：八〜十三歳、男性：八〜十五歳）、「ヲトコ」（十五〜四十歳）、「ヲトメ」（十三〜四十歳）の世代の内部に形成される、年齢の近い同輩者の集団である。②「ヨチ」は、男女別々に存在するのではなく、両者にまたがった集団である。③「ヨチ」はそこに所属する「ヲトコ」「ヲトメ」の婚姻承認権を有した人間関係である。④「ヨチ」は擬制的な「兄弟」関係を取り結ぶ「友」というフラットなヨコの結合体であり、お互いに「同心」の心性で支えられている。以上である。

では、このような「ヨチ」のもつ歴史的性格は、どのように評価していけばよいのであろうか。

年齢集団の研究は、歴史学の分野よりも、むしろ文化人類学および民俗学・社会学の中で進展していることは周知の事実である。したがって、私が断片的な史料から抽出してきた「ヨチ」の社会的な性格を解く手がかりは、こうした近隣諸分野の研究により分類・定義されている年齢集団の諸類型にあるように思われる。そこで、以下、それらの諸研究の成果を援用し、「ヨチ」の評価を試みることとする。

まず竹内利美(33)は、村落社会を「定型的集団」と「非定型的集団」に分類し、前者を村落を構成する「家」のメンバーシップに従い、一定の規制に従う連帯関係と定義し、同族団・村組・近隣組そして年齢集団がこれに属するとし、一方、後者は、分化した多様な諸機能に応じて、選択的・個別的に形成される流動的な社会集団であり、親類仲間・トナリ関係などがこれに属すると指摘した。近世・近代社会に広くみられる、いわゆる子ども組―若者組・娘組―壮年組（村座）―老年組の性別に構成された年齢階梯制とそれに基づく年齢集団は、前者の「家」相互の組織としての「定型的集団」に位置づくものである。

竹内の研究の後、村落の社会構造研究は前者の「定型的集団」を中心に進められたが、一方で「非定型的集団」にも注目が集まるようになり、個人の所属が選択的で家々によって関係する範囲が流動的な「親類関係」の研究が進展し、それを契機として近年では後者のインフォーマルな社会集団が注目されるようになっている。とくに近年においては、村落社会における「朋類関係」「ツキアイ関係」「友人関係」の存在形態と社会的機能が注目され、竹内の定義した「非定型的集団」の社会的意義が深く追究され、その性格が次第に明らかにされつつある。[34]

父系的・固定的な「家」そのものが未成立な八世紀の双方制社会における、「ヨチ」の社会的性格をとらえる手がかりは、「定型的集団」に属する年齢階梯制に基づく年齢集団よりも、むしろ「非定型的」インフォーマル集団の存在形態の中に求められるべき問題のように思われる。この点で注目されるのは、竹田旦の「同輩集団」論、[35]および鳥越皓之の「朋類関係」論[36]である。まず民俗学者の竹田旦は、日本列島の地域社会のなかに、「ホーバイ」「ツレ」「ドゥチ」「ドシ」「チング」などと称される小集団が普遍的に存在し、それらは規約・役員などの制度を欠くインフォーマルで任意な存在で、「同心」の心性で結ばれた「同志的結合」であり、二〜三歳の接近年齢者で性格の一致した者同士が作る「同輩集団」であったとする。そして、関係がいったん形成されると、生涯にわたって継続し、冠婚葬祭の互助機能を果たす「親友関係」「友人集団」として存在したと指摘している。

一方、鳥越は、薩南・トカラ列島社会の研究を通して「朋類関係」論を提起している。鳥越によると、トカラ社会は、「同族」組織を表す語も、明確な単系集団も存在しない双方的社会で、社会関係としては「朋類関係」を基本的特徴として備えているという。「朋類関係」とは、親しい付き合いのある関係のことで、双系的親族制をとっている村落に現れ、労働や何らかの儀式が行われる場合、双系の親族+友人という形の集団が形成される。ただ、内婚率の高さから、親族と友人の区別はたいへんあいまいになっており、そのため親族呼称と非親族呼称の区別がなく（たとえば親世代親族をトオ・カア、親世代非親族も同じくトオ・カアと表現する）、同族関係あるいは年齢階層というよりも祖父母世代・親世代・子世代で階層化された「世代階層制村落」の類型にみられる社会関係であったとした。

問題は、竹田の「同輩集団」と鳥越の「朋類関係」との関係にあるが、近年、足高壱夫は、伊勢・志摩漁村の「同輩集団」を取り上げた論稿の中で、当事者たちの自由恋愛にゆだねられる西南日本の村落社会の婚姻形態の背景に、鳥越の析出した「朋類関係」がみられ、竹田の「友人集団」に特化した「同輩集団」の考え方は、親族関係と非親族関係を横断する同輩者の中のお互いに「気の合う」親しい付き合い関係＝「朋類関係」と捉え直されるべきであると主張している。

以上の竹田、鳥越、足高の研究成果を踏まえると、「ヨチ」と呼称された同輩者集団の性格は、世代階層制村落にみられる「朋類関係」の特徴ときわめてよく似ている事実が確かめられる。つまり「ヨチ」が双方制社会の下での同輩者の集団であり、歌垣・「野遊び」という恋愛活動を共にする仲間であるとともに、実の兄弟姉妹とともに「友」を「兄弟」に擬制し、相互に「同心」で結ばれるという史料の分析からみえてきた社会関係は、ほぼすべて「朋類関係」概念がもつ属性と一致するものである。この検討結果から、私は同輩者集団としての「ヨチ」の社会的性格を世代階層制の下での「朋類関係」と定義したい。「ヨチ」の正体は「朋類」である。すなわち、七・八世紀村落社会は、「オキナ・オウナ（ヲミナ）」（老）―「ヲトコ・ヲトメ」（青・壮）―「ワラハ」（子ども）―「ワクゴ・ハフコ」（乳幼児）の四世代で構成される双方的世代階層制村落の特徴を有し、その中で「朋類関係」が「ワラハ」と「ヲトコ・ヲトメ」の世代の中で年齢の近い気の合う男女の同輩者の関係として構築され、それが「ヨチ」と称されて、「ヨチ」に属する仲間の婚姻の互助・承認や村落祭祀・儀礼に共同で携わったと考えられるのである。

おわりに

本章で述べてきた論点を整理し、結びとしたい。

日本古代固有の年齢集団を表す呼称は、『万葉集』中に見られる同輩者集団としての意味をもつ「ヨチ」である。

「ヨチ」がテキスト中に現れるのは、八世紀における地域社会の実態的な世代区分を示した文脈においてである。そこで、まず当該期における世代区分を髪形を指標とする世代標識を手がかりに整理していくと、八歳以上の切髪の子ども世代を「ワラハ」（男女とも）、男性十五歳、女性十三歳以上の結髪・放髪を変態する婚姻世代を「ヲトコ」「ヲトメ」、四十一歳以上の老人世代を「オキナ」「ヲミナ・オウナ」の世代に区分していたことが理解される。このうち、「ヨチ」は、「ワラハ」の世代および「ヲトコ」「ヲトメ」の世代に、年齢の近い気の合う者同士が「同心」性をもとに結合した同輩者集団であることが確かめられる。またそれは、歌垣・「野あそび」などの儀礼の場において婚姻相手を求める行動を共にするとともに、所属する仲間の婚姻承認権を有する「友人」集団であった。「ヨチ」の「同心」性は、実の兄弟姉妹と親族ではない仲間を区別することなく「友」と呼び、「兄弟」と呼ぶ関係に支えられていた。また「ヨチ」は男女別々に形成されるものではなく、気の合う同世代の男女が仲間集団を構築したものであったと考えられる。「ヨチ」は「サト」（隣里・隣・里）の同世代の仲間から形成されたと考えられ、その場合の「サト」とは、村落を「村」や里制の里とは異なる民衆相互が構成するヨコの組織としての側面からとらえた集団呼称であったと推察される。

「ヨチ」の実態は、社会学・民俗学研究の中で指摘されている、内婚・双方制社会に見られる世代階層制村落における「朋類関係」に近いものと考えられる。以上、指摘した「ヨチ」の同輩性、同心性、「友」関係、擬制的「兄弟」関係、仲間同士の婚姻互助・承認機能は、すべて「朋類関係」概念と適合的であり、そうした意味で「ヨチ」の正体は「朋類」であったと定義できよう。古代村落社会においては、「ワラハ」「ヲトコ」「ヲトメ」の世代の中で「同輩性」「同心性」によって結ばれた複数の「朋類関係」=「ヨチ」が重層的に積み重なり、四十一歳以上の「オキナ」「ヲミナ・オウナ」の老人世代によって監督・指揮されていたのではないだろうか。著名な「儀制令」19春時祭田条に見える「老者」に飲食を「供給」する「歯をもって座に居る」「子弟等」の実態は、「等」という集団性を示す語からも推測されるように、祭祀の場で年齢順に座した「サト」の複数の「朋類」＝「ヨチ」集団が表されていると考えられる。

では、「ヨチ」が「朋類」であるとすれば、日本古代の地域社会において「朋類関係」以外の世代階層制社会の特徴は見出されるのだろうか。この課題については、次章以下で「ヨチ」以外の地域社会秩序の内実を検討することで具体的に論じることとし、とりあえず本章の考察を閉じることとしたい。

註

（1）古代の年齢集団の具体的存在形態に直接論及した研究としては、大林太良「葦原醜男青年戦士集団」（同『日本神話の構造』弘文堂、一九七五年。以下、大林説の引用は同論文による）、江守五夫「日本の若者組の起源について」（同『家族の歴史民族学―東アジアと日本―』弘文堂、一九九〇年）、関和彦「山村と漁村」（『日本村落史講座二　景観Ⅰ』雄山閣、一九九〇年）がある。

（2）かかる視点からの研究として、『万葉集』に見える「海人娘子」「月人をとこ」などから、集団労働を伴う漁村社会の男女の年齢別集団の存在を指摘した関和彦前掲註（1）論文が注目される。

（3）『万葉集』の歌部分の訓みは、基本的に『岩波日本古典文学大系　万葉集』に依拠したが、本章で問題にする語句、および訓みに問題の残る語句については、原文字をそのまま表記し、その下の（　）内に妥当と考える訓みを表した。また本書中に示した歌番号は、すべて『新編　国歌大観』（角川書店）収載のものである。

（4）中田尚子「万葉集に見る女性の髪」（『生活文化史』一五、一九八九年）。

（5）服藤早苗「古代子ども論覚書――元服の諸相」（同『家成立史の研究』校倉書房、一九九一年）。以下、服藤説の引用は同論文による。

（6）小林茂文「古代子ども論序説」（同『周縁の古代史―王権と性・子ども・境界―』有精堂出版、一九九四年）。以下、小林説の引用は同論文による。

（7）渡邊昭五『歌垣の研究』（三弥井書店、一九八一年）。

（8）白川静『字訓』（平凡社、一九八七年）。
（9）加藤理『「ちご」と「わらは」の生活史』（慶応通信、一九九四年）は、七歳以上を「わらは」、四歳以上を「ちご」として把握し、また、関口裕子『日本古代婚姻史の研究』上・下（塙書房、一九九三年。以下、関口説の引用は同著書による）は、「をとめ（青）—をみな（壮）—おうな（老）」の女性の年齢階梯を指摘する。
（10）服藤早苗「古代女性の髪型と成人式」（吉村武彦編『律令制国家と古代社会』塙書房、二〇〇五年）。
（11）折口信夫「女の香爐」（柳田国男編『沖縄文化叢説』中央公論社、一九四七年）、同「あづま歌」（森本治吉ほか編『萬葉秀玉集』明治書院、一九四九年）。
（12）井上通泰『萬葉集新考』（秀英書房、一九八六年）。
（13）松岡静雄『萬葉集論究』（章華社、一九三四年）。
（14）加藤静雄「この川に朝菜洗う児—「余知」の考—」（『美夫君志』六、一九六三年）。
（15）森重敏『続上代特殊仮名音義』（和泉書院、一九八七年）。
（16）『日本古典文学大系　古事記　祝詞』（岩波書店、一九五八年）三四五頁補注一六。
（17）家永三郎「孝徳紀の史料学的検討」（同『古代史研究から教科書裁判まで』名著刊行会、一九九五年。初出は一九六二年）。
（18）関口裕子「大化二年三月甲申詔での対偶婚的諸相」（同前掲註（9）著書下所収）。
（19）『日本古典文学大系　古代歌謡集』（岩波書店、一九八〇年）四九頁頭注、一一一頁補注。
（20）土橋寛『万葉開眼』下（日本放送出版協会、一九七八年）。
（21）賀古明『琴歌譜新論』（風間書房、一九八五年）。以下、賀古説の引用は、同書による。
（22）服藤早苗「五節舞姫の成立と変容」（『歴史学研究』六六七、一九九五年）。
（23）渡邊昭五前掲註（7）著書。
（24）大日方克己『古代国家と年中行事』（吉川弘文館、一九九三年）。
（25）岡田精司「大化前代の服属儀礼と新嘗」（同『古代王権の祭祀と神話』塙書房、一九七〇年）。
（26）森重敏前掲註（15）著書。
（27）『時代別国語大辞典　上代編』（三省堂、一九六七年）。

(28) 関口裕子前掲註(9)著書。
(29) 小林昌二「「村」と村首・村長」(同『日本古代の村落と農民支配』塙書房、二〇〇〇年。初出は一九八九年)。
(30) 石母田正「奈良時代村落についての一資料—絶戸遺産の考察—」(『石母田正著作集』第一巻、岩波書店、一九八八年。初出は一九四三年)。
(31) 「福島・荒田目条里遺跡」(『木簡研究』一七、一九九五年)、「釈文の訂正と追加(五)」(同二四、二〇〇二年)。
(32) 平川南は「里刀自」を里長の役目を代行した「里長の妻」とするが(同「里刀自小論—いわき市荒田目条里遺跡第二号木簡から—」『国立歴史民俗博物館研究報告』六六、一九九六年)、小林昌二は本「木簡」に見える「田人」に「里刀自」も含まれており、「里刀自」は田植え労働のため「田人」を率いる指揮者であるが「田人」との階層的な分離や男女の分業的姿は窺えないと指摘した(同「九世紀農村の経営と労働編成の一考察」前掲註(29)著書。初出は一九九七年)。また義江明子は小林の見解を踏まえつつ、郡符で徴発される「田人」が「里刀自」を含む男女からなる意味について、「里刀自」は富豪農民の階層に属する「営田」者であるが、国家の側からは、国家に農作業を通じて「仕奉」する「人夫」(「田夫」)の側面で把握された男女農民の一人として位置づけられていると論じた(同『日本古代女性史論』第三章、吉川弘文館、二〇〇七年)。私は、本論のような木簡解釈から、小林・義江説を支持する。
(33) 竹内利美「新集団の生成と展開——概括的展望」(竹内利美編『東北農村の社会変動』東京大学出版会、一九六三年)、同「近隣組織の諸類型」(『東北大学教育学部研究年報』一五、一九六七年)。
(34) 足高壱夫「志摩漁村の「同輩集団」の基本的性格—三重県鳥羽市I町の「茶飲み友達」を通して—」(『関西学院大学社会学部紀要』六五、一九九二年)。以下、足高説の引用は同論文による。
(35) 竹田旦『兄弟分の民俗』(人文書院、一九八九年)。
(36) 鳥越皓之『トカラ列島社会の研究』(御茶の水書房、一九八二年)。

第二章 「友」と「ドチ」

——日本古代の年齢集団Ⅱ——

はじめに

かつて石母田正は、「朋友」の倫理が古代日本に受容されなかったという点を前提に、日本古代の共同体の自立の問題を提起された。すなわち、「朋友」の倫理は、儒教の人倫体系たる「信」の一部として古代中国において確立され、自立的で相互に自由な他者として対立する諸個人間の関係であり、尊卑や差別の観念が含まれない対等の人間関係である点を特徴とし、古代中国の家父長的家族の自立が他者同士の個人間の対等な関係たる「朋友」成立の条件であったとされる。それに対して日本の古代社会では、「アジア的共同体」の頑強な残存、すなわち共同体に貫徹する在地首長制の構造に起因する家父長的家族の発展の弱さが、「自然生的共同体」からの個人の自立を前提にしなければ成立しえない「朋友」の倫理の未受容・未定着の条件となったと位置づけられている(1)。

石母田の認識は、「同行同信」を基礎に成立した行基集団の「敗北」の中に日本古代における「アジア的共同体」から自立した二次的集団結成の困難をみる議論とパラレルな関係にあり、ここには未自立な「自然生的共同体」を包摂する在地首長制を日本の古代社会に想定する石母田・共同体論の特質が端的に表れている。

日本古代に「朋友」の倫理は存在しなかったのだろうか。たとえ存在したとしても、それを生み出した社会的基盤は、石母田・共同体論とは別のところで改めて問われなければならないのではなかろうか。日本古代の「朋友」をめぐる問題は、地域社会の基本構造の理解に深く関わっている。そこで本章では、七・八世紀日本の「朋友」の実態を検討し、それを生み出した地域社会の構造的特質への接近を試みてみたい。

一　関連史料の整理

直木孝次郎は古代の友情・友愛の視点から友に関する史料を整理され、次の点を指摘された。①『記紀』には友情・友愛を肯定的に伝える物語はない、②伴の用字は侶・部とも通用するが、友とはわずかな混用を除き書き分けられている、③②は、友が隷属関係から解放された水平・平等の関係を属性とするために、朝廷に対する奉仕・隷属を属性とする伴と性格を異にしていたことを示す。一方、両者がいずれもトモと読まれたのは、伴・侶・部・友がグループ性において共通していたためである、④個人が平等な立場に立って交わる友人関係は、官人社会の発展の中での端緒的な個人の独立を背景に伴より遅れて成立する、しかし氏族の影響力はそれをしばしば挫折させた、とする。(2)

史　　料
紀・神代下第九段本文
紀・神代下第九段一書第一
記・上巻
記・中巻
記・下巻
紀・神功皇后摂政元年
紀・仁徳40年２月
紀・雄略天皇７年
紀・顕宗即位前紀
紀・皇極４年４月１日
紀・大化２年３月
紀・持統３年６月辛丑
万・巻１・53
万・巻４・558
万・巻４・578
万・巻６・953
万・巻６・953
万・巻８・1485
万・巻11・2498
万・巻11・2576
万・巻16・3819

表19 「友」の分類

No.	表　記	結合の内実	人　数	現象する場	友の機能と規範に関わる表記
1	友善 朋友	アメワカヒコとアヂスキタカヒコネ	1対1	アメワカヒコの弔喪	朋友之道，理宜二相弔一。
2	友善 朋友	アメワカヒコとアヂスキタカヒコネ	1対1	アメワカヒコの弔喪	朋友喪亡，故吾即来弔。
3	愛友	アメワカヒコとアヂシキタカヒコネ	1対1	アメワカヒコの弔喪	愛友故弔来耳。
4	友	ヤマトタケルとイズモタケル	1対1	結友のための沐浴	共沐二肥河一。（略）易レ刀。
5	八十友緒	多くの伴緒		氏姓を定む	
6	善友 交友	天野祝と小竹祝	1対1	小竹祝の葬	生為二交友一何死之無二宜同レ穴乎。則伏二屍側一自死。仍合葬。
7	友于	仁徳天皇と隼別皇子（異母兄弟）	1対1	皇子と皇女の密通	敦二友于之義一，而忍之勿レ罪。
8	朋友	殿側に侍る吉備上道臣田狭とその朋友		雄略天皇の殿での奉仕	侍二於殿側一，盛称二稚媛於朋友一曰。
9	兄友弟恭	オケ王とヲケ王（同母兄弟）	1対1	譲位	兄友弟恭，不易之典。
10	友	鞍作得志と虎	1対1	技術の習得	以レ虎為レ友，学二取其術一。
11	友伴	兄と弟	1対1	辺畔之民の役の往来途上	留二死者友伴一，強使二祓除一。（略）留二溺者友伴一，強使二祓除一。
12	師友	新羅学問僧明聡・観智と持統カ	1対1	学問僧への賜物	為レ送二新羅師友一。
13	処女之友	処女之友		藤原宮（藤原宮の御井）	藤原の大宮仕え生れつぐ
14	友	大宰帥大伴旅人と大弐丹比県守	1対1	旅の別れ	君がため醸みし待酒
15	友	大宰帥大伴旅人と沙弥満誓（造筑紫観世音寺別当）	1対1	旅の別れ	あなたづたづし友なしにして
16	八十友能壮	諸王諸臣子等		春日野	友並めて遊ばむものを馬並めて行かまし里を
17	友	諸王諸臣子等		春日野	友並めて遊ばむものを馬並めて行かまし里を
18	友	大伴書持とその友		わが屋戸に遭うとき	ほととぎす今こそ鳴かめ友に遭へる時
19	友	旅に連れ立つ多くの友		旅の別れ	友を多み袖振らず来つ忘ると思ふな
20	友	大夫たち		大夫たちの友の騒ぎ	大夫は友の騒ぎに慰もる心もあらめ
21	友	九箇女子	9人	あつものを煮	死も生も同じ心と結びでし友

直木の見解は示唆に富むが、『記紀』中の友に友愛を認めず友関係成立の背景を官僚制の発展の中に求めている点や、古代の友を友情・友愛という通時代的な感情・道徳の問題としてとらえている点に疑問がある。友の関係秩序の古代的特質の解明のために、改めて史料を検討したい。

表19は、『記紀』『続紀』『万葉集』を中心に友の現れる史料を結合の内実とそれが現象する場、およびその機能・規範を窺い知れる表記に注目しつつ整理したものである。これらはその内容から次の五つのグループに分類できる。まず7・9・26・30がAグループである。これらは「友于」「兄友」という漢籍から引用した、「孝」に関わる儒教的な家族の規範を表す事例である。友于は友于兄弟の略で、『論語』為政に『書経』君陳の引用として「孝于惟孝、友レ于二兄弟一、施レ於二有政一」とあり、(3)兄弟に敬愛しあうことを為政の基本とする儒教の論理を仮借したものである。7は、隼別皇子の罪を皇子の同母兄の仁徳天皇が「敦二友于之義一」ゆえに、「忍之勿レ罪」としたとする史料、26、30はそれぞれ友于兄弟を根拠とした課役・田租の免除史料と考えられる。一方、兄友弟恭は、オケ・ヲケ両皇子の皇位の譲渡記事に見えるもので、それ自体は儒教の義務論の基本概念、すなわち五教を意味する「父義、母慈、兄友、弟恭、子孝」からとられている。(4)

史料
万・巻16・3820
万・巻16・3824
万・巻16・3858
万・巻19・4278
続紀・和銅7年11月戊子
続紀・天平宝字元年7月庚戌
続紀・天平宝子2年2月壬戌
続紀・天平神護元年8月庚申朔
続紀・神護景雲2年5月辛未
続紀・延暦元年閏正月壬寅
常陸国風土記・茨城郡高浜
東大寺諷誦文稿

Bグループは、学術上の同門同志の関係を表す友である。10・12・24がこれに属する。『公羊伝』定公四年の注には「同門曰レ朋、同志曰レ友」、また『論語』学而にも同様の意味の用例がある。10は高句麗人鞍作得志が奇術を学ぶために虎

No.	表 記	結合の内実	人 数	現象する場	友の機能と規範に関わる表記
				る	や違はむわれも依りなむ
22	友	九箇女子	9人	あつものを煮る	何為むと違ひはおらむ否も諾も友の並並われも依りなむ
23	友	九箇女子	9人	あつものを煮る	春の野の下草靡きわれも依りにほひ依りなむ友のまにまに
24	佞人之友	消奈行文から見た友		佞人をそしる	佞人の友
25	八十友之雄	奉仕する伴		天皇と臣下の関係	もののふの八十友之雄を撫で賜ひ斉へ賜ひ
26	友于兄弟	大倭国添下郡人大倭忌寸果安と兄弟		課役の免除	果安孝二養父母一，友二于兄弟一。
27	同心之友	橘奈良麻呂と佐伯全成	1対1	謀議	汝与吾同心之友也。由レ比談説。願莫レ導レ他。
28	朋友寮属	民間(有位者とそれ以外の者)		暇日の訪問と宴	朋友寮属内外親情，至二於暇景一，応二相追訪一。
29	悪友	和気王と粟田道麻呂・大津大浦・石川長年等	4人以上	飲酒と謀反	与二和気一善。数飲二其宅一。道麻呂（略）密語。（略）和気即遣以二装刀一。於レ是人士心疑。
30	友于	信濃国水内郡人刑部智麻呂の兄弟		田租の免除	友于情篤。苦楽共之。
31	平生知友	氷上川継の党与合三十五人	35人以内	謀反	或川継姻戚，或平生知友並亦出二京外一。
32	友	高浜の歌垣に参加する友		浜に並び坐る	三夏熱朝，九陽煎夕嘯レ友率レ僕，並二坐浜曲一。
33	善友	臨終の所に集う友		臨終	至二親属・善友臨終所一即可耳。

＊紀は『日本書紀』，記は『古事記』，続紀は『続日本紀』を示す。以下の用例もこれに従う。

を友とした説話、また12は新羅学問僧明聡・観智を新羅師友として綿各六〇斤を送ったとするもので、賜物であることから彼らを師友としたのは持統であろう。また、24は高句麗からの帰化人大学寮博士消奈行文の「佞人之友」を誇る歌に見えるもので、おそらく「便佞を友とするは損なり」とする『論語』季氏に見える「損者三友」の知識を背景にした作歌であろう。いずれも渡来系の人々との学問・学術上の同門同志関係を意味するもので地域秩序とは関係なく、国家・王権の要請に基づく大陸からの新知識導入に伴う関係を表している。

Cグループは、王権への負名氏の奉仕を基本的属性とする伴が友の用字で表記されている例である（5・16・25）。これらは八十伴緒の伴であるが、伴には氏姓制下のトモ（5）のほかに、律令制下の諸王諸臣（16・25）をトモとする例がある。吉村武彦[5]が指摘するように、両者は氏と名を負い天皇に仕奉するという形態において共通し、律令制的官僚制下の諸王諸臣をトモとするのは、前代から引き継がれた王権への負名氏の奉仕の側面からの呼称とするのが妥当である。伴を友とする例は、このほか『令集解』職員令の中に伴造を友造と表記する例が散見するが、直木が明らかにしたように[6]、音通と伴のグループ性にのみ注目した用字の「混用」の例であり、水平・対等の関係を基礎とする友の検討対象からは、除外すべき例外である。

Dグループは、上記の親族関係や同門同学関係以外の紐帯を媒介として結ばれた個人相互の対等な関係としての友である。これらは、さらに二つのグループに分類できる。Ⅰは、Cで述べた氏のトモとしての王権への奉仕のための宮・官・都城への結集を契機に成立した官人相互の同僚関係としての友の事例である。たとえば、8は雄略天皇の殿に奉仕する伴相互の同僚関係を朋友と表現しているもので、また14・15では大宰府の同僚関係と友の関係が一致しており、13では藤原宮に仕える処女（ヲトメ）集団が処女の友とされている。

Ⅱは、王権への奉仕の契機を失うか、あるいは初めからそうした契機を確認できない友の事例である。27・29・31はいずれも謀反の例で、王権への奉仕という契機は失われている。また、1・2・3に現れるアメワカヒコは、天神に反逆した葦原中国においてアヂス（シ）キタカヒコネと朋友であったとしており、その友関係には王権への奉仕という要素の介在する余地はない。4のヤマトタケルとイズモタケルの説話の場合も、父・景行天皇から放逐されたヤマトタケルが「敵を欺く」つまり王権への服属を目的としないという立場を示すために、イズモタケルと「結友」したのであり、ここにはヤマトとイズモのタケルに仮託された奉仕を媒介としない武人相互の対等な同盟関係が語られている。その他、6・17・18・19・20・21・22・23・28・32・33も後述のごとく王権への奉仕者相互の同僚関係を友の基本的属性とすることは困難である。

直木は友関係成立の場を官人社会における個人相互の関係の中に求めた。D—Ⅰはまさにそうした事例を含んでおり、奉仕を媒介とした官人相互のフラットな関係から友の関係が成立することは成立の場の問題としては認められよう。しかし問題なのは、親族関係になく、奉仕を媒介しない友の存在であり、また、それがいかなる結合紐帯・規範をもつかという点である。そこで、王権に奉仕する官人相互の関係秩序だけでは捉え切れないD—Ⅱの事例を検討し、友の規範が社会と国家の中に占めた位置を明らかにしたい。

二　友の規範と機能

D—Ⅱの友の類例（1・2・3・4・6・17・18・19・20・21・22・23・27・28・29・31・32・33）は、それが現象する場に注目すると、いくつかの共通する要素をもつグループに整理できる。aは喪・葬・臨終という死亡儀礼の場（1・2・3・6・33）、bは野（浜）遊びの場（17・21・22・23・32）、cは飲酒・宴の場（28・29）、dは刀の交換・贈与の場（4・29）を共有するグループである。まずaを例にとり、古代の友の規範と社会的機能の一端を提示する。

aのうち1・2・3はアメワカヒコ神話、6は紀直氏の始祖伝承である。これらは史実ではないが、喪葬儀礼を叙述する箇所に友が用語・内容の面で共通する登場の仕方をしている点に留意したい。

1・2・3に見えるアメワカヒコの喪葬の場面は、古代の殯の実態を反映した叙述として検討されている[7]。そうした研究史を踏まえ、喪葬儀礼の中の友の位置を確認する。問題の友はアヂスキタカヒコネがアメワカヒコの「朋友」「友善」「愛友」としてアメワカヒコの弔喪に訪れ、親属・妻子、妻子ら、父・妻にアメワカヒコと見間違われるという箇所に現れる。関連箇所はそれぞれ内容に若干の相違があるので、アメワカヒコの弔喪の場、儀式の推移を整理しておく。

1　天上（天国玉の子天稚彦）→葦原中国（顕国玉の女子下照姫を娶る・アヂスキタカヒコネと友善）→葦原中国（死亡）→葦原中国（天稚彦の妻下照姫の哭泣悲哀）→天上（天国玉、疾風を遣わして尸を天へ運ぶ）→天上（天国玉、喪屋を造り殯する。八日八夜啼哭悲歌）→天上（アヂスキタカヒコネ天に昇って弔喪・天稚彦の親属妻子、喜びまどう）

2　天上（天稚彦）→豊葦原中国（多く国神の女子を娶る・アヂスキタカヒコネと友善、八年を経ても報命無し）→豊葦原中国（死亡）→天上（天稚彦の妻子、天より降来て、柩を上去り、天に喪屋を作り殯哭）→天上（アヂスキタカヒコネ天に登って弔喪・大臨（哭）、天稚彦妻子等、見て喜ぶ）

3　天上（天津国玉の子天若彦）→葦原中国（大国主神の女下照比売を娶る・八年復奏せず）→葦原中国（死亡）→葦原中国（天稚彦の妻下照比売の哭）→葦原中国（天津国玉及びその妻子、天より降り来て哭悲、すなわち其処において喪屋を作る・日八日夜八夜の遊）→葦原中国（アヂシキタカヒコネ到って天若彦の喪を弔・天若彦の父、またその妻、皆哭）

まず、儀礼の諸段階としては、葦原中国での死亡→葦原中国での妻による哭（哀）（1・3）→父の主催による天上への死体の運搬・喪屋の儀礼（殯）（1）あるいは父およびその妻子の主催による訪問先の葦原中国での喪屋の儀礼（殯）（3）という段階を踏む例と、アメワカヒコの葦原中国での死亡→天上の妻子による天上への死体の運搬・喪屋の儀礼（殯）（2）という段階を踏む例に分かれる。なお3の「天津国玉及びその妻子」の妻がだれを指すかについては、①下照比売（その場合、天より降来たというのは所伝の混乱となる）、②下照比売とは別の天での妻、③天津国玉の妻子、の三とおりの解釈がありうる。儀礼の構造としては、2では省略されているが、1・3では喪屋での殯の前にAアメワカヒコの妻による哭の段階があり、その後にBアメワカヒコの父（およびその妻子）が喪屋を造り遊びを行う、となっている。アヂス（シ）キタカヒコネの「朋友」「愛友」としての弔は喪屋（殯）の段階、つまりBの段階においいて「哀」「臨」という所作を伴う行為として現れている点が注目される。

次に、アヂス（シ）キタカヒコネの弔喪は、「朋友喪亡故」「愛友故」としてその根拠が明示され、『紀』本文では「相弔」は「朋友之道」に基づく行為であると述べている。義江彰夫[8]は、「道」とは中国では礼の秩序の背後にある倫理規範や道理に関わる語であるが、日本では「神道」「尊長養老之道」など神祭り・春時祭田などの具体的実践そのものに関わって使用される言葉とする。「朋友之道」は、まさに「朋友相弔」の実践的行為、つまり喪屋（殯）において死んだ朋友のために「哀」「臨」を行う行為を義務とする規範＝「道」として存在したことが、『記紀』編者の叙述の背景に認識されていたことがわかる。

6は紀直氏（紀伊国造）の始祖伝承の中で、小竹祝と天野祝の関係を「善友」とする。説話の中で、儀礼の次第は次のごとく示される。

①小竹祝、逢病して死→②天野祝、血泣・言上、屍の側に伏して自死→③両祝の葬（合葬）→④墓を開いて視る→⑤棺槻を改めて各々異処に埋める。

小竹祝の死に際して天野祝は、「血泣」して「吾は生けりしときに交友たりき。何ぞ死にて穴を同じくすること無けむや」と述べたとされる。この場合の「血泣」は「葬」の前に行われていることから、「屍」を安置した喪屋（殯）における「哭」を意味すると考えられる[9]。したがってその言葉は「誄」の内容を記したものだろう。つまり「交友」の文言は殯の場での誄として天野祝により発せられた言葉として伝えられていると考えられる。1・2・3における朋友の規範もアヂス（シ）キタカヒコネの殯の場での言葉の中で伝えられており、喪葬儀礼における友の機能がとくに殯の場での血泣・哭・臨・哀を発し誄を述べることを示す点で、以上の伝承は共通のモチーフをもっているのである。

1・2・3と6は、友のタブーを伝える点でも共通する。1では天稚彦の親属妻子が、2では妻子らが、3では父と妻が、それぞれアヂス(シ)キタカヒコネとアメワカヒコを見間違え、アヂス(シ)キタカヒコネがそれを怒り、喪屋を切り伏せ、あるいは蹴り放したとされる。「世人悪㆓以㆑生誤㆒死」のタブーは、この場合、殯の場での友の死の「汚穢」の伝染の忌避を示し、6では、「常夜」をもたらす「アヅナヒの罪」として友の喪屋の場での死と合葬がタブーとして語られる。後者は一般に同性愛の罪と理解されているが[10]、1・2・3と喪・葬の場で発生した友に関わる罪という点で共通することから、喪・葬という固有の場とそこに参加する友の機能に関わる罪と認識するのが妥当ではないかと考える[11]。

次に、これらの友で結ばれた人々は、いかなる階層の問題として構想されているか。アメワカヒコは天神により葦原中国平定に遣わされた武人であり、天皇に仕える武装した畿内豪族層の姿が反映されていると考えられる。

6の天野祝と小竹祝については、説話の構成から、『紀』編者がその階層をいかに想定して語っているかが類推できる。すなわち、①神功皇后は「常夜」の理由を紀直氏の祖に問い、②そのときに一老夫がアヅナヒの罪の説明を行う。③そこで神功皇后は改めて「巷里」に推問したところ、一人が小竹祝と天野祝に関する説明を行う、という構成である。ここでは、第一に神功皇后(王権)―紀直氏(国造)―老夫、神功皇后(王権)―「巷里」という二つの情報確認の経路を想定していること、第二に前者に見えるルートでは、祝相互間の状況を知りえなかったという点が重要である。天野祝・小竹祝の善友関係については「巷里」が独自に掌握し、国造クラスの豪族組織の把握するところではなかったことが語られ、このことから両者が国造とは相対的に自立した「巷里」の組織の中で祝としての地位を占めた人物とされていることが理解できる。

小竹は紀伊国那珂郡内の地域(江戸期の志野村)に、天野は紀伊国伊都郡内の地域(かつらぎ町天野)に比定され、後者には式内社・丹生都比女神社が鎮座する[12]。小竹・天野は和名抄郡・郷名および八世紀の郡・里名としては確認できない地名であり、このことからも国造・郡里とは異なる地域名であったことが推定され、祝は国造より下位レベルの在地神職であったと考えたい。関和彦は、在地の祝が村落首長としての祭主とは異なる神まぎ人の系譜をひく神職であることを明らかにしているが[13]、この点を踏まえれば、両者は天野・小竹という集団の中の複数の有力者層の一人という位置づけが妥当であると考える。以上の点から弔喪の規範（朋友之道）を伴う友は、国造クラス以上の豪族レベル相互が取り結ぶ関係秩序として存在したと同時に、「巷里」という村落の成員のうち、その有力者層相互の間に結ばれる関係秩序として認識されていたことが推測できる。

以上の検討は、神話・伝承の類型性の背後にある共通の規範・論理を抽出することで、それらが最終的に『記紀』に定着した七世紀から八世紀初頭の友の実像に迫ろうと試みたものだが、さらに喪葬に関わる友の規範が律令国家期の実態として存在したことを示唆するのが、33『東大寺諷誦文稿』の事例である。

誦　雪山童子半偈頌　諸行无云　如来証云　自誦　此即无常呪願心不安時自誦 至$_{二}$親属善友臨終所$_{一}$即丁（可カ）耳云

鈴木景二は、東大寺諷誦文稿が弘仁・天長年間（八一〇～八三四）に奈良の官大寺僧の残した「法会において僧が用いるための説教の雛形や講説のための覚書きなどを書きとめた」個人の断片的なメモのようなもので、かかる性格の実用書であるがゆえに、その内容には事実が示されているという視角から、その内容の検討により官大寺僧の都鄙間の往来やそれに関わる地域秩序形成のもつ意味を明らかにした[14]。問題の箇所は、鈴木が「当該期の在地の寺や堂での法会のありさまを具体的に示す稀有な文例」とされた二六三～三〇二行の次に来る三〇三～三〇四行に記述された部分である。

内容はやや難解であるが、「雪山童子半偈頌」の文言、まず「諸行無……」「如来証……」と僧がいい、次に「心の不安の時に自ら誦し、親属・善友の臨終の所に至って（自ら誦するのが）よい」という趣旨の文言を僧が唱導して法会参加者に自ら誦ぜしめる、という内容を書き記しているように思われる。「臨終」は八世紀にも現在と同様「死」に臨むことを意味しており（『続紀』宝亀元年十月丁酉条・天応元年六月辛亥条）、ここには親属・善友の「臨終の所」への参列と導師としての僧の臨席が前提されていることが確認できる。『紀』の段階と異なり喪葬儀礼の変化を反映して「殯」への参列は「臨終所」への参列と変化しているが、死亡儀礼への親属・善友の参加形態は、その表記例を含めて（1「友善」、2「友善」、6「善友」、33「善友」）共通している。『諷誦文稿』の文言が成立する場は、鈴木が明らかにした官大寺僧の往来する中央（都）や在地有力者の邸に付属する寺・堂での儀礼が考えられ、それは、『記紀』神話・伝承から抽出した弔時に「善友」が参加する「朋友」の規範（道）が実在したことを裏づけている。上述の検討を踏まえれば、七・八・九世紀の畿内貴族層から在地の「巷里」の有力者層＝祝クラスに至るまでに貫徹した規範であったといえよう。また、「朋友」は、親属（1・33）、妻子（1・2）、父・妻（3）など、死者の血縁者集団と対置されている点も共通しており、「朋友」関係は親属関係と異なる結合形態であることが明らかになる。かかる「朋友の道」を支えた「友」の結合原理は何か。次節で検討を加えたい。

三　友とドチの結合原理

1　友とドチの関係

八世紀の史料にドチという呼称が散見する。「友」の結合原理を検討するに当たり、ドチの呼称に注目したい。まず、友とドチの関係を整理するために、ドチが登場する史料を提示する（傍線筆者。万は『万葉集』、漢数字は『新編国歌大観』所収歌番号を指す）。

①新しき年の始めに思共い群れて居ればうれしくもあるか（万・四二〇八）
右の一首は大膳大夫道祖王のなり

②君が家に植ゑたる萩の初花を折りて挿頭さな旅別る度知（万・四二七六）

③六日、布勢の水海に遊覧して作る歌一首　短歌を併せたり
念度知　大夫の　木の暗の　繁き思ひを　見明め　情遣らむと　布勢の海に　小船連並め　真櫂懸け　い漕ぎめぐれば　乎布の海に（略）かくしこそ　いや年のはに　春花の　繁き盛りに　秋の葉の　黄色ふ時に　あり通ひ　見つつ賞味はめ　この布勢の海を（万・四一八七）

④布勢の水海に遊覧する賦一首　短歌を併せたり　この海は射水郡の旧江村にあり
もののふの　八十トモノヲの　於毛布度知　心遣らむと　馬並めて（略）船浮け据ゑて（略）延ふ蔦の　行きは別れず　あり通ひ　いや年のはに　於母布度知　かくし遊ばむ　今も見るごと（万・四〇一一五）

⑤布勢の水海に遊覧する賦に敬み和ふる一首　一絶をあはせたり
（略）ホトトギス鳴きし響めば　うち靡く　心もしのに　そこをしも　うら恋しみと　於毛布度知　馬うち群れて　携はり　出で立ち見れば（略）秋さらば　黄葉の時に　春さらば　花の盛りに　かもかくも　君がまにまと　かくしこそ　見も明らめめ　絶ゆる日あらめや（万・四〇一七）

⑥（略）春花の　咲ける盛りに　於毛敷度知　手折りかざす　春の野の　繁み飛びくく　鶯の　声だに聞かず　ヲトメラが　春菜摘ますと　くれなゐの　赤裳の裾の　春雨に　にほひひづちて　通ふらむ　時の盛りを　いたづらに　過し遣りつれ（略）（万・三九九一）

⑦鴨すらも己が妻共求食して後るるほとに恋ふといふものを（万・三一〇五）

⑧春日野の浅茅が上に念共遊ぶこの日は忘らえめやも（万・一八八四）

⑨春の野に意述べむと念共来し今日の日は暮れずもあらぬか（万・一八八六）

⑩（略）親族共い行き集ひ（略）（万・一八一三）

⑪大伴坂上郎女の歌一首

酒坏に梅の花浮け念共飲みての後は散りぬともよし（万・一六六〇）

⑫黄葉の過ぎまく惜しみ思共遊ぶ今夜は明けずもあらぬか（万・一五九五）

⑬うづら鳴く古りにし郷の秋萩を思人共相見つるかも（万・一五六二）

⑭梅の花今盛りなり意母布度知かざしにしてな今盛りなり　筑後守葛井大夫（万・八二四）

⑮彼方の　あらら松原　松原に　渡り行きて　槻弓に　まり矢を副へ　宇摩比等は　于摩譬苔奴知や　伊徒姑はも　伊徒姑奴池　いざ闘はな　我は　たまきはる　ウチのアソが　腹内は　小石（いさご）あれや　いざ闘はな　われは（『紀』神功皇后摂政元年三月庚子条）

表記例を確認すると、思共・度知・念度知・於毛布度知・於母布度知・於毛敷度知・意母布度知・妻共・念共・親族共・思人共・于摩譬苔奴知・伊徒姑奴池がある。妻共・親族共はともかく思共・念度知・於毛布度知・於母布度知・於毛敷度知・意母布度知が歌の素材・モチーフの類型性から「オモフドチ」と訓まれたことは確かだろう。

Aグループは、飲酒・宴での会集者を「オモフドチ」とする例である。①は石上宅嗣の家の宴の会集者、⑪は大伴坂上郎女が参加した宴の会集者、⑫は橘諸兄旧宅での宴の会集者、⑬は飛鳥の豊浦寺の尼の私房での宴の会集者を意味する。Bグループは、春・秋の野（海）遊びにおいてお互いの心情を確認しあう人々を「オモフドチ」として歌った、③④⑤⑥⑧⑨⑫⑭の例である。以上の「オモフドチ」の現象する場は、前節で整理したD―Ⅱの友の現象する場と一致している（A—c、B—b）。その他、②は旅の別れの場に現れる「ドチ」であるが、これも表19の14・15の友と共通する現象の仕方を示している。友と「オモフドチ」のディテールにわたる共通性については以下の論述の中でも示すが、以上の点から、前節で分類した「友」と「オモフドチ」は同一の実態を示していると考えられる。

2　女性の「オモフドチ」

次に、友と「オモフドチ」が現象する共通の場を検討し、それを通じて友の結合原理とその社会的基盤を明らかにしたい。

野遊びは男女それぞれの「友」が現象する場である。野遊びにおける女性の友は、表19の21・22・23の竹取翁伝説歌謡（本書第Ⅱ部第一章参照）の中に現れる。

当該歌については国文学の側から多くの研究がある。中西進の総括的研究により論点を整理すると、歌謡はA序、B長歌の主部、C長歌の末尾と反歌と和歌から構成され、研究史的にはa神仙譚的歌謡、b野遊型歌謡、c敬老思想的歌謡として把握されるが、序の内容が⑴神仙に近づく、⑵途中で嫌われるというモチーフを共有する神仙淹留譚の要素をもつこと、しかし、娘子らの九首の反歌が末尾の繰り返しをもつ「民謡のもつ一つの性格、諺風の色の濃い歌」である点、また輪唱型式で歌垣のやり方を暗示していることなどから野遊びのかたちの上での伝統を継承していることを述べる。したがって、本歌謡は⑴民間歌謡で神仙譚の語られた野遊びの場にあって簡単な老人のうたも想像される段階、⑵老人のうたの回想部分がおそらくは仕草を伴いながら歌われた段階、⑶それに敬老思想が随伴した段階、の三段階を経て成立したこと、また、用語・用字法の検討から歌の最終的成立が霊亀・養老年間で、作者として山上憶良が推定できることを指摘した[15]。

歌の形式的側面からいえば、本歌謡は巻十六に収められたいわゆる「左注的題詞型」に属するもので、中国の詩序＋詩の型式にならった新しい様式「由縁ある」歌で、その成立は歌自体が本来伝誦歌であるものもあったとしても、創作の意図をもって書かれたものであるとされている。[16] 山上憶良か否かはともかく、最終成立時点で当該歌謡が八世紀初頭の貴族官人層により「創作」されたものであることは疑いない。しかし、創作の素材としての「望」＝国見の場での菜摘み、共食および娘子らの輪唱型式の反歌の様式は、中国の神仙淹留譚モチーフや詩序をもつ詩の型式を仮借したものとはいえず、日本古代の地域社会での伝統に即応する素材と型式の選択がなされている。そのことは、すでに検討した日本古代の年齢集団を表す固有概念「ヨチ」[17]が、序に見えている点にも表れている。ここで問題になるのは、「友」の用語が歌垣―野遊びでの輪唱型式の伝統を継承した創作部分に見えることである。

歌の民俗的背景については、①ヲトメラが春に野山で若菜を摘みその場で煮て共食する行事にマレビト神の資格で翁が成女戒を授ける野遊びの場、[18] また②ａ国見―ｂ春菜粥―ｃ若者の老人に対するからかい―ｄ老人の「おらも若い時や」型の述懐―ｅ歌の掛合いの結果負けた女が男に従う、という山遊びの行事を素材とした宮廷貴族の創作とみる[19]説がある。①説については民俗事例はともかく同時代史料からは明証がなく性急な結論は避けねばならないが、②説については歌謡の内容から基本的に承認できる。しかし、歌謡では、ヲトメラの国見の場での春菜粥―野遊びの場は、同時に友の結合の確認をそのモチーフにしていることを確認したい。「死も生も同心で結びてし友や違はむ」、「何為むと違ひは居らむ否も諾も友のまにまに」、「にほひよりなむ友のまにまに」のほか、三八二一、三八二二番歌も含めて、そこには野遊の場における「同心」によって「結ばれた」友の結合関係の確認をもう一つのモチーフ（ｆ）としている。この点を示すのが巻十に収められた作者不明の一連の短歌群である。

詠煙

春日野に煙立つ見ゆ娘子等し春野のうはぎ採みて煮らしも（万・一八八三）
野遊
春日野の浅茅が上に念共遊ぶこの日は忘らえめやも（万・一八八四）
春霞立つ春日野を行き帰りわれは相見むいや年のはに（万・一八八五）
春の野に心述べむと念共来し今日の日は暮れずもあらぬか（万・一八八六）
ももしきの大宮人は暇あれや梅を挿頭してここに集へる（万・一八八七）
嘆旧
冬過ぎて春し来れば年月は新なれども人は旧りゆく（万・一八八八）
物皆は新しき良しただしくも人は旧きしよろしかるべし（万・一八八九）

土橋寛は「詠煙」「野遊」「嘆旧」の題詞をもつこれらの歌謡が連作的な配列の仕方により山遊びのまとまった姿を示す竹取翁伝説歌と並ぶ稀有な例とする[20]。ここでは詠煙にa、b、野遊にb、嘆旧にdの要素が歌われており、c、eの部分は欠落しているが、fのモチーフが野遊部分の短歌にみえる点に注目したい。うはぎ摘みと共食の場―野遊の場における友人関係が「念共」（オモフドチ）として、意（ココロ）を述べあって同心性を確認しあう場で（万・一八八六）、お互いの関係を確認しあった記念すべき日（万・一八八四）に歌われている。「念共」は「同心」を確認しあった友の関係を意味し、ヲトメラはその確認を春の菜摘み―共食の場で行うのである。ここでは友、「念共」は「同心之友」（表19の27）であった。

なおヲトメは、青・壮年世代の女性の年齢呼称であることが明らかにされており[21]、私もすでにヲトメがワラハの次に来るおおよそ十三歳以上の結髪―放髪の変態と「遊び」を指標とする女性の年齢層を指すことを述べた（第Ⅱ部第一章)。この点は、「ヲトメさび」が「ヲトコさび」と比較され「ヲトコ」の若者年齢集団たる「ヨチコラ」と「手携はりて遊」ぶことと認識されていること(万・八〇八)に端的に表れている。友―「オモフドチ」は、女性の場合、ヲトメの同世代者間において「結」ばれる結社であり、死ぬまで「同心」を誓いあい行動を共にし(「何為むと違ひはおらむ」)、その結合確認の契機として春の野遊びの場での菜摘み―共食儀礼をもつ同輩結合[22]の一形態として存在したと考えられよう。

3　男性の「オモフドチ」

野遊びは男性の「友」が現象する場でもある。表19の17は、神亀四年(七二七)春正月の鶯の鳴く(高円に鶯鳴きぬ)春の恒例の(常にありせば)春日野での遊びを「友並めて遊ばむものを馬並めて行かまし里を」と叙述する。こうした貴族の野(浜)遊びの場を共有するグループは、また「ドチ」と呼称される。⑥は天平十九年三月三日の越中国守大伴家持から掾大伴池主に贈られた歌中の句に、鶯の鳴く春の野での春菜摘むヲトメラと遊ぶ男性グループを「オモフドチ」とする。④は家持の射水郡旧江村布勢の水海での遊覧を歌った歌であり、⑤はそれに対する池主の返歌である。「オモフドチ」は馬並べ船浮かべての「遊び」を共有する者同士であり、その目的はそれを通じて「オモフドチ」同士が「心遣らむ」ことにあった。したがって、家持は「年のは(毎年)」の春・秋の恒例の遊びを「オモフドチ」と共有することでその結合の確認を呼びかけ、池主はそれに「秋さらば黄葉の時に　春さらば花の盛りにかもかくも君がまにまと　かくしこそ見も明らめめ　絶ゆる日あらめや」と応答するのである。この「オモフドチ」の実態は、大伴家持と大伴池主の関係を指している。

③も天平勝宝二年(七五〇)の家持の作だが、布勢の水海での「遊び」による「繁き思ひを見明め情遣らむ」ため

のもので、「年のは（毎年）」の春秋の行事による相互の結合の確認を求めている点で④⑤と共通のモチーフをもち、その相手もやはり池主であろう。春（秋）の恒例の野遊びを毎年繰り返し共同で行う「友」と「オモフドチ」が同一の実態を示していることは、場・モチーフの共通性から明らかである。そして、「オモフドチ」の野遊びの目的は、③④⑤に端的に示されているように「年のは（毎年）」に相互に「心遣らむ」ことでお互いの同心を確認しあうことにあった。「年のは（毎年）」の春秋の野遊びで「心遣らむ」「オモフドチ」は、巻十にも「年のはに」（万・一八八五）「心述べむ」「オモフドチ」（万・一八八六）として登場しており、共通する「オモフドチ」の基本的属性であったことがわかる。

「心遣」り「心述べ」るとは、表19の27に橘奈良麻呂と佐伯全成の謀反の謀議で「汝と吾は同心の友なり。これによりて談説す。願はくば他に噵ふことなかれ」とある点、また、竹取翁伝説歌謡の九人のヲトメラが歌を述べることで「同心」を確認している点から、お互いの「心」を言葉に出して「同心」を確認しあうことを意味するようである。「オモフドチ」とはまさに「同心の友」のことであった。

4　「友」「オモフドチ」にみる年齢関係

それでは毎年の野遊びの行事で「同心」を確認しあう「友」＝「オモフドチ」はいかなる性格の結合であったのか。表19の17の「友」の実態は、題詞・左註によれば宮中の侍従・侍衛につくべきトネリたる「諸王諸臣子等」（数王子及諸臣子等）である。「諸王諸臣等」でなくその「子等」とされるのは、トネリとなるべき任官以前・出身当初（二十代前半）の若い貴族子弟の同輩者が想定されているためと考えられる。また③④⑤の「オモフドチ」の実態は大伴家持と大伴池主である。両者が同一の氏に属すること、また国衙の同僚であることから、かかる関係が背景にあるという想定も可能である。しかし、家持と池主の特殊な関係は、次の飲酒の「ドチ」論の中で述べるごとくこれらの関係を背景に生まれたものではなく、すでに双方が二十歳前後のころから成立していた同年輩者としての関係が背景にあったと考えられる。

③④⑤の歌が作られた時期、家持は三十歳・三十三歳であり、池主もほぼ同年輩であったと想定される（後述）。ヲトメの場合に確認した友＝「オモフドチ」の性格、すなわち、若者年齢層の同世代者間において「結」ばれる結社で死ぬまで「同心」を誓いあい、その結合確認の契機として春の野遊びの場をもつ同輩結合の一形態、という先の規定は、野遊びに現象する男性の友＝「オモフドチ」の性格にもまったく当てはまるのである。

飲酒・宴の場で現象する友は、表19の28・29であるが、一方、「オモフドチ」は①が石上宅嗣の家の宴の会集者、⑪が大伴坂上郎女が参加した宴の会集者、⑫は橘奈良麻呂の結んだ集宴の会集者、⑬は飛鳥豊浦寺の尼の私房での宴の会集者に関係する。では、宴に集う友＝「オモフドチ」の相互関係は同輩結合といえるであろうか。「オモフドチ」のメンバーの年齢構成を推測することでその点を確認する。

⑬の宴では会集者の丹比国人と沙弥尼等二人のうち、一人の沙弥尼の歌に見えるもので、「オモフヒトドチ」が丹比国人を含むのか沙弥尼と他の会集者同士の関係をいうのか明確でない。また⑪もその実態は不明確なので、①と⑫の例で会集者の年齢構成を推定・整理する（表20）。

没年齢の所見のある石上宅嗣、橘奈良麻呂、大伴家持以外、宴会集者の年齢は推測に頼らざるをえないが、ここでは推定の方法として叙位の初見年と身分に注目する。(23) まず、⑫は橘奈良麻呂の結んだ天平十年（七三八）十月十七日の宴の「遊び」に集まった仲間を大伴家持が「オモフドチ」と歌ったものである。ここには久米女王・長忌寸娘の女性二人と奈良麻呂以下男性七人が作歌しているが、上述の検討から家持にとっての「オモフドチ」は男性七人の仲間

表20　宴に集会する「オモフドチ」の年齢推定

	名　前	推定年齢	推　定　根　拠	備　　　考
①	石上宅嗣	25	天応元年(781)没。 天平勝宝３年(751)従五位下。	
	道祖王	35～41	天平９年(737)無位から従四位下。	新田部親王子。親王の子の蔭階。
	茨田王	37～43	天平11年(739)無位から従五位下。	諸王の子の蔭階か。
⑫	橘奈良麻呂	18	天平宝字元年(757)没37歳。 天平12年無位より従五位下。	
	久米女王	14～20	天平17年(745)無位より従五位下。	親王の子の蔭階か。
	長忌寸娘			
	県犬飼吉男	21～27	天平勝宝２年(750)すでに正六位上。天平10年(738)時，内舎人。	
	大伴書持	21以下		大伴家持弟。
	三手代人名			
	秦許徧麻呂			
	大伴池主	21以上	天平10年(738)従七位下。	従四位相当官僚庶子の蔭階か。
	大伴家持	21	天応元年(781)没64歳。 天平16年(744)３月(27歳)まで内舎人。	天平10年時，内舎人。

を指すとしてよいであろう。次に参加者の年齢層は、奈良麻呂十八歳・家持二十一歳のほか、書持は家持の弟なので当然二十一歳以下の若者ということになる。このとき家持は内舎人であったが、内舎人の同僚に県犬飼吉男がいた。舎人出身年齢は二十歳以下の自身出身・未選の年少舎人を考慮に入れるべきだが（選叙令授位条義解では十七歳出身とする）、奈良時代末までは二十一歳以上出身が一般的である。(24) 内舎人の成選は四年だが家持の例を基準に幅をとり二十一歳から最初の成選年まで六年の間隔をとると、吉男の場合、天平十年時の年齢は二十一～二十七歳くらいの幅で想定できよう。久米女王の場合、天平十七年の従五位下の叙位は、女王の叙位年齢への到達を契機にした諸王の子への蔭叙とみるのが妥当だろう。したがって叙位時に二十一歳以上二十五歳前後の年齢が想定され、天平十年には十四歳以上二十歳前後の可能性がある。長忌寸娘・三手代人名・秦許徧麻呂の経歴は不明だが、以上の参加者の推定世代構成から、出身・初叙前後にある二十歳前後の若者世代の同輩者であった可能性が濃厚である。大伴池主は天平十

年時に従七位下の位階をもっていたが、かかる観点から従四位相当の官僚庶子の蔭階として叙位された可能性を認めれば、二十一歳出身として二十五～二十七歳前後の年齢で家持の同世代者として認定可能である。⑫の「オモフドチ」の実態は、二十歳前後の貴族層の若者の緩やかな同輩結合であったのではなかろうか。(25)

①の場合はどうか。石上宅嗣は没年から作歌当時二十五歳であったことは明らかだが、道祖王・茨田王の年齢を上述の方法で推定すると、前者は天平九年無位から従四位下、後者は同十一年に無位から従五位下に叙位されている。前者は父・新田部親王の蔭位、後者も諸王の子の蔭位として二十一歳から二十七歳前後の叙位とみると、作歌当時の年齢は道祖王・三十五～四十一歳、茨田王は三十七～四十三歳くらいに想定できる。なお無位からの叙位を蔭位による初叙とみられるならば、二歳くらいの差の接近年齢者であったことは十分推測可能となる。道祖王と茨田王は同年輩者であろう。ただし、石上宅嗣と両王の年齢は一〇歳以上離れており、同年輩とはいえない。しかし、宅嗣は左註によれば宴を催した「家」の「主人」としての立場で作歌しており、道祖王の歌中の「オモフドチ」に含まれない可能性が高いと思う。

このほか、飲酒・宴に集う「友」の事例ではその年齢推定は困難だが、②「旅別るドチ」同様旅の別れをモチーフとする表19の14の友の例では、大宰帥大伴旅人（天平三年六十七歳）と大弐丹比県守（天平九年七十歳）の年齢差は三歳であり、二人の関係が大宰府の同僚であると同時に同世代者であったことが参考になる。

以上、飲酒・宴に集う「オモフドチ」は、その年齢層の推定可能な事例は、いずれも同世代者のグループと想定できる。なお、飲酒・宴の「オモフドチ」には貴族層の女性のケースもあり（⑪）、野遊び同様、男女それぞれに存在した同輩結合と考えられる。

「オモフドチ」とは「同心の友」を意味する。すなわち、そこには大伴家持と書持のような実の兄弟、家持と大伴池主のような同じ氏に属する人々が入る場合もあるが、なによりもその結合の特徴は、異なる氏族に属する個人を含めて相互が「同心」のみを紐帯として結びつく点に求められる。「同心」とは喪葬、野遊び、飲酒・宴という恒例・臨時の儀礼・行事の場を契機にお互いの「心を述べ」行動を共にすることにより確認される心性である。かかる「オモフドチ」=「友」の同心性を支えた基盤は、血縁親族関係でも同僚関係でもなく、「ヲトコ」「ヲトメ」の若者世代以後に結ばれ死ぬまで継続した男女それぞれの同輩結合にあったと考えられるのである[26]。

5 「友」「ドチ」にみる同輩結合の性格

同輩結合は年齢秩序の一形態である。すでに検討してきたとおり、古代の年齢階層は、ワラハ（子ども男女）―ヲトコ（青・壮年男性）・ヲトメ（青・壮年女性）―オキナ（老年男性）・ヲミナ・オウナ（老年女性）であり、ヲトコ・ヲトメは前者十五歳以上、後者十三歳以上の結髪―放髪を変態する「遊び」の世代であった。かかる年齢秩序と友の同輩結合はいかなる関係にあったのだろうか。

先述のアメワカヒコ神話において、アメワカヒコは「壮士」と認定され弓・矢を遣わされた上で葦原中国に派遣される（表19の1）。「壮士」「壮」が「ヲトコ」と訓まれることは『記紀』『万葉集』から明らかである[27]。アメワカヒコの名には穀霊を意味する「ワク」の意味をもつとする説[28]と「天の若い男」の意味をもつとする説[29]があるが、1で「壮士」（ヲトコ）としての年齢呼称により神格の定義がはかられている点から、本来は穀霊の意味であったとしても、『記紀』定着段階では「若い男」の意味を付与されたと考える。アメワカヒコは「壮士」（ヲトコ）となって後に地上で妻を娶り、アヂス（シ）キタカヒコネと友の関係を結んだことが語られている。

アヂスキタカヒコネは、『出雲国風土記』ではあごひげが長く伸びるまで言葉を通じず諸所をめぐった結果、言葉を発するという、ホムチワケ伝承と同じモチーフをもつことから、アヂスキタカヒコネ神話には物忌みを伴う死と再生の儀礼——「一人の青年として新生を表示する儀礼」が描写されているとされる。[30]『記』のホムチワケ伝承で成人礼を授ける神が後述するアシハラシコヲであるように、アヂスキタカヒコネも成人儀礼に関わる神格であった。アメワカヒコ神話は、「ヲトコ」になる通過儀礼を経過した若い男相互が結んだ関係として、二人の朋友の同輩的関係を構想しているのではないか。親属・妻子に見間違われる二人の容姿の親近性という点にも二人の同輩性・同齢性が表れている。アメワカヒコ神話には、先に検討した朋友の弔喪の規範と同時に、「ヲトコ」に認定された若者相互の、結婚を経て死に至るまで続く同輩結合が反映しているのである。若者世代から死ぬまで継承される友の関係は、上述の竹取翁伝承歌謡の中（表19の21）にも認められる。

表19の4のヤマトタケル西征説話に見える「結友」は、21と同様、友が儀礼によって「結ばれる」結社の一形態であることを示している。当該説話は、『古事記』のオオナムチ神話とともに試練・改名を伴う成年式のモチーフにより全体を構成していることはつとに指摘されているが、[31]かかる研究史を踏まえ、改名に注目しながら成年式と友の関係について整理してみたい。

Ⅰヤマトタケル西征説話（記・中）

Aヲウス—クマソタケル殺害以前の名

aその御髪額に結ふなり。

bそのおば倭比売命の御衣御裳を給はり剣を以て御懐に納れ幸行す。

cその傍らに遊行、その楽日を待つ。

dその楽日に臨み、童女の髪の如くその結へる御髪をくしけずり垂れ、既に童女の姿に成る。

Bヤマトヲグナ―クマソタケル殺害の場での自称
Cヤマトタケル―クマソタケルより名の献上後の名称
Ⅱオオナムチ迫害説話（記・上）
Aオオナムチ―スサノヲの娘スセリヒメとの婚姻以前の名
a麗しき壮夫（をとこ）に成りて出で遊行。
Bアシハラシコヲ―スセリヒメの父スサノヲによる呼び名
Cオオクニヌシ―スサノヲによる名の献上後の名称
Ⅲオオナムチ国作り神話（記・上）
Aオオナムチ―スクナヒコナと相並んでの国作りの過程での名
Bアシハラシコヲ―御祖（母）神による呼び名
a「汝葦原色許男命、兄弟となりてその国を作り堅めよ」

改名を軸に確認事項を整理すると以下のごとくである。Ⅰでは、⑴ヲウスの世代は、a・d髪形から結髪―放髪を変態するヒサゴハナの世代（十六歳）[32]になる以前・以後に分かれる、⑵ヲウスは、西征行動を取る以前・以後に一貫して使用されている名である、⑶ヲウスは新室宴での「遊行」に参加可能な世代である、⑷クマソタケル殺害の結果の改名はヤマトタケルである、⑸ヤマトヲグナはヤマトタケル改名以前、「御髪結レ額」（ヒサゴハナ）の髪形で剣を持ち西征に赴いて以降の自称の中に現れる。
次にⅡの場合、⑴オオナムチの世代は、a「麗しき壮夫（ヲトコ）に成」る以前・以後に分かれる、⑵オオナムチは「遊行」に参加可能な世代である、⑶八十神の迫害・試練後の改名はオオクニヌシである、⑷アシハラシコヲはオオクニヌシ改名以前、「麗しき壮夫（ヲトコ）に成」った後のスサノヲによる呼び名として現れる。

Ⅲでは、(1)オオナムチはスクナヒコナとの共同の国作りを行い国主となる以前の名である、(2)アシハラシコヲは国主となる以前の御祖（母）神の呼び名として現れる。

Ⅱに見える「麗しき壮夫（ヲトコ）」の語は、ホオリノミコトのトヨタマヒメへの求婚時でヒメの両親による結婚承認以前の呼称（記・上）、オオモノヌシのヲトメ・セヤダタラヒメへの求婚時でヒメの出産前の呼称（記・中）、ミワ山の神のイクタマヨリヒメへの求婚時で両親による神の確認以前の呼称（記・中）として使用され、それは女性への求婚段階だが結婚が両親により正式に認知される以前の青年期の「ヲトコ」の呼称という共通性がある。つまり「麗しき壮夫（ヲトコ）になりて遊行」するとは、八十神の試練の後、青年期のヲトコになり狩猟と男女関係を内容とする「遊び」の資格を獲得したことを意味するのではないだろうか。オオナムチ迫害説話の「遊び」が「ヲトコ」固有の資格であったことは、「ヲトコさび」が狩猟とヲトメとの遊びと認識されている歌謡（万・八〇八）に端的に示されている。オオナムチ神話が成人礼の反映であることはつとに指摘されているが[33]、それは厳密には青年期のヲトコになるためのイニシエーションであったと考えられる。

しかし改名の観点からいえば、この段階のイニシエーションは完全な成人（壮年期のヲトコ）への移行を示しているわけではない。完全な成人への移行段階の名は、スサノヲによる難題婿的試練[34]を経て親に結婚を正式に承認された段階で与えられたオオクニヌシであり、アシハラシコヲもまたオオナムチの求婚時の呼掛け名にすぎない。したがって、すでに「遊び」の資格を有する大人として「ヲトコ」であるが未だ童名を維持する青年期という、過渡的な世代の男性に対する呼掛けに用いる一般的呼称が「シコヲ」だったのではなかろうか。ヤマトタケルの場合は、結髪・遊行の青年期（十六歳）の名はヲウスという童名を維持する一方、「ヲグナ」と自ら呼称している。「ヲグナ」も「シコヲ」と同じ段階の青年期のヲトコを表す、呼掛けに使用される呼称の一つであったと考えられる。

オオナムチ神話とヤマトタケル説話が示すものは、男性の成人への移行に二つの段階が想定されることである。第一に「シコヲ」「ヲグナ」と呼びかけられる青年時の「ヲトコ」になる段階、第二に「改名」を伴う壮年時の「ヲトコ」になる段階である。ヤマトタケルとイズモタケルの「結友」は、「ヲトコさび」の指標の一つ（剣太刀腰に取り佩き）[35]である佩刀の交換により、「ヲトコ」相互が形成する関係秩序であることが説話の配置の中で示されているのである。

ところでⅢでは、神産巣日御祖命の「此者実我子也。（略）故、与二汝葦原色許男命一、為二兄弟一而、作二堅其国一」という呼掛けにより、「大穴牟遅与少名毘古那、二柱神相並、作二堅此国一」めたとされる。ここでは、母神がスクナヒコナを子として認定した上でアシハラシコヲに呼びかけ、「兄弟」関係を結ばせたことが語られている。スクナヒコナは「少彦」（紀・神代上第八段一書第六）で「若い男」の意味とされるが、[36]確かに「少男」は「烏等孤」と訓まれ「少女」（烏等咩）と対置された求婚世代の若い「ヲトコ」を意味しており（紀・神代上第四段本文）、また神武天皇は「所二称狭野一者、是年少時之号也。後撥二平天下一、奄二有八洲一。故復加レ号、曰二神日本磐余彦尊一」（紀・神代下第十一段一書第一）とあり、少は改名（尊号捧呈）以前の年齢層を意味している。したがってここには、二人の若者世代の「ヲトコ」の神格たる「醜男」と「少彦」（少男）の擬制的兄弟関係の締結が語られていると考えられる。

・『常陸国風土記』茨城郡条

歌にいはく

高浜に　来寄する浪の　沖つ波　寄すとも寄らじ　子らにし寄れば

又いはく

高浜の　下風騒ぐ　イモを恋ひ　ツマと言はばや　志古（シコ）と召しつも

ここで、高浜における歌垣に参加する妻をもたない求婚世代の男性は、女性から「シコ」と呼びかけられたとする。(37) 歌謡は歌垣で実際に歌われたそれを七五調に整えた上で採録されたものであるから、若者世代の男性の呼び名を「シコ」とする慣行が地域社会において実際に存在したことは疑いない。こうした高浜の歌垣の慣行を踏まえ、それを四六駢儷の美文で整えたのが歌謡の前に付された本文である。この本文中に「嘯レ友率レ僕、並坐二浜曲一」の語句が見えることから、「シコ」または「コラ」相互の関係を「友」の語を仮借して表現したと考える。つまり、「シコ」世代の男性はお互いに「友」の関係を結び、それは同時に擬制的な「兄弟」関係でもあったのである。

友を兄弟関係に擬制した事例としては、11（表19）の「友伴」を兄と弟とする例がある。また「ヲトメラ」という集団相互の関係も「兄」「弟」で表現される例がある（神武記・高佐士野伝承、近江国風土記逸文・伊香小江）。アシハラシコヲに加入礼を施した八十神が「兄弟」として現れているのも、年齢集団の相互関係を擬制的な兄弟とする認識の反映であろう。

以上の検討からわかることは、男性は、青・壮年層の「ヲトコ」の世代（シコ）になると、「シコヲ」と「少彦」の関係のごとく同世代者を選んで、擬制的な兄弟関係を内実としてもつ「友」の関係を結んだこと、また「ヲトコ」は剣太刀を腰に取り佩き猟弓を手握り持つ行為を「ヲトコさび」とする世代であり（アシハラシコヲ―生太刀・生弓矢、ヤマトヲグナ―剣、ヤマトタケル―佩刀）、したがってそこから「佩刀」の交換が「ヲトコ」相互の「結友」の儀礼を意味することになる、という点である。男性の友は、加入儀礼をすませた「ヲトコ」の年齢層に初めて儀礼を伴いつつ形成される、同輩結合の一形態とみなすことができるのである。

四　律令国家と朋友

1　友と党

地域社会の友は、律令国家の中にいかなる位置を与えられたのだろうか。まず、国家法の中の友の位置を確認するために、令本文および法家諸説の中の友の用例を整理してみたい。

①僧尼令三宝物条集解・古記

古記云。合構。謂汝者如レ然説。吾者如レ是説。数人共和同。而誘二引他人一種耳。朋党。謂朋友也。徒衆。謂道俗並是。

②公式令須責保条集解・令釈

釈云。責。求也。保。伍也。伍二信於友道一之謂也。五人為レ限。謂五家也。（略）

③戸令33国守巡行条にみえる国守が属郡の巡行時に行うべき義務の一つ「敦行五教」を注釈し、古記・義解・令釈・讃説は、『尚書』、『舜典』孔安国注から五教の内容の一つ「兄友」をあげる。また同条の国守の「糺而縄之」（加罰教正）の対象としての「孝悌悖礼。乱常」の内容を穴記・讃記は「五常の教に違うこと」と注釈し、「兄不友」をあげている。古記も、「乱常」を「五常之教反乱也」として同一の立場をとる。つまりこの場合の友は、儒教が採用した家父長的家族秩序内部における、家族関係の一部としての兄弟関係に適用された倫理である。

④戸令33国守巡行条は、部内において「孝悌忠信」なる者を都に貢挙すべきことを規定するが、その「信」について、古記・穴記・讃記が『論語』の「与二朋友一交。言有レ信」を引用し解釈を加えた中に、「朋友」の語が見えている。

⑤その他、諸官司の伴部クラスを「友造」（職員令集解画工司・内礼司・典鋳司・土工司条）、「友御造」（賦役令集解舎人史生条）と注釈する法家諸説があるが、これは「伴造」の言い換えにすぎない。

②は「信」の基礎に「朋友」を置く儒教理念を借りて五保の保の語義の注釈を試みたものなので、④の用例の援用であろう。また⑤の「友造」は「伴造」を読み替えたにすぎない。したがって日本古代の独自の「友」の倫理規範を問題にする上で検討対象たりうるのは、①と③と④の用例である。

そこで、こうした法家の「友」の用例を、再び表19「「友」の分類」表と対照してみたい。③の「兄友」およびそれに関わる「友于兄弟」の儒教的規範は、実態としては王権レベルの同母・異母兄弟間のあるべき倫理として受容されていると同時に（7・9）、八世紀には郡内の豪族の課役・田租の免除適用の根拠として採用されている（26・30）。26は、和銅七年六月の皇太子（聖武）元服に際して行われた天下大赦に伴う措置（孝子・順孫・義夫・節婦。表二其門閭一。終身勿レ事）を受けて適用され、また、30は神護景雲元年八月の改元宣命（孝子・順孫・義夫・節婦・力田者賜二二級一。表二旌其門一。至レ于レ終レ身田租免給）を受けて適用されたものと考えられる。前者に見える大倭忌寸の氏名は大倭国造氏のものであり、同年の二月丁酉条に従五位下大倭忌寸五百足の氏上任命記事が見られ、果安はその氏人の一人とみられるが、添下郡内の登美・箭田二郷に独自の権益を有する一族をなしていた。26・30とも「郡人」とされ、「門閭」「門」を有する「家」（ヤケ）をもつ郡司クラス以下の在地豪族層が想定されよう。④の具体的適用例、すなわち、他者同士が「与二朋友一交」わることを「信」として貢挙した事例は、七・八世紀には確認することができない。その意味では、律令国家が地域秩序の形成に実際に導入した儒教的「友」の論理は、「孝」に関わる家族内の「友于兄弟」の規範であり、石母田の述べるごとく、「信」に関わる「朋友」の倫理は受容されなかったとみるべきである。

しかし、「朋友」の倫理の未受容が、それを受容する社会的基盤の未成熟（自然生的共同体からの個人の未自立）に結びつくか否かは別の問題である。なぜなら「朋友」の倫理の未受容は、国家の支配秩序の選択の問題であり、またすでに述べたように、律令制以前より日本の古代社会には、儒教的倫理と位相を異にする独自の「友」の規範（朋友之道）が現実に機能した事実があるからである。

法家の論理と実態的な用例との比較からわかることは、第一に国家は家父長的家族秩序に関わる「友于兄弟」の規範を地域秩序形成のために郡司より下位の豪族層以上の階層に推奨をはかった、第二に親族以外の他者個人相互の関係に見出される儒教的な「朋友」の規範＝「信」の倫理は、地域秩序形成のイデオロギーとして採用されなかった、という点である。しかし日本の地域社会には、律令制に先行して「信」に近いが独自の「友」の規範（朋友之道）、具体的には前節で明らかにしたごとく、成人儀礼たる若者年齢集団加入を契機に形成される、「同心」を唯一の結合原理とする同輩結合を機軸にした「友」の秩序が存在した。このような先行する「朋友」の秩序が存在した以上、律令国家はなぜ、それを「信」の受容というかたちで国家法上に位置づけなかったのか、という疑問が生じる。この疑問を解く手がかりになると思われるのが、①の古記による僧尼令解釈である。

養老僧尼令4三宝物条の令本文は次のとおりである。

凡僧尼。将㆓三宝物㆒。餉㆓遺官人㆒。若合㆓構朋党㆒。擾㆓乱徒衆㆒。及罵㆓辱三綱㆒。凌㆓突長宿㆒者。百日苦使。若集論㆑事。辞状正直。以㆑理陳諫者。不㆑在㆓此例㆒。

古記・一云から大宝令文もほぼ同文であったと考えられる。古記は当該条文中の「朋党」を「謂朋友也」と注釈する。「朋党」を「朋友」とする古記の認識はどこから出てきたものだろうか。まず、当該条文の「若合㆓構朋党㆒。擾㆓乱徒衆㆒」に関する法家諸説を検討すると、古記の解釈はきわめて特殊なものであることがわかる。義解は僧が「招㆓引党類㆒」すること、令釈は僧が「相㆓召物類㆒」することで、徒衆は「僧尼徒」を指すとし、穴記は僧が「合㆓構党類二」えて他僧を「擾乱」することとし、また古記所引一云も「僧尼」が「以二阿党一相嘱請」すること（官司への集団的贈賄行為）で「徒衆」は僧尼で俗人は入らないとし、当該箇所を寺・僧尼集団内部の秩序維持規定として解釈している。これに対して古記は、「徒衆」を唯一「道俗」並びに指すと解釈し、当該箇所を引用文のように譬えを引きながら数人が共に和同して他人を誘引することの一種と把握する。つまり古記のみが寺院外の「俗」集団の編成にまで広がりをもつ禁止規定として解釈していることになる。この古記の注釈は単なる机上の解釈ではない。当該条文の「合二構朋党二」の禁止規定が養老元年四月の行基集団弾圧の詔に援用されていることから行基集団に対する弾圧の法的根拠となったことが指摘されている。[38] 古記が「擾二乱徒衆二」の「徒衆」を「道俗並是」と解釈し、養老元年四月詔の行基集団の違法行為の中に「道俗擾乱」が見えることから、古記の法解釈と当該詔の行基集団に対する認識の一致が確認されよう。古記の注釈が他の法家諸説と異なるのは、行基集団の経験の中から導き出された三宝物条の現実的法解釈であったためではなかろうか。かかる古記の注釈態度から見て、「朋党」を「朋友」とし「汝者如レ然説。吾者如レ是説。数人共和同。而誘二引他人二」というその内実の認識は、養老期の行基集団のごとき反国家集団としての「朋党」の内実が「朋友」であったことを示しているといえるのである。

「律令国家の法制外の私的組織であり武装反逆者集団」としての「党」の性格とその平安中期に確立する国衙軍制の形成史の中での位置については、戸田芳実の研究[39]がある。八世紀の「党」の内容についてここで詳論する余裕はないが、「党」が反国家的集団として誅・罰の対象であったことは『続紀』の用例から確認される。かかる反逆集団としての党と友の関係については、表19の27・28・29・31にみえる。

27は橘奈良麻呂の乱の発覚に際して佐伯全成が勘問に対して答えた款の中で、奈良麻呂が謀議に誘った全成に対して語ったとされる言葉の中に見えるものであるが、奈良麻呂の与党は「逆党」とされている。31で氷上川継の乱に連坐した「党与」三五人は、「川継姻戚」と「平生知友」から構成されていたことを知りうる。また29では和気王の謀反に誘引された「悪友ニイザナハル」者として粟田道麻呂・大津大浦・石川長年らをあげるが、それを「与二和気一善。数飲二其宅一。（略）和気即遺以二装刀一。於レ是人心疑」と結合の内容を語る。個人同士の「善」の関係が友の関係を表すこと（友善）は1・2・6にもみえる。

藤原豊成の薨伝に「大臣第三子乙縄。平生与二橘奈良麻呂一相善。由レ是奈良麻呂等事覚之日。仲満誣以二党逆一」とあり（『続紀』天平神護元年十一月甲申条）、「平生の相善」の関係が「党逆」に転化させられており、「友善」の関係が反国家的な党の基礎にあったことを窺い知れるのである。28は奈良麻呂の乱の翌年に出された飲酒を伴う「民間宴集」の禁制に関する詔だが、ここには寮属と並んで朋友が「応二相追訪一者」として現れている。この「民間宴集」の主体は王公、五位以上、六位以下、さらにはそれ以外の者も含むと規定されているが、当該詔に関連するとされる『万葉集』一六六一番歌の左註には、

右、酒者、官禁制偁、京中閭里、不レ得二集宴一。但親々一二飲楽聴許者。（略）

とあり、宴集の場が京中と閭里とされ、詔の「内外親情」の内外もそれと関わっている。朋友の往来は、京内部だけに限定されず、近郊の「閭里」を含むものであったことが推測される。友の関係確認に「飲酒」があったことは29の例から確かめられ、奈良麻呂の乱に現れた「同心之友」が謀反の「党」へ発展したことに対する国家の危機認識が、かかる禁制の背景の一つであったと考えられる。

このような「朋友」を反国家的存在とする律令国家の認識は、『記紀』における「党」の古訓にも表れている。実は「党」の古訓は「トモガラ」であった(40)。「党」が「ウカラ」「ヤカラ」「ハラカラ」と区別され「トモガラ」と訓まれるのは、記述の友と党の関係から理解できることである。「トモガラ」は「トモ」+「ガラ」の語で成り立っている

が、この場合の「トモ」は「伴」ではなく「友」の意味で理解するのが妥当であろう。「党」の古訓の問題は、「友」が反国家的な「党」の萌芽とされた律令国家の認識を多分に反映しているといえるのである。

以上、「朋友」を「朋党」とする八世紀における国家の法認識は、第一に行基集団に端的にみられた「同行同信」に基づく二次的集団を禁圧の対象とする僧尼令の論理として表れ、第二に都城の貴族層相互の飲酒・遣刀という儀礼的行為を媒介にした、「同心」の「友」を謀反の温床とみる論理としてみえること、の二点が指摘できる。国家は律令制成立以前に存在した「朋友之道」に基づく社会集団＝「友」を国家法の中に定着させることができず、むしろ、謀反に導く呪術イデオロギー・武力結合を媒介に結集する「党」としてその解体を志向したのである。同時に国家は「友」の倫理を郡内の豪族層の「家」内部の実の兄弟の関係秩序に矮小化し、広範な豪族相互間の国家を媒介としない対等な同盟関係としての「友」関係の形成を抑止しようと試みた。ただし、それは律令国家の法論理の中における「友」の位置を示すものであり、友の関係自体は社会の中に再生産されつづけたことは表19から明らかである。

律令国家は、地域社会に確固として存在したヨコの水平的組織である「朋友」を、国家のタテ割りの支配秩序を媒介としない、反国家的集団としての「党」形成の萌芽とみなし、謀反の発生を未然に抑止することにつとめていた。「朋友」の重要な一つの要素である同輩結合（＝「オモフドチ」）が律令法の中に位置づけられた公的集団として現れないのは、そのためである。しかし、「朋友」関係が地域社会内部に根差した同輩結合という年齢秩序に基づく以上、その再生産を防ぐには、地域社会の年齢秩序そのものへの国家の介入と構造的改変が有効な手立てになるはずである。実は、律令国家は、この課題を戸籍を通して実現しようとしていたと考えられる節がある。最後に、この問題について、次項で検討しておきたい。

2 「イトコドチ」と「友」

律令国家は、同輩結合にみられる地域社会の「友」の秩序を、戸籍支配の中にいかに位置づけようとしていたのだろうか。この課題を解く手がかりは、親族呼称「イトコ」と「友」「ドチ」「党」の語の関係の中にある。実は、このテーマにおいて重要な示唆を与える研究が、すでに明石一紀によって発表されている。(41) 明石の議論はきわめて重要な問題を提起しているので、次に明石説の要点を整理しておく。

①養老令における日本古代の同世代傍系親を表す親族呼称の範囲は従父兄弟までで、古記はこれを「イトコ」と呼称する。したがって、古代の史料上、「従父兄弟子」「再従父兄弟姉妹」(又従兄弟)を表す親族呼称は存在せず、このことから親族の最大範囲は父系平行イトコまでであるといえる。

②八世紀においては従父兄弟姉妹のほか、外従母兄妹をイトコとする例がある(下総国戸籍)。

③七世紀以前、配偶者の父が従父(ヲチ)と呼称され、従父兄弟姉妹の使用例は確認されない。

④七世紀末の浄御原令制戸籍である御野国戸籍では、親族呼称としてのイトコを「同党」と表している。一方、「党」の語は、『紀』に見られるように古くは「トモガラ」(党・党類)として使われていたが、新しく「ヤカラ」(党族)として使用されるようになる事実が史料上から確認できる。以上の点から、「イトコ」は七世紀における仲間・同類を表す概念から、八世紀以後になってから親族概念に変わったと考えられる。七世紀のイトコは、愛子・親友・仲間を意味する非血縁者に対する親近感・一体感を表す用語であったが、八世紀に至り同世代傍系親の親族名称に転化した。

以上の明石説を検討するために、次に関連史料を提示する。

(1)『日本書紀』神功皇后摂政元年三月庚子条

彼方の　あらら松原　松原に　渡り行きて　槻弓に　まり矢を副へ　ウマヒトは　ウマヒトドチや　イトコはも

イトコドチ　いざ闘はな　我は　たまきはる　ウチのアソが　腹内は　小石（いさご）あれや　いざ闘はな　わ

れは

(2)『万葉集』巻十六・三九〇七

乞食者詠　二首

イトコ　ナセ（汝兄）の君　居り居りて　物にい行くとは　韓国の　虎とふ神を　生け捕りに　八頭取り持ち来

その皮を　畳に刺し　八重畳　平群の山　（略）

(3)『古事記』上・歌謡四

（略）沖つ鳥　胸見るとき　はたたぎも　此し宜し　イトコやの　妹の命　（略）

史料(1)(2)(3)では、「イトコ」は明らかに愛子・親友・仲間の意味で使われており、明石の指摘は正しい。そこで問われるのは、なぜ八世紀に入り、「イトコ」概念が従来の仲間・同類概念から、同世代傍系親族呼称に変化したのか、という点であろう。

私は本書第Ⅰ部第三章で、編戸に貫徹する年齢原理について詳細に論じたが、そこで明らかになったのは、オキナ・オウナ（ヲミナ）の男女老人のペアが「ヲトコ」「ヲトメ」以下の世代を監督・指導するという、「サト」の世代階層的原理に基づきつつも、それを戸という小規模なユニットに輪切りに分断していく姿であった。つまり、戸籍では「サト」という地域社会の男女老人たちを監督・指導者として尊重しつつ戸を編成したが、あくまでもそれは平均一〇～二〇人規模の親族集団の範囲内に限られるのであり、「ヨチ」や「友」「ドチ」にみられるような、異なる親族集団を横断する地域社会（「サト」）規模のヨコのつながりは編戸によって否定されたのである。この仮説を、明石の「イトコ」論は積極的に裏づけるものとなる。すなわち、親友・仲間として存在した七世紀の「イトコ」は、複数の親族集団を横断する年齢原理に基づく地域社会における同世代者集団そのものであり、律令国家はこの同世代者集団を編戸によって分断し、同世代傍系「親族」概念に読み替えたのである。こうした「イトコ」概念の人為的な再解釈は、上述した「信」としての「友」の規範を導入せず、「信」を家族内の「兄弟」の倫理として矮小化した律令国家の意図を説明するものともなるだろう。日本の律令国家は、地域社会がその内部に胚胎する民衆相互のヨコの連携によって国家から自立していくのを未然に抑止するために、平等な関係を特性とする「友」と「イトコ」という地域社会の言説を、儒教的で縦割り的な親族・家族の言説に置き換え、国家的支配秩序の構築をはかっていったと考えられるのである。

おわりに

以上、本論では、七・八世紀の史料テキストに見える「友」「ドチ」の言説を手がかりに、それらが以下のような特性をもつ社会集団であることを明らかにした。

まず「友」「ドチ」は、水平的につながるヨコの人間関係を表す語として史料上に見えるが、その中で「オモフドチ」、「同心の友」は同一の存在形態を備えている（そこで以下、「オモフドチ」として統一）。その特性は、次のように整理される。

「オモフドチ」は、きわめて近い年齢の者が二人以上の少人数で結びつく同輩者の集団である。その内実を述べれば、ワラハ（約八歳以上の子ども男女）―ヲトコ・ヲトメ（約十五・十三歳以上の青・壮年男女）―オキナ・オウナ（ヲミナ）（約四十歳以上の老年男女）の年齢階層の中で、ヲトコ・ヲトメ世代に形成される同輩関係であり、また、男女別々に形成され、貴族・豪族層、そして村の有力農民層にまで存在したことが確認できる普遍的な集団関係であった。十三～十五歳で成人（「成童」）儀礼をすませたヲトコ・ヲトメたちは、気の合う仲間をみつけ、豪族男性は武器（刀・弓矢）の交換、女性は菜摘み・共食という方法で親友関係を結ぶ（「結友」）儀礼を契機に、どちらかが死ぬまで一生涯続く関係を締結する。それは「朋友の道」と呼ばれる規範を遵守する人間関係で、求婚行動を共にし、また飲酒の宴に集い、喪葬儀礼では親族と並ぶ親密な関係者としての役割を果たした。「オモフドチ」は、兄弟姉妹やイトコなどの親族や同じ氏族に含まれる血縁者も構成できたが、非血縁者が含まれることにその意義が存在する。その基本的紐帯は、血縁・親族原理ではなく、同年輩者という年齢（世代）原理を基礎とし、さらに「同心」性という精神的一体感を共有するという心理的関係に根差したものであった。「同心」性は、ヲトコ、ヲトメ双方ともに、「野遊び」の場で、「心を述べる」という儀礼的な実践により定期的に確認される慣行の存在がテキストの分析から推察できる。

それでは、以上の史料テキストを読み解くことで明らかにされる「オモフドチ」の性格、そして第Ⅱ部第一章で検討した「ヨチ」との関係は、どのようにとらえればよいのだろうか。

すでに「ヨチ」の分析（本書第Ⅱ部第一章）で明らかにしたように、七・八世紀の地域社会（「サト」社会）は双方的・世代階層制村落として定義できる可能性が高く、「ヨチ」は鳥越晧之[42]がトカラ列島社会の検討を通して提唱した「朋類関係」にきわめて似通っている。すなわち、「ヨチ」は、オキナ・オウナ（ヲミナ）世代の監督・指導下にある、同じ「サト」の「ワラハ」「ヲトコ」「ヲトメ」に属する同世代の男女が交じり合って構成する、「朋類」そのものであった。また「ヨチ」は『万葉集』テキストの分析から、「ヨチ」に所属するヲトコ・ヲトメの婚姻承認権を保有する社会集団であったと考えられる。

一方、「オモフドチ」は、その構成人数の少なさ（二人から数人）や「同心」性の強調から、「朋類」である「ヨチ」の中からさらに選び抜かれた、第一の親友といった関係であったように思われる。そして、「ヨチ」締結の儀礼的行為の存在、男女別々に結成される関係、その内部的結合原理としての「同心性」や擬制的兄弟関係といった特徴は、まさに民俗学者の竹田旦が明らかにした「同輩結合」の概念と一致するものである。(43)「ヨチ」と「オモフドチ」の関係は複雑で予断を許さないが、とりあえず、「朋類」としての「ヨチ」から選抜された「同輩結合」として、「オモフドチ」の社会的性格を定義しておきたい。いずれにせよ、「ヨチ」「オモフドチ」は共に、中・近世に存在した子ども組―若者組―壮年組―老年組という、いわゆる年齢階梯制に基づく年齢集団ではまったくなく、「朋類関係」―「同輩結合」という流動的でインフォーマルな年齢集団として定義されるべきであろう。

こうした「同心」性を基礎とする国家を媒介としないヨコの水平的人間関係は、とくに貴族・豪族層のそれについては律令国家にとり反逆の萌芽を胚胎する存在であり、そのため国家の法認識の中で「朋友」は「党」「朋党」（トモガラ）という反国家的集団として位置づけられ、律令法の中に公的制度として位置づけられなかった。法制史料にそれらがほとんど登場しないのは、そのためである。また律令国家は、儒教的な「信」と係わる「朋友」の倫理を実の兄弟姉妹・イトコという同世代親族関係に矮小化し、貴族・豪族・農民相互間の国家を媒介としない同盟関係としての「友」関係の形成を親族関係の枠内に抑止しようと試みたのであった。

国家による社会に遍在した「朋友」関係に対する介入は、具体的には編戸を通してなされたと考えられる。第Ⅰ部第三章で指摘したとおり、編戸は「サト」の男女老人（オキナ・オウナ）を戸主――「妻」「母」「姑」などの監督・指導者として任用し、その直系親族を戸口に編成することで地域社会の世代階層制的秩序に対応しようとした支配制度であった。しかし別の側面からみれば、戸籍は、「朋友」のごとき親族関係を超えた地域社会のヨコの集団関係をタテ割り的に分断する役割を果たしていた。この点は「イトコ」概念の時代的推移に端的に表れている。七世紀に親族・非親族を問わず同世代の「朋友」関係を表現していた「イトコ」呼称は、「朋友関係」の戸への分断により「同党」「従父兄弟姉妹」という同世代親族呼称に矮小化されてしまったのである。

かつて石母田が想定したように、日本古代に中国の「信」の関係秩序が律令国家によって公的制度として位置づけられなかったのは事実である。しかし、それは日本社会に「信」の基盤をなす朋友関係が存在しなかったのではまったくなく、逆に、「ヨチ」「オモフドチ」に代表される日本固有の「朋友の道」の規範が普遍的に存在し、それが律令国家の推奨する儒教的な家族＝戸の内部に押しとどめられることで、公的・政治的秩序として発展することを阻害されたことを意味しているのである。律令国家の成立により社会に伏在化することになった朋友の秩序が、その後、いかなる展開を遂げていくのかは興味深い課題だが、紙幅の事情からここで論じることはできない。その課題は後考にゆだね、とりあえず擱筆することとしたい。

註

（1）石母田正「国家と行基と人民」（『石母田正著作集』第三巻、岩波書店、一九八九年。初出は一九七三年）。
（2）直木孝次郎「友と伴——古代の友情について」（続日本紀研究会編『続日本紀の時代』塙書房、一九九四年）、同「七、八世紀におけるトモの表記について——友と伴を中心に」（『万葉』一五四、一九九五年）。以下、直木説の引用は両論文による。
（3）『日本古典文学大系　日本書紀』上（岩波書店、一九六七年）の四〇六頁頭注二。
（4）宇野哲人『中国哲学』（講談社学術文庫、一九九二年）。
（5）吉村武彦「仕奉と貢納」（同『日本の社会史』四、岩波書店、一九八六年）。
（6）『令集解』職員令土工司条、内礼司条、典鋳司条、木工寮条、画工司条。

（7）和田萃「殯の基礎的考察」（『史林』五二―五、一九六九年）。
（8）義江彰夫「儀制令春時祭田条の一考察」（井上光貞博士還暦記念会編『古代史論叢』中、吉川弘文館、一九七八年）。
（9）石井輝義「七世紀における王権継承と殯」（『古代史研究』一〇、一九九一年）は、七世紀の喪葬儀礼が、喪と葬の二段階に分かれ、「誄」の奏上は喪の段階で行われたと述べている。
（10）岡部東平『日本随筆全集四　桜々筆語』（国民図書、一九二七年）、服藤早苗『平安朝の女と男』（中公新書、一九九五年）。
（11）民俗学で明らかにされている「同齢感覚」の習俗は、この事象を理解する上できわめて示唆に富む。「同齢感覚」は同年輩者が死亡・病気・結婚に際して互いにあやかりあうという心性を示し、とくに同年輩者の死に際しての「耳塞ぎ」「年違え」などの呪法は同齢者の死のタブーに関わる習俗としてよく知られている（竹田旦『兄弟分の民俗』人文書院、一九八九年、など）。古代の「友」は後述のように同輩結合の一形態と考えられ、したがってアメワカヒコ神話や小竹祝説話の「友」の死のタブーは、こうした「同齢感覚」に関わる禁忌である可能性が高いと思う。なお本書の前身をなす旧稿発表後、難波美緒は「アヅナヒの罪」を同性愛ではなく、「親密」な関係にある「他共同体で血縁関係にない人物同士の同棺合葬」に関わる罪と位置づけた（「「阿豆那比の罪」に関する一考察」『早稲田大学大学院文学研究科紀要』五九、二〇一三年）。私は「合葬」に関わるタブーが記されているとみる難波説に同意するが、難波が明らかにしていない、タブーとされた合葬者の「親密」性の内容こそが「同輩結合」を示す「友」の関係であったと考えている。
（12）前掲註（3）書の三四五頁頭注二七、六一六頁補注九―二二。難波美緒前掲註（11）論文参照。
（13）関和彦「古代村落の再検討と村落首長」（『歴史学研究』六二六、一九九一年）。
（14）鈴木景二「都鄙間交通と在地秩序――奈良・平安初期の仏教を素材として」（『日本史研究』三七九、一九九四年）。
（15）中西進『万葉集の比較文学的研究』（桜楓社、一九六八年）。
（16）神野志隆光「伝云型と歌語り」（伊藤博ほか編『万葉集を学ぶ』七、有斐閣、一九七八年）、関口裕子『処女墓伝説歌考』（吉川弘文館、一九九六年）。
（17）本書第Ⅱ部第一章。
（18）高崎正秀「竹取の翁」（『高崎正秀著作集五　物語文学序説』桜楓社、一九七一年）。
（19）土橋寛『古代歌謡と儀礼の研究』（塙書房、一九六五年）五九～六五頁。

(20) 土橋寛前掲註(19)著書。
(21) 関口裕子前掲註(16)著書。
(22) 同輩結合は、年齢階梯集団と区別され、同年齢者・接近年齢者が構成するヨコの社会的結合組織として、民俗学者により注目されている。その一般的・地域的特徴、社会的機能については、竹田旦前掲註(11)著書が詳細に検討している。本論文の同輩結合の概念の典拠も、主にこの竹田の著書によった。
(23) 人物の経歴については、『日本古代人名辞典』(全七巻、吉川弘文館、一九五八～七七年)と、そこに引用された『続日本紀』『万葉集』を中心とする諸史料に依拠して掲出した。
(24) 仁藤敦史「蔭位授与制度の変遷について――慶雲三年格を中心にして」(『歴史学研究』五九二、一九八九年)。
(25) 小野寛「橘奈良麻呂宅結集宴歌十一首」(伊藤博ほか編『万葉集を学ぶ』五、有斐閣、一九七八年)は、奈良麻呂宅の宴に結集した人々の年齢構成を検討し、彼らが若い奈良麻呂の親しい友人と愛人久米女王や女友達であったとしている。
(26) 民俗学の成果が明らかにした同輩結合の呼称として、「ドゥシ」系、「ホウバイ」系、「チリ」系などのそれが確認されている。このうち、「ドゥシ」系呼称は、「ドシ」「ドゥチ」「ドゥシー」「ドゥス」などの訛音を伴いつつ九州本土から南西諸島において分布するという(竹田旦前掲註(11)著書)。また、竹田は同輩結合の紐帯の一つに「同心性」を指摘する。民俗にみられる「ドゥシ」と古代の「ドチ」の関係は、注目に値する。
(27) 『古事記』上(八十神による大国主神迫害)、『万葉集』巻三・三七二番歌。
(28) 三谷栄一『日本神話の基盤』(塙書房、一九七四年)、菊地照夫「稲霊から反逆者へ――アメワカヒコ神話の謎」(『日本古代史［神話・伝説］の最前線』新人物往来社、一九九六年)。
(29) 吉井巖「天若日子の伝承について」(同『天皇の系譜と神話』二、塙書房、一九七六年)。
(30) 三谷栄一前掲註(28)著書四六九頁。
(31) 吉井巌『ヤマトタケル』(学生社、一九七七年)。
(32) 本書第Ⅱ部第一章参照。
(33) 大林太良『日本神話の構造』(弘文堂、一九七五年)。
(34) 『古事記』上巻では、スサノヲはオオナムチに蛇・ムカデ・蜂の室、鳴鏑などの厳しい試練を課し、それを克服して後、オオクニヌシの名を与えてスセリヒメとの婚姻を承認した。この説話は、難題婿譚の一例と位置づけられている。

(35) 『万葉集』巻五・八〇八番歌。「ヲトコサビ」については、本書第Ⅱ部第一章・第四章参照。

(36) 前掲註(3)書の五六六頁補注一―一〇四。

(37) 大林太良前掲註(33)著書。

(38) 石母田正前掲註(1)論文。

(39) 戸田芳実「国衙軍制の形成過程」(同『初期中世社会史の研究』東京大学出版会、一九九一年。初出は一九七〇年)。

(40) 明石一紀『日本古代の親族構造』(吉川弘文館、一九九〇年)。

(41) 明石一紀前掲註(40)著書。

(42) 鳥越皓之『トカラ列島社会の研究』(御茶の水書房、一九八二年)。

(43) 竹田旦前掲註(11)著書。

第三章　古代の「サト」

はじめに

古代の「サト」をめぐる問題は、従来、律令地方行政制度の郷・里制論を中心に展開されてきた。しかし、史料上には、『万葉集』のほか、ただちにそうした議論の枠組みに収まり切れない「サト」の事例が数多く存在している（行論中、「サト」を漢字表記する場合、五十戸・郷・里制の「サト」を仮に里制の里あるいは「　」を付さず里と記し、史料用語としての「里」「郷」と区別する）。

かかる二つの「サト」をめぐる問題について、山田英雄(1)は、『万葉集』の歌語には「村」（ムラ）語は使用されずもっぱら「里」（サト）の用例が存在すること、文献史料上の「里」（サト）の熟語形成の進展度から、韓語起源の「ムラ」語よりも「サト」語が日本語として成熟していたこと、また、里（サト）の行政制度としての採用が、その後「村」（ムラ）語が一般化する背景にあったという注目すべき指摘をされた。

この問題を追究した小林昌二(2)は、「里」（サト）も韓語起源であり、歌語としての音律保持・表現技巧の制約から『万葉集』の「里」（サト）語への統一の背景を説明し、「村」（ムラ）こそが七世紀以降の集団的主体性をもつ農業共同体として成立すると述べた。

一方、古橋信孝(3)は、「サト」は「村」と置き換え可能な同意異語で、「霊威に満ち溢れ充足した場所」という語義をもつ雅語であるために『万葉集』に歌語として使用されたと指摘する。

以上の研究事情から、『万葉集』の「サト」は集落・「村」を意味する歌語であることが通説となった。その結果、歴史学の側から地域社会の実態を追究する議論は、里制論・「村」論・集落論の中で展開されることになり、里制以外の「サト」史料を地域社会研究の素材として生かす道は閉ざされることになったのである。

たとえば七世紀の「―部五十戸」という律令里制の里に先行する行政単位の存在や、八・九世紀における里の行政機能が明らかになる出土木簡や墨書土器の分析から、「サト」の研究はこれら出土文字史料を用いた行政村落制度としての里制の推移とその構造の問題として取り組まれ、近年は、その分野で多くの研究成果が蓄積されている。(4) しかし、それらの研究においても、そもそも行政「里」(「五十戸」)がなぜ「サト」と訓まれるのかという問題については、未だ明らかにされているとは言いがたく、また通説の雅語・歌語起源説は十分な説明になりえないと考えられる。『万葉集』の「サト」は集落・「村」・里を呼称する歌語・雅語にすぎないのだろうか。関和彦(5)は、『万葉集』の「サト」が民衆の「古里」意識の基盤である国造制段階の在地首長の支配空間＝クニを意味するという興味深い問題提起をされている。「家」・集落・「村」・里の厳密な相違を問題にしてきた古代地域社会論にとり、『万葉集』の「サト」の実態解明は重要なテーマとなるべき課題である。またそれは、歌語・雅語としての統一のみで「サト」の背景を説明する従来の通説を再検討する上でも不可欠の課題となる。

本章では、『万葉集』を主たる素材として、以上の視点から地域社会研究の新たな可能性を模索したいと考える。

一　里制の里

『万葉集』の中で「サト」の用例は、多様な語彙・文字表記により表現されている（表21）。以下、これらの語彙・文字表記のバリエーションに注目し、その表記の整理を基礎にしながら、「サト」の語に表現された実態への接近を試みてみたい。

『万葉集』における「サト」に関わる語彙は、次の六つのパターンに分類できる。

A「サト」（「サトミ」「サトベ」「サトビト」）

B地名＋「サト」（「サトビト」）

C「フリニシサト」（「フルサト」「フルイヘノサト」）

表　記	作　歌　者	区分
里	笠金村	A
里	諸王諸臣子等	A
楢乃里	車持千年	B
故郷	大伴旅人	C
里	湯原王	A
元興寺之里	大伴坂上郎女	B
古郷	大伴坂上郎女	C
里	豊島采女	A
都里		F
里	大伴坂上郎女	A
故郷	高丘河内	C
里	高丘河内	A
寧楽故郷	田辺福麻呂	D
里	田辺福麻呂	A
里	田辺福麻呂	A
郷	田辺福麻呂	A
故去之里	田辺福麻呂	C
里		A
故郷		C
里		A
里		A
里廻	男性	A
里辺		A
春日里		B
春日之里	大伴村上	B
春日里	大伴駿河麻呂	B
里	大伴旅人	A
里	大伴家持	A
古郷	大伴田村大嬢	C
里	女性か	A
故郷		C
古郷	沙弥尼等	C
寧楽故郷		D
里		A
石上振里	笠金村	B

表21　『万葉集』の「サト」

No.	語　　彙	表　記	作　歌　者	区分	No.	語　　彙
78	アスカノサト	明日香能里	元明か持統天皇	B	934	サト
78	フルサト	古郷		C	953	サト
題詞					957	ナラノサト
103	サト	里	天武天皇	A	974	フリニシサト
103	オオハラノフリニシ	大原乃古爾		D	題詞	
	サト	之郷			991	サト
131	サト	里	柿本人麻呂	A	997	ガンゴウジノサト
138	サト	里	柿本人麻呂	A	題詞	
138	ツノノサト	角里		B	997	フルサト
207	サト	里	柿本人麻呂	A	1030	サト
270	フリニシサト	故郷	長屋王	C	1032	トリ
270	フルヘノサト	古家乃里		C	題詞	
336	フリニシサト	故郷	大伴旅人	C	1032	サト
337	フリニシサト	故去之里	大伴旅人	C	1042	フルサト
410	カスガノサト	春日里	大伴駿河	B	1043	サト
454	フリニシサト	故郷	大伴旅人	C	1051	ナラノフリニシサト
題詞					1051	サト
463	サトイヘ	里家	大伴坂上郎女	A	1054	サト
531	サカノウエノサト	坂上里	大伴坂上郎女	B	1054	サト
左註					1063	フリニシサト
592	ウチミノサト	打廻乃里	女性か	B	1063	サト
612	フルサト	故郷	笠女郎	C	1129	フルサト
643	サト	里	湯原王	A	題詞	
629	フルサト	古郷	八代女王	C	1129	サト
699	イズミノサト	泉之里	石川広成	B	1224	サト
726	フルサト	古郷	大伴坂上郎女	C	1247	サトミ
728	カスガノサト	春日里	大伴坂上郎女	B	1265	サトベ
760	サト	里	大伴田村大嬢	A	1438	カスガノサト
760	タムラノサト	田村里		B	1441	カスガノサト
左註					1442	カスガノサト
760	サカノウエノサト	坂上里		B	1477	サト
左註					1492	サト
778	フリニシサト	故郷	大伴家持	C	1510	フルサト
818	イチノサト	伊知郷		B	1519	サト
851	フルサト	故郷	山上憶良か大伴	C	1561	フリニシサト
題詞			旅人		題詞	
857	サト	郷		A	1562	フリニシサト
題詞					1608	ナラノフルサト
863	サト	佐刀		A	題詞	
896	サトヲサ	五十戸良	山上憶良	E	1744	サト
933	フリニシサト	古郷	笠金村	C	1791	イソノカミフルノサ

D地名＋「フリニシサト」
E「サトヲサ」
Fその他（「トリ」「ヲサト」「ムカウノサト」）

これらの語彙に表現された「サト」は何を意味するのだろうか。文字表記は、①佐刀・左刀・散度（A・B）のほか、②里・郷（A・B・C・D・F）・③五十戸（B・E）が採用されている。②③は、行政制度たる郷・里・五十戸制において採用された文字である。事実、行政制度の里・郷・五十戸の意味でサトが使用されている例はA・B・Eの語彙例に確認できる。

たとえば、E「サトヲサ」が里制の里長を示すことは間違いない。B地名＋「サト」の事例では、「角里」（万・一三八）・「春日里」（万・四一〇・七二八・一四三八・一四四一・一四四二）・「泉之里」（万・六九九）・「伊知郷」（万・八一八）・「伎人郷」（万・四四八二）が里制・郷制の里・郷として確認できる。(6) A「サト」のうち、一三八の「里」は「角

表記	作歌者	区分
許曽能左刀妣等		B
左刀	防人	A
佐刀	中臣宅守	A
佐刀	中臣宅守	A
無何有乃郷	虚無自然の理想郷(荘子)	F
(五十戸長)	法師	E
佐刀	女性	A
佐保能宇知乃里	大伴家持	B
佐刀妣等	大伴池主	A
佐刀	大伴家持	A
佐刀	大伴家持	A
佐刀	大伴家持	A
左刀妣等	大伴家持	A
佐刀	大伴家持	A
佐刀	大伴池主	A
射水之郷	大伴池主	B
夜夫奈美能佐刀	大伴家持	B
里	大伴家持	A
佐刀	久米広縄	A
里	内侍佐々木山君	A
小里	大伴家持	F
美袁利之里	防人丈部足麻呂	B
伎人郷		B
佐刀		A
須我波良能佐刀	石川女郎	B

No.	語　　彙	表　記	作　歌　者	区分	No.	語　　彙
	ト				3581	コソノサトビト
1890	スミノエノサト	住吉之里	男性	B		
1941	フルサト	故郷		C	3593	サト
1941	サトビト	里人		A	3804	サト
1975	フルサト	故郷		C	3805	サト
1982	サト	里	男性	A	3873	ムカウノサト
2207	サト	里		A		
2220	フルサト	古郷		C	3869	サトヲサ
2255	モリベノサト	守部乃五十		B	3961	サト
		戸			3979	サホノウチノサト
2283	サト	郷	男性か	A		
2291	ナラノサトビト	平城里人		B	3996	サトビト
2293	フジワラノフリニシ	藤原古郷		D	4008	サト
	サト				4012	サト
2506	サト	里	女性か	A	4100	サト
2546	ユキミノサト	往箕之里	男性	B	4132	サトビト
2565	フリニシサト	古郷	女性か	C	4134	サト
2567	サトビト	里人	男性	A	4154	サト
2592	オオハラノフリニシ	大原古郷		D	4156	イミヅノサト
	サト				題詞	
2603	サトビト	里人	男性	A	4162	ヤブナミノサト
2642	サト	里	女性か	A		
2814	サト	里	男性	A	4204	サト
2885	サトビト	里人	不明	A	4233	サト
2888	サト	里	男性か	A	4292	サト
3148	サト	里		A	4296	ヲサト
3167	サト	里		A	4365	ミヲリノサト
3228	サト	里		A	4481	クレノサト
3254	サト	里	穂積老	A	題詞	
3286	サトビト	里人	男性	A	4506	サト
3316	サトビト	散度人	男性	A	4515	スガハラノサト
3317	サトビト	里人	女性	A		
3482	サト	佐刀	女性	A		

＊ No. は，『新編 国歌大観』歌番号，A～F は，250～252頁の語彙区分による。

里」を言い換えたものなので、里制の里を意味する。以上のことから、Eはすべて、A・Bはその一部の事例が、律令行政制度の郷（里）を指すこと、また、それらの確認できる例はすべて「郷」「里」「五十戸」の文字が採用されていることが確認できる。しかし、A・Bの残りやC・Dの用例がすべて行政制度としての里を意味するとは、もちろんいえない。そこで次に、里制の里以外の「サト」の事例について検討を加える。

二　宮都のサト1――「サト」「フルサト」「フリニシサト」

C「フリニシサト」、D地名＋「フリニシサト」の事例を検討する。従来、『万葉集』の「フリニシサト」「フルサト」は、「①昔帝都であった里。②もと住んでいた里。古馴染みの里」[7]の二つの用例があると考えられてきた。まず、改めてそれらの語義を確認する。

七八「明日香の里」、九三三難波長柄豊前宮のおかれた「味経の原」、二七〇「古家の里の明日香」、三三七「香久山のフリニシサト」、六二九「フルサトの明日香」、九九七「平城の明日香」と、「フルサトの飛鳥」、一〇五一「寧楽のフリニシサト」、一〇六三「久爾の京師」＝「フリニシサト」、一六〇八「寧楽の京師」＝「寧楽のフリニシサト」。以上は、以前に宮都のあった場所を「フルサト」「フリニシサト」と詠んでいることが、確実にわかる事例である。

さらに、上記の用例との関係から過去の宮都の地を意味することがわかるのが、四五四・四五五・四五六「故郷」（明日香か）、一一二九・一一三〇題詞「故郷」（明日香の神名火のサト）、一五六一題詞・一五六二「故郷」「古郷」（明日香の豊浦寺周辺）、一九七五「故郷」（明日香か）、二二九三「藤原古郷」（平城京遷都以後の藤原京）である。また、六一二の「故郷」は「打廻の里」（五九二）（飛鳥雷丘付近）と考えられ、「大原乃古尓之郷」「大原故郷」（一〇三・二五九二）は、飛鳥の大原を指し、天武期の浄御原宮周辺の「倭京」と対置して過去の飛鳥の一部としての認識が示されている（一〇三）。なお、八五二題詞は大宰府官人が赴任以前に住んだ平城京を「故郷」と記したものである。

次に、作歌者をみると表21に示すとおり、ほとんどが天皇・貴族・官人層で地方豪族・庶民層は含まれていないとみてよい。

以上の点から、「フリニシサト」（「フルサト」）とは、天皇・貴族・官人層固有の認識を表す用語であり、その示す場所は過去におかれ居住した（と信じられた）宮都の地に限定されるという点が判明する。(8)

次に、A・B・Fの語彙例に注目してみよう。一〇五一「里」が「寧楽故郷」を指すように、「里」だけで「以前に存在した宮都の地」＝「フルサト」を指す事例が存在する（九三三・九三四・一〇四三・一〇五一・一一二九）。さらにここで注目したいのは、「サト」（「里」「郷」）が作歌時点における「現行の宮都の地」を指す例があることである（A―一〇三「里」・一〇五四「郷」、B―九五七「楢乃里」・二二九一「平城里人」、F―一〇三二題詞「都里」・四二九六「小里」）。これらの作歌者もすべて貴族・官人層と考えられる。したがって、以前に居住し、あるいは存在した「昔の宮都の地」も「現行の宮都の地」も、いずれも貴族・官人層により「サト」（「里」「郷」）と認識されていることが確認できる。

宮都に対する貴族・官人層の「フルサト」意識については仁藤敦史の研究がある。仁藤によれば、「フルサト」とは、畿外＝「ヒナ」と対照される、畿内における貴族・官人層の旧居住地を表し、畿内豪族層の「ミヤコ」への集住に伴う生産基盤からの遊離によって成立した意識であるという。(9) 仁藤の説は、「フルサト」観念が都城制成立に伴う豪族層の都市貴族化によって形成された事実を明らかにしたもので、首肯しうる見解である。

残る問題は、なぜ貴族層は過去の宮都（「フルサト」）だけでなく現行の「宮都の地」も「サト」と呼び、また「ミヤコ」と呼び分けたのかという論点である。「ミヤコ」と「サト」の語彙の相違は、かかる語彙を使用した貴族層の「宮都の地」に対する多元的な認識の構造を反映していることを推測させる。また、それらを通じて「ミヤコ」の語彙に反映する地域的秩序と異なる、いわば「サト」的秩序ともいうべき宮都の秩序のもう一つの実態的側面を解明しうる可能性も指摘できよう。そこで次に、「ミヤコ」と「サト」の語彙の示す内容と、その相違に検討を加え、貴族・官人層の宮都認識とその背景にある宮都の秩序の実態について検討してみたい。

「都」「京」「京師」の文字を当てた「ミヤコ」の語彙の表現する認識と実態については、浅野充(10)の指摘がある。浅野は、「ミヤコ」は天皇の居住建物（「宮（ミヤ）」）だけでなく、それに場所（「処（コ）」）が付加した広がりをもつ地域を意味する言葉で、そうした区別は条坊をもつ都城のみならず、七世紀天武期以前の「倭京的存在形態」においても認められるとした。つまり「ミヤコ」は、七・八世紀を通じて使用された、天皇の「宮」との人格的関係を媒介にして王族・諸豪族の宅・寺などが結集して形成されたデスポティックな地域秩序の表現である。

一方、「サト」は、「ミヤ」ではなく「ミヤコ」と関係する言葉として使用されている。それは、「久爾の京師」を「故郷」、「寧楽の京師」を「寧楽故郷」と言い換え、飛鳥・難波の宮名ではなく宮のある地域（明日香・大原・味経の原など）を「サト」「フルサト」としている点に表れている。つまり、「サト」と「ミヤコ」は、場所の問題に限っていえば、同一の実態を示しているようにみえる。そこで当然問題になってくるのは、「サト」と「ミヤコ」の差異、すなわち、「サト」が「ミヤコ」同様、天皇（宮）の体現する力の及ぶ場所（処）を意味しているといえるかどうかである（以下、史料に引いた傍線は筆者による）。

＊九三三　押してる　難波の国は　葦垣の　フリニシサト（古郷）と　人皆の　思ひ息みて　つれもなく　ありし間に　績麻為す　長柄の宮に　真木柱　太高敷きて　食国を　治めたまへば　沖つ鳥　味経の原に　もののふの

八十伴の男は　廬して　都なしたり　旅にはあれども

反歌二首（反歌一首略）

＊九三四　荒野らにサト（里）はあれども大王の敷きます時は都となりぬ

＊四六三　栲縄の　新羅の国ゆ　人言を　よしと聞して　問ひ放くる　親族兄弟　なき国に　渡りきまして　大王の　敷きます国に　うち日さす　京しみみに　サトイへ（里家）は　多にあれども　いかさまに　思ひけめかも　つれもなき　佐保の山辺に　泣く児なす　慕い来まして　布細の　宅をも造り　あらたまの　年の緒長く　住まいつつ　座ししものを（略）

右は新羅国の尼、名を理願といふ。遠く王徳に感じて聖朝に帰化す。時に大納言大将軍大伴卿の家に寄住して、既に数紀をへたり。（略）

九三四では、天皇の統治により「都」となる場所が「サト」と認識されている。しかし、ここでは、「都」と「サト」は同一の場所が異なる側面から把握された呼称と考えられ、その違いを具体的に示すのが九三三である。九三三で、「都」は、宮において天皇が統治することを契機に諸豪族が官人（「八十伴の男」）として「廬して」形成する場所を指す。それに対して、「フリニシサト」（九三四のサトに対応）は「人皆の思ひ息みてつれ（由縁）もなくありし」場所とされている。「都」は大王の「宮」への諸豪族の官人としての奉仕の側面に関わる表現であるのに対して、「サト」は諸豪族が「人」として「ツレ」を求め「思い」を寄せる場としての側面に関わる表現となっている。

四六三では、「ミヤコ」は「大王の敷きます国にうち日さす京」として大王の統治する場としての側面から把握されているが、一方「サト」は「京」一杯に広がって「多に」存在する「家」の集合体（「サトイへ」）として把握される。さらに、「サト」は新羅の尼理願が寄住を求めるべき「家」のある場所（結果として「ツレ（縁）もなき」佐保の山辺に宅を造る）でもある。四六三では、「サトイヘ」に求められる「ツレ」の内容が、「寄住」して「宅」を形成するための縁故として示されている点が注目されるだろう。ここでも、①「ミヤコ」と「サト」の対置構造、②「サト」が「ツレ」で結ばれる関係に係わるという、九三三と同一の側面を見出せる。「ツレモナキ」は、孤独な死者を歌った「家人の待つらむものをツレモナキ（津煎裳無）荒磯をまきて伏せる君かも」（三三五五）の例や草壁皇子の殯宮を「ツレモナキ（由縁母無）真弓の岡」（一六七）と表現する例のように、「家人」などとの「由縁」＝つながりの存在しない孤独な場所（荒磯・真弓の岡）を形容する場合に用いられる歌句であった。「サト」は、本来、このような「由縁」（「ツレ」）により「家」相互のつながりが保たれた場所として認識されていたことがわかる。

宮都の「サト」意識は、「家」のある場所を日常生活の中での人間関係（恋愛関係など）の展開する場所として貴族・官人自身が認識したところに表出している。それは、「ミヤコ」と「サト」が同一の場を示しながら、貴族・官人の「ミヤコ」認識が天皇の「宮」の支配関係を媒介にして形成されたものであるのに対して、「サト」認識が「家」の相互関係の中で結ばれる日常的諸関係（「ツレ」）を媒介にして形成された意識であることを示唆している。ここで提起された問題を深めるには、宮都の「サト」が取り結ぶ関係秩序（「ツレ」）の具体的内容とその特質の解明が必要である。以下、それについて節を改めて述べることにしたい。

三　宮都のサト2――地名＋「サト」に表れた宮都の「サト」の具体的存在形態

語彙パターンB地名＋「サト」の事例のうち、「楢乃里」「平城里人」は、平城京を「ミヤコ」的秩序とは異なる側面から認識した呼称であり、里制の里とは異なる認識を示す用例であった。そのほかにもBパターンには、里制の里と異なる宮都の「サト」を示す用例がある。以下、それらについて確認する。

1「田村里」

「田村里」は、『万葉集』では七六〇・四二九二に見える「サト」である。かつて岸俊男[11]は、藤原仲麻呂の「田村第」の比定に関連して、「田村里」の人的構成と比定地について詳細に論じられた。ここでは岸とその後の研究[12]を踏まえ、試論の範囲内で「田村里」の性格について考えてみたい。

A大伴田村家之大嬢贈二妹坂上大嬢一歌四首

（略）

七六〇　遠くあらばわびてもあらむをサト（「里」）近くありと聞きつつ見ぬが術なさ

（略）

右、田村大嬢坂上大嬢、並是右大弁大伴宿奈麻呂卿之女也。卿、居二田村里一。号曰二田村大嬢一。但、妹坂上大嬢者、母、居二坂上里一。乃曰二坂上大嬢一。于レ時姉妹諮問、以レ歌贈答。

B天皇太后共幸二於大納言藤原家一之日、黄葉沢蘭一株抜取、令レ持二佐々木山君一、遣二賜大納言藤原卿幷陪従大夫等一御歌一首　命婦誦曰

四二九二　このサト（「里」）は継ぎて霜や置く夏の野にわが見し草は黄葉たりけり

C『新撰姓氏録』左京皇別下

吉田連

（略）男従五位下知須等。家二居奈良京田村里間一。乃天璽国押開豊桜彦天皇諡聖武。神亀元年。賜二吉田連姓一。吉本姓。

田取ニ居地名一也。今上弘仁二年。改賜ニ宿禰姓一也。続日本紀合。

D『続日本後紀』承和四年六月己未条

右京人左京亮従五位上吉田宿禰書主。越中介従五位下同姓高世等。賜ニ姓興世朝臣一。（略）子孫家ニ奈良京田村里一。乃元賜ニ姓吉田連一。

岸は、「田村第」は平城京左京四条二坊九坪～十六坪の地を占める（発掘調査により一部確認）が、「田村里」そのものは左京四条二坊・五条二坊を含みその「付近一帯のかなり広い地域」であったことを明らかにした。問題はなぜ、里制の施行されない平城京の一地域が「田村」という名称を付した「サト」（「里」）と呼ばれたかである。岸は、平城京設定以前の添上郡における五十戸一里の里が平城京設定後も地域呼称として残存したものと処理されているが、そうした考えは妥当であろうか。

まず、朱雀門北側下道道路遺構下層溝（SD一九〇〇）から藤原京時代の「大野里」と記す木簡および「五十家」「五十戸家」と記す木簡（『平城宮出土木簡　解説2』、奈良教育委員会編『藤原宮』）、また、藤原宮跡より「倭国所布評大□里」と記す木簡が出土し、平城京朱雀門周辺一帯は遷都以前大野里に編成されていた可能性が出てきた[13]。

次に『万葉集』の歌だけでなく、史料C『姓氏録』・D『続日本後紀』という国家の公的記録に「奈良京田村里」の名称が見えること、また、『万葉集』（A）も、歌語を記す必然性のない左註部分に「田村里」の名称が見える点が注目される。はじめに述べたように、地域の社会集団を意味する「村」の語は、歌句の中では使われず、題詞（八一七・四〇一五・四〇五〇・四一五六・四一八三）・左註（三八九一・四〇三九）に現れる。つまり、題詞・左註では、歌語に制約されず、他の公的記録に通用する呼称をもって、地域社会の場を表現していた。この点を踏まえれば、「田村里」の「里」は明らかに歌語ではないといえるだろう。

以上の点から、平城京遷都以前に当地域が「田村里」なる里制に編成された可能性は低く、むしろ、平城京のおかれた時代に「田村」を「里」(「サト」)とする認識があったこと、かつそれが、単なる歌語や貴族・官人の主観的認識の所産ではなく、公的に通用する客観的な実在であったことを証明できる。このような「里」は里制の里の遺制とはとうていいえない社会的存在であり、また同時に、「村」とも意図的に区別された、実態的な地域単位であるといえるであろう。

次に先学の成果を踏まえ、「田村里」に入ることが確認される左京四条二坊・同五条二坊における住民構成をみることを通して、その性格を考えてみたい。

a藤原仲麻呂(田村第・田村家)
左京四条二坊九坪~十六坪(天平勝宝四年以前~天平宝字七年)
b田村宮
左京四条二坊十一坪(天平宝字元年)
c田村旧宮(宝亀六年)
d田村後宮(延暦元年)
e藤原是公(田村第・田村家)
左京四条二坊九坪~十六坪か(延暦三年)
f東大寺(園)
左京五条二坊九坪(天平勝宝八年~)
g東大寺(宮宅)

左京四条二坊十二坪（天平勝宝八年～）

h楊梅院領掌地（園・宮宅）

左京四条二坊十二坪・五条二坊九坪（延喜二年以前）

i市原王

左京四条二坊一坪（一坪の邸宅跡）（天平宝字二年）

j大伴宿奈麻呂・田村大嬢（大伴田村家）

k吉知須等（家）・吉田連（家）（養老三年以降）

l石上部君鷹養戸口□上部君嶋君

左京四条二坊

b田村宮は、田村第の一画を占める場所に位置し、皇太子大炊王宮とみる通説のほかに、孝謙天皇の行宮とみる説がある。c・dの田村旧宮・後宮は田村宮の仲麻呂没後の伝領宮と考えられている。東大寺宮宅および楊梅院との関係など、田村宮をめぐっては複雑な問題が残るが、天平勝宝四年から天平宝字元年にかけて、左京四条二坊九坪～十六坪の内部に孝謙天皇御在所・東大寺宮宅・田村宮（孝謙行宮あるいは田村皇太子宮）が所在したことはほぼ間違いない。また、天平宝字二年には、市原王が田村第に隣接する左京四条二坊一坪の地に居を構えていたことが推測されている。東大寺宮宅の設置また市原王の居住は、仲麻呂の政治的派閥関係の形成と関係するが、詳細は岸の論稿[14]に譲りたい。

次に注目されるのが、k吉知須等（家）・吉田連（家）である。C・D共に吉氏の子孫が奈良京田村里に家を置いたので吉田連を賜姓したとする。さらにCでは詳しく「男従五位下知須等。家二居奈良京田村里一」と記し、賜姓の時期は神亀元年五月、その根拠は「吉本姓、田取二居地名一也」とする。一方、『続日本紀』神亀元年五月辛未条に「従五位上吉宜。従五位下吉智首並吉田連」を賜うという『姓氏録』の記事と同類の記述がある。吉知須は吉智首と同一人物であろう。とすると、『姓氏録』の「知須等家」の「等」の文字の挿入の意味が問われることになる。それについては、『続日本紀』の吉智首だけでなく吉宜も並んで吉田連の氏姓を賜ったという記述から、「等」が知須以外に宜をも含んでいるという理解で解決できると思われる。したがって、「奈良京田村里」に「居」したのは、吉宜と吉智首の「家」であろう。『姓氏録』が知須、『続日本紀』が智首とするのは、『姓氏録』が参照した史料が『続日本紀』と系統を異にした記録でありその記載を忠実に引き写し、その後『続日本紀』と照合した（「続日本紀合」）ことを示している。にもかかわらず両者の記録の年次と「等」に表れている記述内容が基本的に一致していることは、『姓氏録』の記述の信憑性をより高いものとしている。『姓氏録』が上位の宜の名を省き知須の名で氏を代表させているのには複雑な政治的背景がありそうだが、ともかく吉宜と吉智首が共に奈良京田村里に「家居」し、そのことを根拠として吉宜と吉智首が並んで吉田連姓を賜ったことは間違いないであろう。さらに注目されるべきことは、『続日本紀』当該条文の改賜姓者の中で唯一、二人並んで同じ氏姓を与えられていることである。吉宜と吉智首はそれぞれ五位の位階をもち「家」政機構をもちうる立場にあった。私は、二人が各々独立した「家」を構成し、神亀元年に二つの「家」を吉田連氏という一つの氏に統合したと考える。

　ところで、藤原仲麻呂の台頭期に、吉田連兄麻呂という人物が確認される。兄麻呂は、仲麻呂が紫微中台の長官に就任した天平勝宝元年八月十日、皇后宮職大属から外従五位下で紫微少忠に抜擢された人物であり[15]、光明皇后の下で仲麻呂の権力基盤を支える一人であった。兄麻呂が宜家、智首家いずれの出身かは定かでないが、その位階・官職からみて「田村里」に「家」を構成していたことは間違いなかろう。吉田連家は、仲麻呂田村家と政治的閥族を形成していた。

大伴田村家に、大伴宿禰宿奈麻呂とその娘の大伴田村大嬢が居していたことは、『万葉集』（A）から知られる。そして、「田村里」の名称は、田村大嬢の号の起源になっただけでなく「大伴田村家」という大伴宿禰氏の一「家」の名称の起源にもなっていた。

以上、「田村里」の検討からは次のことが確認できる。第一に、「田村里」は「奈良京田村里」と呼ばれる、里制および京―坊の律令行政制度の枠内に収まらない、また「村」とも区別される宮都内の実態的な地域単位であったこと、第二に、「田村里」への「家居」が、藤原仲麻呂の田村家、大伴宿禰宿奈麻呂・大伴田村大嬢の大伴田村家、吉宜家（吉田連氏）、吉智首家（吉田連氏）それぞれの「家」名・「家」を基礎にした「氏」名の根拠になっていること、第三に、「田村里」に同時代に並存が確認できる「家」、すなわち仲麻呂の田村第の時代の「田村里」の居家である、仲麻呂田村家、田村宮、東大寺宮宅、市原王家、吉田連兄麻呂家は、家政機関をもつ独立した「家」の相互関係を藤原仲麻呂派の政治的派閥に転化したこと、以上である。第二の点は、「里」の構成単位が「氏」でなく、「氏」内部の個人を軸に構成される相互に独立した「家」に認められていたことを物語っている。そしてさらに第三の点は、「田村里」内部の血縁の範囲を超えた他「家」同士の相互交流が、豪族間のネットワーク（「ツレ」）を形成しており、それが、仲麻呂の政治的派閥形成の基礎の一つになりえたことを示している。

2　「坂上里」

「坂上里」は、七六〇から「田村里」と「里近く」あったことが知られる。『延喜諸陵墓式』の「平城坂上墓」は出土埴輪の年代観から現在治定されている磐之媛陵（佐紀ヒシャゲ古墳）ではなく、ウワナベ古墳がふさわしいとされ[16]、また和田萃によれば、東三坊大路―コナベ越えが八・九世紀の平城坂越えのルートであったという。この見解に従えば、「平城坂上」すなわち「坂上里」の場所は、ウワナベ古墳付近を含むことになる。田村第・田村宮・市原王宮の所在する左京四条二坊の東を限る二坊大路を北に直進すると北一条大路で京の北端に到達するが、ここにウワナベ古墳の西南部が接している。つまり、ウワナベ古墳の所在する「平城坂上」と「田村里」は二坊大路一本で南北に結ばれることになる。「坂上里」と「田村里」が「里近く」といわれた背景には、このような交通事情があろう。つまり「坂上里」は、平城京北端に接する位置に所在したのである。また当地が里制の里に編成されていた証拠は認められない。七六〇の左註で「田村里」と対照して「坂上里」を引いていることから、両者は同性格の「サト」であり、「宮都のサト」に準じた性格をもっていたと考えられる。なお、大伴坂上郎女は「坂上里」に居し、それを根拠としてその娘（田村大嬢の異母姉妹）は「坂上大嬢」を号した（七六〇左註）。また、大伴坂上郎女は「大伴坂上家之大娘」（五八四）と呼ばれ自立した「大伴坂上家」を構成していたことが知られる（五二二）。ここでも、①の仲麻呂田村家、大伴田村家、吉宜家（吉田連氏）、吉知須家（吉田連氏）同様、「里」名が「家」名の根拠になっていることが確認される。

3　「須我波良能佐刀」（「菅原里」）

＊四五一五　大き海の水底深く思ひつつ裳引きならししスガハラノサト

右一首、藤原宿奈麻呂朝臣之妻石川女郎薄愛離別、悲恨作歌也。（年月未詳）

「スガハラノサト」は、藤原宿奈麻呂（良継）あるいは石川女郎夫妻の居住した「佐刀」であった。元明天皇は、A和銅元年九月十四日、「行二幸菅原一」し、B十一月七日、「遷二菅原地民九十余家一給二布穀一」い、C十二月五日には

「鎮二祭平城宮地一」した（以上『続日本紀』和銅元年条）。和田萃は、Cの記事の前提にBの記事が存在することから、「菅原地民九十余家」は宮地内に存在した家の総数にすぎず、平城遷都以前に「菅原地」はさらに大規模に広がっていたとみている。

推古十五年築造の「菅原池」[17]は、右京六条三坊の南端部分から七条三坊の北半分にかけて所在する、近世に「大池」と呼ばれた蛙股池に比定されている[18]。平城京の設営時の整地の有無は不明だが、四五一五の中に見える「大き海」が「菅原池」を示す可能性は考えられる。なお、右京三条三坊の地に建立された「菅原寺」は行基の布教の拠点であった。さらに右京三条三坊の南に隣接する右京四条三坊には、「菅原伏見東陵」（『延喜式』・垂仁陵）がある。以上の点から、八世紀の「菅原地」「菅原」は、右京三条三坊・三条四坊を中心に南は右京七条三坊、北は右京三条三坊より東北に当たる平城宮地の一部を含む右京三条を中心にした広い部分を占めていた可能性が出てくる。

しかし、平城遷都以前のA・Bの段階で、当地域は「菅原地」「菅原」として登場しており、遷都以前にそれが菅原里なる里制に編成されていた形跡は認められない。一方、「天平十九年法隆寺伽藍縁起幷流記資財帳」[19]に「添下郡菅原郷」が見え、東を平城京西京極に接した京外の西大寺奥院西方の地に比定されている[20]。したがって、八世紀後半、平城京内の「スガハラノサト」と京外の「菅原郷」が同時並存したことが確認される。「菅原郷」は五十戸一郷制の郷と考えられ、このことは、「スガハラノサト」が、里制の里の遺制ではなく、むしろ平城京における固有の実態的地域概念であったことを示しているのである。

「菅原」は、また、土師氏の一支族の「居地」であった。延暦四年、土師宿禰古人等は、「因二居地名一、改二姓菅原一」した（『続日本紀』延暦五年五月癸卯条）。なお、土師宿禰氏の延暦期の改賜姓は、土師宿禰古人等（菅原宿禰）、菅原真仲・土師菅麻呂等（大枝朝臣）、高野新笠外祖母土師宿禰（大枝朝臣）のように[21]、個人を単位にその周囲の人間を含めた形でその都度行われ、それが官人個人の周囲に形成され、そのために絶えず流動する「家」単位の賜姓であったことがわかる。延暦五年五月の改賜姓は、単なる氏の分割賜姓ではなく、土師宿禰古人等の「家」が「居」す地名たる「菅原」による改姓であっただろう。「菅原」は、「田村里」「坂上里」同様、個人を中心にその都度形成される「家」の帰属を確認する場である。「スガハラノサト」における、そうした「サト」と「家」の関係は、「田村里」「坂上里」でみてきたものと同様である。

4　「元興寺之里」

*大伴坂上郎女詠元興寺之里歌一首

九九七　フルサト（古郷）の飛鳥はあれどあをによし平城の明日香は見らくし好しも

「フルサトの飛鳥」と「平城の明日香」の対照は明白である。ここで「フルサト」は、元興寺を含む過去の「ミヤコ」としての「飛鳥」全体を「サト」としての側面から把握した名称であり、それに対して「平城」は、現在の「ミヤコ」（平城京）を「サト」としての側面から把握した名称であると思われる。したがって前半の「飛鳥」は飛鳥元興寺周辺を、後半の「明日香」は平城京元興寺の周辺（「元興寺の里」）を指している。すなわち、ここには、平城京全体を指す「平城」（ノサト）とその一部地域の「元興寺の里」という宮都の「サト」の二重構造が表れている。この宮都の「サト」の二重構造は、すでに検討した「平城里」と、上述の「田村里」「坂上里」「スガハラノサト」「元興寺の里」などの二種類の宮都の「サト」の関係を表現する。「京しみみに里家は多にあれども」（四六三二）の歌句は、平城京全体が多くの「里家」によって構成されている様子を表現しているが、それは、平城京全体が「田村里」「スガハラノサト」など、「家」を基礎単位とする複数の「里」の累積から成り立っている構造を示しているのではないだろうか。また、「元興寺の里」は、歌の中ではなく題詞部分に表れる表記である。このことは、先述のごとく「里」が歌語や主観的認識の所産ではなく、現実に通用した地域社会の名称であったことを物語っている。

元興寺は、外京四条七坊から五条七坊にかけて所在していたが、「元興寺の里」はその付近一帯を示す呼称であろう。「元興寺の里」の内部的諸関係は不明だが、平城京には、このような寺の周囲に形成された「里」がほかにも存在した。次にそれらの事例を『日本霊異記』から拾っておくことにする。

5　「寺」付近の「里」

a「大安寺之西里」（中二四）・「奈羅京大安寺之西里」（中二八）、b「諾楽京右京殖槻寺之辺里」（中三四）、c「奈良京薬師寺東辺里」（下一二）（a～c、『日本霊異記』）。

「ナラ京―里」は、「奈良京田村里」と同様の用語法を示しており、上記の例は、すべて「田村里」と同性格の「里」であったことを示唆する。次にこれらの「里」の比定地を確認しておこう。

aに見える大安寺は、左京六条四坊・七条四坊の地を占めたが、その西は七条三坊・六条三坊が中心となるはずである。近隣の「田村里」の南限が確認できる地域は五条二坊なので、仮に「大安寺之西里」が七条二坊・六条二坊にわたっていたとしても、それに隣接しても領域が重複することはない。

bは、殖槻寺が殖槻八幡宮傍らの観音堂を比定地とすると、右京九条三坊付近が「殖槻寺辺里」の所在地となろう。「菅原里」は右京七条三坊まで及んでいたと考えられるので、その近在に同「里」が所在することになる。

cは、薬師寺が右京六条二坊四坪を除く地域を占めたため、その「東辺里」は右京六条一坊を中心地とするはずである。なお、薬師寺の西隣は、右京六条三坊が「菅原里」に入ることを確認したので、「薬師寺東辺里」は薬師寺を挟んで「菅原里」と隣接していることになろう。

以上の例を組み込んで、「里」の所在地を平城京全体に落としていくと、京のかなりの領域をこれらの「里」が占めることが確認できる。しかしそれでも、これらの「里」は京内においてその領域をまったく重ねることがない、という事実に気付くのである。

なお、『日本霊異記』からは、近隣の寺を生活の拠り所（「ツレ」ある場）とする「里人」の姿が描かれており多くの示唆を受ける。ここでは、aの中巻第二十四話の次の記事に注目しておきたい。

＊楢磐嶋者、諸楽左京六条五坊人也。居二住于大安寺之西里一。聖武天皇世、借二其大安寺修多羅分銭三十貫一、以往二於越前之都魯鹿津一、而交易以之運超、載レ船将二来家一之時、忽然得レ病。思二留レ船単独来レ家、借レ馬乗来。（略）

左京六条五坊という坊はなく、大安寺之西は六条三坊になるので、六条五坊は六条三坊の誤りであろう。注目すべきは、楢磐嶋の所属を示すのに、条坊呼称と「里」の二つを記述している点である。本来、居地を示すならば、「居二住于大安寺之西里一」の記述があれば十分である。事実、a中一八では「奈羅京大安寺之西里、有二一女人一」、b「諸楽京右京殖槻寺之辺里、有二一孤嬢一」、c「奈良京薬師寺東辺里、有二盲人一」として、人の帰属を示すのに条坊呼称は使用されていない。a中二四のみが「左京六条五坊人」という条坊呼称を付している。これは、楢磐嶋が条坊制と「里」双方によりその帰属が確認されている証左ではないだろうか。条坊による帰属確認の本質は、国家の、坊（坊令・坊長）―戸制に基づく編戸による本貫の把握にあることはいうまでもない。大安寺修多羅分銭という官寺の公的用途調達のための出挙を受ける対象――磐嶋はそれを交易により私富集積の手段に転化するが――であることが説話の背景として語られなければならないため、楢磐嶋の本貫の所在が明示されたと考えたい。

楢磐嶋の例は、経営（交易活動）拠点としての「家」の帰属が、戸籍に編成された本貫地としての条坊ではなく、

「寺」との相互関係（「ツレ」）を構成する宮都の「サト」により確認されたことを示しているのである。

以上、宮都の「サト」に関して述べてきた点を整理しておく。

宮都は、「ミヤコ」と「サト」の二つの側面をもっていた。「ミヤコ」は、先学の指摘のとおり、天皇の「宮」を中心にして形成された天皇と貴・豪族層の支配と奉仕の関係が具現する専制的秩序の表現である。一方、貴・豪族層が「家」の帰属を自らが積極的に確認し、その「家」名の根拠とするごとく「家」を支える基盤として認識した地域秩序として、「サト」としての宮都の秩序があった。「サト」は、天皇と貴豪族層のタテの支配秩序を媒介にせずに、相対的に自立した日常的生活諸関係の展開する場として認識された。また、そうした支配秩序を媒介にしない貴・豪族層のヨコの諸関係の基礎には、天皇を媒介せずに「家」相互が「家」の相互利益のために「由縁」（ツレ）ある関係を結ぶという集団秩序の形成方式が存在した。こうした「サト」の中の「家」の相互関係は、氏の範囲を超えたものであり、またそれは、条坊—戸の制度的関係の枠外にあった、それと並存した「里—家」の秩序として存在していたと考えられる。すなわち、宮都の「サト」は、単なる歌語・主観的認識の所産ではなく、また里制の里とも「村」とも区別される、固有の構造をもつ宮都の集団的秩序の実態的な一側面である。その構造とは、平城京内の複数の「里—家」の累積により京域全体として「里」が成り立つ、という「家」の相互関係の累積により成立する二重の諸関係である。こうした「里」は、「平城里」—「田村里」「坂上里」「菅原里」「元興寺之里」「大安寺之西里」「殖槻寺之辺里」「薬師寺東辺里」の諸関係として、具体的に確認できるのである。(22)

四　地域社会の「サト」

1　人言・人目と「サト」

最初に分類した「サト」の語彙表記のうち、Aの「サト」の事例の中には、歌の主題の中で共通する特徴をもつものが存在している。それは、「サト」が「男女の恋愛関係の成就を左右する条件として現れてくる事例」（以下この用例をA―xとする）である。

＊柿本朝臣人麻呂、妻死之後、泣血哀慟作歌二首并短歌

二〇七　天飛ぶや　軽の路は　吾妹子が　サト（「里」）にしあれば　ねもころに　見まく欲しけど　止まず行かば　人目を多み　数多く行かば　人知りぬべみ　狭根葛　後も逢はむと（略）

＊一二四七　見渡せば近きサトミ（「里廻」）をたもとほり今そわが来る領巾（ひれ）振りし野に

＊一五一九　言繁きサト（「里」）に住まずは今朝鳴きし雁に副ひて往なましものを

＊一九八二　橘の花散るサト「里」に通ひなば山霍公響さむかも

＊二五六七　サトビト（「里人」）の言縁妻を荒垣の外にやわが見む憎くあらなくに

＊二六〇三　遠くあれど君にそ恋ふる玉桙のサトビト（「里人」）皆にわれ恋ひめやも

＊二八一四　サトナカ（「里中」）に鳴くなる鶏の呼び立てていたくは鳴かぬ隠妻かも一に云はく、サト（「里」）響み鳴くなる鶏の

＊二八八五　サトビト（「里人」）も語り継ぐがねよしゑやし恋ひても死なむ誰が名ならめや

＊二八八八　サト（「里」）近く家や居るべきこのわが目人目をしつつ恋の繁けく
＊三二八六　打ち延へて　思ひし小野は　遠からぬ　そのサトビト（「里人」）の　標結ふと　聞きてし日より　立てらくの　たづきも知らず　居らくの　奥処も知らず　親びにし　わが家すらを　草枕　旅寝の如く　思ふそら　安からぬものを　嘆くそら　過し得ぬものを　天雲の　ゆくらゆくらに　蘆垣の　思ひ乱れて　乱れ麻の　麻笥を無みと　わが恋ふる　千重の一重も　人知れず　もとなや恋ひむ　息の緒にして
＊三三一六　紀の国の　室の江の辺に　千年に　障ること無く　万世に　斯くしあらむと　大船の　思ひたのみて　出で立ちの　清き渚に　朝凪ぎに　来寄る深海松　夕凪ぎに　来寄る縄苔　深海松の　深めし子らを　縄苔の　引けば絶ゆとや　サトビト（「散度人」）の　行きの集ひに　泣く児なす　靫(ゆき)取りさぐり　梓弓　弓腹振り起し　志乃岐羽を　二つ手挟み　放ちけむ　人しくち惜し　恋ふらく思へば
＊三四八二　間遠くの野にも逢はなむ心なくサト（「里」）の真中に逢へる背なかも
＊三五九三　己妻をヒトノサト（「比登乃左刀」）に置きおぼぼしく見つつぞ来ぬる此の道の間

右の史料では、「サト」は男女関係の成就にとり、いかなる制約条件として機能しているだろうか。これらの歌の構造を整理して気付くことは、以下の諸点である。

第一に、「サト」外の男性（あるいは女性）が「サト」で異性と関係をもとうとするときに、異性の属する「サトビト」が両者の恋愛関係の成就を妨げるという状況がある。三三一六・一九八二（「山霍公」は「サトビト」の比喩）は、いずれも女性の住む「サト」の外の男性の「通い」を「サトビト」が妨害する状況を作歌の背景としている。

第二は、「サトビト」以外の男女は、「サト」内部の異性をめぐり、「サトビト」と対抗しながら関係をもとうとする状況があったことである。三二八六は、女性（「小野」に喩える）の住む「里」と作歌者（男性）のいる場所は近いが、女性の側の「里人」により女性が「標結」され、「里」外にいる作歌者（男性）は思い乱れている、という例である。二六〇三は、作歌者の住む「里」と慕う異性のいる場所は遠い（里外）にもかかわらず、「里人皆」に恋をせず、「里」外にいる人一筋に恋する、という例である。また、二五六七は、作歌者（男性）が女性の住む「サト」の中で女性（里人の言縁妻）を囲む「荒垣」の外から見ようとするのを里人は非難（人言―二五六六・人目―二五六八）するだろうが強い恋心のゆえに気にしない、という男性の決意を歌う。三五九三の己妻を「人の里」において旅立つ不安も、このような文脈の中で理解できる。

第三に、「サト」の妨害に対して、それを克服して男女関係を実現しようとする行為が「サトビト」の非難を覚悟すればある程度可能であったことである。二八八八・二八八五はいずれも「サトビト」の「人目」「人言」を跳ね返して男女の愛を貫こうとする決意を歌ったものである。それは、女性の住む「里人」の繁き「人目」「人言」が「讒す」状況を打ち破ろうとする気持ちに関わっている。

第四に、異なる「サト」の男女が関係を結ぶとき、それぞれの「サトビト」の非難をかわす抜け道が存在したということである。一二四七は、女性の住む「サトミ」（里廻）を作歌者（男性）が迂回して女性が領巾振る「野」にやってきた、という例。一二四七の類歌には「岡の崎廻みたる道を人な通ひそありつつも君が来まさむ避道にせむ」（巻十一・二三六七）、「見渡せば近きわたりをたもとおり今が来ますと恋ひつつぞ居る」（巻十一・二三八三）がある。ここから、たとえ恋人の住む「サト」が近くとも「サト」外から来る恋人は「サト」で逢うことを避け、「野」「岡の崎」で逢わなければならない事情があったことが知られる。こうした「サトビト」を避けた出会いの場を表現する「避道」という名詞が確立していることは、それが、社会慣行として容認されていたことを物語る。(23) このような慣行は三四八二にみえる、女性の住む「サトの真中」で逢はず「間遠い野で逢おうとする」ルールの存在により確認できる。また、二八一四からは、作歌者（男性）が、「サト中」に住む女性を「隠妻」とする慣行があったことが知られる。

以上四つの特徴からいえることは、異なる「サト」に帰属する男女関係の成立が男女それぞれが帰属する「サト」で問題になり、日常的に結婚相手を同じ「サト」の「サトビト」に求めるよう働きかける圧力が異なる「サト」同士の男女双方に及んだ、ということである。しかし、男女の「サト」外婚の禁制は体制的に確立したものではなく、春秋の予祝・収穫儀礼の歌垣のおりには、国・郡を超えて多様な「サト」に居住する男女が集まり恋の相手を探し求めたことは周知のとおりである。しかし、この点は、すでに指摘した「ヨチ」による婚姻承認慣行（第Ⅱ部第一章）を踏まえれば、容易に理解できる問題といえる。「サト」を基盤にして形成された「朋類」（同世代集団）としての「ヨチ」は、日常的に、その仲間を構成する同世代の男女の間で婚姻の相手を選ぶのが通例であった。その原則がベースになって、「ヨチ」の婚姻の相互承認がなされていたと考えられる。したがって、「ヨチ」に所属しない「サト」外の男女が、「サト」の「ヨチ」の異性と婚姻を結ぶ場合には、正式に異性が所属する「ヨチ」に承認を求める必要があった。非日常的な祭事として行われる歌垣の場は、まさにそうした異なる「サト」の男女を結びつける、「ヨチ」の婚姻承認の場そのものであったと推察されよう。しかし、歌垣の場での正式な「サトビト」（「サト」の「ヨチ」）の承認を経ない異なる「サト」の男女の恋愛関係は、日常的には非難の対象となるのであり、「サトビト」の「人言」「人目」の抑圧の下におかれることになる。その中で生み出される恋の葛藤が、ここで紹介した『万葉集』の作歌の原動力となっていたものと考えられる[24]。また、こうした葛藤が恒常的に生み出され、異なる「サト」間の争いに発展することを回避するために、「避道」「隠妻」という抜け道（避難所）が慣習的に用意されていたのではないだろうか。

以上のことは、男女の恋愛関係の成立を「サト」内外で容認しながらも、「サト」の者同士で結婚することを求める婚姻規制としての内婚が、七・八世紀古代社会の基本原則であったことを示しているのである。

2 婚姻秩序をもつ「サト」の実態

以上にみてきた「サト」の婚姻秩序は、婚姻に関わる固有の規範意識をもつ「サト」という社会集団の存在を示唆する。次にこれらの歌群に表現されている「サト」がいかなる実態を表現したものかについて検討したい。この問題を解く手がかりになるのは、A—x歌群の収載巻構成の問題である。次にその点を確認しておく。

*二〇七（巻二）、一二四七（巻七）、一五一九（巻八）、一九八二（巻十）、二五六七・二六〇三・二八一四（巻十一）、二八八五・二八八八（巻十二）、三二八六・三三二六（巻十三）、三四八二・三五九三（巻十四）、四一三〇（巻十八）。

まず、A—xの歌群が、巻十一〜十四の作者未詳歌巻に集中して現れている点が注目される。

かつて巻十四の東歌は、東国地方の民謡的性格をもち、巻十一・十二の所載歌は畿内地域の民謡的性格をもつとする説[25]があった。巻十一・十二の民謡性は、その後批判され、多くは、知識人、貴族・中下級官人が広く層をなす人々の群が、「ゐなか」の生活体験を基にした創作歌であると考えられている[26]。巻十四の東歌についても、集団歌謡を少数含むが、ほとんどが東国人の創作歌（叙情歌）であるとされる[27]。

このような研究動向を踏まえてA—xの歌群を見直してみると、それらの種類の歌が、ほとんど都の貴族層の作った作者判明歌に現れないことが注目されてくる。このことは、作者が貴族層ではないが在地生活を体験しそれを創作歌として表象しうる階層——豪族層・村首層・有力農民層クラスなど——を中心としていた可能性を示唆している。A—x歌群のうち、東国の民衆社会の中で生み出された歌であることが明白なのが、巻十四・三五九三の防人歌と三四八二の東歌である。既述のごとく三四八二には、「避道」の慣行がみえ、それが東国社会の地域社会の婚姻秩序として存在したことを示す。その類歌（二三八三・二三六七）は、さらに巻十一に収められている。この点も巻十一・十二のA―x歌群の作者が巻十四の歌の作者と同様の性格をもつ、畿内の地域社会の生活者であることを示しているのである。

ところで、この巻十一・二三八三の類歌が巻七・一二四七の例である。一二四七は、山の旅を主題とする一二四四～四七と一組をなす歌であるが、本来は人目を避けつつ隠妻を訪れるときの歌を、山の旅の三首の後に、旅の歌として転用したもの、と位置づけられている。旅の歌としての転用の主体は貴族層と考えられるが、その素材は巻十一・二三八三に見られるように在地的な基盤を保持した歌の中から選択されたものである。巻十・巻十三については詳論できないが、巻十は比喩歌で貴族の遊戯の中で類歌を素材にしながら創作されたもの、巻十三は物語歌を志向したもの[28]と思われ、いずれの歌も、貴族層が在地的基盤をもつ「サト」の婚姻秩序に関わる類歌の知識を背景にしながら、虚構的に創作したものと考えられる。

最後に巻二・二〇七の作歌者の明らかなA―xの「サト」の用例を見ておきたい。二〇七は柿本人麻呂の妻の死を悼んで作った「泣血哀慟歌」の一首で、第一に、「里」が「軽の路」「軽の市」、すなわち「宮都の地」を意味すること、第二に、妻の家内に孀屋が用意され妻の両親に婚姻を承認されている（二一〇・二一三・二一六）にもかかわらず、「人目」を気にしていること、の二点が注目される。関口裕子は、第二の点に注目し[29]「人言が夫と妻の関係さえ規制している」ことから、人言（人目）自体に婚姻の社会的統制の意味はないとされた。「サト」が周囲に認知される以前の男女の恋愛関係を規制する上記の例と異なり、この場合の「人目」が「サト」の婚姻規制を表現しないことは確かである。しかし、当該例は、「サト」が宮都の地を意味するA―xの中の唯一の事例であり、すなわち宮都付近（「サト」）における貴族層の婚姻生活を歌った虚構的な創作歌と考えられるもの[30]である。たとえば、大伴家持とその正妻大伴坂上大嬢との逢瀬が「人目」を気にするものであったように（七五一・七五五）、認知された結婚後にも出会いの制約となる「人目」は貴族・官人層に問題になるものとして登場しており、それは婚姻の社会的規制ではなく、貴族男女の個人的事情に関わる問題についての周囲の目・噂を、定型的表現である「人言」「人目」に仮託して虚構的に表現しているにすぎない。したがって、ここから地域社会の婚姻規制を読み取ることができないのは当然である。

『万葉集』に見えるすべての「サト」のうち、巻十一・巻十二・巻十四に登場する用例は、「サト」「サトビト」を男女関係を制約する条件として歌う歌群（A―x）に限定される。そして、巻十一・十二・十四は、畿内・東国の地域社会（「サト」）に基盤をおく豪族・百姓層の創作歌を収載する巻であった。一方、A―x歌群のうち、巻二・二〇七のみが、宮都の「サト」として登場するが、それは虚構性の濃厚な人麻呂の創作歌であったことが確認される。このようなA―x歌群の収載巻構成の特徴は、そこから抽出される「サト」の婚姻秩序が、地域社会に存在したものであることを示しているといえる。そして、このような「サト」の婚姻秩序は、里制の里の行政的支配とも、「村」の支配秩序とも位相を異にする、「サトビト」に体現される地域社会の集団的秩序の存在[31]を背景にすると考えられるのである。

3　男女個人所有と「サト」の婚姻秩序

以上、明らかにしてきた地域社会の「サト」の婚姻秩序は、いかなる意味をもつのだろうか。七・八世紀における族外婚制[32]の存否、後期対偶婚段階の特徴として示される単婚への傾斜を貴族・首長層の支配層に認める[33]のか、共同体成員のレベルにまで下げて考える[34]のか、という問題については論争があり、決着がついていない。前項で指摘した「サト」の婚姻秩序の問題は、当然、こうした論争の中で明らかにされた古代婚姻史の個別的事実についての評価抜きにその社会的意味をとらえることは難しい。そこで、最後に、『万葉集』巻十八・四一三〇・四一三二の「サト」史料を取り上げ、これまでの検討結果を整理して展望しておきたい。

＊『万葉集』巻十八

（略）詔書云、愍二賜義父節婦一。謹案、先件数条、建レ法之基、化レ道之源也。然則義父之道、情存レ無レ別、一家同レ財。豈有二忘レ旧愛レ新之志一哉。所以綴二作数行之歌一、令レ悔二棄レ旧之惑一。其詞曰

（略）

四一三二　サトビトの見る目恥づかし左夫流児にさどわす君が宮出後風

この題詞と歌は、越中守大伴家持が、史生尾張少咋が遠方にいる妻を忘れ、遊行女婦左夫流児に夢中になっていることに対して教諭するために作ったものである。家持の教諭は、律令条文と詔書を引用した教化の体裁をとったものだが、その目的は、「義夫之道、情存レ無レ別、一家同レ財。豈有二忘レ旧愛レ新之志一哉」という文に表れている。「義夫」は賦役令孝子条に推奨される儒教的規範の一つである。しかし、律令の「義夫」には夫婦の夫の意味はなく、それは「累代同居」「五代同居」[35]等の一族の親和を顕彰する概念であった。家持はそれを別の意味で解釈し、夫婦が「情存レ無レ別、一家同レ財」の目的のために「愛レ旧」の志をもつべきことを推奨する。すなわち「天地の神ことよせて春花の盛りもあらむと待たしけむ」（四一三〇）というように神の「ことよせ」（「言縁」）により夫婦の繁栄するまで共に待つことを誓った男女が、別の異性と関係をもつことで、「一家同財」の規範を破るべきではない、という「義夫の道」の独特な解釈を施しているのである。そして、夫婦の協力——財の持ち寄りによる「一家」の形成——が、婚姻を契機に解体することを戒め、「一家同レ財」の規範を「サトビトの見る目」に仮託して少咋を諭したのが四一三二の歌なのである。この場合、「サトビト」の人目は、男女個人所有下での婚姻による財の移動を、「家」持続の

観点から「サト」内部に抑制しようとする規範としての意味を担っている。

女性の婚姻を「サト」内にとどめようとする地域社会の志向は、未成熟な男女個人所有下の「家」が、個人の婚姻を契機とした「家」の経営資産の流動化を抑止するため、個人の所有する財産を「家」が所属する「サト」内部にとどめようとした意図を示しているのではなかろうか。その意味で「サト」は、対偶婚社会における流動的で移動性の強い男女を「サト」内部につなぎとめ、それによって不安定な「家」の継承性と維持を保障する、相互扶助的機能をもつ社会集団として認められるかもしれない。流動性の高い双方的な地域社会において、男女個人所有による「家」の生業（「ナリワヒ」）の解体を防ぐ一つの契機は、「サト」による婚姻規制にあった。その内実は、日常的には「サト」内婚を原則とし、それを超える婚姻締結（外婚）に「サトビト」の承認を経る必要があるという、社会に共有された規範意識として理解できるのではないだろうか。

おわりに

本章で述べてきたことを要約し、展望を含めて憶説を整理することで、結びとしたい。

古橋信孝・小林昌二以来『万葉集』に見える「サト」の呼称は「村」を表す歌語・雅語とみるのが通説であるが、本章ではその見解について検討を加え、それが歌語・雅語に限定して使用されているとは言いがたい点を指摘した。

『万葉集』の「サト」が見える史料を整理していくと、大きく宮都を表す「サト」の呼称と地域社会内部を表す「サト」呼称、そして里制の里の呼称に分類できることがわかる。宮都の「サト」は平城京を「サト」と表現するだけでなく、「田村里」「坂上里」「菅原里」「元興寺之里」「大安寺之西里」「殖槻寺之辺里」「薬師寺東辺里」という宮都内部に実在した地域名としても登場する。これらの地域名は里制の遺制でも「村」でもなく、八世紀に機能した平城京内部に存在した法制度上に位置づけられていない実態的な地域区分を表すものであった。またそれらは『万葉集』の歌中だけでなく、歌語で表す必然性のない題詞・左註や、また『新撰姓氏録』『続日本後紀』『日本霊異記』という歌以外の記録にも見えるものであり、「サト」を里制の里、また雅語・歌語とみる見方だけではその本質はとらえられないことがわかる。

そこで宮都の「サト」の歌から作歌者である貴族・官人層の「サト」認識がいかなるものであったかを探ると、「サト」の表現は「ミヤコ」との対比において用いられている点が理解される。「ミヤコ」とは、天皇の「宮（ミヤ）」を介して天皇と貴・豪族層の支配と奉仕の関係が具現する政治的秩序が表象する場を意味する。それに対して「サト」は、貴豪族層が自らの「家」の帰属を確認し、その「家」名の根拠とする地域名であり、日常生活の中で「家」のナリハヒが成り立つ場として、すなわち「宮」を介したタテの支配秩序を媒介にせずに日常的な生活諸関係の展開する場としての側面から宮都内の諸地域を表現した呼称であった。また、「サト」における天皇を介しない貴・豪族層のヨコの諸関係の基礎には、「家」が相互の利益のために「由縁」（ツレ）ある関係を結ぶという集団秩序の形成方式が存在した。「サト」内部の「家」の相互関係は、氏の範囲を超え、また条坊制の枠外にある「里（サト）—家」の秩序として存在したと指摘できる。以上の考察結果から、宮都の「サト」は、歌語や主観的認識の所産ではなく、また里制の里とも「村」とも区別される、いわば生活共同体として実在した実態的な地域的諸集団として把握できるのである。

一方、地域社会において「サト」がいかなる存在として認識されていたかという問題は、『万葉集』の中で「サト」が「男女の恋愛関係の成就を左右する条件として現れる」共通のモチーフをもつ歌群の分析により明らかにできる。すなわち、「サトビト」の「人言」「人目」を詠んだ歌は、異なる「サト」に帰属する男女関係の成立について、歌垣の場での「サトビト」の承認が必要になるという社会慣行を前提に無理なく理解でき、このような婚姻承認の主体としての「サトビト」は、第Ⅱ部第一章で指摘した婚姻承認権をもつ「朋類」としての「ヨチ」によって構成されていたと推察される。したがって、「人言」「人目」を原始的思惟に関わる問題として考察した関口裕子説よりも、むしろ関口に批判された伊東すみ子の村落（本章でいう「サト」）内婚制論が再評価されると思われる。ただし伊東説は、国郡を越えて男女が集まる歌垣や、本章で指摘した「隠妻」「避道」の慣行と村落内婚との関係が明らかにされていない点が課題として残されている。本章では、「サト」内婚は日常的な場での恋愛・婚姻の原則であったが、「サト」外婚は排除されているわけではなく、一定の「サト」の婚姻規制の下で許容されていたとみている。その規制こそが、年数回に限り開催された歌垣という祭事の場における「サト」外の男女の恋愛・婚姻関係の「サトビト」「ヨチ」による承認行事であり、また「隠妻」（「サトビト」の承認を経ていない妻）や「避道」（「サトビト」の「人目」「人言」を避けた「サト」外での恋愛関係の成就）という慣行であった。「サト」内婚の原則が前提に存在しなければ、「サトビト」から「隠」し「避」けるという抑制の実態は明らかにならないのではないだろうか。したがって、八世紀の婚姻は、「サト」（村落）内婚を原則として外婚が付随するゆるやかな規制を伴っていたとみるのが実情に即しているといえる。婚姻規制の主体としての地域社会の「サトビト」集団の存在は、国司・郡司・里長や「村」の首長を介さない村落の集団的規制が存在していたことを物語るものであり、それは「サト」が「サトビト」相互のヨコの諸関係を表した実態的な地域社会集団の呼称であった事実を示している。

以上、地域社会の「サト」と宮都の「サト」の表現と理解から、はじめに述べた先学の研究の中で、五十戸そして里で表される「サト」の行政制度の前提として、村落を表す「サト」という実態があったとする山田英雄の見解に改めて注目したいと思う。ただしそれは、山田のいうような日本語としての成熟度の問題から行政制度の里の和訓となったのではなく、村落を「村首」という首長のタテの支配秩序の側面から呼称した「村」語に対して、村民（「サトビト」）相互のヨコのつながり（「ツレ」ある関係）という集団的秩序の側面からの呼び名として「サト」語が定着しており、また行政制度としての五十戸・里制が「サト」の地域集団を戸として再編成することにより成立したために、それが行政里の和訓として選ばれることになったと考えたい。「サト」の主たる集団的秩序の内実は第Ⅱ部第一章・第二章の「ヨチ」「ドチ」論で述べてきた年齢（世代）秩序であり、また第Ⅰ部第三章で詳論したように編戸はこの年齢（世代）秩序をもとに実施されていた。つまり、年齢（世代）秩序により構成された地域的社会集団が「サト」と呼ばれ、その戸籍編成により五十戸制が成立したのではないかという見通しをもつことができるわけだが、これ以上の検討は別考を必要とすると思われるので、とりあえず擱筆し、本章を閉じることとしたい。

註

（1）山田英雄「律令制成立期の地方問題」（『古代の日本』九、一九七一年）。
（2）小林昌二「「村」と村首・村長」（同『日本古代の村落と農民支配』塙書房、二〇〇〇年。初出は一九八九年）。
（3）古橋信孝「風土記の『村』」（『古代文学』二六、一九八七年）。
（4）荒井秀規「律令国家の地方支配と国土観」（『歴史学研究』八五九、二〇〇九年）、市大樹『飛鳥藤原京木簡の研究』（塙書房、二〇一〇年）、平川南『律令国郡里制の実像』上・下（吉川弘文館、二〇一四年）。
（5）関和彦「古里・在地社会論」（同編『古代東国の民衆と社会』名著出版、一九九四年）。
（6）池辺彌『和名類聚抄郡郷里駅名考証』（吉川弘文館、一九八一年）。
（7）佐々木信綱『萬葉集事典』（平凡社、一九五六年）。
（8）『万葉集』七二六番歌では、大伴坂上郎女が大伴氏の古い本拠地たる跡見庄を「古郷」と呼んでいる点が問題になる。しかし、跡見庄の所在地、桜井市外山はかつての王宮の地「磐余」の近在で、大王宮との関係で大伴氏が獲得した拠点とされる（土橋誠

「宅地と本拠地に関する若干の憶説」『続日本紀の時代』塙書房、一九九四年)。

(9) 仁藤敦史「古代王権と文芸—古代の漢詩・和歌とその「場」—」(国立歴史民俗博物館編『和歌と貴族の世界 うたのちから』塙書房、二〇〇七年)。

(10) 浅野充「律令国家と宮都の成立」(同『日本古代の国家形成と都市』校倉書房、二〇〇七年。初出は一九八九年)。

(11) 岸俊男「藤原仲麻呂の田村第」(『日本古代政治史研究』塙書房、一九六六年)。

(12) 奈良国立文化財研究所『平城京左京四条二坊十五坪発掘調査報告』(一九八五年)。

(13) 和田萃「遷都以前」(『古代を考える 奈良』吉川弘文館、一九八五年)。以下、和田説の引用は同論文による。

(14) 岸俊男前掲註(11)論文、同「東大寺をめぐる政治的情勢」(前掲註(11)著書所収)。

(15)『続日本紀』天平勝宝元年八月十日条。

(16) 坂靖「前・中期古墳の「治定」問題—市野山古墳と佐紀ヒシャゲ古墳を中心に—」(『季刊考古学』一二四、二〇一三年)。

(17)『日本書紀』推古十五年是歳条。

(18)『角川日本地名大辞典 29奈良県』(角川書店、一九九〇年)。

(19)『大日本古文書』編年文書二。

(20) 前掲註(18)書。

(21)『続日本紀』延暦九年十二月壬辰朔条。

(22) 前掲註(12)報告書は、仲麻呂が田村第を唐・玄宗の興慶宮になぞらえたという観点から、「田村里」の呼称を興慶宮の前身たる「隆慶里(坊)」と関連づけている。しかし、この解釈では、平城京に「田村里」以外の「里」が存在する必然性が理解できない。

(23)「避道」については、古橋信孝『古代の恋愛生活 万葉集の恋歌を読む』(NHKブックス、一九八七年)参照。

(24) 栗原弘は「人言」「人目」を「正式の結婚」以前の「私的結婚期間」における「共同体の人々の噂の重圧」ととらえる(同『万葉時代婚姻の研究—双系家族の結婚と離婚—』刀水書房、二〇一二年)が、「集落外から通う男性には、噂話の圧力は一層強いものがあった」と指摘している(一四七頁)。

(25) 伊藤博『万葉集の構造と成立』上(塙書房、一九七四年)。

(26) 中川幸広「万葉集巻十一十二試論」(『語文』二三、一九六五年)。

(27) 土橋寛『万葉開眼』下（日本放送出版協会、一九七八年）。
(28) 遠藤宏「万葉集巻十三歌考」（『国語と国文学』五三―五、一九七六年）。
(29) 関口裕子『日本古代婚姻史の研究』上・下（塙書房、一九九三年）。関口は、「人言」の多義性から、それを村落的地域集団内部での婚姻の社会的統制とみる伊東すみ子（「奈良時代の婚姻についての一考察(2)」『国家学会雑誌』七三―一、一九五九年）説を批判し、その制約を原始的思惟に関わるものとした。確かに「人言」自体に婚姻の共同体規制の意味はないと思われるが、私が問題にするのは、それが「サトビト」と結びついたときに生じる社会的機能である。
(30) 伊藤博『万葉集の歌人と作品』上（塙書房、一九七五年）。
(31) 拙稿「日本古代における在地社会の集団と秩序」（『歴史学研究』六七七、一九九五年）で指摘した「隣」の相互扶助機能との関連が問題である（本書第Ⅱ部第一章）。
(32) 吉村武彦「日本古代における婚姻・集団・禁忌」（土田直鎮先生還暦記念会編『奈良平安時代史論集』上、吉川弘文館、一九八四年）。
(33) 関口裕子前掲註(29)著書。
(34) 吉田晶『日本古代村落史序説』（塙書房、一九八〇年）。
(35) 賦役令孝子条集解古記説。

第四章　「太古の遺法」と「翁さび」

――古代老人をめぐる共同体の禁忌と自由――

はじめに

七世紀から九世紀にかけて日本古代の老人の身体性は、どのように認識されていたのだろうか。またそれは、前章まで述べてきた世代階層制的年齢秩序における老人の地位といかに関わっているのだろうか。この問題は、当該期におけるいわゆる「養老」思想や、日本古代の身体性とケガレ観をめぐる論点と深く結びつくものである。

日本古代の身体観とケガレをめぐる諸問題については、『延喜式』に体系化された大祓儀とその由来を説明する『古事記』『日本書紀』（以下『古事記』を『記』、『日本書紀』を『紀』と呼称）のスサノヲ神話の評価をめぐり、膨大な研究が蓄積されている。その主な議論の一つとして、いわゆる天津罪・国津罪に関わらせながら、古代の固有法をいかに認識するか、という論点があることは周知の事実であろう。[1] この課題は、神道史・古代祭祀研究・神話学・古代法史の結節点にあり、古代の罪意識をどうとらえるかという思想史上の重大な論点とも関わり、容易には決着しがたい困難な問題を孕んでいる。

本章は、こうした古代の罪と法意識に関わる先学の研究成果を踏まえ、『紀』スサノヲ神話に「太古の遺法」として登場する法慣行に論点を絞り、その新たな解釈を通して、上記課題に取り組むための一つの検討材料を提示することを目的とする。

分析視角として、衣装の社会的機能を検討する表象論的視点から、古代社会の禁忌に接近するという方法を重視したい。それは、後述するように、「太古の遺法」の内容が蓑・笠という特定の装束を題材にとり、それをめぐる禁忌の問題として記述されているからにほかならない。表象としての蓑・笠研究は、民俗学、中・近世社会史においてすでに豊富な研究蓄積があるが、古代史の分野で、蓑・笠という表象をめぐる禁忌習俗の問題として「太古の遺法」の法的性格を扱った専論はほとんどない(2)。

一方、古代の蓑・笠論には、来訪神（マレビト神）とそれを仮装した神人のいでたちとみる、折口信夫以来の民俗学・芸能史研究の系列がある。折口は、歳神祭・新嘗祭などの農業祭事に来訪するマレビトが「翁」の姿で現れるという民俗的コンテクストが、古代には「翁さび」と表現された「翁舞」の神事歌舞に反映し、それが中世猿楽そして能「翁」に昇華していくという考えを提起し、「翁」に関する文化史・芸能史研究の基礎を構築した(3)。この見解の前提には、古代の「翁さび」という史料用語を「翁舞」の範疇でとらえる認識があることは疑いがない。本論では「翁さび」の概念について、改めて史料に即して厳密に把握することをもう一つの目的としている。結論を先取りしていえば、古代の「翁さび」は「翁舞」を起源とする用語ではなく、老人をめぐる古代の共同体と家族の禁忌に関わる概念であり、本章を通じて、むしろ「太古の遺法」という古代慣習法の世界の中に位相を見定めるべき言葉であることを明らかにしたいと考えている。

「太古の遺法」と「翁さび」を手がかりに、古代共同体における禁忌の構造の一端を明らかにし、それを通じて古代社会における老人の身体観がいかに認識されていたのかという課題にアプローチしてみたい。

一　「太古の遺法」と古代の蓑・笠

1　「太古の遺法」の施行時期

「太古の遺法」とは何か。まず、その言葉が登場する『紀』の該当箇所を提示する（傍線は筆者）。

史料1　『紀』神代上第七段一書第三

一書曰。（略）既而諸神、嘖二素戔嗚尊一曰、汝所行甚無頼。故不レ可レ住二於天上一。亦不レ可レ居二於葦原中国一。宜急適二於底根之国一、乃共逐降去。于時、霖也。素戔嗚尊、結二束青草一、以為二笠蓑一、而乞二宿於衆神一。衆神曰、汝是躬行濁悪、而見二逐謫一者。如何乞二宿於我一、遂同距之。是以、風雨雖レ甚、不レ得二留休一、而辛苦降矣。自レ爾以来、世諱下著二笠蓑一、以入中他人屋内上。又諱下負二束草一、以入中他人家内上。有レ犯レ此者、必債二解除一。此太古之遺法也。

史料1は、罪を犯したスサノヲが高天原を追われる、いわゆる「神はらい」（あるいは「神やらい」）神話の一段であり、「太古の遺法」は傍線部に記述されている。スサノヲは、天上での罪のため諸神により高天原から「逐」われ、長雨の中「青草を結ひ束ねて、もって笠蓑となして、衆神に宿を乞う」。しかし衆神は、スサノオが「逐謫」された「濁悪」の身であるゆえに宿りを拒絶し、そのため風雨の中、辛苦することとなる。そのとき以来、世では①「笠蓑を著て他人の屋内に入ること」、②「束草を負って他人の家内に入ること」を「諱」むようになり、これを犯した場合は「必ず解除を債す」ようになったとし、『紀』はこのならわしを「太古の遺法」と定義する（以下、①を「蓑・笠の禁忌」と呼称）。

当該史料は、傍線部分の後段とその前の前段で二つに分けられ、前段は罪を負ったスサノヲに関する神話的記述、後段傍線部は『紀』編纂時代に認識されていた「世」の法（「太古の遺法」）の概要を述べ、それが前段の神話に由来することの説明的記述となっている。したがって「太古の遺法」とは、神話ではなく、それを踏まえた古代の法の一種である。

これまで「太古の遺法」は、天武朝に原型が形成され、その後付加・修正が加えられて『延喜式』大祓祝詞として定着した「国の大祓」儀の一部として検討されてきた。祓除の対象となる天津罪・国津罪について前者を外部的刑罰、後者を内部的刑罰に区別する石尾芳久の説に対し(4)、石母田正は、それは神代史の影響を受けた後次的区別にすぎず、元来は、五世紀の族長法段階で共同体の宗教的贖罪手続きとして現実に機能した固有法が、六世紀の国造法に組み込まれ、七世紀の天武期に「国の大祓」として儀礼化したと位置づけた(5)。その後の研究では、『延喜式』大祓祝詞の原型的部分・付加部分が分類され(6)、また固有法段階の財産刑なのか追放刑なのか、スサノヲ神話における『記』の「神やらい」と『紀』の「神逐（はらい）」とは性格を異にするのか(7)、などといった点をめぐり論争が展開されている。

一方、「太古の遺法」の内容自体については、蓑・笠、束草を祓の「嶽霊」の象徴とみなす説(8)や、新嘗などの農事祭で来訪神を待つ習俗に関わるとする説(9)、「家の内外を分離する境界を冒すことの忌避と結びつく」とする説(10)が提起されているが、未だ定見をみない。

つまり議論が深められてきたのは、スサノヲ神話および大祓の性格をめぐる諸問題についてであり、「太古の遺法」自体の内容と法的性格についての研究は比較的乏しいのが現状である。その内容の検討は本章全体の課題となるので、ここでは、まず「太古の遺法」の法的性格に関わる石母田説の検討を試みる。

石母田は、「遺法」という表現が「大化前代においてすでに、かれらの時代に先行する一段階前の法の時代が存在していたこと」を意味するとし(11)、「太古の遺法」が生ける法として機能したのは、五世紀以前の族長法段階であったとした。石母田のこの見解については、これまでほとんど検証されていないように思われるが、本当にそうだろうか。そこで『紀』から「太古の遺法」に類似した用語法を抽出し、検討してみたい。

史料2　『紀』神武天皇即位前紀・戊午年八月乙未条

（略）已而弟猾大設二牛酒一、以労二饗皇師一焉。天皇以二其酒宍一、班二賜軍卒一。乃為二御謡一之曰、謡、此云二宇哆預瀰一。（中略）。是謂二来目歌一。今楽府奏二此歌一者、猶有二手量大小、及音声巨細一。此古之遺式也。（中略部分に歌謡が記載）

史料3　『紀』応神天皇十九年冬十月戊戌朔条

幸二吉野宮一。時国樔人来朝之。因以二醴酒一、献二于天皇一、而歌之曰、（中略）。歌之既訖、則打レ口以仰咲。今国樔献二土毛一之日、歌訖即撃レ口仰咲者、蓋上古之遺則也。夫国樔者、其為人甚淳朴也。毎取二山菓一食。亦煮二蝦蟆一為二上味一。名曰二毛瀰一。其土自レ京東南之、隔レ山而居二于吉野河上一。峯嶮谷深、道路狭巘。故雖レ不レ遠二於京一、本希二朝来一。然自レ此之後、屢参赴以献二土毛一。其土毛者、栗・菌及年魚之類焉。（中略部分に歌謡が記載）

岩波日本古典文学大系本『日本書紀』は、「太古之遺法」（史料1）・「古之遺式」（史料2）をいずれも「いにしへののこれるのり」、「上古之遺則」（史料3）を「いにしへののり」と訓むが、史料3の「遺」のみ「のこる」の和訓を外して訓む理由はなく、「太古之遺法」「古之遺式」「上古之遺則」の和訓はいずれも「いにしへののこれるのり」であろう。

史料2は、神武天皇による大和・宇陀地方の平定説話の一部であるが、菟田県の豪族・兄猾を誅殺した後、その兄弟の弟猾が設けた皇軍をねぎらう酒宴の席で天皇が歌謡を歌い、それが「来目歌」（久米歌・久米舞）の起源であるとする伝承を記している。ここに見える「古之遺式」とは、「今」（『紀』成立・編纂時）の「楽府」（持統朝の「楽官」あるいは令制の雅楽寮）(12)に伝わる久米歌・舞の具体的な上演規則（手の広げ方の大小、歌声の巨細）を表すものである。それは、神武天皇の時代から『紀』成立・編纂時まで継承されてきた、「今」に遺る「いにしへ」の規則という意味でとらえられる。

史料3は、吉野川上流に居住した国樔が、大嘗祭や諸節会において御贄（土毛）を献上するおりに歌笛を奏上する儀礼（国樔奏）の起源伝承である。応神天皇が吉野宮に行幸したときに来朝した国樔が醴酒を献じ、歌を歌った後に「口を打って仰いで笑った」といい、この伝に則って同様の所作が、「今」（『紀』成立・編纂時）も国樔による土毛（御贄）献上儀に行われるとし、これを「上古之遺則」と位置づけている。

したがって史料2、3の「いにしへのこれるのり」は、「過去の法」の意味ではまったくなく、『紀』成立・編纂時に神話・伝承に仮託され、現行に執り行われている「昔から遺る法」の意味なのである。こうした『紀』の語法に従えば、「太古之遺法」＝「いにしへのこれるのり」を「過去」の族長法ととらえる石母田の見解は妥当ではなく、それは律令施行下に地域社会に生きていた慣習法ととらえる必要が出てくるであろう。

では法が生きていたのが七・八世紀段階とすると、当時それがいかなる機能を担っていたのかが問題になる。そこで次に、「太古の遺法」の内容をなす「蓑・笠の禁忌」を検討し、この問題を考察する。

2　古代蓑・笠着用者の位相と機能

蓑・笠をめぐる議論の出発点が折口信夫のマレビト論にあることは、周知の事実であろう。折口によると、古来、大晦日・節分・小正月・立春などに農村の家を訪れるさまざまなマレビトは蓑・笠を着ており、スサノヲ神話は、古代の新嘗など祭事の夜の神（マレビト）来訪の民俗を神話化したものである。また蓑・笠は鬼の装束でもあった。時代が下るにつれ、蓑・笠を着る者が神格を得るという習俗は次第に忘れられ、一方では妖怪に、一方では祝言職から乞食の装いへと変貌を遂げていったという。折口以後、蓑・笠に関わる民俗事例は、小正月の仮面来訪者行事、春の田祭り、婚姻・葬送・雨乞い・虫送りなど多様かつ膨大な情報が集積され、さまざまな解釈がなされている。

歴史学の分野では、近世の百姓が一揆のいでたちとして、蓑・笠を非人・乞食の衣装とみなして着用し、幕藩領主に境遇の改善を訴えたとする研究がある。(13)蓑・笠は古代以来、「人ならぬ者・聖なる者」や旅する人々の衣装であり、中世において、柿色の衣・杖（六尺棒）・裹頭と並び、無縁の場を舞台に活動した非人・乞食・「癩者」のいでたちになったという。(14)また絵巻や昔話に見える「隠れ蓑・笠」が変身・隠身の呪具とされた事例から、蓑・笠で身を包み隠すことは、自らがこの世のものでないことを暗示する所作・衣装を示すとされている。(15)

以上のように、民俗学、中・近世史研究における蓑・笠論の成果は非常に豊かで多岐にわたるが、現時点では、それはこの世と異界との中間的・境界的秩序に属する者を表象する装束であり、旅人・異人（「異類異形」）・マレビトを象徴する記号と位置づけるのが、妥当であろうと思われる。(16)

一方、古代史においては、史料の少なさにも起因して、研究はきわめて乏しい。(17)その中で『紀』神武天皇即位前紀戊午年九月戊辰条は、古代の蓑・笠着用者の位相・機能を示唆する数少ない事例として、早くから注目されてきた史料といえる。

伝承の内容は次のとおりである。神武天皇は、大和国を平定するため、「天香山の埴を取り、もって天平瓮を造りて天社・国社の神を祭れ」という宇陀県主の祖・弟猾の助言に従い、大倭国造（倭直）の祖・椎根津彦に「弊しき衣服及蓑笠を著せて」、「老父の貌」につくり、一方、弟猾に「箕を被せて」、「老嫗の貌」につくって天香山の嶺の土を取りにいかせる。路を塞ぐ賊兵は、「大醜の老父老嫗なる」と言って大いに笑い、道を開き二人を天香山に通行させた。二人は無事に山の土を取り戻り、それを用いて八十平瓮・天手抉八十枚・厳瓮を造作して、丹生川上で天神地祇を祭ることができたという。

ここに見える「蓑・笠を著」た椎根津彦は、神武即位前紀の甲寅年十月辛酉条では、名を「珍彦」といい自ら「国神」と称し、神武の「海導者」となったと記されている。山折哲雄(18)は、「国神」を自称する椎根津彦の「蓑・笠」の扮装は、神人のいでたちであると同時に「大醜」と嘲笑されているごとく蔑みの対象でもあり、史料1のスサノヲの姿態と酷似すると指摘している。

また『今昔物語集』巻第十五「比叡山僧長増往生語第十五」に見える、「ヒタ黒ナル田笠」をかぶり「蓑」を着、「杖」をつく「門乞匃」の老法師が実は仏の化身であったという説話に注目し、中世初期の蓑・笠着用者は門付けや乞食という零落した翁形であると同時に、仏の化身としての翁（「化翁」）という両義性を有し、その点にスサノヲや椎根津彦の両義的スタイルとの共通性を見出している。

一方、金賢旭(19)は、天平期に編纂された『住吉大社神代記』に椎根津彦伝承の類話が収載されている点に注目し、住吉明神の教示を受けた神功皇后が「古海人老父に田の蓑・笠・簸を着せ、醜き者として遣して土を取り、斯を以て大神を奉斎祀」ったと記されていることを踏まえ、霊力をもつ埴土を取りに行く蓑・笠姿の翁は、呪力を保持するマージナルな神人であったと指摘する。また老父老嫗が「大いに咲(わら)」われた点に注目し、『記』『紀』にみえる「笑うことをめぐる神話伝承」が、邪霊や災いを追い払う呪的パワーの発散を意味し、中世芸能の発生にも深く関わるとした。

以上の先行研究の成果は、椎根津彦や古海人老父に仮託された蓑・笠姿の「翁」が、蔑みの対象となる「醜き者」としてのマイナスの側面と、「国神」の化身・呪力をもつ神人としてのプラスの側面の両義性を有していたことを明確にしたといえる。

ではこうした古代の蓑・笠着用者＝翁の両義性は、何を意味するのだろうか。ところで蓑・笠に関わる古代史料は、こうした周知の文献史料だけではない。実は人面墨書土器の中に、蓑・笠の図像らしき神（あるいは人）を描いたものが存在している。この点についてはこれまでほとんど留意されたことがないが、次に人面墨書土器を用いた祭祀を通して、蓑・笠着用者の醜（穢）・聖の両義性が何に由来するものなのかについて考察する。

3　人面墨書土器と「太古の遺法」

図14は、秋田城跡第三九次調査において、秋田城東外郭線外側（秋田城東門下方）の隣接地に所在する沼沢跡より出土した、古代の人面墨書土器（甕）である。当該遺物が出た沼沢跡北側からは、人面墨書土器甕が五個体のほか、多量の土器、木製品が出土し、そのほとんどが斎串・刺串・人形・馬形であることから、城柵内で執り行われた祭祀遺物の廃棄場、もしくは本沼沢自体での水辺の祭祀遺物と考えられている。図14の甕は、小ぶりのもので、人面が胴部全体に三面にわたって描かれている。三面の人面は、いずれも頭部に山形の笠らしきものをいただき、顎から下に縦のラフなラインを各七本程度描きこんでいることが留意される。従来、顔面下の縦ラインは、髭の図像ととらえられることが多い。そこで、髭を表現した人面墨書土器の代表的図像数例との比較・検討を試みてみたい[20]。

図16・17・18は、図14と同じ秋田城跡三九次調査で、やはり沼沢地跡から出土した人面墨書土器である。髭の図像表現に留意してみると、次の四つの特徴が指摘できよう。まず図16・17・18は、①鼻の両脇の口髭らしき表現とともに、②密度濃く稠密なラインを重ねて顎髭を描いていることがわかる。また図16・17は、③顔下部の輪郭を描かずに顎髭を描き、また図18は、④顔全体の輪郭線を描くが顎髭は輪郭内の口の直下に描いている。

それに対して図14は、⑴顔の輪郭をはっきりと描いているが、⑵縦ラインは顔の輪郭外で、しかも⑶本数も圧倒的に少なくまばらに記されているという点で、上記①〜④の特徴とまったく合致しない。なお①〜④の特徴は、全国か

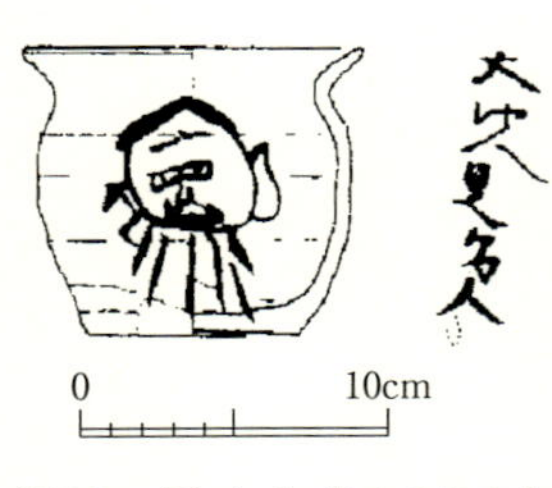

図15　同（2）（『八千代市白幡前遺跡』（財）千葉県文化財センター，1991年）

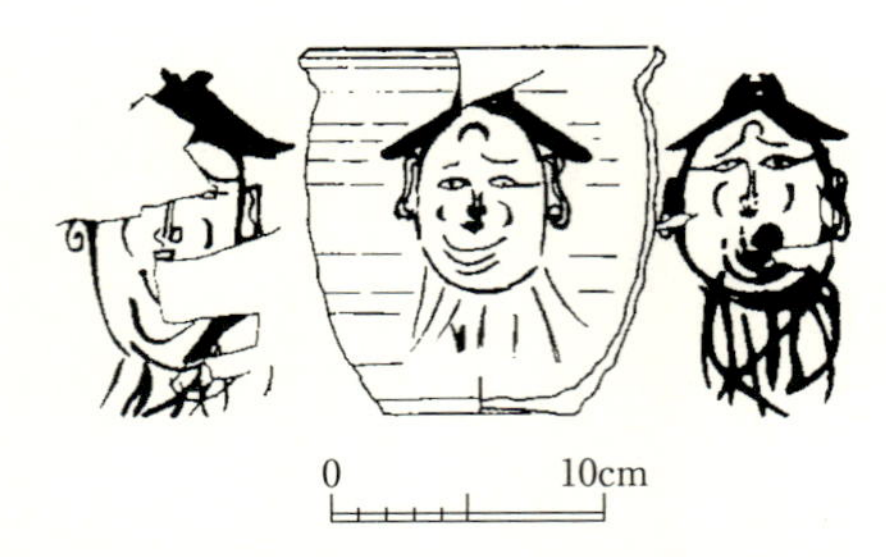

図14　人面墨書土器（1）（『秋田城跡　昭和59年度秋田城跡発掘調査概報』秋田市教育委員会ほか，1984年）

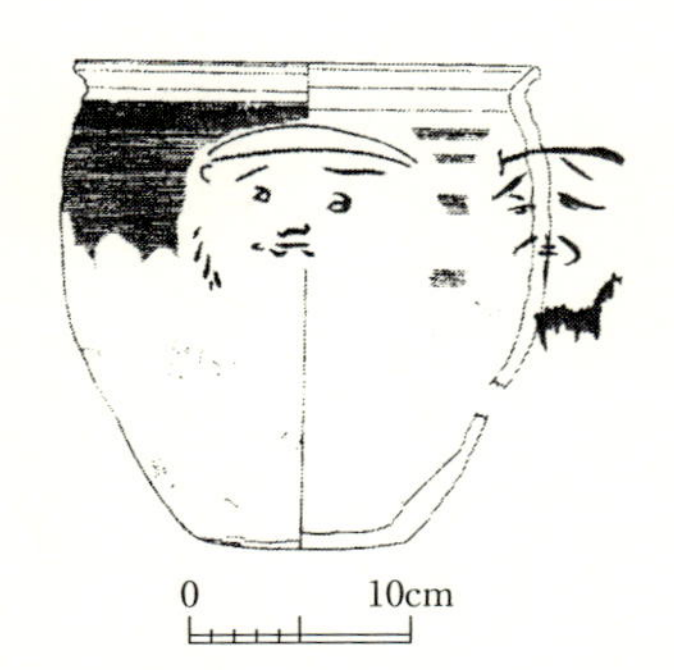

図17　同（4）（図14に同じ）

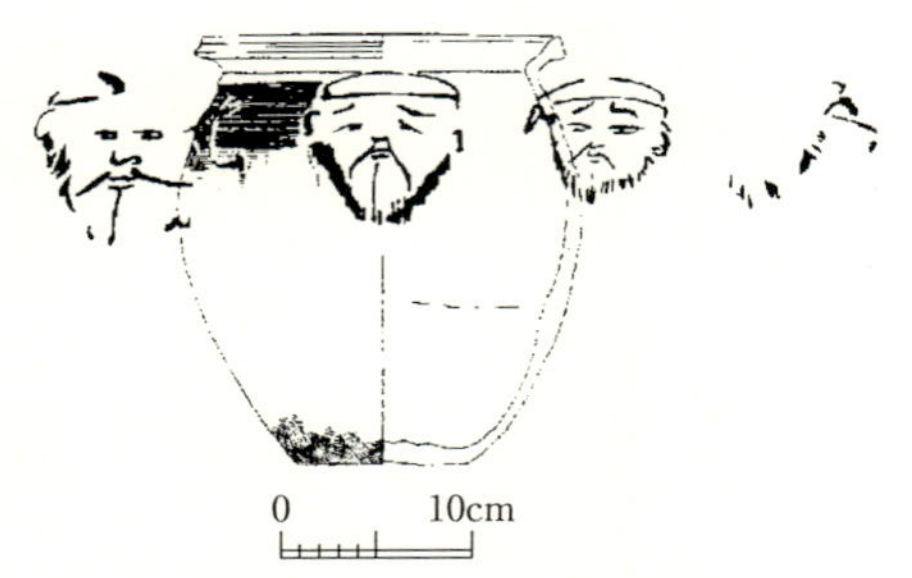

図16　同（3）（図14に同じ）

図19　同（6）（辻合喜代太郎「大阪出土の墨書人面土器」『史迹と美術』31-3，1961年）

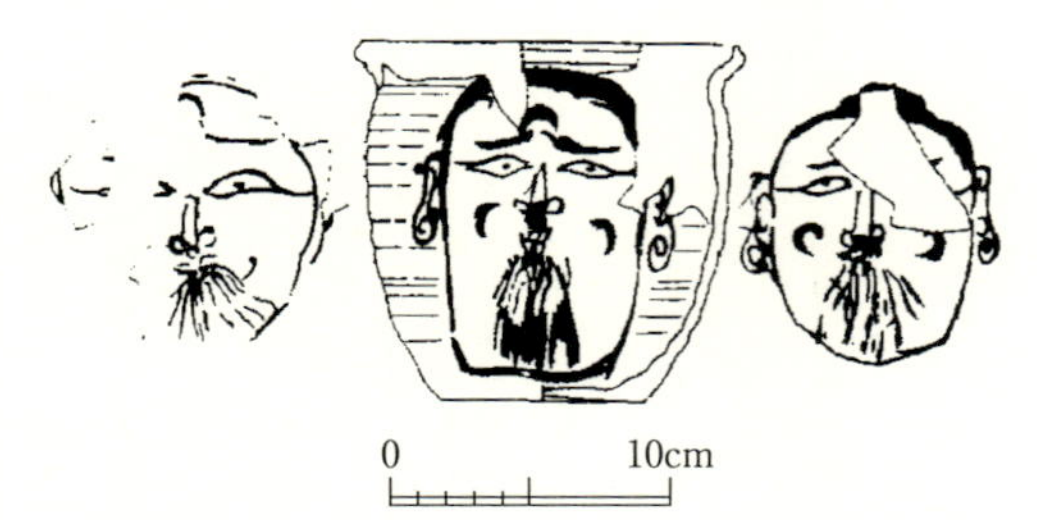

図18　同（5）（図14に同じ）

ら出土した人面墨書土器に数多く共通して見られるもので、紙幅の都合上、二例をあげるにとどめるが、たとえば図19（大阪府今橋四丁目遺跡出土）や図20（宮城県市川橋遺跡出土）は、①②③の類例に該当する。したがって私は、図14の複数の縦線は、顎鬚の表現ではなく、細長い繊維状の物質で首から下をすっぽり覆っている装束の表現とみる。頭にかぶる笠状の表現との対応から、これを縦に細長い稲藁や茅などの茎を束ねて編む、蓑とみるのが妥当ではないだろうか。なお人面墨書土器に首から下の図像が描かれている事例は少ないが、秋田城跡ほか、大阪南花田遺跡（図21）や群馬県柳久保遺跡にも報告例があり、したがって土器図像の中に首下の装束表現を見出す上記の検討視角はけっして不自然ではない。

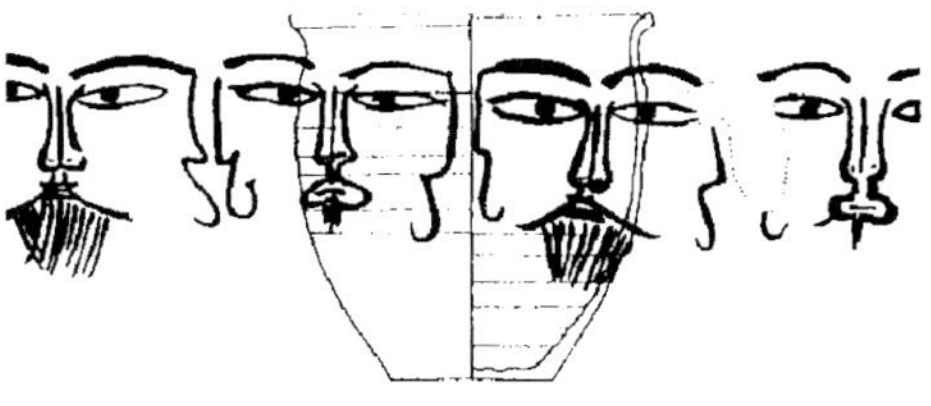

　ところで頭部にやはり山形の墨線をいただき、顔の輪郭線をはっきりと描き、その下にやはり五本程度のラフな縦ラインを描く人面墨書土器が、千葉県八千代市白幡前遺跡からも出土している（図15）。白幡前遺跡は、八世紀前半、および八世紀中葉から十世紀初頭に及ぶ範囲の時期の集落遺跡で、竪穴住居跡二七九軒、掘立柱建物跡一五〇棟、井戸跡五基などが出土しており、当該土器は、二群A遺構に属する二五八号住居跡の西コーナー近く壁際から出た土師器甕である。人面は胴部外面に描かれ、脇に「丈部人足召代」の文字が墨書されている。この図像について、報告書では、縦ラインを「長い口髭」

図20　同（7）（加藤孝「東北地方出土の人面墨画土師器」『山形史学研究』5，1967年）

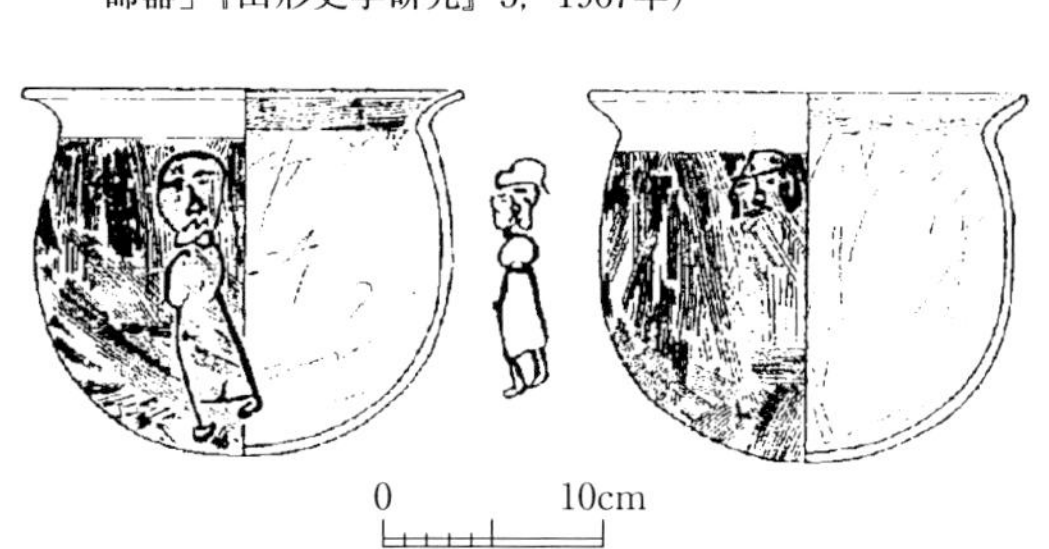

図21　同（8）（『南花田遺跡発掘調査概報Ⅰ』大阪府教育委員会，1986年）

とし、頭部山形の図像表現を「中央から左右に分けた髪」としている。[21] しかし、口髭の表現としては上記した①～④の特徴と適合しない点が不自然であり、むしろ図14に見られる(1)～(3)の特徴との合致が指摘できよう。また頭髪を中央から左右に分けた図像は珍しい事例といえ、[22] 図14の特徴との類似性から笠のデフォルメ表現とみることはできないか。したがって私は、図15も蓑・笠（?）をイメージした図像表現の稀少な事例と推測する。ちなみに、図15の人物右肩からT字型をした棒状のものが飛び出しているが、これを『伴大納言絵詞』などに描かれた「鹿杖（かせ）」[23]（『和名抄』では「横首杖」）の表現とみれば、蓑・笠・杖のセットを描写しているとみることができよう。

図15の人面墨書土器は、平川南[24]により研究に先鞭がつけられ、高島英之[25]により検討されている「人名＋「召代」」型人面土器の代表例の一つでもある。平川は、「召代」を「国神」の饗応に用いられた「招代」、あるいは丈部人足なる人物が冥界に「召」される代わりの供献物と理解する。一方、高島は、当該例について、「形代」＝「召代」として人面墨書土器を神霊に供献し、土器自体に神霊を降して祭祀を行ったケースととらえる。

ところで折口が指摘するとおり、笠が古代の鬼の着用物であったことは、『紀』斉明天皇七年八月朔条に斉明天皇の「喪儀」を「大笠を着」た「鬼」が「朝倉山上」で見ていたという記述があることから間違いない。また『常陸国風土記』久慈郡条の「疾鬼」のように、奈良時代初期から疫神が鬼ととらえられていることは明らかである。図14・15が蓑・笠姿を表しているとすると、図像と疫神＝鬼との関係は検討すべき課題となろう。[26]

なお『躬恒集』には、延喜十八年（九一八）の作として、「おにすらもみやのうちとてみのかさをぬぎてやこよひ人に見ゆらん」という、十二月大晦日の「追儺」の場での歌が収められている。十世紀には、追儺儀礼で招き払われる鬼は、確かに蓑・笠を着用すると認識されていたのである。

ここで、『備後国風土記』逸文に載せる蘇民将来伝承に注目したい。これは、備後国の「疫隈社」という「国社」

（国神を祀る神社）に伝わる伝承で、「北海に座」せる武塔神が、蘇民将来兄弟のもとに「宿処」を借りに訪れたが、豊かな弟の将来は「惜しみて借さず」、一方、貧しい兄の蘇民将来は「宿処」を「借」し、武塔神に「粟柄を以ちて座と為し、粟飯等を以ちて饗へ奉」ったという話である。後日、武塔神は、その報復として、蘇民将来の女子一人を残しすべての人々を殺戮し、自らの正体を「速須佐雄の神」と明かした上で、疫病が流行った場合には、「蘇民将来の子孫」と唱えて「茅の輪」を腰につけることで病気を免れることができる、という呪法を授けたと記されている。[27]

民俗学では、「厄神の宿」「鬼の宿」行事と呼ばれる、大晦日や正月、節分に各地で営まれていた疫神鎮送の年中行事が注目されている。それは疫神をわざわざ家まで迎え丁重にもてなした上で改めてこれを送り出す行事で、それにより疫神が疫病・災厄から村を守る守護神に変わると考えられ、また疫神を迎える家は村の中で特定の一軒にあらかじめ定められ、それ以外の家ではこうした行事を行わないケースが多いことが指摘されている。[28] また関東地方各地に、旧家の主人が蓑・笠姿でイロリに足を踏み入れ（普段は荒神様の罰が当たるといって忌まれた）、里芋など餅以外のものを泣きながら焼いて食べる「ドタバイリ」という行事が伝承されていた。[29] 餅無し正月の一種であるが、スサノヲが泣きいさちる神であることを考えると、旧家の主人が蓑・笠姿で疫神に扮装し宿（イロリ）で饗応を受ける擬態を行う、「厄神の宿」行事のバリエーションであろう。ここで、あえて病気・災厄をもたらす疫神を「宿」に招き寄せるのは、蘇民将来伝承が端的に示すように、作法に則った招魂・饗応祭祀により疫神を鎮め、神の性格を共同体を守る「国神」（「国社」の祭神）へと転換できると考えられたからといえる。『備後国風土記』逸文における蘇民将来の「家」は、まさに民俗の「厄神の宿」に近い存在のようにみえる。

以上の検討を踏まえ、改めて図15の人面墨書土器の出土状況に注目したい。まず白幡前遺跡の五〇点余の墨書土器のうち、人面墨書土器は、一軒の竪穴住居（遺構D―二五八）の壁際からのみ出土している点が注意される。つまり、人面墨書土器を用いた祭祀は、村落全体のすべての「家々」で行われているわけではなく、ごく限られた特定の「屋内」で祭祀が行われている、という事実が重要である。すなわち「厄神の宿」のように、共同体内の疫神祭祀の資格を有する特定の「家」のみが疫神を「召」し寄せ「宿」を提供し、一定の作法に基づき食事を捧げるのである。図15の人面墨書土器は、それが出土した疫神を「屋内」に招く資格を有する特定の「家」に「召」し寄せるための「依代」であり、疫神が「他人」の「家」に入らないよう、蓑・笠（?）を着た神の姿に似せて描いた土器を用意して神を寄りつかせ、招いた神を鎮送したと考えられないだろうか。(30)「丈部人足」の記名は先学の指摘のとおり神霊を招いた主の姓名であろうが、それは「厄神の宿」の主であるからこそ、「蘇民将来の子孫」のように神霊に正体（名）を明らかにしなければならないのである。そして饗応を受け立ち去った蓑・笠の神は、武塔神が「国社」に祀られた「国神」となったように、共同体を疫病・災厄から守る神（国神・歳神）(31)に転化したと推察される。

以上の点から、蓑・笠の人面墨書土器から推察した疫神鎮送の儀礼は、「太古の遺法」にみる「蓑・笠の禁忌」の内容と酷似していることが理解される。すなわち蓑・笠を着た疫神が祭祀の資格を有さない「家」に入り饗応される（「蓑・笠を着て他人の屋内に入る」）のは共同体にとって禁忌なのであり、この事態が発生したときには、「太古の遺法」のとおり、共同体全体に解除が科されたと想定されるのである。そして蓑・笠姿の聖・醜（穢）の両義性の認識には、穢れた疫神が正しい「鎮送」の儀礼により聖なる神に転化する、そうした両義的神観念の反映をみてとれるのではないだろうか。

二　古代の「翁さび」――翁舞始原説批判

1　古代史料に見える「さび」

本節では、折口が蓑・笠というマレビト神と共通する装いをもつ古代・翁について論じた、いわゆる「翁さび」論を検証し、「太古の遺法」との関係を考察する。

史料4　『万葉集』巻十八・四一五七番歌

波里夫久路　己礼波多婆利奴　須理夫久路　伊麻波衣天之可　於吉奈佐備勢牟（針袋これは賜りぬすり袋今は得てしか翁さびせむ）

史料5　『続日本後紀』巻十五　承和十二年（八四五）正月乙卯（八日）条

（略）於二大極殿一修二最勝会一之初也。是日。外従五位下尾張連浜主、於二龍尾道上一、舞二和風長寿楽一。観者以レ千数。初謂。鮐背之老。不レ能二起居一。及二于垂レ袖赴レ曲。宛如二少年一。四座僉曰。近代未レ有二如レ此者一。浜主本是伶人也。時年一百十三。自作二此舞一。上表請レ舞二長寿楽一。表中載二和歌一。其詞曰。那々都義乃。美与爾万和倍留。毛々知万利。止遠乃於支奈能。万飛多天万川流（七代の御代に遭へる百余十の翁の舞ひたてまつる）。

史料6　『続日本後紀』巻十五　承和十二年正月丁巳（十日）条

天皇召二尾張連浜主於清涼殿前一。令レ舞二長寿楽一。舞畢。浜主即奏二和歌一曰。於岐那度天。和飛夜波遠良无。久左母支毛。散可由留登岐爾。伊天弖万毗天牟（翁とてわびやは居らむ草も木も栄ゆる時に出でて舞ひてむ）。天皇賞歎。左右垂レ涙。賜二御衣一襲一。令二罷退一。

史料7　『伊勢物語』第百十四段

むかし、仁和の帝、芹河に行幸し給ひける時、いまはさること似げなく思ひけれど、もとつきにける事なれば、大鷹の鷹飼にてさぶらはせ給ひける、摺狩衣の袂に、書きつける。

　翁さび人な咎めそ狩衣

　　けふばかりとぞ鶴も鳴くなる

おほやけの御けしきあしかりけり。おのがよはひを思ひけれど、若からぬ人は聞きおひけりとや。

以上が、折口の「翁の発生」論以来、翁舞の起源を古代の「翁さび」に関連づける根拠とされてきた史料である。「翁舞」＝「翁さび」論は、室町時代の能「翁」に昇華する中世猿楽の「翁」（式三番）の起源を古代に求める問題意識から派生してきたもので、平安後期の『新猿楽記』に見える「目舞之翁体」を翁猿楽の初源形態とし[32]、史料5・6の承和十二年に元伶人・尾張連浜主が作ったとされる「長寿楽」をその淵源とみて、それを『万葉集』（史料4）、『伊勢物語』（史料7）に描写された古代の「翁さび」（芸態の翁らしさ・翁形）と結びつける学説である[33]。

私は、古代の「翁さび」の語を「翁舞」に直接結びつける説には、史料解釈上、従うことができない。現在の芸能史の通説では、翁猿楽の史料上の初見は弘安六年（一二八三）で、その成立の場は平安末〜鎌倉初期の修正会・修二会の「呪師走り」であるとされており、平安初期までその起源をさかのぼらせる史料的根拠は明確ではない[34]。また史料5・6の尾張浜主の歌には、「わび」という詞はあっても、「翁さび」という詞はどこにも出てこない。しかも古代に「さび」と「わび」の概念を結びつける確実な史料はなく、また舞自体を「翁さび」と位置づける根拠もない。したがって問題は、「翁さび」の言葉が登場する史料の解釈にあるといえる。

「翁さび」を翁舞と位置づける学説の主要な根拠の一つは、「さび」（「さぶ」）の語の解釈にある。折口は、「おきなさぶ」の語を、「をとめさぶ」や「神さぶ」とともに、「神事演舞の扮装演出の適合」を示すものであったとし、それに基づいて上記史料の「翁さび」を翁舞という芸態における「翁らしさ」と理解した。

一方、白川静は、「さび」とは、「ひたすらにその状態に赴きゆくこと。それを接尾語化して「神さぶ」「山さぶ」「男さぶ」のようにいう」と解釈する。[35] そこで、「さび」を接尾語として使用している事例をみてみたい。まず最も多いのは、「神さび」であり、『万葉集』中に二一首の用例がある。「神さび」は、それが指示する対象が「神らしく、神々しくある状態」を表現しており、その対象は「大王」（天皇）（三八、四五番歌）、「耳成山」（五二番歌）、「筑紫・葦北の水島」（二四六番歌）、「香具山」（二六一番歌）、「富士山」（三二〇番歌）、「伊予温泉」（三二五番歌）のように、天皇や神奈備山としての霊峰など、神格化された人（天皇）と神のいます場所の「神々しさ」を形容する言葉として使用されている。「山さび」の語も、これと同様の用例で、天皇の宮北部に聳え立つ神奈備山・畝傍山をたたえる表現である（五二番歌）。したがって『万葉集』の「神さび」「山さび」の用例に、「神事演舞の扮装」との関わりはまったく見出せない。

次に、「翁さび」など、ある特定の人格を表す言葉に「さび」がつく用例をみていく。『万葉集』では、「ウマヒト（貴人）さび」（九六番歌）、「ヲトコさび」（八〇八番歌）、「ヲトメさび」（同上）の用例がある。「ウマヒト（貴人）」は、貴・豪族層を表す身分呼称で、九六番歌は、男性（久米禅師）が「信濃の真弓」を引いている姿を女性（石川郎女）から「貴人ぶっている」（ウマヒトさび）とみられるのではないか、と躊躇する心中を歌っており、「ウマヒトさび」とは、こうした特定のスタイル・所作を「貴人らしい」と形容する詞として使用されている。

八〇八番歌に見える「ヲトコさび」「ヲトメさび」も、同様にスタイル・所作に関わる用例である。しかしこれらは単なる男性らしさ、女性らしさを表す言葉ではない。

「ヲトコ」「ヲトメ」が、単なる性別ではなく、一定の年齢層を表示する言葉であることは、すでに関口裕子[36]や服藤早苗[37]により解明が進んでいる。私も旧稿[38]で、髪型の違いにより古代の年齢層が可視的に表示され、それが男性はワラハ（子ども）―ヲトコ（青年）―ヲトコ（壮年）―オキナ（老年）、女性は（メノ）ワラハ（子ども）―ヲトメ（青年）―ヲミナ（壮年）―オウナ（老年）として段階的に区分されるとした。一方、服藤は、放髪・結髪の変態（ヲトメ）から結髪（ヲミナ）へ移行するという、髪型の違いにより年齢層を区分した旧稿を批判し、ヲトメ（青・壮年）―ヲミナ・オウナ（老年）の新たな年齢層区分を提示した。服藤の説は、対偶婚段階の恋愛・結婚の曖昧さを説く古代婚姻史論を背景にもち、老いの開始年齢を算賀儀の対象となる四十歳以上に求めたことと深く関わっている。確かに、男性の青年・壮年層はともにヲトコで違いはなく、この呼称をヲトメと対照できる年齢層ととらえるならば、ヲトコ・ヲトメが、それぞれ性的交渉が可能になり、老人（オキナ・オウナ）に到達するまでの青・壮年層の年齢呼称を示す可能性は高いといえる。したがってこの点については、服藤の批判を踏まえ、一部、自説を修正したいと思う[39]。

以上を踏まえ、次に「ヲトコさび」「ヲトメさび」の登場する『万葉集』巻五・八〇八番歌――筑前国司・山上憶良の嘉摩郡三部作の一首を見てみよう（長歌の一部分を掲出）。

・ヲトメさび……ヲトメらが　ヲトメさびすと　唐玉を　手本に纏かし　或いはこの句　白栲の　袖振りかはし　紅の　赤裳裾引き　ヨチコラと　手携りて　遊びけむ

・ヲトコさび……ますらをの　ヲトコさびすと　剣太刀　腰に取り佩き　猟弓を　手握り持ちて　赤駒に　倭文鞍うち置き　匍ひ乗りて　遊び歩きし　世間や　常にありける　ヲトメらが　さ寝す板戸を　押し開き　い辿りよりて　真玉手の　玉手さし交へ

まず当該歌謡のヲトメさびの歌は、実は『琴歌譜』短埴安扶理や『政事要略』巻二十七・五節舞歌謡に類句があり、短埴安扶理という持統朝の天香具山の麓・埴安での神事歌舞に起源する歌句を憶良が模倣して作ったものであることが、すでに明らかにされている。[40] しかし、「ヨチコラと手携りて遊びけむ」の歌句は、短埴安扶理には見えず憶良の創作であり、それが筑前国嘉摩郡という地域社会における歌垣儀礼を踏まえていた可能性は、すでに第Ⅱ部第一章で指摘したとおりである。またヲトメらと遊ぶ「ヨチコラ」とは、古代の「朋類関係」（同輩集団）を表す言葉であり、したがって「ヲトメさび」の内容は、ヲトメがヲトメらしく、唐玉を手元に巻き（あるいは白栲の袖を振り交わし、赤裳の裾を引いて）、「朋類」（「ヨチ」）である同世代のヲトコたちと手を携え、歌垣の場で遊ぶことを意味していた。一方、「ヲトコさび」は、在地のマスラヲ（大夫）、すなわち豪族層に属する青・壮年の男性（ヲトコ）が、剣・太刀を腰に佩用し、狩猟用の弓を持ち、乗馬して狩に遊び、あるときは女性と寝る「マスラヲぶり」を表現したものである。共通するのは、対象を在地首長層（郡司層レベル）に設定し、性的交遊・狩猟という青・壮年層に可能な年齢層固有のスタイル・所作を、「ヲトコさび」「ヲトメさび」と表していることである。[41] 短埴安扶理・五節舞はかかる言葉を歌句に取り入れ、歌舞に昇華させたものにすぎない。また「ヲトメさび」が宴の場の歌舞を背景にした歌語ではないことは、次の史料からも明らかである。

『日本霊異記』上巻第二話は、「ヲトコ（壮）」のもとに通う妻の姿を「彼妻、著二紅襴染裳一、今桃花云レ裳也。而窈窕裳襴引逝也」と表しているが、平安中・後期に写された興福寺本『霊異記』説話末尾の訓釈は、女性のなまめかしい美しさを表す「窈窕」の語を「佐備（さび）」と訓む。「紅の襴染の裳」の「裳襴」を引いて「ヲトコ」と逢う『霊異記』にみる女性のスタイルは、上記、憶良の歌句に見る「紅の赤裳裾引き」姿の「ヲトメさび」とまったく同じであり、「窈窕」＝「佐備」は、「ヲトメさび」の表現とみて間違いない。『霊異記』の説話には、神事歌舞の要素はまったくなく、ここに見える「さび」は、あくまでも、ヲトコと通交する女性固有のスタイル・所作としての「ヲトメさび」を表している。

以上、古代の「ヲトコさび」とは青・壮年男性という年齢層に対応する固有のスタイル・所作、「ヲトメさび」は同じく青・壮年女性らしいスタイル・所作を表す言葉であり、歌舞との関係は二次的に派生したものにすぎないことがわかる。そして「ヲトコさび」「ヲトメさび」が、「ヲトコ」「ヲトメ」という年齢区分に対応し、その固有の属性を形容する表現であるならば、「オキナさび」も古代の老人男性世代の属性概念であった可能性が出てくるのである。次に、『伊勢物語』『万葉集』に見える「翁さび」の用例を検討し、この問題を追究してみたい。

2　『伊勢物語』の「翁さび」

史料7『伊勢物語』の「翁さび」は、翁舞を意味しているといえるだろうか。折口は、当該史料に見える「翁さび人な咎めそ狩衣けふばかりとぞ鶴も鳴くなる」の歌意を「自分が「翁さび」しているのに、誰も目をつけてくれるな」、つまり「自分は一生の思い出に舞うのだが、若い人々からすれば、さぞ年寄の冷水よりもみじめに映るだろう、と恥じている」翁の哀しい物言いとしてとらえ、また「狩衣」が翁舞の舞人が着る衣装であることから、歌を在原業平の兄・行平が仁和二年（八八六）の野行幸のおりに詠んだ「翁舞の芸謡」とみる。しかし果たしてそうだろうか。まず『伊勢物語』編纂の時点で、「狩衣」が翁舞の舞人の衣装であったことを傍証する史料は確認されていない(42)。したがって争点は、歌の解釈になる。歌を直訳すると、「私が老人風（翁さび）なのを、人々おとがめなさるなよ。狩のお供の狩衣を着るのも今日かぎり、狩場の鶴も今日かぎりと鳴いているようだ」（『岩波新日本古典文学大系』本）となるので、ここでいう「翁さび」（老人らしさ）とは、直接的には、翁が「狩衣」を着ていること自体を指す。ところで「狩衣」は、本文によると、仁和の帝（光孝天皇）の芹川での野行幸で、当時、六十九歳の在原行平が大鷹狩の鷹飼として供奉したおりに着用した「摺狩衣」のことであり、その袂に当該歌を書きつけたと記されている。つまり「狩衣」とは鷹飼の「摺狩衣」のことであり、その風体を「翁さび」といい、今日かぎりなので「とがめるな」というのである。鷹飼と「摺狩衣」の関係については、次の史料が注目される。

史料8 『政事要略』巻六十七 糺弾雑事所引弾正台式

凡摺染成レ文衣袴者。並不レ得二著用一。但縁二公事一所著。幷婦女衣裾。不レ在二禁限一。

「摺染成レ文衣袴」とは、江馬務のいう、「木版の上に裂を貼り、山藍の葉を以て摺りて文様に」した「摺衣」のことである。[43] 網野善彦は、中世初期において「摺衣」の着用は、通常、「禁忌」とされており、非人やそれに出自をもつ放免にのみ許容された衣装であったと指摘し、弾正台式もそうした「禁忌」に関わるとした。[44] 弾正台式では、特定の「公事」に関わる者に着用を許しているが、史料8に続く箇所には、天長二年（八二五）二月四日、仁和二年九月十七日、延長四年（九二六）十一月四日の宣旨が引用され、「行幸の時、鷹を執り供奉」する鷹飼が摺衣の着用を認められたことが窺える。また『日本三代実録』仁和二年十二月十四日条には、光孝天皇が「芹川野に行幸」したおりに参議以上に「摺布衫」と「行騰（行縢）」の着用を許した、という記述がある。なお「翁さび」の歌は、『後撰和歌集』巻十五（雑一）にも収載され、光孝天皇が「芹河に行幸したまひける日」に行平が詠んだと明示されており、仁和二年十二月十四日の作であることは確実である。[45] 以上の史料から、天長二年宣旨に始まる行幸時の鷹飼への「摺衣」着用許可制は、仁和二年の芹川野行幸にも適用されていたことが確かめられる。

私は、「摺衣」着用の禁忌と行幸に供奉する鷹飼への許可という問題が、『伊勢物語』当該段の本文と作歌の背景にあると考える。まず「翁さび」の歌は、野行幸に鷹飼として供奉した老齢の行平の「摺狩衣の袂」に書きつけられ、天皇はそれを見て「御気色悪し」くなったというのであるから、翁舞などではなく、翁の「摺狩衣」とそこに記された歌をめぐって問題が生じているにすぎない。そして歌で問題にされている禁忌に対する許可（「人な咎めそ」）とは、第一に、通常は禁止されている「摺狩衣」の着用を、「今日」の野行幸で特別に鷹飼のみ着用することを許す、という意味で理解できる。第二に、通常は「似げなく」（似つかわしくなく）思われる翁の供奉を「今日」のみ許す、という意味で解釈されよう。つまり、当時問題になっていた「摺狩衣」着用の禁忌と、老醜の翁が天皇のそば近くに供奉することの禁忌を、行平は二重に解除されていたことになり、それが野行幸時だけ（今日かぎり）の特権であるにもかかわらず、「摺狩衣」に「翁さび」歌を書きつけるという行為を行ったために、穢らわしい開き直りとして天皇を刺激したと考えられるのである。

3　『万葉集』の「翁さび」

『伊勢物語』の「翁さび」は、以上のように、翁舞ではなく、翁の服装・風体・所作に関わる禁忌と許可の両面から把握できることが理解できた。そして同様の観点から、『万葉集』の「翁さび」も把握することができる。

「翁さび」が登場する史料4の歌は、大伴池主が大伴家持に送った六首の戯歌の一首である。歌は、家持が「表と裏が違っている」変わった作りの「針袋」を池主に送ったことから、それをめぐる戯れのやりとりの中で往来されたもので、作歌の背景・場の両面において翁舞とは関係がない。そこでさらに、六首のうち「翁さび」歌と関連する翁に関わる二首の歌を掲出し、検討する。

史料9　『万葉集』巻十八・四一五二番歌

久佐麻久良　多比乃於伎奈等　於母保之天　波里曽多麻敝流　奴波牟物能毛賀（草枕旅の翁と思ほして針ぞ賜へる縫はむ物もが）

史料10 『万葉集』巻十八・四一五四番歌

波利夫久路　応婢都々気奈我良　佐刀其等邇　天良佐比安流気騰　比等毛登賀米授（針袋帯び続けながら里ごとにてらさひ歩けど人もとがめず）

これらの歌は、大伴池主が、越前国司（掾）として国内を巡行する姿を自ら「旅の翁」に擬して歌った戯歌である。したがって、歌自体は技巧を凝らした創作歌である。しかし、創作歌自体が現実を踏まえたものではないとはいえない。むしろ池主と家持両者が、当時の「翁さび」＝「翁らしさ」に関わる社会的通念を共有しており、そうした当時の常識的な認識を背景にして、初めて歌の比喩や技巧のおもしろさをお互いに楽しむことができる、という事実こそが重要である。技巧を凝らした戯れの前提として存在する「常識」を問題にすることで、創作された歌から、むしろ逆に「翁さび」の社会的・実態的観念が浮かび上がると考えられる。こうした観点を前提に、以下、史料を検討してみたい。

史料4は戯歌六首の最後に位置し、「翁さび」の語は前に位置する史料9、10を受けているので、これら三首はいずれも「翁さび」（翁らしさ）を謡った歌と考えられる。まず史料4では、すでに得た「針袋」に加えて「すり袋」を備えれば「翁さび」が完成する、と謡っている。次に史料9では、「旅の翁」は「針」（「針袋」の中身）と「縫はむ物」を携帯する者としてみえる。また史料10では、「旅の翁」は「針袋」を腰に帯びて「里ごとにてらさひ歩」く人を指す。以上三首から、「翁さび」すなわち「翁らしさ」とは、「針」と「縫物」を入れた「針袋」と「すり袋」を携帯して、「里ごと」に「旅」することと考えられているようである。

「すり袋」とは何か。『和名類聚抄』（行旅具）は、「簏」という語について、「簏子」の和訓を「須利」とする[46]『楊氏漢語抄』を踏まえ、「すり」を「竹篋」（竹の小箱）と注釈する。この点について、保立道久は、古代・中世における腰袋を詳細に検討し、「すり」（箙・箙子）とは『大和物語』一六八話に「蓑一つ着たる法師の腰にひうちげなどゆひつけたるなん」と見え、『梁塵秘抄』（巻二・三〇六）に「聖の好む物」とする「燧笥（ひうちげ）」とある、腰に下げる小籠のこととし、また「すり袋」が、中世絵巻に多く描かれた、腰に下げる革製の火打ち袋を指すことを明らかにした。また『兼盛集』に「旅人はすりもはたご（旅籠）もむなしきをはやもていましね山のとねたち」とあることから、「すり」「すり袋」には火打道具だけでなく、小物や貴重品も入れられていた可能性を指摘している。

ここで注目したいのは、その着用者の位相である。『和名抄』が「箙」を「行旅具」の編目に入れ、『大和物語』『梁塵秘抄』が「旅」する法師や聖の所持物として、『兼盛集』が「旅人」の持ち物としていることからわかるように、十世紀以後、それらはまさに旅のいでたちを構成するものとなっている。またここには、旅装として「蓑」（『大和物語』）、「旅籠」（飼馬籠のこと）（『兼盛集』）が登場していることにも留意したい。実は、『和名抄』は、「蓑」「笠」「波太古」（旅籠）をいずれも「行旅具」の編目に入れ、すべて旅の道具と位置づけている。火打ち石・小物・貴重品などを入れる「すり」「すり袋」、および針・縫物を入れる「針袋」をもつことが「翁さび」＝「翁らしさ」を表すとされているのは、火打ち石が飲食の自炊の火の、針・縫物が衣服の自製・修繕のために必要な品物であり、それらこそまさに「家」を離れた「旅の翁」という、衣・食を自弁する者の象徴とみなされたためではないか。また『紀』に、塩土老翁という「国神」の翁が「嚢の中の玄櫛を取りて土に投げしかば、五百箇竹林に化成りぬ」と記し、この竹林から「目無堅間の籠」を作ったという記述がある（神代下第十段一書第一）。八世紀の神話では、腰に下げる櫛を入れた嚢や竹籠は、神人たる翁の所持物とみなされており、『万葉集』における「針袋」「すり袋」を携帯する「翁さび」との関わりが注目される。

『万葉集』に見える「翁さび」は、ヲトコ（青・壮年）―オキナ（老年）・ヲトメ（青・壮年）―オミナ・オウナ（老年）という八世紀の実態的世代区分と関わり、「ヲトコさび」「ヲトメさび」に対比しうる、「オキナ」世代固有の属性を表す用語であった。それは「旅の翁」の語に端的に示され、また「すり袋」「針袋」が衣食自弁の旅姿を象徴するように、村里を超えてさまよう、旅を基本的属性とするものであった。それは、蓑・笠を着て「翁の貌」をつくり、村々・家々を来訪する疫神・国神の姿とまさに重なり合うものといえるのである。

4　嫗のスタイルと「さび」

「翁さび」に対して、「嫗さび」のごとき、老人女性固有のスタイル・所作はあったのだろうか。

『紀』の椎根津彦伝承には、「老父の貌」としての「弊衣服及蓑笠」が登場するだけでなく、「箕」を被ることを「老嫗の貌」と記している。一方『住吉大社神代記』は、『紀』と異なり、「老父」と「老嫗」を区別せず、蓑・笠・簸をすべて「老父」の着用物としている。両書の成立はいずれも八世紀前葉で時代差はないので、蓑・笠・箕・簸は、老父・老嫗を問わず、老人すべてに通用する着用物とみなされていた可能性が高い。

箕に関する古代史料はきわめて少ないが、『播磨国風土記』飾磨郡伊和里条の地名伝承の中に箕が登場する。伝承は、大汝命が、子の火明命を因達の神山に置き去りにして船で逃れる途中、火明命の起こした波風により難破し、大汝命の所持物が落ちた場所が丘の地名起源になったとするもので、琴丘の琴のほか、筥、梳匣、箕、甕、稲、冑、沈石、藤、鹿、犬、蚕の名を付した丘が紹介されている。三谷栄一[47]は、この中に見られる箕・稲・甕などは、大汝命にふさわしい「農祭」と関係する一方、鹿と犬と藤があることから、「この話を伝えた人々が丘阜にわけ入っていた職業の人々ではなかったかと思われる」と指摘する。三谷は、柳田国男の説を踏まえ、『竹取物語』に見える「野山にまじりて竹を取り」とある竹取とは「本来、村居を定めず、野山にまじっていた」存在であり、「鍛冶屋、くぐつなどと同様、聚落から聚落へと股にかけて歩く特殊な職業の団体であった」とし、その実態は「箕作り、箕直し、笊作り」であると指摘している。史料が乏しく詳細は不明だが、後述する『万葉集』巻十六・「竹取翁」伝承歌謡との関係を考えると、「野山にまじる竹取」と翁・嫗の関係を箕を介して理解しようとするその見解は魅力的である。ここには、蓑・笠・箕・すり袋という「旅具」を着用して、「野山」という「無縁」の場にまじり遍歴（「旅」）する翁・嫗のイメージが語られている。それは「太古の遺法」にみる疫神・国神の村々・家々への遍歴の姿とも重なる。こうした遍歴する神の姿と重ね合わせた、神人としての老人観こそが、八世紀における「翁」「嫗」の「さび」なのである。

さらに、七・八世紀の共同体における嫗のスタイルとその意味を窺わせる、興味深い史料がある。

史料11『日本書紀』天武十三年（六八四）閏四月丙戌条

又詔曰、（略）女年四十以上、髪之結不レ結、及乗レ馬縦横、並任レ意也。別巫祝之類、不レ在二結レ髪之例一。

史料12『続日本紀』慶雲二年（七〇五）十二月乙丑（十九日）条

令二天下婦女一、自レ非二神部斎宮宮人及老嫗一、皆髻レ髪。語在二前紀一。至レ是重制也。

これらは、七世紀末から八世紀にかけて出された女性の頭髪に関する統制法令である。永島朋子[48]や服藤早苗[49]の研究を踏まえ、政策の推移を追うと、まず天武十一年四月乙酉（『紀』）に、「男女悉く結髪」することが命じられ、ついで天武十三年（史料11）に、二年前の結髪令を緩和し、女の四十歳以上は「髪の結う結わぬ」は自由とし、また「巫祝の類」は結髪の例から外されることになった。さらに朱鳥元年（六八六）七月庚子（『紀』）には、元のごとく婦女は「背に垂髪」することとされた。ところが慶雲二年（史料12）になると、神部・斎宮宮人と老嫗を除くすべての婦女に対して、再び結髪（髻髪）が義務づけられることになる。これら国家による女性の結髪奨励策にもかかわらず、朝廷や宮人の一部を除いて、地域社会には結髪の習慣は定着せず、平安時代には垂髪が主流になっていったことが明らかにされている。

拙稿で指摘したとおり、女性の年齢層に関わる可視的表象としての髪形は、ヲトメ（青・壮年層）の場合、放髪・結髪の変態に特徴づけられる[50]。ではオウナはどうなのか。史料12には、老嫗は、神部・斎宮の宮人とともに結髪の対象から外されているから、ヲトメ以上に放髪が基本であったのだろう。四十歳を古代における実態的な老の開始年齢とみなす服藤説に従えば、史料11で結髪・放髪を「任意」とされた「女年四十以上」とは、オウナ世代に属する年齢層であったと考えられる。史料12に「語在二前紀一。至レ是重制」と指示された前の法令とは、史料11の詔以外には考えられないので、二つの史料は対応関係にある。つまり史料12の老嫗が史料11の「女年四十以上」に照応し、史料12の神部・斎宮の宮人が史料11の巫祝の類に照応しているのである。

つまり嫗は、神祇祭祀に関わる巫祝の類と同一視される一方、天下婦女、言い換えれば他のすべての女性と区別され、放髪（垂髪）を基本とした自由な髪形が許されていたのである。巫祝の類が垂髪であったことについては、結髪は神人の職掌にふさわしくなく、魂招きを行う神人は長髪でなければならなかったとみる説がある。神事に関わる者は、死後の風俗として想定されていた乱髪を職掌のしるしとし、神事神楽の神々、八瀬童子らの長髪もこうしたことと関わるという[51]。年四十以上の女＝嫗が、神事に携わる老女に限定されず、すべての老女を指していることは史料に限定句がついていないことから明らかである。したがって七・八世紀において、地域社会の嫗と巫祝の類との同質性が国家により認識されていたと考えるほかはない。ところで、放髪のヲトメが結髪するのは、対偶婚段階の家族関係を構築するに当たり、一人の男性との一対の対偶関係を表示する場が必要であったためである（男性の求婚を避けたい場合など）[52]。しかしオウナの髪形の任意性は、こうした流動的な対偶関係を表示する規制すら、オウナには及ばなかったことを示唆している。髪形スタイル（の自由）から、ヲトメの帰属する共同体の規制から解放された、巫祝に通じるオウナの神人としての外部性を読み取ることができるであろう。

三　「太古の遺法」の社会的基礎——翁と嫗をめぐる共同体の禁忌と自由

以上述べてきた、蓑・笠・箕・すり袋・針袋・すり狩衣という、山野で活動し、また旅する者のスタイルにまつわる伝承・記録は、一貫して装束に関する禁忌と許可が問題にされている点で共通していた。それは、整理すると以下のとおりとなる。

①疫神のスタイルである蓑・笠を着た者が「他人の屋内」に入ることを禁止する一方、定められた特定の「家」に入り饗応を受けることを許す（『紀』「太古の遺法」）
②蓑・笠と箕を身につけた翁・嫗が神山に入山することを許す（『紀』椎根津彦伝承など）
③「すり袋」などの旅姿の翁が里ごとに訪れ歩くことを咎めず許す（『万葉集』「翁さび」）
④「すり狩衣」という禁忌の衣装を行幸時の鷹狩りで鷹飼のみ着用を許す（『伊勢物語』）

ここでは、こうした禁忌と許可に関する古代の習俗を手がかりに、「翁さび」（「嫗さび」）と「太古の遺法」の関係を探っていきたい。まず古代に、一般的な旅と禁忌の関わりを示すとされてきた史料を検討する。

史料13　『紀』大化二年三月甲申条

甲申、詔曰、（中略）、復有二被レ役之民一、路頭炊飯。於レ是、路頭之家、乃謂之曰、何故任レ情炊二飯余路一、強使二祓除一。復有二百姓一、就レ他借レ甑炊飯。其甑触レ物而覆。於是、甑主乃使二祓除一。如二此等一類、愚俗所レ染。今悉除断、

勿レ使二復為一。（後略）

いわゆる大化二年（六四六）の風俗矯正詔と呼ばれる詔である。当該詔についての研究は多岐にわたるが、とりあえず関口裕子[53]の詳細な分析を参照されたい。引用箇所は、関口によれば、「権力により徴発された役民が、往還途上で経験する種々の習俗に関する指摘」ととらえられる。役民が「路頭」で「炊飯」すると、「路頭之家」が「何の故か人をして余路に炊き飯む」といって祓除を科すとし、また百姓が他人に甑を借りて「炊飯」し、甑が物に触れて覆ると「甑の主」が祓除を科すとする、炊飯に関わる二つの祓除の習俗の記述である。柳田国男[54]は、竈に「出来るだけ素性のわからぬ人を寄せ付けまい」とする習俗が山間部を中心に伝承されており、それが「火の穢れを防ぎ」、神や先祖に供える食物の清浄を防衛しようとした習わしに起源すると指摘し、家永三郎[55]は、当該詔で役民＝旅人の炊飯に祓除を科すのは、それが竈の「火の穢れ」を防ごうとする習俗と関わるとしている。借りた甑を覆すという行為が祓除の対象となるのも、貸した先の炊飯時に甑が覆るという異常が他「家」で「火の穢れ」を発生させ、返却時に、穢れた火を受けた甑を通じて穢れが甑の主「家」に伝染することを恐れたものであろう。ここに見える旅人の「炊飯」の禁忌は、いわゆる「別火の禁忌」を意味することは間違いない[56]。したがって旅人を「咎める」習俗が、旅先での炊飯の火により他「家」の竈の火を穢すという、共同体の閉鎖性に根ざした未開的思惟に関わって存在していたことが窺われる。

しかし問題がある。「翁さび」では、「すり袋」（＝火打ち袋）を所持する「旅の翁」は里ごとにさまよい歩いても人は「咎めない」（忌まれない）とされているからである。甲申詔の習俗からみれば、「すり袋」を持参する「旅の翁」は、彼がもたらす炊飯の火の穢れにより、旅先の里・家で「咎められる」と考える方が自然である。しかし彼らは「咎められない」。一見、矛盾にみえるこうした事態を、どう理解すればよいのだろうか。

史料14　『万葉集』巻二・一二六番歌

石川女郎贈二大伴宿禰田主一歌一首　即佐保大納言大伴卿之第二子　母曰二巨勢朝臣一也

遊士跡　吾者聞流乎　屋戸不借　吾乎還利　於曽能風流士（風流士と我れは聞けるをやど貸さず我れを帰せりおその風流士）

大伴田主字曰二仲郎一　容姿佳艶風流秀絶　見人聞者靡レ不二歎息一也　時有二石川女郎一　自成二双栖之感一恒悲二独守之難一　意欲レ寄レ書未レ逢二良信一　爰作二方便一而似二賤嫗一　己提二堝子一而到二寝側一　哽音蹢足叩レ戸諮曰　東隣貧女将レ取レ火来矣　於レ是仲郎　暗裏非レ識二冒隠之形一　慮外不レ堪二拘接之計一　任レ念取レ火就レ跡帰去也　明後女郎既恥二自媒之可一レ愧　復恨二心契之弗一レ果　因作二斯歌一以贈二謔戯一焉

右記は、『万葉集』巻二に収載する石川郎女と大伴田主との間に贈答された相聞歌の序詞である。大伴田主に想いを寄せる石川郎女がある晩、田主と交わるための計略を立て、「賤しき嫗に似せて、己れ堝子を提げて、寝の側に到りて哽音蹢足（老女らしいむせび声とたどたどしい足取り）して戸を叩き」、「東隣の貧女将に火を取らむとして来れり」といい、田主の屋内に入れてもらったが、田主は暗闇の中、それが郎女と気づかず、火を取らせて帰らせてしまったという。

まさに貴族層男女による遊戯的な相聞の戯歌にすぎないが、しかし石川郎女が田主の「家」に入る計略として、夜、「哽音蹢足」の姿で、火を取るために「己れ堝子」（自分用の携帯堝）をさげ他家内に入るという所作自体は、作歌者および巻二編者に「賤しき嫗に似せ」た姿として疑問なく受け取られている点が重要である。つまり、こうしたスタイル・所作は嫗の風体であるという認識が、歌の前提にあることが容易に想像できる。貧しい老女が、田主のような貴族層（首長層）の「家」を訪れて竈の火をもらい受けても咎め立てされない（通常は咎められる）、そうした意識・

習慣の存在が窺えるのだ。それは『紀』にみるような通常は祓除の対象行為とされた、他「家」の竈へのよそ者の接近について、「己れ堝子」をもつ貧しい別火の老人の場合、貴族層（首長層）の「家」では特別に許していたことを示している。これは都の貴族層の「家」のケースだが、地域社会の首長層の「家」でも同様の慣行があったことが、次の史料から窺える。

史料15　『日本霊異記』中巻・十六縁

依レ不ニ布施与放生一而現得善悪報縁第十六

聖武天皇御代、讃岐国香川郡坂田里、有ニ一富人一。夫妻同姓、綾君也。隣有ニ耆嫗一、各居ニ鰥寡一、曽无ニ子息一、極窮裸衣、不レ能レ活レ命。綾君之家、為レ所レ乞レ食、日々不レ闕、餔時而逢。主将レ試之、而毎ニ夜半一窃起爨、令レ食ニ於家口一、猶来相之。合家怪之。家室告ニ家長一曰。「此二耆嫗、駈使非レ便、我慈悲故、入ニ家児数一」（後略）

説話に登場する綾君は、その姓から首長層と考えられている。本史料は古代の「家」における家長・家室の分担機能や老人扶養の実態についてさまざまな論及がなされているが[57]、ここでは綾君の家の隣に住む二人の独居老人（鰥寡の耆・嫗）が綾君の「家」を乞食するところとしていたこと、また食事時だけでなく、夜半にひそかに飯を炊いても必ずやって来た、という記述に留意したい。服藤早苗[58]は、『古事記』顕宗天皇段に見える、置目なる老嫗が天皇の宮内で扶養されたという伝承を参照し、説話から、奈良時代以前から続く共同体首長層による老人扶養の慈悲の慣行の存在がおぼろげながら窺えるとする。服藤の指摘を踏まえるならば、貧しい独居老人たちが首長層の「家」の炊飯の火（「起爨」）に交わるかたちで、共同体による老人扶養が実現し、史料14の「賤しき嫗」が貴族層の「家」の竈の火を取る所作も、こうした在地の慣行を前提に成立していた可能性が高くなる。さらにここで留意すべき点は、貧しい老人たちが竈の火と炊飯の提供を受けていたのが、いずれも首長層（首長・貴族）の「家」からであり、共同体成員個々の「家」ではなかったという点であろう。『霊異記』では鰥寡の者・嫗は、他の共同体成員の個々の「家」からは扶助を受けず、「別火」の状態で貧窮化していたのであり（「極窮裸衣、不㆑能㆑活㆑命」）、それゆえに「綾君」という首長の「家」に乞食していた、という状況が浮かび上がってくる。(59)

首長層の「家」とは別に、老人への炊飯の火の提供がどのような場で行われたのかという点について、次の史料は考察の貴重な素材を提供してくれる。

史料16『万葉集』巻十六・三八一三番歌題詞（歌略）

昔有㆓老翁㆒　号曰㆓竹取翁㆒也　此翁季春之月登㆑丘遠望　忽値㆓煮㆑羹之九箇女子㆒也　百嬌無㆑儔花容無㆑止　于㆑時娘子等呼㆓老翁㆒嗤曰　叔父来乎　吹㆓此燭火㆒也　於㆑是翁曰㆓唯々㆒　漸趍徐行着㆓接座上㆒　良久娘子等皆共含㆑咲相推譲之曰　阿誰呼㆓此翁㆒哉　爾乃竹取翁謝之曰　非㆑慮之外偶逢㆓神仙㆒　迷惑之心無㆓敢所㆒㆑禁　近狎之罪希贖以㆑歌　即作歌一首并短歌（歌略）

当該歌謡は、中国の神仙淹流譚の影響を色濃く受けた、八世紀初頭の官人層により「創作」された物語歌ではあるが、「登㆑丘遠望」という春の国見と「娘子等」による菜摘み・共食儀礼、「ヨチ」と呼ばれる年齢集団という素材の選択、また娘子らの輪唱形式の歌の様式の点で、日本古代の地域社会の伝統に即応する素材と型式を踏まえていることについて、かつて指摘したことがある。(60)ここではとりあえず、「竹取の翁」と神仙として位置づけられた九人の娘子らの「燭火」をめぐるやりとりが注目される。土橋寛が指摘するように、春山入りに伴うヲトメたちによる共食儀礼の場で、(61)春菜粥を煮る火を吹こうとして座に交わった翁をヲトメが嫌い、それを受け翁は「近く狎れし罪」を謝罪し、「贖い」の歌を作る。ヲトメらはそれを聞き、翁を許す歌で応答する。翁とヲトメらとの接触がなぜ「罪」とされたのかについては、彼女たちが「神仙」（神女）であったためとみられているが、(62)そうした要素とともに、このやりとりが直接にはヲトメの煮炊きする「燭火」への接触をめぐって展開したことに留意すべきである。上述の別火の習俗からみれば、春菜粥という神聖な儀礼の火に対する、誰ともしれぬ部外者の接触は、とうてい許されないに違いない。炊事の火への、よそ者の交わり自体が「罪」なのである。しかし「竹取の翁」は、その「罪」を贖われる。そこには、「竹取」に携わる翁という山野で活動する翁が、別火の禁忌を犯しても咎められない、という意識が見え隠れしている。こうした意識は、別火の象徴である「すり袋」「己れ堝子」を所持する翁・嫗に対して、禁忌を解除し同火を容認する習俗と間違いなく通底している。ただし竹取の翁伝承歌謡の場合、翁の同火を容認するのは、神女の役割を演じるヲトメたちである。土橋寛が指摘するように国見と春菜粥の共食儀礼は春の共同体祭祀の場であるから、翁の同火を容認する主体は、ヲトメたちの背後にある共同体全体とみることができよう。

「太古の遺法」では、蓑・笠を着た者が饗応の火（竈）に交わることが許されるのは、共同体により定められた「家」「場」に限定されていた。蓑・笠は古代老人の「貌」でもあり、「太古の遺法」にみる禁忌と許可の習俗は、古代老人の同火・別火の慣行とも深く関わっていると考えられる。上述のとおり、八世紀の翁・嫗は、一般共同体成員の「家」からみれば「別火」の存在＝旅や山野で活動する外部の存在とみられていたと同時に、神に近くおり、そしてそれゆえにこそ、国見・春菜粥のような共同体祭祀の「場」や、共同体を代表して祭祀を執り行う首長層の「家」において、同火＝饗応＝扶養される存在とみなされたのではないだろうか。(63)

おわりに

以上、本章で述べてきたことをまとめ、見通しを含めて整理する。

『紀』神代上第七段一書第三に見える「太古の遺法」は、石母田正説のように、七・八世紀に過去法となっていた国造法・族長法を意味するのではなく、奈良時代・『紀』編纂時に現実に機能していた地域社会の慣習法であった。「太古の遺法」に登場する蓑・笠の姿は、第一義的には、共同体の外部から訪れる神の旅のいでたちであった。それは、災厄・疫病をもたらす疫神＝鬼の姿を意味したが、饗応・祭祀を受けた後は、共同体を守護する国神（在地神）の意味に転化した。「蓑・笠を着た者が他人の屋内に入ることを忌み、それを犯した場合には祓除を科す」という習俗は、疫神を招魂し饗応する祭祀手続き上の禁忌を具体的に規定したものである。すなわち、蓑・笠姿に象徴される疫神は共同体内の特定の「家」および祭祀の「場」にのみ入り饗応を受けるべきとされ、それ以外の共同体成員の「家」や「場」で饗応されることを厳重に忌み、違反した祭祀＝饗応があったときには、共同体に祓除を科す、という規範である。なお蓑・笠姿の疫神・国神は、人面墨書土器に描かれた事例があり、それらは「太古の遺法」に基づく饗応祭祀に用いられた招代であった可能性がある。

蓑・笠姿は、箕や簸とともに、古代の老人のいでたちでもあった。また古代老人固有のスタイルを認識する上では、『万葉集』や『伊勢物語』に見える「翁さび」（翁らしさ）の用例が手がかりとなる。折口信夫以来の通説では、古代の「翁さび」は翁舞という神事歌舞における所作・ふるまいの意味で理解されてきたが、それを裏づける古代史料はない。「さび」は、「ヲトコさび」「ヲトメさび」「翁さび」のごとく、男性のヲトコ（青壮年）―オキナ（老年）、女性のヲトメ―ヲミナ・オウナ（老年）という年齢区分に対応し、それぞれの世代固有の属性を表現する言葉として用いられた。「翁さび」の場合は、「針袋」「すり袋」（『万葉集』）や「すり狩衣」（『伊勢物語』）など、旅や山野でのいでたちを翁の属性とする観念を意味した。一方、嫗は、山人の象徴物である箕を装備し、男女の対偶関係の表示を内容とする共同体的な頭髪（放髪―結髪）規制の適用外（放髪の自由）とされた。これらの点は、翁・嫗が共に共同体（「サト」）の外部的存在であったことを示唆する。

また古代には「翁（媼）さび」の旅姿で村里を遍歴しても咎めない、という慣習が存在したと思われる。それは、よそ者＝旅人（役民）の別火を強いる閉鎖的共同体の禁忌（『紀』）と関係している。古代の翁・媼は、「旅」そして「神」に通じるいでたちから、共同体成員の各「家々」からみれば「別火」の存在＝外部かつ神近くある存在と認識されていたことがわかるが、逆に、共同体を代表して外部に接し神を祀る首長層の「家」や共同体祭祀の場においては、同火＝饗応・歓待の対象とみなされた。したがって、老人たちの旅姿が旅人一般の禁忌に反して見とがめられないのは、その訪れが、首長の「家」および共同体祭祀の場という、外部＝神の世界に開かれた特定の場所に限定されていたためであろう。

以上の検討から、「太古の遺法」は、翁・媼の「さび」（世代固有の属性）と密接に関わっていたことが理解される。すなわちそれは、神を饗応する場所に関わる禁忌を規定した呪術的規範にとどまらず、神人・異人とみなされた翁・媼を饗応する場所を首長の「家」と共同体祭祀の「場」に限定し、個々の共同体成員の「家」と老人の別火を定めた慣行の違反を戒める世俗的規範として機能したのである。

ところで火が竈・炊飯の火を意味する以上、別火―同火の呪術的な饗応・歓待法は、同時に扶養に関わる実態的な社会構造とも関係していたのではなかろうか。古代の家族は、流動的な母―子＋夫の小家族が一般的で、三世代同居は未だ成立していなかったとされている(64)。こうした家族構造のもとでは、子―孫をもつ老人男女は、翁―媼夫婦の同居か、翁、媼の独居が増え、二世代を核とし、しかも離別の容易な小家族的「家」による老人の扶養は、きわめて困難な課題となっただろう。こうした状況を背景に、古代老人は共同体成員の「家」にとって外部的な存在となり、共同体全体およびそれを代表する首長層に養われるという構造が成立したのではないか。「太古の遺法」にみる「養・

笠の禁忌」は、神の饗応・祭祀の習俗であるとともに、翁・嫗の社会的実存形態を背景に成立した規範としてもとらえられるのである。

最後に、残された三つの研究課題を提示し、結びにかえたい。

第一に、共同体における古代老人の居住形態の実態解明が不可欠である。研究史をひもとくだけでも、主に古代文学の立場から論及され、神人・異人論の中で指摘される古代老人の「外部性」論[65]と、古代史研究の中で指摘される共同体および国家において賢者として大切に扱われたという老人扶養論[66]をどう整合させるのか、という問題が浮かび上がる。本章では、禁忌の問題を切り口に、古代老人の「外部性」論を発展させ、対偶婚段階の古代家族形態論との整合をはかったが、それを検証するためには、古代的共同体の中に占める男女老人の位置を正確に見定めていく作業[67]が必要であろう。

第二に、「太古の遺法」を、吉田晶[68]が提起した古代法の二つの原理・「のり」と「ことわり」の連関構造のいかなる段階に措定するか、という問題がある。自然法的な民間習俗としての「ことわり」が人為的命令を属性とする「のり」としての王法・国造法・族長法に包摂される首長制的法構造の中に、「太古の遺法」はいかに位置づくのか。それが「過去の族長法」ではなく、七世紀以後の王法と同段階の「のり」であるならば、それ以前の民間習俗＝「ことわり」は「遺れるのり」というかたちで七世紀の王法を部分的に制約する存在として地域社会に生き続けた可能性があろう。吉田は、本章でも検討した大化二年三月甲申詔が、「ことわり」に制約された「のり」（族長法・国造法）を打破する新しい「のり」（王法）を樹立する画期となったとしたが、関口裕子[69]は、原始社会以来の「ことわり」は大化以後も常に「のり」に包摂されつづけたと主張する。私は、古い「ことわり」の克服をはかる新しい「法」（のり）と、「ことわり」を残存させた「遺法」（のこれるのり）の重層的法構造を想定しているが、その究明は別稿に期したい。

第三は、古代老人をめぐる共同体の禁忌は、中世以後の「異類異形」と呼ばれた「癩者」・非人・山人・漂泊民に対する差別の構造といかにつながっていくのか、という問題である。たとえば、古代老人の表象物であった蓑・笠・杖・すり狩衣（すり衣）は後世の「癩者」を含む非人の、箕は「山窩」など山人の、すり袋は聖・法師など旅人のそれへと受け継がれていく。それらは、みな漂泊・移動を属性とする中世以後の異人たちの表象だが、ではなぜ古代は、「翁さび」のごとく、老人の属性を示すことになるのだろうか。本章だけでは、とうていその論究はできないので、今後の課題として章を閉じ、とりあえず諸賢のご叱正を待ちたいと思う。

註

（1）研究概況については、大津透「律令法と固有法的秩序——日唐の比較を中心に」（水林彪・大津透・新田一郎・大藤修編『新体系 日本史2 法社会史』山川出版社、二〇〇一年）を参照。

（2）後述のように、「太古の遺法」は主に国の大祓に関わる祭祀研究、あるいは律令法以前の固有法研究の中で議論されている。その内容を禁忌との関わりで論及した研究としては、岡田重精『古代の斎忌——日本人の基層信仰』（国書刊行会、一九八二年）が注目されるが、岡田は註(10)のような仮説提示の後、最終的にその禁忌の「理由は明らかでない」と述べている（同著書一九頁）。

（3）①折口信夫「国文学の発生（第三稿）まれびとの意義」（『折口信夫全集』第一巻 古代研究（国文学篇）、中央公論社、一九九五年。初出は一九二九年）、②同「翁の発生」（『折口信夫全集』第二巻 古代研究（民俗学篇1）、中央公論社、一九九五年。初出は一九二八年）。以下、折口説の引用は上記論文による。

（4）石尾芳久『日本古代法の研究』（法律文化社、一九五九年）、同『日本古代法史』（塙書房、一九六四年）。

（5）①石母田正「古代法」（『石母田正著作集』第八巻、岩波書店、一九八九年。初出は一九六二年）、②同「古代法の成立について」（前掲著作集所収、初出は一九五九年）。以下、石母田説の引用は上記論文による。

（6）青木紀元「大祓の詞の構造と成立過程」（『現代神道研究集成（一）』神社新報社、一九九八年）など。

（7）水林彪『記紀神話と王権の祭り』（岩波書店、一九九一年）、矢野建一「天下（四方）大祓の成立と公民意識」（『歴史学研究』六二〇、一九九一年）、神野清一『日本古代奴婢の研究』（名古屋大学出版会、一九九三年）など。

(8) 石尾芳久「あまつつみ　天津罪」(『国史大辞典　第一巻』吉川弘文館、一九七九年)。
(9) 折口信夫前掲註(3)①論文。なお矢野建一「大嘗祭試論――菅蓋儀の再検討」(『古代史研究』一〇、一九九〇年)は、蓑・笠と大嘗祭の関わりについて指摘する。また萩原秀三郎『鬼の復権』(吉川弘文館、二〇〇四年)は、蓑・笠の原型を神の依代としてのチガヤとし、「招福」「除災」の二重の役割をもつ来訪神としての鬼の「宿借り」習俗と関わらせて「太古の遺法」をとらえている。
(10) 岡田重精前掲註(2)著書。岡田はこれを家の境界を冒すことの禁忌と結びつけ、蓑・笠、束草が「異形で、超自然性を帯びるため」忌みとしたと推察している。
(11) 石母田正前掲註(5)②著作集、一七二頁。
(12) 『日本古典文学大系　日本書紀 上』(岩波書店、一九六七年)一九八頁頭注。
(13) 斎藤洋一「武州世直し一揆の考察(続)――一揆勢の「いでたち」をめぐって」(『近世史藁』二、一九七七年)、勝俣鎮夫『一揆』(岩波書店、一九八二年)、網野善彦「蓑笠と柿帷――一揆の衣装」(同『異形の王権』平凡社、一九九三年。初出は一九八二年)。なお保坂智「百姓一揆の作法――徒党の形成と一揆の有様」(同『百姓一揆と義民の研究』吉川弘文館、二〇〇六年。初出は一九八七年)は、蓑・笠着用で「百姓身分を一次的にせよ、自ら解放させる」とした勝俣説を批判し、百姓身分を幕藩領主にみとめさせる百姓らしい「いでたち」とした。確かに蓑・笠は近世百姓の代表的雨具＝野良着であるが、雨中の農作業という百姓の困苦の象徴でもあり、あえて破れた蓑・笠を着用するなどで、その困窮した状況を領主に訴えるために一揆で装備されたとも考えられる。それは百姓としての最低の生活水準を表すいでたちであり、だからこそ「非人の拵」(網野前掲著書参照)とも通底するのではないか。したがって「百姓身分からの解放」を示すものではないが、蓑・笠を雨風をしのげない非人・乞食が常用する(百姓の場合は雨具であり常用服ではない)いでたちとする説自体は崩れないのではないか。
(14) 網野善彦前掲註(13)著書、河田光夫「中世被差別民の装い」(『河田光夫著作集　第二巻』明石書店、一九九五年。初出は一九八四年)。
(15) 黒田日出男「「隠れ蓑」・「隠れ笠」――絵画史料の読解から」(歴史科学協議会編『歴史を学ぶ人々のために　第3集』三省堂、一九八八年)。
(16) 小松和彦「簑笠をめぐるフォークロア　通過儀礼を中心にして」(同『異人論　民俗社会の心性』青土社、一九八五年。初出は一九八三年）。

(17) 古代史研究における蓑・笠論の一端は、矢野建一前掲註(9)論文に示されている。

(18) 山折哲雄『神と翁の民俗学』（講談社、一九九一年。初出は一九八四年）。以下、山折説の引用は同著書による。

(19) 金賢旭「古代の翁」（同『翁の生成　渡来文化と中世の神々』思文閣出版、二〇〇八年）。以下、金論文の引用は同著書による。

(20) 人面墨書土器の事例・研究は多い。それら図像の本格的な比較・検討は後考にゆだねたい。なお東国地域に限られるが、『シンポジウム古代の祈り　人面墨書土器からみた東国の祭祀』（盤古堂、二〇〇四年）は、近年までの研究動向が知られ有益である。

(21) 『八千代市白幡前遺跡』（財団法人千葉県文化財センター、一九九一年）（本文編）三三五頁。

(22) 拙稿「「ヨチ」について――日本古代の年齢集団」（『古代史研究』一三、一九九五年。本書第Ⅱ部第一章）では八～九世紀の在地社会の髪型について検討したが、こうした類例は史料上確認できない。

(23) 網野善彦「童形・鹿杖・門前――再刊『絵引』によせて」（同前掲註(13)著書所収。初出は一九八四年）。

(24) 平川南『墨書土器の研究』（吉川弘文館、二〇〇〇年）。以下、平川説の引用は同著書による。

(25) 高島英之『古代出土文字資料の研究』（東京堂出版、二〇〇〇年）。以下、高島説の引用は同著書による。

(26) 荒井秀規「鬼の墨書土器」（『帝京大学山梨文化財研究所所報』四七、二〇〇三年）は鬼の墨書を有する墨書土器を集成し、文献史料との関係で課題を提示されている。

(27) 当該説話の構造については、関和彦「蘇民将来考」（同『日本古代社会生活史の研究』校倉書房、一九九四年）が詳しく検討している。

(28) 大島建彦『疫神と福神』（三弥井書店、二〇〇八年）。

(29) 坪井洋文「民俗学――一つの視点の仮説」（大場磐雄編『神道考古学講座』六巻、雄山閣出版、一九七三年）、飯島吉晴『竈神と厠神』（人文書院、一九八六年）。なお石垣島の川平には、マユンガナシという正月行事がある。きたない格好の旅の老人が家々に宿を断られたが、南風野家だけが宿を貸したので、以後、同家が豊作になったとする伝承を伝え、それを記念して村の若者がクバの葉で作った蓑笠を着て家々をまわり、祝詞を述べる行事を続けていたという。谷川健一はスサノヲ伝承との関係を指摘している（同『賤民の異神と芸能――山人・浮浪人・非人』河出書房新社、二〇〇九年、二九八頁）。

(30) 疫神ではないが、『常陸国風土記』筑波郡条および『万葉集』巻十四（三四〇四・三四七九番歌）には東国の新嘗祭の夜の神の来訪と饗応に関わる伝承が収載されている。平川南が説くように、来訪神は疫神に限定されず、歳神・国神・祖神（『常陸国風土記』）など多様であるのは、民俗的事象からみても自然である。なお『万葉集』収載歌のうち三四〇四番歌は、下総国葛飾郡の真間（現市川市）に関わる三首の歌に挟まれた「葛飾早稲」の「にへ」を歌ったもので、真間の手児奈という当地域の伝説的女性の祭祀に関わる可能性がある。このことも来訪神の饗応が共同体内の限定された「家」で行われた可能性を示唆する。

(31)「国神」の語法は『記』『紀』『風土記』などテキストによる違いがあり、難しい問題を孕むが、ここでは『風土記』と墨書土器が「在地神」として共通する用いられ方をしているという平川南前掲註(24)著書の指摘に従っている。なお平川は、人面墨書土器の祭祀は、疫神だけでなく、歳神・国神をも祭祀対象としていたと指摘している。

(32) 高野辰之『日本歌謡史』（春秋社、一九二七年）。

(33) 折口信夫前掲註(3)②論文、山折哲雄前掲註(18)著書。

(34) 天野文雄「翁猿楽」（『講座 日本の演劇3 中世の演劇』勉誠社、一九九八年）。天野は能「翁」の別名「稲経翁」が大嘗祭の「稲実翁」をモデルとする説も、大嘗祭が修正会・修二会と関わりがないことから批判している。一方、萩原秀三郎（前掲註(9)著書）は、翁舞は「呪師走り」を起源とせず、むしろ神事神楽と関わりがあると指摘する。

(35) 白川静『字訓』（平凡社、一九八七年）。

(36) ①関口裕子『日本古代婚姻史の研究』上・下（塙書房、一九九三年）、②同『処女墓伝説歌考』（吉川弘文館、一九九六年）。

(37) 服藤早苗「古代女性の髪型と成人式」（吉村武彦編『律令制国家と古代社会』塙書房、二〇〇五年）。以下、服藤説の引用は同論文による。

(38) 前掲註(22)拙稿。

(39) なお、服藤は『万葉集』の歌句の分析から八歳以後を性的交渉が可能なヲトメであるとするが、このヲトメの開始年齢については歌の解釈に検討の余地があると思われる。

(40) 賀古明『琴歌譜新論』（風間書房、一九八五年）。本書第Ⅱ部第一章。

(41) 前掲註(22)拙稿、同「日本古代における在地社会の「集団」と秩序」（『歴史学研究』六七七、一九九五年）。本書第Ⅱ部第一章。

(42) 楢崎久美子は、十二世紀半ばの『満佐須計装束抄』に「舞人の装束」として「摺り」の狩衣が見えることを指摘する（「古代の祈りのかたち――『万葉集』の祈りの歌と摺り衣について」舘野和己・岩崎雅美編『古代服飾の諸相』東方出版、二〇〇九年）。しかし平安初期の状況は確認されていない。

(43) 江馬務「摺染と摺衣の史的研究」(『江馬務著作集第十一巻　風俗史事典』中央公論社、一九八八年。初出は一九二一年)。

(44) 網野善彦「摺衣と婆娑羅――『標注　洛中洛外屏風　上杉本』によせて」(同前掲註(13)著書所収。初出は一九八四年)。

(45) 『新日本古典文学大系　後撰和歌集』(岩波書店、一九九〇年)三一八頁註。

(46) 保立道久「腰袋と『桃太郎』」(同『物語の中世　神話・説話・民話の歴史学』東京大学出版会、一九九八年。初出は一九八九年)。

(47) 三谷栄一「竹取物語」(同『物語史の研究』有精堂、一九六七年)。

(48) 永島朋子「女性服制に関する一考察――衣服令頭部装飾を中心として」(『専修史学』二七、一九九五年)。

(49) 服藤早苗前掲註(37)論文。

(50) 前掲註(22)拙稿。

(51) 馬場あき子『鬼の研究』(三一書房、一九七一年)、志田諄一「被髪・八握鬚と古代信仰――茨城県金砂郷村猫淵横穴壁画の問題」(『茨城キリスト教大学紀要』一三、一九七九年)。

(52) 小林茂文『周縁の古代史　王権と性・子ども・境界』(有精堂、一九九四年)、前掲註(22)拙稿。

(53) 関口裕子「大化二年三月甲申詔での対偶婚的様相」(前掲註(36)①著書所収)。

(54) 柳田国男「火の昔」(『新編　柳田国男集　第10巻』筑摩書房、一九七九年。初出は一九四四年)。

(55) 家永三郎「孝徳紀の史料学的研究」(同『古代史研究から教科書裁判まで』名著刊行会、一九九五年。初出は一九六二年)。

(56) 岡田重精前掲註(2)著書、三五四頁。

(57) 河音能平「日本令における戸主と家長」(同『中世封建制成立史論』東京大学出版会、一九七一年)、関口裕子「日本古代の家族形態と女性の地位」(『家族史研究』二、一九八〇年)、服藤早苗「古代の母と子」(森浩一編『日本の古代12　女性の力』中央公論社、一九八七年)、義江明子「古代の村の生活と女性」(総合女性史研究会編『日本女性生活史一　原始古代』東京大学出版会、一九九〇年)、拙稿「古代老者の棄「棄」と「養」」(『歴史評論』五六五、一九九七年)、服藤早苗『平安朝に老いを学ぶ』(朝日選書、二〇〇一年)など。

(58) 服藤早苗前掲註(57)著書。

(59) 服藤は前掲註(57)著書のなかで、古代老人遺棄論を展開した拙稿(前掲註(57))を批判し、ここから老人の遺棄を読みとることはできないとされた。しかし拙論は、これを共同体からの積極的「遺棄」ではなく「放置」に関わる史料として位置づけ、九世紀の富豪的「家」の登場により新たな扶養の段階に入ったという趣旨で論じたものである。ただ文脈上、誤解を招く史料引用の仕方があったことは認めなければならない。なお当該史料を含め、古代に共同体首長層による老人扶養の段階を想定する服藤の見解は適切であると考えるが、その前提として本論は、小家族的「家」（子―孫二世代）からの親世代の別居が、親世代の範疇に入る老人を、子の「家」ではなく、共同体全体を代表する首長層に扶養されざるをえなくさせた、という条件を想定している。共同体成員の「家」相互の関係の中で古代老人が外部に置かれた、という意味で、前稿の指摘に付加・修正を加えたい。

(60)　拙稿「日本古代の友について」（野田嶺志編『村のなかの古代史』岩田書院、二〇〇〇年）。本書第Ⅱ部第二章。

(61)　土橋寛『古代歌謡の世界』（塙書房、一九六八年）。

(62)　斎藤英喜「古老――語り手・伝承者論のために」（『古代文学』二六、一九八七年）。

(63)　ここでいう「外部」とは、共同体の境界「外」に住むという居住地の意味では用いておらず、斎藤英喜前掲註(62)論文のように「外部的性格」の意味である。古代の村・里に境界があったことはそもそも確認されていない。また、集村と異なり小家族の散居・孤立荘宅を基本とし、田・荒廃田・原野が「家」と交錯する古代村落では、老人たちの独居は際立った光景にはならないはずである。同心円的な村落イメージを前提としてはならない。

(64)　吉田孝「貧窮問答歌の事実と虚構」（『大系　日本国家史3　古代国家の歩み』（小学館、一九八八年）。

(65)　斎藤英喜前掲註(62)論文など。

(66)　服藤早苗前掲註(57)著書など。

(67)　儀制令に見える春時祭田は、古代の「村」に居住する老人を敬う「養老」の場と考えられているが、第Ⅱ部第五章で触れたように、解釈に問題があり、老人たちの所属を「村」に限定することはできないと考える。

(68)　吉田晶「古代における法と規範意識」（『日本の社会史』第五巻、岩波書店、一九八七年）。

(69)　関口裕子前掲註(53)論文、二七一～二七三頁。

〔付記〕　本章の元となる拙稿（『国立ハンセン病資料館研究紀要』第一号、二〇一〇年三月）脱稿後、藤原茂樹「奴と翁さび――大伴池主の戯歌」（『青木周平先生追悼古代文芸論叢』二〇〇九年十一月）に触れた。「すり袋」「針袋」の実態と機能について詳細に検討されているほか、大伴池主が自らを「奴」に擬した四一三二番歌と「翁さび」の歌の関係を論じるなど、学ぶべき点が多い。家持と池主の戯れの技巧の意味を踏まえた上で、「若者が若者盛りの時期を象徴する品具を身につけ晴れ姿をもって「をとめさび・をとこさび」するように、翁が老いを象徴する品具を身につけ晴れ姿をもって「おきなさび」する」のであり、その姿とは「すり袋」を持ち、「奴」の振る舞いをなすこととする点は、「奴」に関わる論点を除けば、拙稿の指摘と一致する。しかしそれを尾張浜主による翁舞と関連づけ、「奈良時代の民間の翁芸の一端が潜在している」とする点には従うことができない。藤原は、『伊勢物語』の「翁さび」を検討されておらず、「旅の翁」「山野（鷹飼）の翁」の装束に関わる「禁忌」・「許可」（人な咎めそ）に対する評価が低いように思われる。舞とのつながりがあったとしてもそれは二次的なものであり、その一次的意味は、本論で指摘したように、古代共同体により定められた、「翁」の表象（装束・所作）に関わる禁忌習俗・規制（年齢秩序）にあったと考える。

第五章　儀制令春時祭田条にみる年齢秩序

はじめに

第Ⅱ部を通して明らかにした、世代階層を構成する「オキナ」「オウナ」—「ヲトコ」「ヲトメ」—「ワラハ」の世代、そして朋類関係を構成する「ヨチ」は、古代地域社会の全体構造の中にどのように位置づくのだろうか。ここでは、その点に関わる見通しを得るために、これまで八世紀古代村落の基礎構造を解明する基本史料として注目されてきた、儀制令19春時祭田条(1)について若干の検討を試みる。とくに、その中に見える「老者」と「子弟等」に焦点を絞り、(村落)首長制と世代階層制の関係を素描し、本書で述べてきた各論点を位置づけてみたい。

一　「子弟等」の実態

○『儀制令』19春時祭田条（養老令本文）

凡春時祭田之日。集二郷之老者一。一行二郷飲酒礼一。使三人知二尊レ長養レ老之道一。其酒肴等物。出二公解供一。

○『儀制令』集解春時祭田条所引古記・一云

古記云。春時祭田之日。謂国郡郷里毎レ村在二社神一。人夫集聚祭。若放二祈年祭一歟也。行二郷飲酒礼一。謂令下二其郷家一備設上也。一云。毎レ村私置二社官一。名称二社首一。村内之人。縁二公私事一往二来他国一。令レ輸二神幣一。或毎レ家量レ状取二斂稲一。出挙取レ利。預造二設酒一。祭田之日。設二備飲食一。并人別設レ食。男女悉集。告二国家法一令レ知訖。即以レ歯居レ坐。以二子弟等一充二膳部一。供二給飲食一。春秋二時祭也。此称二尊長養老之道一也。

本条にみえる年齢秩序については、すでに関口裕子[2]・義江明子[3]の研究がある。関口は、古記所引一云に見える「男女悉集」、「以レ歯居レ坐。以二子弟等一充二膳部一。供二給飲食一」の文言に注目し、「子弟等」を男女双方の若者たちを指し、彼らが村落祭祀の場で年齢順に座していたと解釈して、家父長ではなく「一定の（年齢）資格をもつ男女」が村落祭祀に参加する、双方的な古代村落の構造を指摘した。一方、義江は、矢野建一[4]の祭田祭祀の解釈に基づき、「郷之老者」（本文）に対する「子弟等」（古記一云）の飲食の「供給」が「養老之道」（本文・古記一云）を示すと位置づけられることから、村落の指導者・統率者の座を日本では男女年長者が占め、「村落の神事の宴における若者の年長者への奉仕（供給）を基底にもつ、首長制的共同体の重層構造」が見出されるとしている。

春時祭田条が「老者」と「子弟等」（若者）の年齢秩序を前提に構成されている点については、私も関口・義江説を支持する。しかし残された課題もある。第一に、「子弟等」が単に青年男女を指すのならば、なぜ「子弟」ではなく「子弟等」と複数形で表示されているのか。第二に、「老者」が男女老人世代、「子弟等」が男女青年世代を指すのであれば、そこに男女壮年世代が欠けているようにみえるのはなぜか。第三に、「子弟」は基本的には族的親族関係（子・弟）を表す呼称であるが[5]、それを「老者」と対比しうる年齢・世代概念としてとらえられるのはなぜか。第四に、第Ⅱ部第四章で「老」人が「サト」の外部的存在であった可能性を指摘したが、そもそも祭田行事で「子弟等」の「供給」を受ける「老者」は「村」の成員といえるのか。以上の課題については、関口・義江説では回答が与えられていないので、以下、順次、検討してみたい。

まず「子弟等」が複数形である理由は、「供給」の主体となる「村」の「子弟」が、個々バラバラの存在ではなく、単位となる集団を構成していたためであろう。「老者」への飲食の「供給」は個々の「子弟」ではなく、「子弟」集団＝「子弟等」によって担われたのであり、私はその実態こそ第Ⅱ部第一章で論じた「ヨチ」であったと考える。

この点については、春時祭田条義解説が傍証になる。後述のように義解は祭田行事で「養老の礼」を表す主体を「郷党の人」と位置づけている。「郷党」は『周礼』地官大司徒に郷・州・党とみえる古代中国の行政区画と説明されているが、鄭正浩によれば、その実在は疑問で、実態は春秋戦国時代に存在した首長統括下の地方基層組織と考えられるという。また「郷党」の飲酒礼に「党正が蜡祭の時（十二月）に郷人と飲酒して歯位（老幼の秩序）を正す礼」があり、『孟子』公孫丑上に「朝廷莫レ如レ爵、郷党莫レ如レ歯」とあることから、「郷党」においてもっとも重んじられていたのは「歯」（年齢）による〈長幼の秩序〉であったとされる[6]。一方、『論語』郷党篇（第十の十九）には「朋友死無レ所レ帰、曰於レ我殯」とあり、儒教では「朋友」の「信」[7]の実践（この場合は葬礼時）は「郷党」で行われるべき礼のひとつであった。したがって日本古代の祭田行事を年齢秩序の確認儀礼とみるならば、祭祀主体を「郷党の人」とする義解説は、実情に合った漢籍による適切な比喩を選択していたことになろう。義解は、春時祭田における「子弟等」を古代中国の年齢秩序で構成される「郷党」の「朋友」に近いものととらえ、春時祭田の執行主体を「郷党の人」と表現したのではないだろうか。そして、第Ⅱ部第一・二章で検討したとおり「朋友」の内実は「ヨチ」「（オモフ）ドチ」と呼称された朋類・同輩結合という世代階層制社会にみられる年齢集団であった。

以上の点から、祭田行事で確認される年齢秩序の構成は以下のようなものであったと想定される。祭田行事では、複数の朋類・同輩結合が「以レ歯居レ坐」、すなわち年齢・世代別に座した。それは、中・近世以後の村落に広くみられる、一つの「子供組（連中）」と一つの「若者組（連中）」[8]が構成する確固とした年齢階梯制組織を示すものではなく、累積的に存在した「子弟等」=「ヨチ」「(オモフ)ドチ」=朋類・同輩結合が祭祀の主体となって祭の場に集っていたことを表しているのである。

二 「老者」と「子弟等」の関係

「子弟等」が「ヨチ」=朋類を示すという立場に立つことで、第二の課題である、壮年男女世代が祭田祭祀の場に現れていないようにみえる理由も説明できる。すでに詳論したように、古代地域社会の世代構成のうち、「ヲトコ」「ヲトメ」の世代は、「ワラハ」と「オキナ」「オウナ」世代の中間の世代呼称として使用されていた。「ヨチ」は「ワラハ」「ヲトコ」「ヲトメ」世代に結成されるので、「ヨチ」=「子弟等」とすれば、「子弟等」を指導・監督する世代は「オキナ」「オウナ」(老年)に限られる。つまり、「オキナ」「オウナ」(「老者」)—「ヲトコ」「ヲトメ」「ワラハ」(「子弟等」)は、すべて「老者」—「子弟等」の概念の中に包摂されるのである。今でいう壮年は、古代には青年と区別されず「ヲトコ」「ヲトメ」の中に含まれているので、ここに世代の欠落は存在しないことになる。

古代村落が中世惣村と大きく異なる点は、まさにこの壮年=中老世代の位置づけに関わる世代構成の違いにあった。十五世紀以後の惣村では、老者—中老—若衆の三世代からなる年齢集団が政治的組織を形作り、「家」の男性継承者が「家」を代表して座を構成する事実が知られているが[9]、古代村落においては家父長的な「家」が未だ存在しておらず、「家」を代表する男性壮年層(中老)の組は独自に形成されなかったと考えられる。したがって古代の地域社会を指導・管理する主体は、四十代以上の老年世代ということになる。この点は、ファリス[10]が指摘した平均寿命約三十歳、五歳以上平均死亡年齢約四十歳という古代社会がおかれた生存条件を勘案すれば、自ら理解できることである。

平均寿命・平均死亡年齢をすでに超えた四十代以上という経験と知識を集積した世代は壮年ではなく、すでに「老」年として認識され、それ以下の世代はすべて未熟な若年として位置づけられたのである。[11]

第三の課題、世代呼称として「子弟等」という族的親族関係を表す用語が使用されている理由についても、やはり「子弟等」を「ヨチ」＝朋類ととらえることによって理解することができる。第Ⅱ部第一・二章で論じたように、「ヨチ」や「ドチ」の構成員はお互いを「兄（エ）」―「弟（オト）」と呼び合い、実の兄弟姉妹やイトコ、また血縁外の同輩の仲間を含め、実態的・擬制的な兄弟姉妹関係を結んでいた。実の兄弟姉妹と他人を共に「兄（エ）」―「弟（オト）」という親族呼称で呼び合う関係が、世代階層制社会の朋類関係そのものであることは、すでに指摘した。したがって「老者」の世代からみれば、指導・監督対象である「ヨチ」＝朋類の構成員は、世代階層制に基づき、すべて実態的・擬制的な血縁卑属としての子（「コ」）として位置づけられるのである。「子弟等」が世代呼称であるとともに親族呼称の要素を兼ね合わせているのは、「老者」―「子弟等」の関係が、年齢・世代的関係であると同時に「オヤ」―「コ」という実態的・擬制的親族関係を示すという、世代階層制に特有の社会構造に基礎づけられていたためであると考えられる。[12]

三　「老者」と「郡」「郷」「村」（「サト」）の関係

第三章で述べた共同体（「サト」）の外部的存在としての老者は春時祭田において「供給」を受ける「村」の長老と位置づけられるのか、という第四の課題については、同条集解諸説の分析を通して考えてみたい。

まず令本文における老者の記述は、①唐令では「集郷之老者」、②大宝令本文も「集郷之老者」と推定され、③養老令本文も同文となっている。つまり「郷之老者」は唐令の引き写しで、「郷」が里制・郷制・郷里制の郷・小里、あるいは「村」などの地域社会を表すか否かという問題を判断する手がかりは令本文にはなく、老者の所属共同体を把握する上でまったく参考にならない。そこで改めて集解諸説を検討してみたい。

○古記……「国郡郷里毎レ村在二社神一。人夫集聚祭」

古記では春時祭田が「村の社」で行われた祭祀であることは確認できる。しかしそこに集められる「郷之老者」が「村」の老者であることを示す記述はない。

○古記所引一云……「毎レ村私置二社官一。名称二社首一」・「以レ歯居レ坐。以二子弟等一充二膳部一。供二給飲食一」

社首が管理する「村」の「社」で行われた祭祀であることが確認できる。しかし、「子弟等」（複数のヨチ）が「膳部」として飲食を供給する対象が「村」に所属する老者であることを証明できる記述はない。

○義解……「六十者三豆。七十者四豆。八十者五豆。九十者六豆。所二以明一レ養レ老也。即令下二郷党之人一親自執上レ礼」

「六十者」から「所二以明一レ養レ老也」までは『礼記』郷飲酒義の引用である。それを踏まえて義解は、行事の執行主体が「郷党之人」、「養老」の対象は六十歳以上と解釈する。しかし老者が「村」の長老であることを示す記述はない。また唐令には「五十以上立侍」「六十以上坐」の記述があり、穴説、師説にその解釈と日本令の関係について議論が展開されているが、集められる老者の所在・帰属についてはまったく論及がない。

○穴説……「集二郷之老者一。謂不三必レ謂二一郷一也。仮一郡之内。随二便宜一往々有二五六処一耳」

○朱説……「集二郷之老者一。謂量二便宜一集耳。不レ見二遠近幷其数一也」

穴説・朱説は、九世紀以後の養老令注釈という問題はあるものの、「郷之老者」の所属に関わる唯一の解説という点で注目される。まず穴説は、「郷の老者」の「郷」は「必ずしも「一つの郷」をいうものではない」とし、老者が集まる場所は「仮に一郡の内ならば、便宜にしたがってところどころに五・六カ所ある」と注釈する。この「郷」は「一郡」と対比されていることから、郡郷制の「郷」が想定されているようである。そこから、「老者」が集まる「郡内」の「五・六処」とは、「郷」とは必ずしも一致しない郡内の「村」(村社)を意味する、という解釈もできそうである。しかし、この解釈では、「便宜に随ひて」という文言がなぜ付け加わっているのかが判然としない。その点で朱説は、この文言の意味を理解する上で参考になる注釈を施している。朱説は、老者を「便宜を量って集める」とし、「遠近」(老者の集まる場所とその居住地の距離)および「数」(老者の数、あるいは集まる場所の数)については規定がみえないと論じている。朱説の解釈を参照すると、穴説は、春時祭田に集まる老者は祭田の場(社)の所在する「一郷」内の成員とは限らず、各所に散居する老者たちが郡内の所々にある祭田の場(社)に適宜集まるのだ、という認識を前提に成立していると考えられる。こうした春時祭田の理解は、第Ⅱ部第四章で論じた、「サト」の外部に位置づけられた老者たちを村落祭祀のおりに神人・異人として「サト」に招き饗応するという、古代地域社会の習俗とまさに適合したものである。おそらく「老者」と「子弟等」(ヨチ)の関係は、同じ「郷」「村」内の居住という地縁に基づくものではなく、相互の実態的・擬制的親族関係に基づいて、「村」(=「サト」)に居住する「子弟等」が郡内各所に散居する縁のある老者たち=実態的・擬制的な「オヤ」たちを「村」(=「サト」)の社に招き饗応したものではなかろうか。世代階層制社会では、各朋類(=「子弟等」)構成員と双方的につながる、一定地域内の複数の親世代男女が「オヤ」として認識される。[13]それは「オヤ」世代集団が「コ」世代集団を集団的に指導・監督するという基本的特徴を有しているのである。第Ⅱ部第三章で述べた「サト」内婚を主としつつも外婚を伴う双方的・流動的な婚姻形態という条件も、「子弟等」の「オヤ」を一つの「サト」に固定することを難しくしたであろう。[14]さらに当時の三世代同居が存在しない「母・子+夫」の小家族形態のもとでは、祖父・祖母世代以上は「母・子+夫」の「イヘ」からはみ出し、単身か夫婦同居の居住形態をとらざるをえなくなると推測される。

たとえば九世紀・郡司クラスの事例ではあるが、地域社会における老人の居住形態を窺わせる左記の史料が注目される。

○『続日本後紀』嘉祥元年（八四八）十月丁亥朔条

讃岐国言。三野郡人従四位上丸部臣明麻呂。年卅。戸主外従八位上己西成男也。齢十八歳入レ都従レ宦。遂効二労績一。被レ任二当郡大領一。即譲二己職於父一。自守二子道一。孝二養二親一。己西成年老致仕。親母亦耄。各居二別宅一。相去十里。明麻呂朝夕往還。定省年久。眷二其孝行一。（略）

ここでは、三十歳の讃岐国三野郡大領・丸部臣明麻呂が、「老」いて郡司職を致仕した父・己西成、「耄」（痴呆）の母と一〇里も離れ「各、別宅に居」していたにもかかわらず、朝夕、老親の宅に往還して「孝」を尽くしたと賞賛されている。ここにみられる居住形態は、明麻呂（子）の家族、己西成（老父）、老母がそれぞれ別居したか、老父母が同居し子の家族と別居したかのどちらかであろう。いずれにせよ、「孝」の「道」が「ヤケ」を形成した郡司層においてすら親との同居による介護・扶養ではなく、あくまでも老親と子の別居を前提に語られている点が注目される。ここには、地域社会において三世代同居が成立せず、老親が子と離れて暮らす居住形態が一般的であった事実が反映されていると考えられる。このような婚姻・家族構造が一因となり、祖父・祖母世代の「老者」たちは、「母・子＋夫」の「イヘ」を単位に構成されていた「村」＝「サト」の外部に位置づけられたのではないだろうか。そして、上述の穴説が「老者」たちを集める場を「郡」内の各所としている点から、「老者」たちは「村」＝「サト」単位に固定されず、「郡」という広域エリア内に散居していたと考えたい。その意味で春時祭田条にみえる老者は、「村」＝「サト」という地縁的共同体[15]の長老として位置づけられていないといえるのである。

春時祭田は、「村」の「子弟等」が「郡」内に散居する「老者」を招き、飲食の「供給」により「尊長養老之道」を表す祭祀の場であった。「子弟等」は朋類としての「ヨチ」を指し、「子弟等」内部（エ—オト）、および「老者」と「子弟等」の間（オヤ—コ）の実態的・擬制的親族関係に基づく相互の結束が祭祀の場で確認された。「子弟等」と「老者」の関係は「村」という地縁的共同体内部で完結したものではなく、「郡」を単位とするものであった。「老者」は「村」—「イヘ」の外部＝「郡」に所属しつつ、「子弟等」を監督・指導したと考えられる。「老者」が子・孫の「イヘ」に扶養されることで「イヘ」の内部に取り込まれ、「村」の長老として位置づけられていく過程は、「イエ」が構成する「村」が村落共同体として自立するプロセスと軌を一にしているのであり[16]、それはまさに中世まで続く長期的な課題であったのではないかと推察される。

四　「老者」と在地首長の関係

春時祭田条は、村落首長制論を支える論拠となる重要な史料であり、古記一云に見える「村」ごとにおかれた「社首」を村落首長ととらえ、村落祭祀を媒介とした村人に対する収取に村落首長制の支配関係を見出す学説が主張されている。具体的にいえば、「社首」が祭田祭祀に際して酒・食物を神に捧げ（「設二備飲食一」）、またその一部を直会に供する（「人別設レ食」）という名目で、「社首」＝村落首長が「家」ごとの稲の収取、出挙などの「村内の人」からの収取を実現するのである[17]。

こうした「社首」の支配との関係で「老者」と「子弟等」の記述を改めて見直してみよう。まず、「郡」内に散居する「老者」と「村」の「子弟等」の間の「尊長養老の道」は、「子弟等」による「飲食」の「供給」（タテマツリモノ[18]を通して確認されている。そして「老者」に「供給」する「飲食」は、村落首長による「村内の人」からの収取によって得られた酒・食物を、「子弟等」が「膳部」となり直会の場で調理したものであった。村落首長は、「村」の外部から訪れる神と「郡」に所属する「老者」への「供給」物を共に「村内の人」に対する収取によって準備したのであり、神に対しては首長自らの手による「飲食」の「設備」を、「老者」に対しては「村」の「子弟等」を介して「飲食」の「供給」を行った。したがって、「社首」＝村落首長と「老者」の関係は、「村」内部における直接的な支配―従属関係ではなく、誤解を恐れずにいえば、まさに村落首長と神との関係に準ずるものであったといえよう[19]。「老者」たちは、村落首長が支配する「村」＝「サト」の外部にあり、「郡」、具体的には村落首長層より上位の郡司クラス在地首長層に所属する神人として、村落首長によりその地位が尊重されていたのではないだろうか。

古代の「老者」と郡司レベル在地首長層の関係については、『常陸国風土記』の古老語りが参考になるだろう。同書の「古老曰」として確実に語られている事例を確かめると（表22）、その内容は①郷・里・村の起源伝承、②社・祭祀・井戸・池の起源伝承、③国造国・郡の起源伝承、④常陸国全体（令制国）の起源伝承、⑤山・岳・川の起源伝承として整理できる。そのうち③の国造国・郡の起源伝承は一〇例と最も多く、また①②④の事例の中にも国造・郡司クラス在地首長層とその始祖伝承として語られている事例があり、それらは③の事例を合わせると一四例の多数に及ぶ。つまり『常陸国風土記』にみえる古老伝承は、A最多を占める国造国（国造）・郡の世界と深くつながり、村・国造国・郡・令制国という内外の土地の情報を広く知悉している点、またB天皇を伝承の主体とする事例に示されるように地域社会と外部（中央）との交流を伝える点にその特徴が認められる。こうした『風土記』の古老について、斎藤英喜[20]は、古老は共同体（「村」）にとってその起源を語るだけの存在ではなく、境界的・外部的性格を保持する主体であったと論じている。私も斎藤の指摘を支持するが、ここではAの特徴から、古老が「村」ではなく、郡司・国造クラス在地首長層の世界と深くつながっていた事実を強調したい[21]。

古代の老人と首長の関係について、服藤早苗[22]は『日本書紀』顕宗天皇条に掲載された嫗・置目の伝承を手がかりに、古代の老人は、村人たちが知らない昔のことや土地のことなど、豊富な情報と知識を備えた賢者とみなされ、天皇や首長は、老人たちから情報を得るため、彼らを養い、諮問したと指摘している。『古事記』や六国史、『風土記』の中には、天皇・首長に助言する老人たちの姿がいくつも見出せ、服藤の指摘は正鵠を射ている。老人たちは、まさに在地首長層に所属する助言者として彼らによって扶養され、尊重されたと推察されるのである[23]。

伝承の主人公	分類1	分類2
新治・筑波・茨城・那賀・久慈・多珂国の造・別	③	○
東国惣領	④	
新治国造祖	④	○
新治国造祖	③	○
山賊	⑤	
	③	
筑波国造祖	③	○
神祖尊・筑波神	⑤	
大足日子天皇(景行)	②	
普都大神	①	
倭武天皇	①	
大(多)臣族黒坂命	③	○
黒坂命	③	○
惣領・茨城国造・那珂国造	③	○
箭括氏麻多智	②	
茨城国造(壬生連麿)	②	○
那賀国造初祖	①	○
倭武天皇	①	
倭武天皇・倭武天皇之后	①	
惣領・海上国造・那賀国造	③	○
中臣巨狭山命(中臣鹿島連祖)	②	○
	②	
白鳥(僮女)	①	
努賀毗古・努賀毗咩	②	
倭武天皇	③	
綺日女命(神)	②	
長幡部遠祖(多弖命)	②	
倭武天皇・皇后	⑤	
	⑤	
多珂国造	③	○
倭武天皇・橘皇后	①	

起源伝承。

表22　『常陸国風土記』にみる古老伝承の特徴

No.	記事区分	古老伝	伝承の内容	伝承の時代区分
1	総記	古老答曰	国(国造国)の起源	古
2	総記	古老答曰	常陸国(令制国)の起源	難波長柄豊前大宮臨軒天皇之世(孝徳)
3	総記	或曰	常陸の地名起源	倭武天皇(ヤマトタケル)
4	新治郡条	古老曰	新治の国名(国造国)起源	昔美麻貴天皇馭宇之世(崇神)
5	新治郡条	古老曰	葦穂山の歴史	古
6	筑波郡条	古老曰	紀国(筑波国古名)のクニ名	古
7	筑波郡条	古老曰	筑波国の成立と国名起源	美万貴天皇之世(崇神)
8	筑波郡条	古老曰	筑波岳の起源	昔
9	信太郡条	古老曰	雄栗之村の碓井(井戸)の起源	大足日子天皇(景行)
10	信太郡条	古老曰	高来里の起源	天地権輿草木言語之時
11	信太郡条	古老曰	乗浜村の起源	倭武天皇
12	茨城郡条	古老曰	茨城の地名起源	昔
13	茨城郡条	或曰	茨城の地名起源	
14	行方郡条	古老曰	行方郡の起源	難波長柄豊前大宮馭宇天皇之世
15	行方郡条	古老曰	椎井池の歴史	石村玉穂宮大八洲所馭天皇之世(継体)
16	行方郡条	古老曰	椎井池の歴史	難波長柄豊前大宮臨軒天皇之世
17	行方郡条	古老曰	伊多久(板来)之郷・布都奈之村・安伐之里・吉前之邑の起源	斯貴瑞垣宮大八洲所馭天皇之世(崇神)
18	行方郡条	古老曰	当麻之郷の起源	倭武天皇
19	行方郡条	古老曰	相鹿・大生里の起源	倭武天皇
20	香島郡条	古老曰	香島郡の起源	難波長柄豊前大朝馭宇天皇之世
21	香島郡条	古老曰	鹿島神宮御舟祭の起源	倭武天皇之世
22	香島郡条	古老曰	沼尾池の歴史	神世
23	香島郡条	古老曰	白鳥里の起源	伊久米天皇之世(垂仁)
24	那賀郡条	古老曰	片岡之村・時臥之山祭祀の起源	
25	久慈郡条	古老曰	久慈の地名起源	倭武天皇
26	久慈郡条	古老曰	太田郷・長幡部之社祭祀の起源	珠売美万(皇孫)命自天降時
27	久慈郡条	古老曰	太田郷・長幡部之社祭祀の起源	美麻貴天皇之世(崇神)
28	久慈郡条	古老曰	助川の地名起源	倭武天皇
29	久慈郡条	古老曰	助川の地名起源	国宰久米大夫之時
30	多珂郡条	古老曰	多珂国の起源	斯我高穴穂宮大八洲照臨天皇之世(成務)
31	多珂郡条	古老曰	道前里飽田村の起源	倭武天皇

＊分類１：①郷・里・村，②社・祭祀・井戸・池，③国造国・郡，④常陸国全体(令制国)，⑤山・岳・川の
＊分類２：○は郡司・国造クラスの在地首長に関わる伝承。

五　首長制・世代階層制と戸籍支配

以上の考察結果を整理し、古代地域社会の基礎構造と律令国家支配の関係について試論を提示したい。

春時祭田条にみえる祭田祭祀において、「社首」＝村落首長による村人支配によって得られた収奪物は、「郡」レベル在地首長層に所属する「老者」（「オキナ」「オウナ」）と各「村」に所属する「子弟等」（「ヨチ」）の世代階層制的秩序の確認儀礼（「供給飲食」）に使用された。つまり祭田祭祀は、「村」の「子弟等」（「ヨチ」）を監督・指導する「郡」の「老者」たちに対して、「村」を代表する村落首長が「子弟等」とともに敬意を表す場として機能していたのである。「郡」レベル在地首長層に帰属する「老者」たちは、世代階層的な実態的・擬制的親族関係に基づき、「村」人たちを「子弟等」として監督・指導する一方、首長に対してはその諮問を受ける「助言者」として働き、まさに地域社会の首長制支配構造を支える支柱として存在していたのである。それは、「老者」―「子弟等」の世代階層制的関係が、「郡」レベル在地首長―「村」レベル村落首長という首長制の重層構造の中にそのまま組み込まれていた古代的年齢秩序の実態を表している。

では、こうした地域社会の世代階層制的秩序は、第Ⅰ部で検討した国家による戸籍支配といかなる関係にあったのだろうか。上述のとおり、「老者」たちは、「郡」内に散居しながら、複数の「村」＝「サト」に住む実態的・擬制的な「コ」（「子弟等」）の「オヤ」として彼らを集団的に指導していたと推察される。一方、第Ⅰ部で詳論したとおり、編戸は、「老者」男女について、男性を戸主に、女性を「妻」「母」「姑」などの戸の監督者として位置づけた上で、その父系・子（孫）世代の者たち＝「子弟等」を三等親親族の範囲を原則として戸口に登録するかたちで行われた[24]。つまり律令国家は、「郡」—「村」レベル地域社会に貫徹する双方的な世代階層制的秩序を踏まえて、まず第一に「郡」内の監督的立場にある四十代以上の「老者」男女を把握し、次にその指導下にある「村」=「サト」の「子弟等」の中から父系三等親内の子・孫世代親族を選び出し、「老者」男女の下に編付するという方法により編戸を実現したのである。したがって編戸は、「郡」—「村」の「老者」(「オヤ」)と「子弟等」(「コ」)が構成する重層的社会集団を、父系三等親内親族という血縁的な枠組みを基準に輪切りにしていくことで初めて可能になったといえるだろう。この三等親親族を構成員とする「老者」—「子弟等」の世代階層ユニットを基本単位として、そこに収まりきれない親族を付加して五十(郷)戸に整理し、「村」=「サト」と一致しない人工的な行政単位=五十戸・里(郷)が編成されたのである。

ところで明石一紀は、その「イトコ」論において本書の考察を裏づけるきわめて重要な指摘をしている。明石によれば、律令制成立以前、「イトコ」は同世代の親友・仲間(「愛子」)を意味する呼称であったが、律令戸籍制成立以後、三等親同世代傍系親族呼称(「同党」「従父兄弟姉妹」)に限定されて用いられるようになったという。[25]これを本書の観点から言い換えれば、次のように整理できよう。戸籍制度成立以前の「イトコ」(「愛子」)は血縁の有無にかかわらず同世代の親友・仲間=朋類を表す呼称であったが、編戸の範囲が三等親内の傍系親族にとどめられたため、まず三等親外の遠縁・非血縁の朋類が「イトコ」の範疇から除外された。そして、さらに実の「兄弟・姉妹」とも区別され、同世代傍系親族呼称に矮小化された「イトコ」(「同党」「(外)従父兄弟・(外)従父姉妹」)概念が、国家によって新たに創出されたのである。

「郡」—「村」(=「サト」)レベル地域社会を単位に、血縁・非血縁を問わず同世代間(「エ」「オト」「イトコ」)・異世代間(「オヤ」「コ」)の絆を親族関係に擬制した七世紀・首長制下の双方的世代階層制社会は、戸籍の成立に伴い父系三等親内親族関係を紐帯とする人工的な「父系家族」=戸に分断され、それらが五十戸集まり構成される二次的な行政単位＝里（郷）が創出された。[26]世代階層制社会における「老者」の監督・指導権に注目した律令国家は、首長層のもとから「老者」を引き離して戸の中核に位置づけ、その親族関係を輪切りにして「父系家族」を創出し、郡司―村首（村長）とは異なる里（郷）長に管轄させることで、国家による地域住民の直接支配に乗り出したのであった。[27]

註

（1）儀制令19春時祭田条については、義江彰夫「律令制下の村落祭祀と公出挙制」（『歴史学研究』三八〇、一九七二年）、同「儀制令春時祭田条の一考察」（井上光貞博士還暦記念会編『古代史論叢』中、吉川弘文館、一九七八年）、沼田武彦「古代村落祭祀の史的位置」（日本史論叢会編『論究 日本古代史』学生社、一九七九年）、吉田晶『日本古代村落史序説』（塙書房、一九八〇年）、関和彦『風土記と古代社会』（塙書房、一九八四年）、同「村落首長の実像と村落支配」（同『日本古代社会生活史の研究』校倉書房、一九九四年。初出は一九九一年）、大町健「古代村落と村落首長」（同『日本古代の国家と在地首長制』校倉書房、一九八七年）、小倉慈司「古代在地祭祀の再検討」（『ヒストリア』一四四、一九九四年）、藤本誠「古代村落の仏教受容とその背景」（三田古代史研究会編『法制と社会の古代史』慶應義塾大学出版会、二〇一五年）などを参照。

（2）関口裕子「日本古代の家族形態と女性の地位」（『家族史研究』二、一九八〇年）。

（3）義江明子『日本古代の祭祀と女性』（吉川弘文館、一九九六年）第三章。

（4）矢野建一「律令国家と村落祭祀」（菊地康明編『律令制祭祀論考』塙書房、一九九一年）。

（5）子弟の概念については、野田嶺志「古代王権の軍事的基礎について」（『史苑』立教大学史学会、一九九〇年）、平澤加奈子「古代律令国家における「子弟」観」（『国学院大学大学院紀要　文学研究科』三一、一九九九年）参照。

（6）鄭正浩「古代郷党儀礼における礼と楽――郷飲酒礼と郷射礼を中心に」（同『漢人社会の礼楽文化と宗教　神々の足音』風響社、二〇〇九年）。

（7）「朋友」の「信」については、石母田正「国家と行基と人民」（同『日本古代国家論』第一部、岩波書店、一九七三年）、本書第Ⅱ部第二章参照。

（8）江守五夫『日本村落社会の構造』（弘文堂、一九七六年）。

（9）藤木久志『戦国の作法　村の紛争解決』（平凡社、一九八七年）、高牧實『宮座と祭』（教育社歴史新書、一九八二年）、薗部寿樹

「中近世移行期村落における宮座と家」(『国立歴史民俗博物館研究報告』八三、二〇〇〇年)、高橋秀樹「「家」社会の確立とジェンダー」(大口勇次郎・成田龍一・服藤早苗編『新体系 日本史9 ジェンダー史』山川出版社、二〇一四年)。

(10) W. W. Farris, *Population, Disease, and Land in Early Japan, 645-900*, Cambridge, Harvard University Press, 1984.

(11) 服藤早苗『平安朝に老いを学ぶ』(朝日新聞社、二〇〇一年)、仁藤敦史『女帝の世紀 皇位継承と政争』(角川選書、二〇〇六年)、本書第I部第三章。

(12) 本書序章参照。

(13) 鳥越皓之『トカラ列島社会の研究』(御茶の水書房、一九八二年)、本書序章参照。

(14) 吉田孝『大系 日本の歴史3 古代国家の歩み』(小学館、一九八八年)二四五~二五二頁。

(15) 「村」が地縁的共同体であることは今日、通説となっている(宮瀧交二「古代の村落――奈良~平安前期」阿部猛ほか編『日本古代史研究事典』東京堂出版、一九九五年)。

(16) 服藤早苗「「家」の成立とジェンダー」(前掲註(9)『新体系 日本史9 ジェンダー史』所収)参照。

(17) 社首が執行する祭田祭祀の具体的手順については、矢野建一前掲註(4)論文、義江明子前掲註(3)著書に詳しい。また、社首＝村落首長であることを、近年、改めて確認したものとして藤本誠前掲註(1)論文がある。

(18) 早川庄八「『供給』をタテマツリモノとよむこと」(同『中世に生きる律令――言葉と事件をめぐって』平凡社、一九八六年。初出は一九八〇年)。

(19) 斎藤英喜「古老――語り手・伝承者論のために」(『古代文学』二六、一九八七年)、本書第II部第四章。

(20) 斎藤英喜前掲註(19)論文。

(21) 郡司レベル在地首長層と古老の関係については、拙稿「古代村落の「盗」について」(『立教日本史論集』五、一九九二年)参照。

(22) 服藤早苗前掲註(11)著書。

(23) 拙稿「「家」成立以前の時代」(総合女性史研究会編『時代を生きた女たち 新・日本女性通史』一一六~一一七頁、朝日選書、二〇一〇年)。

(24) 明石一紀「郷戸編成と調庸制――里(郷)制下の編戸制」(同『編戸制と調庸制の基礎的考察――日・朝・中三国の比較研究』校倉書房、二〇一一年)。

(25)　明石一紀『日本古代の親族構造』（吉川弘文館、一九九〇年）。
(26)　明石一紀は編戸が戸主父系三等親内を原則に、「まず戸主の設定、次いでその子孫・親といった直系親が同籍され、更に傍系親・寄口を適宜編付することによって、各戸の正丁数の大まかな調整が実現され」ることによってなされたとし、その目的を「中国より大規模な標準戸（郷戸）の創出を目指した日本が、その一方で中国的・律令的な「戸」＝「家」＝父系家族的構造」に擬せんとしたものと指摘する（前掲註(24)論文）。私は明石の編戸過程の理解にほぼ同意するが、日本で戸主父系傍系三等親内という大規模な標準戸の設定が目指された前提として、私見では世代階層制社会における朋類関係の広がりを考えている。
(27)　近年、浅野啓介は八・九世紀の「村」が「国家支配の基礎単位」であったという見解を提起し示唆に富む（「日本古代における村の性格」『史学雑誌』一二三―六、二〇一四年）。本書の視点からいえば、編戸による老者の把握を通して「村」の国家的編制が図られたものではないかと考えるが、その点の検証は今後の課題としたい。

終章　まとめと課題

一　「世代階層制社会」論の提起

古代社会固有の世代・年齢秩序に特徴づけられる地域社会の基礎構造は、人類学・社会学の中で提起されている世代階層制社会論といかに関わるのであろうか。この論点については本書の中で、随時、言及してきたが、ここで改めて各論の成果を整理し、七・八世紀地域社会を古代的な世代階層制社会として把握する新たな仮説を提示したい。

序章で述べたとおり、日本列島社会の年齢組織については、従来、年齢階梯制がよく知られており、人類学・民俗学研究だけでなく、日本中世・近世・近代史の分野で研究が進展している。年齢階梯制は、性と年齢の区分によって厳格な階梯を構成する制度で、個人は年齢の上昇とともに、順次、年齢階梯を上がっていき、上位の年齢階級は下位の年齢階級を監督・指導する地位と権利を有するという特徴が指摘されている。

一方、H・クノーによって提唱され[1]、江守五夫[2]・鳥越皓之[3]によって深められた世代階層制論は、厳格な年齢階梯制とは異なる年齢組織に基づく社会像を提示している。その特徴を整理すれば以下の三点に要約できる。

①世代階層制は、年齢・世代の階層が親族関係をも規定する年齢秩序である。世代階層制の下では、父・母、祖父・祖母、息子・娘、兄弟・姉妹などを表す親族呼称が実の父・母や祖父・祖母などの血縁者に限定されず、特定ホールド内における各世代階層に所属する複数の成員に同じ親族呼称が付与される（たとえば実の父母とともにその同世

代者も含めて「父」「母」と呼ばれる)。そのため、生みの親子など実際の血縁関係の区別だけでなく、世代階層への所属が親族体系を規定する役割を果たすのである。それに対して年齢階梯制では、親族関係上の世代区分と年齢階級の区分が必ずしも対応する必要はなく(存在しないという意味ではない)、年齢階級はあくまでも年齢を基準に峻別される。

②マードックの〈deme〉共同体論に指摘されるように[4]、世代階層制は、「同族」組織が発達せず明確な単系出自集団をもたない双方的親族構造をもつ社会に広くみられ、地域内婚制を基本的な特徴とする。それは、双方的な地域内婚により地域社会全体が重層的な血縁関係に覆われた社会では、実際の血縁の有無に関わりなく世代呼称によってお互いを血縁者と認識しあう関係が形成されるためである。一方、年齢階梯制社会では、日本中・近世の地域社会についていえば、実の「父母+子」を軸にした「家(イエ)」が単位集団として存在する一方、親族体系が自立した「家(イエ)」相互の結合関係として構築される「同族」組織を弱める傾向がある[5]。

③世代階層制特有の年齢集団として、鳥越皓之が薩南・トカラ列島社会の観察からモデル化した朋類がある。朋類は、個人からみて同世代とみなされた「双方的な親族+親しい友人」によって構成される仲間集団である。双方制社会のもとで、内婚により地域社会全体が血縁者の集合体として認識されると、親族と友人の差はほとんどなくなり、年齢と世代を基準にして同一の親族呼称を共有する同世代者の仲間=朋類が形成される。朋類関係は婚姻・葬礼・祭祀や日常的な労働の場で相互扶助を行う社会集団として機能した。一方、日本列島諸地域には「ドシ」「ドチ」「ホーバイ」「イトコドシ」などと呼ばれる同輩結合が存在した。竹田旦[6]によると、同輩結合は、同年齢か近い年齢の者同士が成人儀礼をすませた青年世代に気の合う者をみつけて盟約儀礼を結び、死亡するまで親友としての付き合いを続ける、強い「同心」性で結ばれた性別の少人数集団であった。この同輩結合について、足高壱夫[7]は、自由恋愛が支配的な地域に形成され、鳥越のいう朋類との関係でとらえられる年齢集団の一種としている。これらに対して年齢階梯

制に基づく年齢集団、たとえば日本の中世以後の社会に存在した若者（若衆）組、壮年（中老）組、老年組などは、親族体系と結びついた世代階層とは関係が薄く、また「同心性」を紐帯に結ばれる結社というよりも、個人の年齢によって加入資格が定まる集団であった。それは軍事的・政治的に村落の自治を支えるフォーマルな制度として存在していた。[8]

以上の世代階層制と年齢階梯制の相違点の整理を踏まえ、次に本書第Ⅱ部で明らかにした地域社会の年齢秩序の特徴と二つの制度のそれとを対照・比較してみる。[9]

第一に、第Ⅱ部で論じた「ヨチ」や「（オモフ）ドチ」という年齢集団の特徴は、③に記した世代階層制社会の朋類や同輩結合ときわめて類似していることがわかる。上述した朋類（以下α）や同輩結合（以下β）にみられる、A構成員相互の同世代性（α）・同齢性・接近年齢性（β）、B双方制的特徴（α、β）、C自由恋愛による婚姻（α、β）、D構成員の「同心性」（α、β）、E成人儀礼後の盟約による関係締結（β）、F少人数による構成（β）、G婚姻・葬礼などに関わる相互扶助機能（α、β）、H生涯続く関係（β）、I「親族＋親しい友人」で構成（α、β）といった諸要素は、それぞれ「ヨチ」「（オモフ）ドチ」の属性にあてはまるものである。まず「ヨチ」は、訓字では「吾同（子）」、語の構成は「齢（年齢・世代）＋霊（接尾語）」からなり、それ自体が「同輩（同世代・同年齢）」という意味をもつ集団であり、「ワラハ」および「ヲトコ」「ヲトメ」世代に形成される年齢集団であった（A―α、β）。一方、「（オモフ）ドチ」は同年齢から七～八歳くらいの幅の接近年齢者により構成され（A―β）、その人数も二～一〇人ほどの少人数であった（F―β）。「ヨチ」「（オモフ）ドチ」は男女双方に確認でき（B―α、β）、歌垣・野遊びという自由恋愛行動を共にする仲間集団で（C・G―α、β）、後者の場合は葬礼時における同輩結合にみられる「同齢感覚」に関わるタブー（「耳塞ぎ」）に類する事例（「あづなひの罪」）が『日本書紀』に記録されている（G―β）。「ヨチ」「(オモフ)ドチ」は「同心の友」として結合し(D—α、β)、とくに後者は毎年、「野遊び」の場で「心述べる」という儀礼的な実践によりお互いの「同心」性を確認しあった(D—β)。また「(オモフ)ドチ」は、十三〜十五歳で成人(「成童」)儀礼をすませたヲトコ・ヲトメたちが、武器(刀・弓矢)の交換(男性)や菜摘み・共食(女性)などの「結友」儀礼を契機に、「朋友の道」と呼称される、どちらかが死ぬまで一生涯続く親友関係を結んだ(E—β、H—β)。その構成員には、兄弟姉妹やイトコなどの親族とともに、同世代非血縁者の友人も含まれている(I—α、β)。

以上の検証から、「ヨチ」「(オモフ)ドチ」の特徴が世代階層制下に存在した朋類・同輩結合のそれと一致する事実が明らかになったと思われる。またさらに詳しくみると、朋類の属性(α)は「ヨチ」「(オモフ)ドチ」両者にみられるのに対し、同輩結合の属性(β)は「(オモフ)ドチ」単独に認められる傾向があることがわかる。このことから、「ヨチ」「(オモフ)ドチ」はともに世代階層制下の朋類を示すが、とくに「(オモフ)ドチ」は「ヨチ」=朋類の中から青年(ヲトコ・ヲトメ)世代に選び抜かれた少人数の親友的結合=同輩結合だったのではないかと推察される。人類学・民俗学研究の中で朋類と同輩結合の概念的整理が十分になされておらず課題が残るものの、とりあえず同輩結合(=「(オモフ)ドチ」)を朋類(=「ヨチ」)に包摂される下位集団ととらえておきたい。それは、「(オモフ)ドチ」と近似する「ドチ」「ドシ」「イトコドシ」という言葉が、同輩結合を表す民俗語彙として各地に残されている事実[10]によっても傍証できることである。なお『日本書紀』には、同輩結合を表す「イトコドチ」の言葉も見える[11]。

第二に、①の世代・年齢秩序が親族呼称で表現されるという世代階層制の特徴が日本古代社会の中に確認できるのかという問題について、本書の考察結果を通して検証する。

第Ⅱ部第五章で指摘したように、祭田祭祀に見える「子弟等」は「老者」世代に奉仕する「ヲトコ」「ヲトメ」「ワラハ」世代の「ヨチ」を指すとともに、「老者」の実態的・擬制的な「コ（子）」「オト（弟）」たち男女を表している。したがって、「子弟」は、世代・年齢呼称を親族呼称として表現した事例といえる。一方、「ヨチ」や「ドチ」の相互関係については、「ヲトコ」世代、「ヲトメ」世代ともにお互いを「兄（エ）」—「弟（オト）」という親族呼称で呼び合う事例があり、それらは野遊びや歌垣の場などで集う、必ずしも実の兄弟姉妹関係を示さない「友」の内実を示していた（第Ⅱ部第一章・第二章）。また「イトコ」は、明石一紀[12]が指摘するように、本来、非血縁者を含む親密な同世代の仲間＝「愛子」を表す言葉として使用され、それが三等親傍系親族呼称に限定して用いられるのは、律令戸籍制が導入されてからであった（第Ⅱ部第二章・第五章）。支配層レベルにおいては、義江明子[13]が、首長層に「生の子」（親子関係）と「祖の子」（地位継承次第）という二つの「オヤ—コ」観があったことを指摘している。この事実は「子（コ）」という世代呼称が血縁をもつ親族に限定されず、「祖の子（コ）」の非親族・同世代者に広く適用されたことを物語るものである。また仁藤敦史[14]は、天皇である「ワガコ」の実の母と叔母にあたる親族が共に「ミオヤ」とされている事例を紹介し、王権・首長層レベルでは「オヤ」という親族概念が直系尊属を表すだけでなく、同世代傍系親族まで含めて広く使用されていた事実を明らかにしている。仁藤説では、「ミオヤ」＝四十歳以上の「老」世代、「ワガコ」＝三十歳代以下の若年世代という年齢秩序が指摘されている点も注目される（第Ⅰ部第三章）。以上の義江・仁藤の指摘から、支配層レベルに世代階層制の特徴が反映していることは明らかである[15]。

以上の事実から、血縁者・非血縁者双方を含む、四十歳以上の「オキナ」「オウナ」とその指導・監督を受ける「ヲトコ」「ヲトメ」間の年齢・世代秩序が、「オヤ」—「コ」という親族関係に擬制されている実態が浮かび上がってきた。さらに血縁・非血縁の同世代者双方を含む「ヨチ」「ドチ」および「イトコ（愛子）」同士の関係も、やはり「兄（エ）」—「弟（オト）」という親族関係に擬制されており（第Ⅱ部第一章・第二章）、年齢・世代秩序を親族呼称で表現する世代階層制の特徴は、王権から地域社会レベルに至るまで存在したと指摘できる。

最後に、世代階層制が単系出自集団をもたない双方的親族構造をもつ社会に適合的で、地域内婚制を特徴とするという②の属性について検討したい。

支配層のウヂを除く、七・八世紀の地域社会が単系出自集団によって構成されず、双方的な親族構造を有する点については、かつて吉田孝が指摘し[16]、関口裕子[17]、明石一紀[18]、服藤早苗[19]、義江明子[20]によって詳細に論じられ、現在の家族史・女性史研究の通説になっており[21]、私もそれを支持する。問題は地域内婚制についてであるが、吉村武彦[22]は、筑波山の嬥歌にみられるような国・郡を超えた広域的な婚姻慣行の存在から、古代の婚姻形態を外婚制とみる説を主張している。しかし、関和彦[23]は大嶋郷戸籍の人名の検討を通して、郷内居住者同士の婚姻事例を検出しており、狭い範囲での地域内婚が存在する事実は明らかであるように思われる。さらに本書第Ⅱ部第三章では、「人言」「人目」や「隠妻」「避道」といった婚姻習俗から、日常的に「サト」内婚を推奨する婚姻規範が地域社会に存在していたこと、また外婚制を示すように思われる歌垣は、年数回に限り開催される祭事における「サト」外男女の特殊な恋愛・婚姻締結の場にすぎないことを指摘した。つまり七・八世紀の婚姻形態は、「サト」内婚を原則として推奨しそれに外婚が付随する、ゆるやかな婚姻規制を伴うものであったと指摘できるのである。したがって、単系出自集団の不在、双方的親族構造、地域内婚制という世代階層制の特徴は、いずれも七・八世紀地域社会の内実に適合的であった事実が証明される。

以上の考察から、世代階層制の特徴として指摘される上記①～③の諸要素は、すべて七・八世紀古代社会に存在する事実が明らかになった。したがって人類学・社会学で提起された世代階層制社会論は、日本古代の社会構造を把握する上で、きわめて有効な理論であるといえるだろう。そこで私は、七・八世紀の地域社会を「首長制下の世代階層制社会」と定義する理論的仮説を、ここで新たに提唱したいと思う。

二　戸籍支配の意義――「世代階層制社会」の国家的再編成

地域社会に存在する「首長制下の世代階層制社会」の上に、律令国家はいかなる方法でその支配を打ち立てたのか。律令国家成立期における国家と地域社会の関係構造について、本書第Ⅰ部における戸籍論の成果を通して整理することが以下の論述の目的である。

第Ⅰ部の戸籍の統計学的検討を通してみえてきたものは、編戸の背景にあった世代・年齢秩序の存在である。それは、①「戸政」責任担当者に相当する約四十一歳以上の男女（老年）世代、②①の監督・指導に従い「戸政」を分掌する七・八歳（あるいは五・六歳）以上、約四十歳以下の男女（子ども＋青年＋壮年）世代、③「戸政」の対象外でもっぱら「イヘ」（父・母）の扶養下にある約六・七歳（あるいは四・五歳）以下の男女（乳幼児）世代の三世代からなる、双方制的な階層秩序であった。

一方、当時の地域社会には、⑴「オキナ」「オウナ」（約四十一歳以上）―⑵「ヲトコ」「ヲトメ」（約十三・十五～約四十歳）―⑶「ワラハ」（約七・八～約十二・十四歳）―⑷「ワクゴ（ミドリコ）」「ハフコ」（一～約六・七歳）の世代階層が存在した（第Ⅱ部第一章）。したがって①が⑴世代、②が⑵⑶世代、③が⑷世代というかたちで、戸籍の世代区分と地域社会の実態的世代区分がほぼ対応していることがわかる。これは、「オキナ」「オウナ」がそれ以下の世代を監督・指導する地域社会の世代階層制秩序に基づいて、律令国家が戸籍を編成した事実を窺わせるものである。

いうまでもなく編戸は、中国律令における戸主＝男性家長の原則を継受した、五十（郷）戸制の枠組みに規制された戸籍編制である。しかし、当時の地域社会には戸の前提となる「家」（家父長的家族・家父長的世帯共同体）は存在せず、ただ実態的・擬制的な血縁関係の網の目に覆われた双方制的な世代階層制社会が広がるだけで、「家」を前提にした編戸は最初から不可能であった。そこで導入された方法が、双方制的・世代階層制的組織を活用した戸の「創出」であったと考えられる。大嶋郷戸籍の編戸方法に即していえば、それは以下のようなものであった（第Ⅰ部第三章）。まず四十一歳以上の老年男性を六十歳代以上の高齢者から、順次戸主に任用し、「妻」（＋「妾」）がいる者は、老年戸主＋老年「妻」（「妾」）のペアを作り「戸政」監督者と位置づける。次に、四十歳以下の男女父系直系卑属（子世代親族）を中心に傍系親族をも合わせて戸口に編成し、老年戸主（＋「妻」「妾」）の指導下におく。この老年戸主―「妻」のペアは、いわば地域社会の家長―家刀自のペアに相当するものである。一方、当時の短い平均寿命など劣悪な生存条件から、老年男性は郷内の戸主定数を満たすには不足するため、二十一～四十歳までの若年男性を補充的に戸主に任用する。しかし、若年戸主は「戸政」の監督能力において未熟な世代と認識されていたため、戸主親世代に属する老年女性を「母」「庶母」「姑」として戸に編付し、実態的・擬制的な「オヤ」として若年戸主の後見人の地位を与えた。この考察のポイントは、「妻」「母」「庶母」「姑」などの呼称を単なる親族呼称ではなく、戸内での地位呼称と理解する点にある。こうした操作の結果、双方制的な世代階層制社会を背景にしながら、「家父長的家族」の外観を呈する親族集団＝戸の「創出」が可能になったのである。

ここで留意しなければならないのは、地域社会の世代階層制的秩序は、そのままのかたちでは戸籍に反映されなかったという点である。戸が父系に傾斜しつつ、「イトコ」を最大範囲とする三等親内親族を編成したことはよく知られている。(24)したがって編戸は、「親族＋友人」双方を含む朋類内部の「エ（兄）」―「オト（弟）」関係、老者と朋類間の「オヤ」―「コ」関係という世代階層制的関係の中から、「三等親（「イトコ」）を超える傍系親族＋友人」を除外し、世代階層制的結合を父系三等親内親族の範囲に分断するという方法で「父系家族」を創出したのであった。それは、朋類のような親族・非親族を含む地域社会にヨコに広がる集団関係を、父系親族関係のラインに沿ってタテ割りする役割を果たしたのである。なお、この点に関しては、上述した「イトコ」概念の変化が注目される。すなわち朋類を示す七世紀の「イトコ（愛子）」は戸籍成立により三等親親族呼称に変化したが、それはまさに、朋類という世代階層制的集団を戸という三等親内親族集団に転形する編戸の一環として、国家が行った概念操作の所産であった。

第Ⅱ部第五章で述べたように、七世紀の世代階層制秩序は「郡」レベル在地首長制―「村」レベル村落首長制という首長制の重層構造内部に包摂されて存在していた。「郡」内に散居する老者たちは、首長層の支配を助言者として支え、同時に「村」＝「サト」の人々を指導・監督するというかたちで、首長制と世代階層制の結節点となる要の地位に位置していた。この点に注目するならば、編戸は、老者たちを戸の監督者に任用することで首長層から切り離し、同時に世代階層制的な地域統合を戸＝父系三等親内親族集団に分断することで、老者を介した国家による地域住民の直接支配を目指したものと位置づけられるのではないだろうか。

戸の歴史的な性格は、法的擬制説・編戸説が説くようにフィクションではないが、実態説が説くように「家族」＝家父長的世帯共同体の反映ともいえない。それは、七世紀の地域社会に実在した世代階層制的組織を、国家が父系親族原理に基づいて再編成することにより創出した、半ば人工的な社会集団と位置づけられるのである(25)。

三　律令国家と日本古代の言説形成体（歴史的ブロック）

本書は、律令戸籍制の成立について、家父長的家族（世帯共同体）が未成立の段階で、国家が戸を上から人為的に創出していくために地域社会を再編成したとみる立場で論述している。こうした認識は、世代階層制の位置づけを除けば、吉田孝[26]の説く戸籍論と、一部、近いものとなっている。最後に、これまでの成果を踏まえ、吉田理論とそれに対する批判的学説を理論的な面から検証し、律令国家論に関わる本書の立ち位置を示すこととする[27]。そしてこの作業を通して、序章で述べた「戦後古代史学」(「伏流化した社会構成体論」)に基づく古代社会像について、その問題点を指摘し、結びにかえたい。

吉田によると、日本の律令制とは「未開」段階にある社会に導入された中国「文明」の所産、すなわち古代国家が到達すべき目標=「青写真」である。その中で戸は、「母―子+夫」の双系(方)的・流動的小家族を軍国体制構築という政策目的のために「可塑的」に編成した擬制的集団として位置づけられている。私は、「未開」と「文明」の二重構造論、また律令制=「青写真」論には従うことができないが、律令制と家族・編戸の関係のとらえ方については大筋で吉田説に賛同する。しかし吉田は、それら小家族の編戸がいかなる条件・方法の下で可能になったのかという問題については、「可塑的」編成と指摘するのみで具体的な論を示していない。そこで本書では、戸籍の研究史を踏まえた上で、世代階層制的秩序の国家的再編成という視点を新たに提起し、吉田説に欠けている編戸の条件と方法の具体化を試みたのであった(本書第I部)。

一方、吉田説については国家成立論に関わる理論的問題が指摘されている。まず、国家成立を到達すべき目標=「青写真」の社会への移植ととらえる論理は、古代史家の多くが依拠してきたエンゲルスの国家論(『家族・私有財産・国家の起源』。以下『起源』)、すなわち「文明」段階に私的所有の単位として家族(家)が成立し、本源的共同体の解体と階級対立の中から国家が生み出されるとする認識と著しく乖離している。この点に関して、『起源』を下敷きに村落首長制論の立場から国家成立を論じた大町健は、「国家の支配が社会に浸透することによって社会を変える」という吉田の国家観は「国家が社会のどのような産物であるかを明らかにする道をとざしてしまった」と批判している。[28]確かに『起源』の根底にある社会構成体論、すなわち社会＝下部構造の矛盾が国家＝上部構造を規定するという論理に照らしてみれば、吉田の国家論は理論的に破綻しているようにみえる。さらにこの批判は、国家が世代階層制社会を上から編成したとみる私見に対しても、そのまま当てはまるように思われる。なぜなら本書の主張も、吉田説同様、「戸がいかなる物質的諸関係（生産関係・所有関係）の産物なのか」という重要な問いに答えていないことになるからである。

しかし私は、こうした疑問については、批判の前提をなすマルクス主義的社会構成体論という理論そのもののもつ問題性を指摘することによって答えることができると考えている。この点で参照すべき重要な論理は、序章で指摘したシャンタル・ムフ、エルネスト・ラクラウのポスト・マルクス主義（ポスト構造主義）理論である。[29]

ムフ、ラクラウの画期性は、生産力／生産関係による社会の一元的決定を批判したアルチュセールの重層的決定論[30]とグラムシが提起したヘゲモニー／歴史的ブロック論をラディカル化することにより、社会構成体論の要である社会を規定する「最終審級としての経済」という認識を否定したこと、その代わりにポスト構造主義の言説形成体論[31]を取り入れた言説による社会構築理論を提起したことにある。ムフ・ラクラウによれば、社会もそれを構成する諸要素も、すべて言説によって構築されているとされる。言説とは「言語と言語が織り込まれている諸行為とからなる全体[32]」を指し、言語的要素と非言語的要素がそれぞれ示差的位置を占める構造化された体系（分散における規則）を意味する。ここで拒否されているのは言説を精神的な存在とみる考え方であり、しばしば誤解されるように、それは言語や言語による表象（言表）だけを指すのではなく、すぐれて物質的な存在である。たとえば生産関係を例にとれば、それは言説による規則性の構築がなければ一瞬たりとも存在できないことは明白である。[33]したがって、言説の外部に生産関係という実在を認め、そこに社会を規定する原理＝本質を求めることで下部構造と上部構造を区分する社会構成体論は、認識論的に誤っていることになる。また歴史的社会（歴史的ブロック）は、生産関係に規定された経済的諸階級の運動によって定められるわけではない。それは、諸言説の重層的決定により、階級のみならず文化的・政治的な身分・集団などさまざまな諸要素（それ自体も言説によって構築される）の中で特定の言説が、諸要素のアイデンティティを変容させつつ相互の関係構築（「節合」）を実現し、それらの差異（アイデンティティの示差的な位置）を固定化することによって「構築」されるのである。ただし留意すべき点は、歴史的ブロックは、常に「節合」し切れない言説的な外部をもっており、いかなる社会も完全な構造（差異の固定化）を実現することはないという事実である。そのため変革期には、浮遊する諸要素の中から構造と敵対する新たな言説が生まれ、既存の構造を組み替えていくことで社会の変革が可能になる。その成否は、集合的意志によって社会の諸要素を「節合」できるか否かにかかっており、したがって歴史の展開には常に多様な可能性が孕まれている。[34] 以上の論点から、歴史は社会構成体の「必然」的な発展を示すものではなく、言説による歴史的ブロックの「偶然」的＝「政治」的な構築―解体の繰り返しとみなされる。

さて戸籍論に話をもどすと、本書で実証を試みたのは、編戸が、父系三等親内親族を戸とみなす言説に基づき、地域社会に存在した世代階層制組織を尊重しつつ、その一部を割き取るかたちで実行されたという主張である。古代の地域社会を構成した要素、つまり老者を頂点とした在地首長制下の世代階層制組織は、律令制の戸の言説によりタテ割に分断され、律令国郡郷（里）制の下で父系三等親内親族という新たなアイデンティティを付与された社会集団として再「構築」された。この点から、戸と郷（里）（＝五十戸）は、中国律令を継受した中央支配層が地域社会の直接支配を目指し、首長制下の世代階層制社会を組み替えていくために導入した言説秩序と位置づけられるのではないだろうか。社会構成体論を最終的に放棄し、言説形成体（歴史的ブロック）論を採用することが適切であるならば、国家が上から社会を編成していくという論理は、社会に浸透する強力な言説（＝戸・郷〈里〉）と、それに向き合う地域社会の適合的な要素（＝世代階層制組織）の存在が証明できるかぎり、十分に成立可能であり、戸が特定の下部構造（＝家父長的世帯共同体）を土台にしなければならない理論的根拠は存在しないといえるのである。

したがって、吉田が指摘した律令国家の地域社会への定着・浸透の過程とは、本書の観点からいえば、中央支配層が導入した律令という言説に基づく社会編制による、経済的諸関係を含む社会＝言説形成体（歴史的ブロック）の「構築」過程を意味していると考えられるのである。

註

(1) 江守五夫「年齢階梯制度下における婚姻と親族組織の形態に関するH・クノーの学説について」（『社会科学研究』五―四、六―一、一九五四年）。

(2) 江守五夫「本邦の〈一時的訪婚〉慣行の発生に関する社会構造論的考察〈本論その一〉」（『社会科学研究』八―五・六、一九五七年）。

(3) 鳥越皓之『トカラ列島社会の研究』（御茶の水書房、一九八二年）。

(4) 江守五夫前掲註(1)論文参照。

(5) 高橋統一「東アフリカの年令集団組織―社会構造と民族文化の問題―」（『民族学研究』二〇―三・四、一九五六年）、同「性・年令による集団」（『現代文化人類学　第三巻〈人間の社会〉Ⅰ』中山書店、一九六〇年）、村武精一「最近試みた共同調査から」（『日本民俗学大系月報』七、一九五九年）、住谷一彦『共同体の史的構造論―比較経済社会学試論―』（有斐閣、一九六三年）。

(6) 竹田旦『兄弟分の民俗』（人文書院、一九八九年）。

(7) 足高壱夫「志摩漁村の「同輩集団」の基本的性格―三重県鳥羽市I町の「茶飲み友達」を通して―」（『関西学院大学社会学部紀要』六五、一九九二年）。

(8) 藤木久志『戦国の作法　村の紛争解決』（平凡社、一九八七年）。

(9) 年齢階梯制と世代階層制の違いについては、両者を二つの類型に分ける村武精一・住谷一彦説と後者を前者の下位類型として把握する鳥越皓之説に意見が分かれている。

(10) 竹田旦前掲註(6)著書、足高壱夫前掲註(7)論文。

(11) 『日本書紀』神功皇后摂政元年三月庚子条。

(12) 明石一紀『日本古代の親族構造』(吉川弘文館、一九九〇年)。

(13) 義江明子「系譜類型と「祖の子」「生の子」」(同『日本古代系譜様式論』吉川弘文館、二〇〇〇年。初出は一九九二年)。

(14) 仁藤敦史『女帝の世紀　皇位継承と政争』(角川選書、二〇〇六年)。

(15) たとえば皇太子制成立以前における王権継承原理である「世代内継承」(大平聡「日本古代王権継承試論」『歴史評論』四二九、校倉書房、一九八六年)は、世代区分を基本とする世代階層制社会に適合的なシステムではないだろうか。

(16) 吉田孝『律令国家と古代の社会』(岩波書店、一九八三年)。

(17) 関口裕子『日本古代婚姻史の研究』上・下(塙書房、一九九三年)など。

(18) 明石一紀前掲註(12)著書、同『古代中世のイエと女性　家族の理論』(校倉書房、二〇〇六年)など。

(19) 服藤早苗「古代における家族と共同体――研究史の整理と今後の課題」(『歴史評論』四二四、校倉書房、一九八五年)など。

(20) 義江明子『日本古代女性史論』(吉川弘文館、二〇〇七年)など。

(21) 総合女性史研究会編『時代を生きた女たち　新・日本女性通史』(朝日選書、二〇一〇年)は古代社会を双方制社会とみる立場から記された女性史の通史である。

(22) 吉村武彦「古代王権における男女関係史論」(『歴史学研究』五四二、青木書店、一九八五年)、同「日本古代における婚姻・集団・禁忌――外婚制に関わる研究ノート」(土田直鎮先生還暦記念会編『奈良平安時代史論集』吉川弘文館、一九八四年)。

(23) 関和彦「古代戸籍と婚姻」(同『日本古代社会生活史の研究』校倉書房、一九九四年。初出は一九八二年)。

(24) 杉本一樹『日本古代文書の研究』(吉川弘文館、二〇〇一年)、明石一紀「郷戸編成と調庸制――里(郷)制下の編戸制」(同『編戸制と調庸制の基礎的考察――日・朝・中三国の比較研究』校倉書房、二〇一一年)。

(25) 私見の編戸論は、明石一紀のいう「中国より大規模な標準戸(郷戸)の創出を目指した日本が、その一方で中国的・律令的な「戸」=「家」=父系家族的構造」に擬せんとしたという見解(同前掲註(24)著書)に近い。本書は、明石が論じなかった、かかる編戸を可能ならしめた実態について世代階層制社会と戸籍の関係を通して論じたものである。

(26) 吉田孝前掲註(16)著書。

(27) ここで述べた吉田孝説の理論的可能性については、歴史学研究会編『歴史学と、出会う』(青木書店、二〇一五年)所収の拙稿に記している。

(28) 大町健『日本古代の国家と在地首長制』(校倉書房、一九八七年)。

(29) シャンタル・ムフ、エルネスト・ラクラウ(西永亮・千葉眞訳)『民主主義の革命 ヘゲモニーとポスト・マルクス主義』(筑摩書房、二〇一二年)(A)、シャンタル・ムフ(千葉眞・土井美穂・田中智彦・山田竜作訳)『政治的なるものの再興』(日本経済評論社、一九九八年)(B)、同(葛西弘隆訳)『民主主義の逆説』(以文社、二〇〇六年)(C)、エルネスト・ラクラウ(山本圭訳)『現代革命の新たな考察』(法政大学出版局、二〇一四年)(D)。ムフ、ラクラウの社会構成体論批判は、とくにA、Dに詳しい。

(30) ルイ・アルチュセール(河野健二・田村俶・西川長夫訳)『マルクスのために』(平凡社、一九九四年)。

(31) ミシェル・フーコー(中村雄二郎訳)『知の考古学』(河出書房新社、一九八一年)。

(32) L・ヴィトゲンシュタイン(藤本隆志訳)『哲学探究(ヴィトゲンシュタイン全集八)』(大修館書店、一九七六年)二〇頁。

(33) ヴィトゲンシュタインの「言語ゲーム」論は「分解不可能な全体性の内部で、言語と言語と相互に結びついている行為との双方を含んでいる」(言語行為理論)。ムフ・ラクラウによる言説の定義はおもにこのヴィトゲンシュタイン理論に基づいている(前掲註(29)のA著書)。

(34) ただしムフ・ラクラウは諸集団の「節合」をもたらす「ヘゲモニーの政治」が近現代社会において顕著に現れ、それに対して前近代社会には身分・階級・共同体のアイデンティティがヘゲモニーに先立って構築される側面があると指摘している。しかしこの点から、ムフ・ラクラウ理論の射程を近現代政治史に限定するのは短絡的である。前掲註(29)D著書を読めばわかるように、ラクラウはマルクスの『経済学批判』序言に記された唯物史観の公式そのものを批判しており、その観点は前近代社会にも適用されなければ歴史理論としての一貫性を欠いてしまうだろう。ムフ・ラクラウは近現代社会のヘゲモニー性を前近代社会の相対的安定期と比較して誇張しているにすぎず、とくに前近代における社会変革期にはムフ・ラクラウが説く言説による「節合」理論が有効であると考えられる。

あとがき

本書を閉じるにあたり、収録論文の前身となった関係拙稿を掲示し、収録論文との関係について述べておきたい。

序　章　「古代村落史研究の方法的課題―七〇年代より今日に至る研究動向の整理から―」（『歴史評論』五三八、校倉書房、一九九五年）

第Ⅰ部

第一章　「古代戸籍にみる人口変動と災害・飢饉・疫病―八世紀初頭のクライシス―」（三宅和朗編『環境の日本史2　古代の暮らしと祈り』吉川弘文館、二〇一三年）

第二章　新稿

第三章　新稿

補　論　「大嶋郷の人々―個人別データベースの分析による地域秩序の再検討―」（葛飾区郷土と天文の博物館編『東京低地と古代大嶋郷―古代戸籍・考古学の成果から―』名著出版、二〇一二年）

第Ⅱ部

第一章　「「ヨチ」について―日本古代の年齢集団―」（『古代史研究』一三、立教大学古代史研究会、一九九五年）、「日本古代における在地社会の「集団」と秩序」（『歴史学研究』六七七、青木書店、一九九五年）

第二章　「日本古代の友について」（野田嶺志編『村のなかの古代史』岩田書院、二〇〇〇年）

第三章　「古代の「サト」―『万葉集』を中心として―」（『史苑』一五九、立教大学史学会、一九九七年）
第四章　「「太古の遺法」と「翁さび」―古代老人をめぐる共同体の禁忌と自由―」（『国立ハンセン病資料館研究紀要』創刊号、国立ハンセン病資料館、二〇一〇年）
第五章　新稿
終　章　新稿

本書には四本の新稿を収載したが、既発表論文についても、すべて補訂を加え改稿している。その理由は、序章の研究史整理の前身である『歴史評論』所収の拙稿（一九九五年）と今回の序章を比較していただければ明瞭になるが、私の現在の歴史認識の方法および古代社会論にかかわる課題意識が執筆当時と大幅に異なるものがあるため、主要な実証部分は残しながらも、理論的な枠組みを変更せざるを得なかったという事情による。既発表論文については、いくつか賛同・批判両様のご意見をいただいており躊躇もあったが、今回は論の内容だけでなく、改められた方法の提示にもひとつの目的があったので、新たな課題・方法に即したかたちで改稿に踏み切ることにした。そこで、今回収録論文と前稿との主要な相違点について、触れておきたい。

序章にかかわる旧稿では、「首長制内部に包摂された「村」」という石母田正以来の認識の問題点、すなわち古代村落の集団的な主体性・自立性を評価し得ない論理構造を首長制論が胚胎している点を指摘し、それに対して、地域住民相互が構成する集団的秩序の析出と、それらが担う共同諸機能の占める位置を首長との関係で構造的に把握することが古代村落史研究の第一の課題になることを論じた。その課題に答えるために、第Ⅱ部所収の前身論文を発表し、「ヨチ」「（オモフ）ドチ」「友」という史料用語のなかに地域民衆相互の互助組織である年齢集団を見出した。しかし、私はこの時点では、年齢集団を年齢階梯制に基づく組織としてのみ想定し、また父系に傾斜した世帯共同体＝個別経営の存在を認める立場に立っており、その点について家父長的世帯共同体の存在を否定する家族史・女性史研究者の方々から鋭いご批判をいただくことになったのである。しかし、私自身は、その後、関心が土地制度史（班田制・条里制）に向かったこともあり、いただいた宿題に向き合うことなく、ただ時間だけが経過してしまった。

大きな転機は、二〇〇三年、葛飾区郷土と天文の博物館の谷口榮氏に報告を依頼され、養老五年（七二一）下総国葛飾郡大嶋郷戸籍の研究に取り組み始めたことによって訪れた。ちょうどそのころ、大宝二年（七〇二）御野国半布里戸籍について、岡山大学の今津勝紀氏による人口統計学の方法を用いたシミュレーション分析、また早稲田大学の新川登亀男氏によるソシュールの思想を踏まえた新研究など、これまでにない新たな研究が展開されつつあり、その刺激を受けて、私も大嶋郷戸籍の分析に没頭することになったのである。そして、その検討結果は、古代地域社会における年齢原理の存在が当初予想していたものとはまったく異なるかたちで古代戸籍に貫徹しているという、衝撃的な事実を示していた。大嶋郷戸籍には編戸の原則として世代階層制的な年齢原理が貫かれており、その論理は、戸に実態としての父系的世帯グループを見出すよりも、家族史・女性史研究者が想定される双方的親族関係を想定した方がはるかに自然に理解できる。そこで、これまでの年齢集団に関する自らの研究を実証的・理論的に洗い直してみることとし、その結果、私が析出した「ヨチ」や「（オモフ）ドチ」は年齢階梯制に基づく集団結合ではなく、双方的な世代階層制社会における「朋類関係」「同輩結合」ととらえた方が史料の文脈を無理なく理解できることに気付かされたのである。

以上述べてきた経緯から、本書の結論は、既発表論文のそれとは異なるものとなった。しかし、当初、厳しいご批判をいただいた諸先生・諸先輩方には、本書によって、ようやく自分なりの回答が用意できたのではないかと考えている。その回答を出すために、約二〇年の歳月がかかってしまったというのも誠に恥じ入るばかりだが、ご寛恕を請いたい。

私の怠慢を叱咤激励し、研究の進展を温かく見守ってくださった諸先生・諸先輩方には、言葉に尽くせないほどのご恩をいただき、深く感謝している。専修大学の矢野建一先生、荒木敏夫先生、土生田純之先生、そして総合研究大学院大学の仁藤敦史先生には、本書の元をなす学位論文の審査の労をお取りくださり、その内容について数多くの懇切なるご指導をいただいた。荒木先生は本書の刊行を薦めてくださり、矢野先生は、立教大学大学院在籍中から今日までの長い期間、お世話になり、所収論文の元になる報告を幾度となく聞いていていただいた。両先生のご支援がなければ、本書が日の目を見ることはなかったに違いない。また三宅和朗先生には第Ⅰ部の戸籍論にかかわる慶應義塾大学での二年間の講義の機会を、義江明子氏にはその中核部分の総合女性史学会での口頭報告という得がたい機会を与えていただいた。第Ⅰ部の各論は、おもにこのときの講義・報告の論点整理に基づいている。大学院時代には先輩の関口功一氏、宮瀧交二氏、大浦元彦氏に、また歴史学研究会日本古代史部会では多くの方々からご助言を賜り、とくに大町健氏、伊藤循氏には折に触れてご指導をいただいた。宮本瑞夫先生が理事長を務められる（一財）宮本記念財団では、宮本家三代にわたる民俗学研究の蓄積を学ばせていただき、古代史料を民俗学的視点から読解する必要性を認識することができた。宮本先生の温かいご支援には深く感謝している。

そしてなによりも、修士時代以来の指導教授であり、二〇〇七年に鬼籍に入られた野田嶺志先生に本書の刊行をご報告申し上げたい。今にも「遅い」と叱責される声が聞こえてきそうだが、誰よりも喜んでくださるのは間違いなく野田先生に違いない。

本書をなすまでの約二〇年の間には、数多くの方々のご指導を賜ったが、この場をお借りしてすべての方々にお礼を申し上げたい。また厳しい出版事情のなか刊行をご快諾くださった吉川弘文館、編集の労をお取りくださった歴史の森、そしてご多忙のなか、索引作成にご尽力いただいた専修大学の窪田藍氏に心より謝意を申し述べる。

最後に私事で恐縮ではあるが、常に私の傍らにあり励ましてくれた妻・直美に感謝の言葉を伝えたい。結婚以来一〇年、妻の献身的な支えがなければ、博物館と大学非常勤講師の仕事を兼務しながら、本書を書き上げることは難しかったのではないかと思う。

大学に進学して以後、研究者の道を選んだ私を温かく見つめ励ましてくれた父・母に本書を捧げる。しかし、今はただ、両親の声を天国から待ち望むばかりなのが本当に残念でならない。

二〇一五年十月

田中禎昭

索　　引

万葉集は『新編 国歌大観』の歌番号を示し，異同のある歌に限り括弧内に『旧 国歌大観』番号を表示した。

I 事　　項

あ 行

か 行

さ　行

た　行

な　行

は　行

ま　行

や　行

ら　行

わ　行

Ⅱ　史　料

あ　行

か　行

さ　行

た　行

な　行

は　行

ま　行

や 行

ら 行

わ 行

Ⅲ 研究者名

あ 行

か 行

さ 行

た　行

な　行

は　行

ま 行

や 行

ら 行

わ 行

著者略歴

一九六二年　大阪府に生まれる
一九九三年　立教大学大学院文学研究科史学専攻博士後期課程単位取得退学
二〇一五年　博士（歴史学）
現在　すみだ郷土文化資料館専門員・専修大学非常勤講師・白梅学園大学非常勤講師

〔主要著書・論文〕

「東大寺領越前国足羽郡糞置村開田地図の再検討——八世紀における開発と国家的土地支配」（奥野中彦編『荘園絵図研究の視座』東京堂出版、二〇〇〇年）

「「諸国校田」の展開過程——隠没田勘出制を中心に」（野田嶺志編『地域のなかの古代史』岩田書院、二〇〇八年）

関東条里研究会編『関東条里の研究』（分担執筆）（東京堂出版、二〇一五年）

日本古代の年齢集団と地域社会

二〇一五年（平成二十七）十二月十日　第一刷発行

著　者　田中禎昭（たなかよしあき）
発行者　吉川道郎
発行所　株式会社　吉川弘文館
郵便番号一一三—〇〇三三
東京都文京区本郷七丁目二番八号
電話〇三—三八一三—九一五一〈代〉
振替口座〇〇一〇〇—五—二四四番
http://www.yoshikawa-k.co.jp/

印刷＝藤原印刷株式会社
製本＝株式会社ブックアート
装幀＝山崎　登

日本古代の年齢集団と地域社会（オンデマンド版）

2024年10月1日　発行

著　者　田中禎昭（たなかよしあき）

発行者　吉川道郎

発行所　株式会社 吉川弘文館
〒113-0033 東京都文京区本郷7丁目2番8号
TEL 03(3813)9151(代表)
URL https://www.yoshikawa-k.co.jp/

印刷・製本　株式会社 デジタルパブリッシングサービス
URL https://d-pub.sakura.ne.jp/

田中禎昭（1962～）
ISBN978-4-642-74627-4